牧民心書

1

역주
목민심서 1

정약용

다산연구회 역주
임형택 교열

창비

『역주 목민심서』의 전면개정판을 세상에 내놓는 올해는 『목민심서』 200주년이 되는 해이자, 그 저자 다산 정약용의 해배 200주년이 되는 해이기도 하다. 다산 선생은 강진 바닷가에서 귀양살이 18년 동안에 이루어진 방대한 분량의 초고를 싣고 고향마을 마재(馬峴)로 돌아온 이후 18년 동안 그 후속작업을 계속하였다. 『목민심서』는 해배되던 그해 봄에 마무리를 지은바 보충·수정을 가하여 1821년에 완성한 것이었다. 그리고 1836년에 영면하여 마을 뒷동산에 그 몸을 뉘었다. 선생이 남긴 『여유당전서與猶堂全書』는 민족의 고전古典으로서, 인류 보전寶典의 하나로서 정신적 가치를 발휘하고 있다. 그런 중에서도 『목민심서』는 다산의 대표작으로 공인을 받고 있다. 이론적 기초를 수립한 경학經學과 정치·사회적 실천을 위한 경세학經世學으로 구성된 다산학의 체계에서 『목민심서』는 경세학에 속하는 일부분이다. 내용으로 보더라도 지방행정에 소요되는 실무·기능적인 책으로 분류될 성질이다. 그런 책이 어떻게 위대한 학자의 학문세계를 대표하는 저서로 손꼽힐 수 있을까? 이 물론 까닭이 없지 않다.

'목민牧民'의 본디 뜻은 소나 양을 돌보듯이 백성을 잘 보살펴서 안녕한 삶을 누릴 수 있도록 한다는 의미이다. 『성경』에서는 하느님을 일러

목자牧子라고 하였다. 사람을 보살피고 인도하는 일을 '목牧'에 비유한 그 사유방식이 상통하고 있다. 다만 저쪽은 종교화한 데 비해서 이쪽은 정치화한 것이다. 이 점이 크게 다르다. 목민의 개념을 정치화한 유교에서는 인정仁政과 애민愛民을 고도로 강조한다. 유교로 입국한 조선왕조로서는 인정과 애민을 정치의 기본으로 삼았던 것이 당연했다.

그 당시 이런저런 여건이 인정·애민의 정치를 제대로 실현하기 어려웠으나, 애오라지 시행하여 장기간 안정을 누릴 수도 있었고 괄목할 만한 성과를 이룩할 수도 있었다. 그러다가 다산이 생존한 시대로 내려오면 마침내 체제적 위기를 맞는다. 400년을 지속한 왕조국가는 적폐積弊가 적약積弱을 불렀고 적약이 적악積惡을 불렀다. 하여 발발한 것이 농민의 저항운동이다. 그 때문에 19세기를 '민란의 시대'라고 일컫기도 한다. 19세기는 밖으로 서세西勢가 한반도상에 쓰나미처럼 밀려든 시대였다. 안으로의 혼란과 위약危弱이 밖의 침략에 능히 잘 대응하기 어렵게 만들었다. 그 자신 목전에 펼쳐진 상황을 체감하면서 저술한 것이 『목민심서』이다.

『목민심서』는 이미 공염불로 공동화되어버린 인정·애민의 정치에 실체를 재충전하려고 의도한 내용이다. 오직 유교의 정치학에 바탕을 두되 바야흐로 약동하는 민중의 존재를 항시 의식하였다. 간고艱苦한 민의 삶을 향상시키는 일이 선결과제였는데, 문제에 기능적으로 접근하지 않고 근본적이면서 항구적인 대책을 강구하였다. 그의 뇌리에는 '민'과 '국가'의 관계를 어떻게 정립할 것이냐 하는 문제가 핵심 의제로 떠올랐다. 이 『목민심서』와 함께 국가의 개조를 의도한 『경세유표經世遺表』를 아울러 읽어야 하는 까닭이다.

다산 자신 신유옥사辛酉獄事에 애매하게 걸려들어 18년의 귀양살이를 해야 했고 해배된 이후로도 벼슬길에 나아가지 못했다. "목민할 마음은 있으되 몸소 실행할 수 없기 때문에 '심서心書'라 이름한 것이다." 이래서 '심서'란 두 글자가 책 이름에 붙게 되었다. 참으로 비장하고 안타깝다. 또한 「자서自書」에서 "이 책은 실로 나의 덕을 쌓기 위한 것이지, 어찌 꼭 목민에만 한정한 것이겠는가"라고 하였다. 『목민심서』는 중국과 우리나라의 역사문헌류를 폭넓게 읽고 지방행정과 민생의 현장을 두루 살피는 공부를 축적·집약해서 이루어낸 최고의 결실이다. 이 공부의 과정 자체를 그 스스로 '나의 덕'을 쌓는 일이라고 말하였으니, 다산의 목민학은 종교적 의미까지 내포한 듯도 싶다.

『역주 목민심서』는 다산연구회 16인 학자들의 공동작업으로 10여 년에 걸쳐 성취한 책이다. 이 작업을 수행한 취지와 경과 및 다산연구회라는 모임에 관해서는 초판과 개역판의 서문, 초판의 전체 후기에 언급되어 있다. 그리고 제6권 끝에 부록으로 '다산연구회 『역주 목민심서』 연표'라 하여 기억을 되살려서 정리해 실어놓았다. 따라서 거듭되는 말은 필요치 않겠으나 부언하고 싶은 사실이 있다. 다산연구회는 번역을 위한 모임이 아니고 일반 학회와도 성격이 다르다는 점이다. 주로 실학에 관심을 가진 학인들이 함께 원전을 읽고 토론해보자고 시작한 것이 『목민심서』의 독회, 나아가 이 책 『역주 목민심서』의 간행에 이르렀다. 이 공동작업은 당시 유신독재가 신군부독재로 이어진 상황에서 진행되었다. 신군부가 등장하면서 회원 중 6인이 구금·해직을 당하는 사태를 맞는다. 위기를 느낀 나머지 독회를 중단하기까지 했으나, 그래도 끝내 그만두지 못하고 속개한 것이다. 그리하여 다산 선생 서거 150주년을 기해 『역주 목민심서』전6권을 선생의 산소 앞에 놓고 고유제告由祭를 거행하였다. 이처럼 밀고나갈 수 있었던 데는 두 가지 요인이 있다. 하나는 모임이 당초 동인으로 출발하여 동지적 결속으로 강화된 때문이다. 어려움을 서로 돕고 서로 격려하여 이겨낼 수 있었다. 다른 하나는『목민심서』에 담긴 풍부한 내용과 서슬 퍼런 논리가 우리의 학적 관심을 붙잡고, 거기에 저류하는 선생의 정신이 우리의 자세를 일깨운 것이다.

이제『역주 목민심서』는 우리의 학술사에 남을 역사적인 것이 되었으며, 그것이 이루어진 과정 또한 1970~1980년대 민주화운동의 일환이었다고 감히 자부해본다. 그런데 오늘의 독자에게 이 책은 다가서기 어려운 것이 되었다. 독서문화가 엄청나게 변모된 까닭이다. 그렇다고 역사적인 것으로 미뤄놓고 말 것인가. 우리는『역주 목민심서』를 대중적 교양서로 간추린『정선 목민심서』(2005)를 간행하기도 했는데 독자들의 호응이 끊이지 않는다. 본 책의 개정판을 오늘의 변모된 독서환경에 맞추어 제공하는 일은 시대적 요구가 아닐 수 없다.

문제는 어떻게 이 일을 성사시키느냐였다. 회원 여러 분이 유명幽明을 달리한 마당에서 전의 독회를 복원하는 것은 생각할 수조차 없는 노릇이 되었다. 나는 역주작업에 처음부터 참여한 터여서 나름으로 사명감을 가지고 이 일을 감당해보겠다고 나섰다. 막상 착수하고 보니 부분적인 손질로 될 일이 아니었고 전면적인 수정·보완을 하지 않으면 안 되었다. 2년 가까이를 이 작업에 몰두하여 이제 드디어 끝이 보인다. 이 대목에서 방금 들은 다산 선생의 말씀을 빌려 한마디 덧붙인다. "이 일은 실로 나의 덕을 쌓기 위한 것이지 어찌 역주를 수정·보충하는 일에만 그치겠는가." 비록 힘겨운 작업으로 중압감을 받아야 했어도 그전보다 공부가 더

되었고 자연히 나의 덕이 좀더 쌓이지 않았을까 생각해본다.

물론 이 일은 다산연구회 회원들과 합의하여 진행했고, 회무를 맡은 송재소 선생과는 시종 의논하였으며, 특히 김태영 선생께는 의문점에 누차 문의를 하였다. 간행 과정에는 김보름, 양승목, 정용건 세 동학이 참여해 힘을 쏟았다. 출판사 창비에서는 윤동희, 홍지연 두 분이 함께 수고를 하였다. 이 여러 분께 심심한 감사를 드려 마지않는다.

2018년 10월
임형택

1975년 초가을에 주로 실학 문제에 관심을 가진 몇 사람이 모여 실학 관계의 원전을 하나 택해서 정독하면서 토론해보자는 의견이 나왔고, 그것이 곧 실천에 옮겨져서 우선 다산 정약용의 『목민심서』를 읽기로 결정하였다.

국사학, 국문학, 한문학, 동양사학, 경제사학, 사회학 등 여러 분야의 전공자들이 모여 일주일에 한 번씩 정인보 鄭寅普 ·안재홍 安在鴻 교정의 활자본과 필사본류를 대조해 읽어가다보니 필사본류는 물론 활자본에도 뜻밖에 오식이 많음을 발견하였고, 이미 간행된 번역본류에도 적어도 우리의 안목으로는 오역된 부분이 허다함을 알게 되었다.

모임을 가진 당초에도 공동의 관심을 가진 여러 분야의 전공자가 모인 이점을 살려서 강독회로만 끝낼 것이 아니라 좁게는 다산학, 넓게는 실학 전반에 걸친 협동연구를 기도하는 데까지 발전시켜보자는 의견이 일부 있었는데, 기간본에 오식과 오역이 많음을 발견한 다음에는 이 생각이 좀더 구체화되어 우선 각자가 읽은 부분을 원고화하고 또 주와 원문을 붙여서 출판하자는 데 합의를 보았다.

이후부터는 일정한 부분의 담당자가 미리 번역 원고를 만들어와서 읽고 전원이 원문과 대조하면서 기탄없이 수정을 가하는 한편, 장차의 협동연구를 전제로 하는 뜻에서 구체적인 사실을 철저히 따져서 밝힐 수 있는 데까지는 최선을 다하는 방법으로 강독회를 진행해나갔다. 이 경우 여러 전공분야의 회원이 모였다는 이점이 실제로 살아남을 절감할 수 있었다.

강의와 연구생활에 바쁜 회원들이지만 이 강독회는 거의 거르는 일 없이 계속되었고 한 구절을 두고도 그 바른 뜻을 읽어내기 위한 격론이 자주 벌어졌다. 이 때문에 진도가 늦어지기는 하였지만 원전의 조목들이 하나하나 해석되고 그 원고가 불어남에 따라 기쁨과 보람도 더해갔다. 그때마다의 필요에 따라 한 조목이나 일부분만을 읽었던 종래와는 달리 원전 전체를 정독해감으로써 조선후기 사회가 가진 역사적 모순의 실제를 정확히 파악할 수 있었고, 따라서 다산학의 진실에 접근해가는 듯한 용기를 가질 수 있었던 것이다.

번역본 한 책 분량의 원고가 마련되어갈 무렵 완역까지는 상당한 시일이 걸린다는 어려운 조건이 있음에도 불구하고 창작과비평사가 출판을 쾌락해주었고, 이에 회원 전원이 며칠 동안 불편한 여관에 합숙하면서 번역 원고의 마지막 손질을 하였다. 이 기간은 원고의 내용과 주석을 원전의 뜻에 한층 더 가깝게 하는 기회가 되기도 하였지만, 이에 못지않게 회원들의 학문적인 정열과 인간적인 접근을 확인하는 기회가 되기도 하였다.

이제 겨우 『역주 목민심서』의 첫 권을 내어놓을 뿐이면서 모임의 이름을 감히 다산연구회로 붙이는 용기도 바로 이 학문적 정열과 인간적 접근이 밑바탕이 된 것이라 할 수 있다. 긴 진통 끝에 이제 첫 권을 내어놓지만 곧 둘째 권을 만들 만한 원고가 일단 마련되었고, 그동안 회원의 수가 계속 불어났다. 모임의 이름이 외람되지 않을 수 있으리라는 자위도 다소 생길 수 있을 것 같다.

이제 첫 권을 내어놓으면서 오역이 없지 않을 것이라는 걱정도 있고 비교적 세심한 독회를 거치기는 하였지만 여러 사람이 번역하였기 때문에 문체가 고르지 못할 것이라는 우려도 있다. 그러나 한편으로는 순수한 학문적 동기만으로 이루어진 이 일을 우리 회원들 모두가 자랑스럽게 생각하고, 특히 부록 원문은 적어도 지금까지 흔히 접할 수 있는 『목민심서』 원문 중에서는 가장 정확한 것이 아닌가 장담해본다.

출판을 맡아준 창작과비평사에 감사하고 둘째 권을 곧 내어놓을 것을 약속하면서 동학 여러분의 질정을 바라 마지않는다.

1978년 초봄
다산연구회

이제 드디어 『목민심서』의 역주작업이 끝나게 되었다. 1975년 가을에 『목민심서』 독회를 시작했으니 꼬박 10년의 세월이 걸렸다. 큰일을 하나 마무리 지은 듯 흐뭇한 마음과 함께 고달픈 일에서 벗어난 듯한 홀가분한 기분이 들기도 한다. 역주에 신중을 기한다고 했지만 그래도 미흡한 점이 없지 않다. 앞으로 수정·보완해서 좀더 충실을 기할 예정이다.

이『목민심서』는 원래 다산 정약용 선생이 강진 땅의 귤동 유배지에서 구상하여 자료를 수집, 집필했던 것이다. 기나긴 유배생활이 끝날 무렵인 1818년 봄에 초고가 비로소 이루어졌던 것으로 추정된다. 고향 마재〔馬峴〕로 돌아올 때 이 초고를 짊어지고 와서 다시 손질하고 크게 보완하여 지금 보는 바와 같은 내용으로 편성하였다. 1821년 봄이다. 이처럼 심혈을 기울여 거저巨著를 남긴 작자의 의도는 어디에 있었던가?

『목민심서』는 요컨대 민民과 국가 관계의 문제를 다루고 있다. 다산은 '민'의 주체성을 긍정하여, '민'의 자율적 참정과 의사의 반영으로 체제를 갖추는 것이 원리에 합당한 것으로 보았다. 실로 지천至賤의 상태에서 신음하던 '민'에 대한 연민과 인간적 신뢰에 '민'의 역사 추진력에 대한 튼튼한 믿음을 일체화시켜 그 바탕에서 '민'과 '국가'의 관계를 재정립하려

고 하였던 것이다. 「탕론湯論」「원목原牧」 등 논설에 극명하게 제기되어
있다. 이것이 그의 기본 사상이다.

　문제는 실천의 측면이다. 그의 진보적 정치사상은 그것을 구현시킬 사
회 기반이 당시 현실 안에 주어져 있지 않았다. 실현 가능성이 아득한 경
세이론은 결국 탁상공론으로 그칠 뿐이다. 말세적인 부패와 횡포, 과중
한 수취收取로 인해서 '민' 일반의 생존이 위기에 놓인 상황이었다. 말하
자면 긴급히 치료를 요하는 중환자라고나 할까. 이『목민심서』는 중환자
에 대한 처방에 준하는, 방금 죽어가는 백성을 살리려는 구민救民의 절실
한 의도로 쓰여진 것이다.

　그러므로 체제 개혁에 연결된 여러 본질적인 문제들은 우선 유보해둔
선상에서 오직 백성의 질고疾苦를 대증요법식으로 치유하여 보다 개선
된 생활을 누리게 하기 위한 대책이 강구되었다. 물론 본질적인 문제를
그가 포기한 것은 아니다.『목민심서』를 읽어보면 곳곳에서 지금으로서
는 이런 식으로밖에 도리가 없다는 등의 언급과 함께 긴 한숨소리가 들
리며, 그의 기본사상이 저류低流하고 있음을 느끼게 된다. 이조후기 급격
한 역사 변동의 과정에서 이미 공동화된 전통적 민본 이념에 새로운 정
치사회적 실체를 담으려고 한 사상적 노력이 저술의식의 기반에 깔려 있
는 것으로 생각된다.

　그뿐만 아니라 마치 종합검진을 하듯, '민'이 처한 현실, 정치·사회·경
제적 환경과 그 역사적 배경, 봉건국가의 통치의 하부 말단에 이르기까
지 구조적 모순의 양상을 치밀하고 예리하게, 그리고 총체성의 시각을
잃지 않고 고찰 분석해내고 있다.『목민심서』의 가장 빛나는 내용이다.
거기에 이조후기 사회 전체의 실상이 거울처럼 드러나서 그 시대를 폭넓

게 통찰할 수 있고 나아가 오늘의 우리의 착잡한 현실을 비추어볼 수도 있는 것이다.

우리의 모임은 당초 7명으로 출발한 것이 어느덧 16명으로 불어났다. 독회 10년 동안에 우여곡절이 없지 않았다. 연구와 강의로 각자 분주한 일과에서 공동의 시간을 주기적으로 쪼개낸다는 것부터 보통의 열성으로는 지속하기 어려웠거니와, 한때 부득이한 사정으로 모임을 중지하여 『역주 목민심서』도 중동무이로 끝날 곤경을 넘기기까지 하였다. 이 완간이 다산 선생 서거 150주년을 기념하게 되어 우리로서는 더욱 뜻이 깊다. 우리의 모임은 『목민심서』 독회를 통해서 얻어진 다산학에 대한 이해와 다져진 회원 상호간의 인간적 유대를 기초로 삼아 새로운 연구의 공동의 전진을 기약한다. 끝으로 어려운 여건 속에서도 본서의 출간에 여러모로 도움을 주신 창작과비평사 여러 분께 감사를 드리면서, 특히 교정을 맡아주신 정해렴씨의 정밀한 눈길이 글자마다에 미쳐 있음을 밝혀둔다.

1985년 겨울

다산연구회

다산연구회가 『목민심서』의 역주에 착수한 것은 1975년 가을의 일이요, 이를 일단 완료하여 간행한 것은 1985년이었다. 10년이 더 걸린 일을 끝내자 다음 해 봄 우리는 그 역주본 6책을 가지고 다산 선생의 묘소에 가서 고유제告由祭를 지냈다. 선생의 서거 150주년이 되는 해의 일이었다.

물론 그 사이 다산연구회가 이 책의 역주에만 전념한 것은 아니었다. 이 모임은 각 대학의 교직을 가진 한창 나이의 교수들로 구성되어 있으므로, 회원 각자에게는 자신의 강의와 연구가 더 우선적일 수밖에 없었다. 또한 역주가 진행되는 사이 회원의 상당수가 격심한 사회적 변동의 와중에 구금을 당하거나 혹은 강단에서 추방되기도 하여 이 모임 자체가 한동안 중단되는 사태를 맞기도 하였다.

그러나 그러한 우여곡절을 겪으면서도 우리는 회원 상호간의 학문에 대한 정열과 인간적인 유대를 다져가면서 결국 역주작업을 계속하고 끝내었다. 자신들이 맡은 몫을 준비해와서 일주일 한나절씩을 함께 만나 검토하고, 방학 때면 7~8일 이상씩 합숙하면서 이 책의 내용과 거기에 담긴 시대상을 토론하는 데에 시간과 노력을 기울여왔다. 쉽지 않은 일이었다.

대체 이미 지나간 시대인 조선후기의 실학이 이 격변의 시기를 살아가는 오늘의 우리들에게 시사하는 의미란 무엇인가. 150년 전 다산의 학문을 통해서 오늘의 우리가 계발해낼 수 있는 것은 과연 어느 만큼일 수 있는가. 더 구체적으로 말하자면 『목민심서』를 검토해가지고 오늘의 이 시점에 서서 대체 무엇을 어떻게 해보자는 것인가.

우리들에 있어서 '근대'란 아직도 어떠한 모습으로든 그 역사적 성격이 정착된 시대가 아니다. 그것은 아직도 격변이 진행 중인 현실의 연속선상에서 동요하고 있으며, 우리의 일상으로서 곧 우리들 자신과의 변증법적 대응관계로 현재화해 있는 것이다.

모든 현실이 역사적 현실인 만큼 우리의 궂은 '근대'도 전근대의 소산이외의 것이 아니다. 그러한 우리 전근대 사회의 참모습들을 가장 역사적으로, 사실적으로 종합하여 제시해놓은 책이 아마도 『목민심서』가 아닌가 한다. 그것은 우리나라 전근대 역사상의 최후의 원형을 집성해놓았다고 생각되는 것이다. 다산연구회는 그같은 어떤 원형적인 역사상을 객관적으로 검토해보고자 하는 동호인들의 모임으로 출발하였다. 자신의 현실과 대결하면서 애써 그것의 극복을 시도하다 간 학인學人으로서의 다산의 인간 자세를 알고 싶었다.

10년 이상의 풍상을 거쳐 『목민심서』의 역주를 끝내고 난 지금 우리들의 그 의도는 과연 얼마나 성취되었다고 할 것인가. 생각하면 안쓰러움을 금할 길이 없다. 그러나 또한 10년 풍상을 거친 다산연구회 공통의 연찬研鑽이 한갓 지리멸렬 그것으로 그쳐버렸다고는 생각지 않는다. 우리의 『목민심서』 역주본은 고전의 단순한 번역으로 그친 것이 아니다. 조선후기 사회의 실상을 공통의 연찬을 통하여 투시하고자 한 회원 공통의 뜻이 거기에 실려 있는 것이라고 조금은 자부해본다.

물론 이 책의 기왕의 역주 자체에 대한 불만은 회원 사이에서 진작부터 있어왔다. 특히 그것이 눈에 뜨이는 제1책을 해판하여 이에 전면개정하는 까닭이 거기에 있다. 그리고 우리는 그동안의 연찬을 바탕으로 하여 다산학의 연구 자체를 계속 추진할 것이다.

이 책의 출판을 맡아준 창작과비평사에 고마운 뜻을 전한다. 그 출판을 시종일관 보살펴주었고 특히 여기 제1책 개정판의 대조·정리·교정에 더더욱 정성을 쏟아준 정해렴 편집고문에게 정성어린 우정의 뜻을 보낸다.

1988년 봄

다산연구회

1

赴任六條
제1부 부임 6조

전권 차례

1

일러두기

1. 이 책 『역주 목민심서』(전7권)는 1934~38년 신조선사에서 간행한 『여유당전서與猶堂全書』(전 67책冊, 1970년에 경인문화사에서 6책으로 영인본 간행) 중 제5집 정법집政法集의 『목민심서 牧民心書』를 저본으로 한 『역주 목민심서』(전6권, 창작과비평사 1978~1985)의 전면개정판이 다. 전7권 중 국문 번역문은 제1~6권에, 한문 원문은 제7권에 실었다.

2. 원문에 충실한 번역을 원칙으로 하되 독자의 이해를 돕기 위하여 경우에 따라 의역을 하였다.

3. 원저의 지은이 주註는 본문에서 【 】안에 넣었다. 다만 옮긴이의 보충이 필요한 항목은 각주 에서 원주의 내용을 밝히고 추가 설명을 하였다.

4. 인명, 지명, 제도, 중요한 역사적 사실과 용어 등에 대하여 옮긴이의 각주를 붙였다.

5. 『목민심서』의 서술 체제는 강목체綱目體로 되어 있는데 이 책에서는 활자의 색과 크기를 달리 하고 행간을 띄어 강綱과 목目을 구분하였다.

6. 부(예: 제1부 부임 6조), 조(예: 제1조 전정) 등은 원문에는 없지만 이해를 돕기 위하여 붙였다.

7. 원저의 목目 부분에 ○ 기호로 구분지어 서술해놓기도 했는데, 번역문에서 그 부분을 그대로 따랐다. 다만 독자의 편의를 위해 문단을 나누기도 하였다.

8. 원저의 목目 부분에는 소제목이 없지만 독자의 편의를 위해 소제목을 넣기도 하였다.

9. 이 책에 나오는 기호는 다음과 같이 사용하였다.
   『 』서명을 나타낸다. 서명과 편명을 함께 밝힐 때는 중점으로 구분했다. 예: 『후한서·순리전』
   「 」편명을 나타낸다. 예: 「순리전」「호전」
   〔 〕병기한 한자와 음이 다른 경우, 번역문에 원문을 병기할 때 사용하였다.
   案 鏞案 臣謹案 정약용 자신의 견해임을 밝힌 표현이다. 鏞案은 존경하는 분의 말씀에 대해, 臣謹案은 임금의 말씀에 대해, 案은 그밖의 일반적인 문제에 대한 견해이다.

자서 自序

옛날에 순舜임금은 요堯임금을 계승하면서 12목牧을 불러 백성을 기르
도록 하였으며, 문왕文王은 정치제도를 세울 때 사목司牧을 두어 목부牧夫[1]
라 하였으며, 맹자孟子는 평륙平陸에 갔을 때[2] 가축 먹이는 일〔芻牧〕을 백성
을 기르는 데 비유하였다. 이로 미루어보면 백성을 부양하는 것을 가리
켜 목牧이라 한 것은 성현이 남긴 뜻이다.

성현의 가르침에는 원래 두 가지 길이 있다. 사도司徒[3]는 만백성을 가
르쳐 각기 수신케 하고, 태학太學[4]에서는 왕족 및 높은 벼슬아치의 자제
들을 가르쳐서 각자 수신하고 백성을 다스리게 했으니, 백성을 다스리는
것이 목민의 일이다. 그러므로 군자의 학문은 수신이 반이며, 나머지 반
은 목민이다.

---

1 목부牧夫: 가축을 사육하는 사람. 『서경書經·입정立政』에 나오는 말이다.
2 『맹자孟子·공손추 하公孫丑下』에 나오는 고사이다. 평륙平陸은 제齊 나라의 지명이다.
3 사도司徒: 『주례周禮』에 나오는 육경六卿의 하나로 지관대사도地官大司徒 라고도 하였으
   며, 예교禮敎 로써 백성을 교화하는 일을 맡아보았다.
4 태학太學: 수도에 둔 대학大學. 소학小學에서는 쇄소灑掃·응대應對·진퇴進退 의 절차를
   가르치는 데 대하여 태학은 수기修己·치인治人 을 가르치는 최고 학부이다.

성인의 시대는 오래되어 그 말씀이 희미해졌고 도道는 점점 어두워졌다. 그래서 오늘날 백성을 다스리는 자들은 백성들로부터 거두어들이는 데만 급급하고 양육할 줄을 모른다. 그런 탓에 백성들은 여위고 시달리고, 시들고 병들어 쓰러져 진구렁을 메우는데, 그들을 기른다는 자들은 화려한 옷과 맛있는 음식으로 자기만을 살찌우고 있다. 이 어찌 슬프지 아니한가?

나의 선친께서 조정의 후한 대우를 받아 두 현縣의 현감縣監, 한 군郡의 군수郡守, 한 부府의 도호부사都護府使, 한 주州의 목사牧使를 지냈는데 모두 잘 다스린 공적이 있었다. 나는 비록 못나고 어리석은 사람이지만 따라 배워서 다소간 들은 바가 있었고, 보아서 다소간 깨달은 바도 있었으며, 물러나 이를 시험해봄으로써 다소간 체득한 바가 있었다. 하지만 귀양살이하는 몸이 되어 쓰일 데가 없게 되었다. 멀리 변방에서 귀양살이한 18년 동안에 오경五經과 사서四書를 반복해서 연구하여 수기修己의 학을 익혔으나, 생각해보니 수기의 학은 학문의 절반에 불과하다.

이에 중국의 23사史와 우리나라의 역사서 및 기타 저술이나 문집 등의 서적에서 옛날의 사목이 백성을 기른 자취를 찾아 위아래로 대조하여 뽑아내 종류별로 모아 차례대로 편집하였다. 한편 남쪽 변두리 땅에서는 아전들이 전세田稅와 공부貢賦를 농간하여 여러 가지 폐단이 어지럽게 생겨났는데, 나의 처지가 낮기 때문에 듣는 것이 매우 상세하여 이런 일들 또한 종류별로 기록하였으며, 나의 얕은 견해를 덧붙였다.

모두 12부인데 제1부는 부임赴任, 제2부는 율기律己, 제3부는 봉공奉公, 제4부는 애민愛民이며, 제5부에서 제10부까지는 육전(六典, 이·호·예·병·형·공)에 관한 것이고 제11부는 진황賑荒, 제12부는 해관解官이다. 12부가 각

6개조로 구성되었으니 모두 72조이다. 여러 조를 합하여 한 권을 만들기도 하고, 한 조를 나누어 몇 권을 만들기도 하였으니, 통틀어 48권으로 하나의 저서를 이루었다. 비록 현 시대를 따르고 지금 습속을 좇았기 때문에 위로 선왕의 헌장憲章에 그대로 부합될 수는 없겠으나, 백성을 기르는 데 조례를 갖춘 셈이다.

고려 말에 비로소 오사五事[5]로 수령들을 고과考課하였고, 우리 조선에서도 그대로 하다가 후에 칠사七事[6]로 늘렸다. 오사나 칠사 모두 대체의 방향만을 독려한 것일 따름이었다. 수령이란 직분은 관장하지 않는 바가 없으니, 여러 조목을 차례로 드러내더라도 오히려 직분을 다하지 못할까 두려운데, 하물며 자발적으로 생각해서 행하기를 기대할 수 있겠는가? 이 책은 첫머리와 맨 끝의 2부를 제외한 나머지 10부에 들어 있는 것만 해도 60조가 된다. 참으로 어진 수령이 있어서 자기 직분을 다할 것을 생각한다면 아마도 방향을 잃지 않을 것이다.

옛날에 부염傅琰[7]은『이현보理縣譜』를, 유이劉彝[8]는『법범法範』을 저작하였으며, 왕소王素[9]는『독단獨斷』을, 장영張詠[10]은『계민집戒民集』을, 진덕수

---

5 오사五事: 수령오사守令五事의 준말이다. 고려 우왕禑王 원년(1375)에는 수령고적법오사守令考績法五事, 즉 전야벽田野闢·호구증戶口增·부역균賦役均·사송간詞訟簡·도적식盜賊息을 두어 수령의 성적을 평가하였으며, 창왕昌王이 즉위했을 때 조준趙浚의 상소로 전야벽·호구증·사송간·부역균·학교흥學校興의 오사를 두어 이를 제대로 수행하지 못한 수령은 내치기도 하였다.
6 칠사七事:『경국대전經國大典』에서는 오사를 칠사로 늘렸는데 농상성農桑盛·호구증·학교흥·군정수軍政修·부역균·사송간·간활식奸猾息이다.
7 부염傅琰, ?~487: 중국 남조시대 남제南齊에서 송宋에 걸치는 사람. 자는 계규季珪이다. 송대에 여러 곳의 지방관을 역임했다.
8 유이劉彝, 1017~1086: 중국 송나라 사람. 자는 집중執中이다. 구산朐山의 현령을 지냈고, 후에 처주處洲의 장長이 되었는데 치적이 있었다.
9 왕소王素, 1007~1073: 중국 송나라 사람. 자는 중의仲儀이다. 인종仁宗 때에 간원諫院, 후

眞德秀[11]는 『정경政經』을, 호태초胡太初[12]는 『서언緖言』을, 정한봉鄭漢奉[13]은 「환택宦澤」을 저작하였다. 모두 이른바 목민에 관한 책이다. 오늘날 이런 책들은 거의 전해오지 않고 오직 어지러운 말과 기이한 구절만이 일세를 횡행하니, 나의 이 책인들 어찌 전해질 수 있으랴? 그러나 『주역』에 "앞 사람의 말씀이나 지나간 행적들을 많이 익혀서 자신의 덕을 쌓는다"라고 하였다. 이 책은 실로 나의 덕을 쌓기 위한 것이지, 어찌 꼭 목민에만 한 정한 것이겠는가.

'심서心書'라 한 것은 무슨 까닭인가? 목민할 마음은 있으되 몸소 실행할 수 없기 때문에 '심서'라 이름한 것이다.

당저當宁[14] 21년 늦봄에 열수洌水 정약용丁若鏞은 쓴다.

에 공부상서工部尙書를 지냈다.

10 장영張詠, 946~1015 : 중국 송나라 사람. 자는 복지復之, 호는 괴애乖崖이다. 추밀직학사 樞密直學士, 이부상서吏部尙書를 지냈다. 저서로 『괴애집乖崖集』이 있다.

11 진덕수眞德秀, 1178~1235 : 중국 송나라 사람. 자는 경원景元, 후에 경희景希로 고쳤다. 벼 슬이 참지정사參知政事에 이르렀고, 서산선생西山先生이라 불렸다. 그의 학문은 주자朱子 를 종주宗主로 삼고 있다. 저서에는 『대학연의大學衍義』가 유명하다.

12 호태초胡太初 : 중국 송나라 사람. 순우淳祐 연간에 처주군수處州郡守를 지냈다. 저서로 『주렴서론畫簾緒論』이 있다.

13 정한봉鄭漢奉, 1602?~1646 : 중국 명나라 사람인 정선鄭瑄. 한봉漢奉은 그의 자이다. 저서 로 『작비암일찬昨非菴日纂』이 있는데 「환택宦澤」은 여기에 들어 있다.

14 당저當宁 : 현재 재위 중인 임금을 나타내는 말. 『예기禮記·곡례曲禮』에서 천자가 조회 때 서는 위치를 표현한 데서 온 것이다. 이때는 조선의 23대 왕인 순조純祖를 뜻한다.

赴任六條

제 1 조 임명을 받음

除拜

다른 벼슬은 구해도 좋으나 목민의 벼슬은 구해서는 안 된다.

윗사람을 섬기는 자를 민民이라 하고 목민하는 자를 사士라고 하니, 사는 벼슬하는 자이고 벼슬하는 자는 모두 목민하는 자이다. 중앙의 벼슬자리는 임금을 받드는 일이거나 각 기관의 직책을 수행하는 일이기 때문에 조심스럽게 해나가면 죄를 짓고 후회할 일은 별로 없을 것이다. 오직 수령은 만백성을 주재하니 하루에 모든 정무를 처리함에 있어 천하국가를 다스리는 사람과 비록 크고 작고는 다르더라도 처지는 사실 마찬가지이다. 이런데도 어찌 목민하는 벼슬을 구할 것이겠는가. 옛날에 상공上公은 그 영역領域이 100리里, 후侯·백伯은 사방 70리, 자子·남男은 사방 50리였고, 50리가 되지 못하는 것은 부용附庸이라 일컬었는데, 이들 모두가 제후였다. 지금 큰 주州는 영역이 상공에, 중읍中邑은 후·백에, 하읍下邑은 자·남에 각각 준하고, 나머지 작은 고을은 부용과 같다. 벼슬의 이름은 다르지만 수령의 직책은 옛날의 제후이다. 옛날의 제후에게는 재상宰相이 있었고 삼경三卿[1]이 있었으며 대부大夫[2]와 백관百官이 갖추어져 있어 각기 자기 일을 수행하였기 때문에 제후 노릇하기가 어렵지 않았다. 지금의 수령은 만백성 위에 홀로 외롭게 있으면서 간민奸民 3명[3]을 좌佐로 삼고, 활리猾吏[4] 60~70명을 보輔로 삼고 거칠고 거센 자 몇 명을 막빈幕賓[5]으로 삼고 성격이 흉악한 자 수십 명을 복례僕隸로 삼고 있다. 이들이 자기네들끼리 패거리를 지어 수령 한 명의 총명을 가리고 속이며 문서를 조작하여 만백성을 괴롭힌다. 그뿐 아니라 옛날의 제후는 아비가 전하고 아들이 계승하여, 대대로 그 자리를 세습하였으므로 그 신하와 백성들은 죄를 지으면 평생토록 등용되지 못하거나 대대로 떨칠 수 없었 던 까닭에 그런 만큼 명분과 의리가 무거웠다. 그 때문에 못된 사람이 있 다 하더라도 감히 두려워 복종하지 않을 수 없었다. 지금의 수령은 임기 가 길어야 혹 2년이고, 그렇지 않으면 몇 달 만에 바뀌니, 모양새가 주막 의 나그네와 다름없다. 그러나 저들 보·좌·막빈·복례 등은 모두 아비가 전하고 자식이 이어받으니 옛날 세습하던 경卿과 같다. 주인과 나그네로 형세가 이미 다른 데다 오래고 오래지 못한 사정이 또한 다르다. 군신의 대의, 천지의 정분定分이 있는 것이 아니기 때문에 죄를 지은 자는 도피 하였다가 나그네가 떠나면 주인이 자기 집에 돌아오듯 돌아와 부를 그대 로 향유하는데 무엇을 겁내겠는가. 수령 노릇하기가 공후公侯보다 백배 나 더 어렵거늘 수령 자리를 구해서 될 일이랴! 수령의 직분은 덕이 있더

---

1 삼경三卿: 『주례』에 설정되어 있는 사도司徒·사마司馬·사공司空 등 세 사람의 집정대신 執政大臣.

2 대부大夫: 중국 주대周代 이래 경卿의 하위下位, 사士의 상위上位에 있는 고위 관직.

3 간민奸民 3명: 여기서는 좌수座首·좌별감左別監·우별감右別監으로 구성된 향청鄉廳의 임 원을 가리킨다.

4 활리猾吏: 각 고을의 아전을 가리킴. 이들 부류가 대체로 교활하기 때문에 '활리'라는 표 현을 쓴 것임.

5 막빈幕賓: 수령이 사적으로 데리고 가서 돕도록 하는 인원. 낭청郎廳이라고도 부른다.

라도 위엄이 없으면 제대로 할 수 없고, 뜻이 있더라도 밝지 못하면 제대로 할 수 없다. 제대로 할 수 없는 경우에는 백성이 해독을 입어 괴로움을 당하고 길바닥에 쓰러질 것이다. 사람들이 비난하고 귀신이 책망하여 그 재앙이 후손들에게 미칠 텐데 이럼에도 수령 자리를 구해서야 되겠는가.

요즈음 무인武人들이 제 발로 이조吏曹의 관원[6]을 찾아가 수령 자리를 구걸하는 것이 관례가 되고 풍속을 이루어, 이제는 조금도 부끄러운 줄 모른다. 수령 자리를 구걸하는 자는 자신이 재주와 지혜가 있는지 없는지 스스로 헤아려보지도 않고, 그것을 들어주는 자 역시 알아보거나 묻지도 않으니, 정말 잘못된 일이다. 문신으로 홍문관弘文館이나 승정원承政院에서 벼슬하는 자가 고을살이를 구하는 법이 있다. 아래에서는 부모를 공양하려는 효성에서 고을살이를 구걸하며, 위에서는 효도라 하여 허락하였는데, 이 관행이 풍속을 이루어 당연하게 여겨지고 있다. 우虞·하夏·은殷·주周의 시대에는 이런 일이 결코 없었다. 집이 가난하고 부모가 늙어 끼니를 잇기 어려운 사정은 실로 딱하다. 그러나 천지의 공리公理에 벼슬자리를 위하여 사람을 택하는 법은 있으나, 사람을 위하여 벼슬자리를 고르는 법은 없다. 한 집안의 봉양을 위하여 만백성을 다스리는 수령의 자리를 구하는 것이 옳은 일이겠는가? 신하 된 자가 만백성으로부터 거두어들여서 자기 부모를 봉양하자고 구걸하는 것도 합당치 않고, 임금으로서 만백성에게 거두어들여 신하에게 자기 부모를 봉양하라고 허락

---

6 이조吏曹의 관원: 전관銓官이라 하는데, 관리의 임용을 전형銓衡하는 임무를 맡았다. 문관의 임용에는 이조, 무관의 임용에는 병조兵曹의 관원이 전관이 되지만, 수령의 임용은 모두 이조가 담당하였다.

하는 것도 이치에 맞지 않는다. 만약에 재주가 있고 큰 뜻을 품은 사람이 국량을 헤아려보아 백성을 다스릴 만하다고 생각되면 스스로 천거하는 글을 올려 한 고을 다스리기를 청할 수 있다. 이런 경우는 가능하지만, 오직 부모가 늙었고 집이 가난하여 끼니조차 잇기 어렵다는 것을 구실로 삼아 고을살이를 구걸하는 것은 이치에 맞지 않는다. 옛날에는 경연經筵[7]에 참석하는 신하 가운데 백성의 신망을 받고 있던 자가 어쩌다가 한 고을을 구걸하는 일이 있었는데, 조정은 이 사람을 보내면서 잘할까 못할까 걱정하지 않았고, 고을의 백성들은 이 사람이 부임하는 것을 모두 좋아하고 기뻐하였다. 뒷날의 사람들은 재주도 없고 덕망도 없으면서 이 일을 선례로 삼아, 집이 가난하지 않고 부모 받들기에 어렵지 않은 자들이 염치없이 고을살이를 구걸하니, 예禮가 아니다. 결코 이런 일을 본떠서는 안 된다.

퇴계退溪[8]는 이강이李剛而[9]에게 보낸 답장에서 이렇게 말하였다. "좋은 음식이 없으면 자식 된 자로서 깊이 걱정하겠지만, 요즘 사람들은 부모 공양을 핑계 삼아 의롭지 못한 녹祿을 받고 있으니, 이는 공동묘지의 제사 음식을 빌어다 봉양奉養하는 것과 다를 바가 없다." ○ 퇴계는 또 말하였다. "모의毛義[10]가 왕의 부름을 받고서 기뻐하자 장봉張奉[11]이 이를 아

---

7 경연經筵: 왕을 모시고 경사經史를 강론하는 자리. 그 담당자를 경연관이라 하는데 관인 중에서도 학문과 명망이 높은 학자를 기용했다.
8 퇴계退溪, 1501~1570: 조선 중기의 학자 이황李滉. 자는 경호景浩, 퇴계는 그의 호이다. 성리학자로 저술에는 『퇴계집退溪集』『송계원명이학통록宋季元明理學通錄』등이 있다.
9 이강이李剛而, 1512~1571: 이름은 정楨, 강이는 그의 자, 호는 귀암龜巖이다. 저서로 『귀암집龜巖集』이 있다.
10 모의毛義: 중국 후한 때의 인물. 자는 소절少節이다. 효행孝行이 있었다.
11 장봉張奉: 중국 후한 때의 인물.

름답게 여겼다고 하는데, 이는 특별한 이야기이다. 모공毛公은 본래 고결하게 물러설 뜻이 있었으나 어버이를 봉양하기 위하여 그 뜻을 굽힌 것이며, 그 때문에 장봉이 아름답게 여긴 것이다. 만일 모의가 의롭지 않게 자리를 얻고서 기뻐하였다면 장봉은 아마도 침을 뱉고 떠났을 것이다."

案 재주가 부족하고 재산이 넉넉함에도 어버이 봉양을 구실 삼아 고을살이를 구걸하는 것은 불의不義가 아니랴! 만일 백성을 다스릴 재주가 있다면 스스로를 추천하더라도 좋을 것이다.

후한後漢 때 경순耿純[12]이 한 고을을 힘껏 다스려 성과를 올리겠다고 청하였던바 왕은 웃으면서 "경卿이 직접 다스려 성과를 올리겠다고 말하는구나"라고 하고, 드디어 동군東郡의 태수에 임명하였다.

당나라 때 이포진李抱眞[13]은 한 주를 맡아서 스스로 시험해보기를 원했는데 처음에는 노주潞州에 임명되고 뒤에 회주懷州에 전임되었다. 그가 재임하는 8년 동안 백성이 편안히 생활하였다.

관직을 제수받은 처음부터 재물을 함부로 써서는 안 된다.

수령의 봉록俸祿[14]은 모두 월별로 책정된 셈이지만, 한 달 액수를 자세

---

12 경순耿純, ?~37: 중국 후한 때의 인물. 자는 백산伯山이다. 뒤에 동광후東光侯에 봉해졌다.
13 이포진李抱眞, 733~794: 중국 당나라 중기의 명장. 자는 태현太玄이다. 포옥抱玉의 종제從弟로서 덕종德宗 때 소의군昭義軍을 거느리고 주도朱滔를 격파하였다.
14 봉록俸祿: 수령에게는 중앙정부에서 지급되는 봉록이 없다. 여기서의 봉록은 대동미大同米의 유치미留置米(대동미 중 지방 경비로 남기는 쌀)에서 수령의 생계비로 지출되는 관수미官需米를 뜻한다.

히 나누어보면 일별로 책정되어 있다. 무릇 재물을 달을 앞당기고 날을 앞당겨서 쓰는 것은 모두 쓸 재물이 아닌 것을 쓰는 것이다. 무릇 쓸 재물이 아닌 것을 쓰는 일은 탐학貪虐할 조짐이다. 수령이 임지에 도착하기 전에 경질될 경우 봉록을 받지 못하게 되는데, 몸이 아직 서울에서 떠나기도 전에 임지의 재물을 어떻게 쓸 수 있겠는가. 부득이하여 쓰는 경우 외에는 함부로 끌어다 써서는 안 된다. ○ 요즈음 부임하는 수령이 임금에게 하직인사(辭朝)를 드리는 날이면 액례掖隷[15]·원례院隷[16]가 예전(例錢, 관례적 뇌물)을 토색하는데 이름하여 궐내행하闕內行下라고 한다. 많을 때는 수백 냥이고 적어도 50~60냥이다. 음관蔭官[17]·무관 및 보잘것없는 시골 출신인 자가 수령으로 나아갈 때 이네들에게 주는 예전이 마음에 차지 않으면, 이네들이 대고 욕지거리를 하며 옷소매를 잡아당기니 당하는 곤욕이 말이 아니다. 선조先朝[18]께서 일찍이 이를 엄금하여 승정원에서 예전의 액수를 정하여 가감하지 못하도록 하였다. 욕지거리는 조금 줄어들었으나 뜯어내는 것은 공물貢物의 정액과 다를 바 없으니 크게 예에 어긋난다. 무릇 조정에서 백성을 위해 수령을 보낼 때에는 씀씀이를 절약하여 백성을 사랑하도록 응당 경계해야 할 일이다. 그럼에도 먼저 액례와 원례를 풀어놓아 명분 없는 돈을 멋대로 토색하여 그 돈으로 기껏 기생을 끼고 술을 마시고 놀며 풍악이나 울리는 비용으로 충당하니 이것이

---

15 액례掖隷: 원주에 "대전별감大殿別監"이라고 나와 있다. 대전은 임금이 거처하는 궁전, 즉 대내大內. 여기서 별감은 심부름하는 직책.
16 원례院隷: 원주에 "승정원承政院 사령使令"이라고 나와 있다. 사령은 여러 관아에서 심부름하는 관원을 지칭하는 말.
17 음관蔭官: 종2품(시종신侍從臣은 정3품) 이상인 관리의 자손은 과거를 통하지 않고 관직을 얻을 수 있었는데, 이를 음사蔭仕라 하며 그러한 관원을 음관이라 하였다.
18 선조先朝: 선왕의 의미. 다산의 입장에서 정조를 가리킴.

무슨 예인가. 근신近臣이 수령으로 나가는 사람을 독촉하여 "너는 기름진 고을을 얻어서 장차 백성의 고혈을 먹게 될 것이니 내례內隷[19]를 잘 대접하라"라고 하는 처사는 예가 아니요, 수령으로 나가는 사람이 이에 순종하여 "나는 기름진 고을을 얻어서 장차 백성의 고혈을 먹을 텐데 어찌 이 돈을 거절하랴" 하는 것도 예가 아니다. 하물며 읍례邑例[20]가 만 가지로 달라서 궐내행하의 돈을 민고民庫[21]에서 취하여 쓰는 수도 있으니 이와 같은 경우는 액례와 원례를 풀어놓아 백성을 벗겨먹도록 하는 짓이 아닌가. 이러한 일은 마땅히 조정에서 엄금해야 할 노릇이로되 수령으로 나가는 자에게는 오직 전례를 참고한다는 두 마디 말만 있을 뿐이다. 수령들은 관례에 따라 응하게 되니 장차 어찌하면 좋은가? ○ 곤궁한 친구나 가난한 일가, 고모나 형수, 제수 또는 누이들이 혹시 도움을 구하면 응하지 않을 수 없겠지만 그러나 체자帖子[22]의 끝에 "취임한 지 열흘 뒤에나 청구하라"(부임지까지 거리가 열흘 정도면 열흘 뒤로 하고 닷새 정도면 닷새 뒤로 할 것이다. 별일 없이 부임할 것을 헤아려서 날짜를 적음)라고 써서 저리邸吏[23]에게 준다. 사정이 급하지 않은 자에게는 따뜻한 말로 약속해두되 부임한 지 한두 달 안에 부임한 고을에서 보내줄 것이다. 아무쪼록 저채邸債[24]를 많이

---

19 내례內隷: 궁정에서 천역을 담당한 자라는 의미로, 액례와 원례 등을 가리키는 말.
20 읍례邑例: 각 군현郡縣의 관례. 제3부 제2조 '법도를 지킴' 참조.
21 민고民庫: 군아郡衙에 소속된 창고로 관아의 임시비로 충당하기 위하여 군민이 예납한 돈과 곡식 등을 저장해두었다.
22 체자帖子: 관청에서 금품을 지불하는 경우에 사용하는 문건.
23 저리邸吏: 고을과 감영·병영·중앙 관아와의 사무 연락을 위하여 감영·병영·중앙 관아가 있는 지역에 머물고 있는 아전을 가리킨다. 저리에는 영저리營邸吏·병영저리兵營邸吏·경저리京邸吏 등이 있다. 원주에 "경주인京主人"이라고 나와 있는데 경주인은 경저리와 같은 말이다.
24 저채邸債: 경저리에게서 빌어 써서 지는 빚.

져서는 안 된다. 이런 경우에도 역시 먼저 체자를 써서 그들에게 주어['어느 댁에 돈 얼마'라는 식으로 쓴다] 안심하고 믿도록 해야 할 것이다.

저보邸報²⁵를 내려보내는 처음부터 덜 수 있는 폐단은 덜도록 해야 한다.

신영(新迎, 수령을 새로이 맞이함) 예절에서 첫째는 지장支裝²⁶을 봉하여 바치는 것이고, 둘째는 아사(衙舍, 관아의 중심 건물)를 수리하는 것이고, 셋째는 기치旗幟를 들고 영접하는 것이고, 넷째는 풍헌風憲·약정約正²⁷이 명을 기다리고 있는 것이고, 다섯째는 중도에서 문안드리는 것인데, 그중에 폐단이 되는 것은 생략해도 좋다. ○ 저리가 고을에 사람을 보낸다고 통고하면 수령은 본 읍의 공형公兄²⁸에게 이렇게 명을 전할 것이다. "지장하는 물품은 술과 마른안주 이외에는 올려보내지 말고, 아사 수리는 분부를 기다려서 거행하며, 도임하는 날 고을 경계에서의 기치를 올릴 때는 영기令旗 두 쌍만 문졸門卒[사령이다]이 받들어 들게 하고 다른 것은 모두 줄여라. 읍내나 외촌外村을 막론하고 군졸 하나라도 절대로 알리지 마라. 밑에서 토색하는 자는 특별히 엄금하고 외촌의 풍헌·약정, 그리고 천

---

25 저보邸報: 경저리가 고을에 보내는 통지문.
26 지장支裝: 새로이 부임하는 수령을 맞이할 때 본 고을에서 신임 수령에게 바치는 물건.
27 풍헌風憲·약정約正: 원주에 "방리坊里의 직책"이라고 나와 있다. 방坊은 오늘날의 면에 해당한다. 이들을 향직자鄕職者라고 하는데 풍헌·약정 이외에도 집강執綱·존위尊位·면임面任 등이 있었다.
28 공형公兄: 원주에 "이방吏房·호장戶長 등"이라고 나와 있다. 각 고을에는 이吏·호戶·예禮·병兵·형刑·공工의 육방六房이 있었는데 이방吏房·호방戶房·형방刑房의 우두머리 아전을 삼공형三公兄이라 하였다.

총千摠·파총把摠·초관哨官·기패관旗牌官[29] 등에게도 결코 알리지 마라. 도중의 문안은 오직 중간 지점에만 한 차례 보내되 물품은 결코 올리지 마라." ○ 옛날에 지장하는 물품은 안장 갖춤, 옷감·종이·반찬·선물로 그 수량이 아주 많았는데 이는 신영의 예절을 갖춘 것이었다. 수령이 이 예물을 받아서 친척에게 나누어주는 것은 옛날의 도리였다. 이는 비록 아름다운 풍습이기는 하지만 중세 이래로는 군읍이 시들고 피폐해져 무슨 일이든 될 수 있는 대로 절약하기 때문에 지장은 줄이는 것이 좋다고 한 것이다. ○ 아사를 수리하자면 종이가 많이 들고 백성과 중을 부려서 그 폐단이 많으니 내가 부임한 뒤에 형편을 보아 수리하는 것이 좋다. ○ 신영의 기치는 으레 속오군束伍軍[30]을 동원해서 잡게 하는데 그들 중에 읍내에 들어오는 자는 열흘을 지체하여 머물게 되며, 읍에 들어오지 않는 자도 사적으로 징수하는 것이 있다. 만약 농사철이라도 당하면 더욱 민폐民弊가 되니 유의하지 않으면 안 된다. ○ 무릇 촌사람이 읍내에 들어와 오래 머물면 민폐가 있기 마련이다. 그런 까닭에 풍헌·약정·장관將官[31] 등도 생략하는 것이 좋다. ○ 신영하는 처음에는 고을 아전의 문안드리는 인편이 끊이지 않는데, 그들이 왕래하는 비용 일체도 결국 백성의 손에서 나온다. 수령이 부임한 뒤로도 문례門隷【사령이다】가 문안드리는 것을 빙자하여 마을에서 뜯어내는데 이를 동령動鈴【빈손으로 구걸하는 것을 이르

---

29 천총千摠·파총把摠·초관哨官·기패관旗牌官: 천총·파총·초관은 동오군東伍軍의 지휘관들이고 기패관은 기수旗手이다.
30 속오군束伍軍: 임진왜란 이후 지방에서 군역이 없는 양인良人·공사노公私奴·장정壯丁을 지방 단위로 편제하여 평상시에는 훈련을 받고 유사시에는 동원되도록 조직한 지방군이다. 영장營將이 단위군單位軍의 최고 지휘관이며, 그 밑에 천총, 그 밑에 파총, 그 밑에 초관이 있었다.
31 장관將官: 여기서는 천총·파총·초관 등을 일컫는 듯하다.

는 말], 혹은 조곤釣緄【술을 차고 구걸하는 것을 이르는 말】이라고 하며 계방촌契房村[32]이나 도서, 두메마을에서 이런 짓을 벌인다. 그런 탓에 고을 아전이 문안드리는 하인을 자주 보내게 해서는 안 된다.

『다산필담茶山筆談』[33]에서 이렇게 말하였다. "신영하는 하속 중에 제일 쓸데없는 것은 이방의 아전이다. 내가 부임함에 어머니를 모시고 처를 데리고 내려가면 이방 아전은 가벼이 여길 수 없겠으나 내가 단신으로 홀쩍 간다면 이방은 무용지물이 아니겠는가." ○ 저보를 내려보내는 처음에 이렇게 명을 전할 것이다. "본관은 지금 혼자 떠나니 간략히 줄이도록 힘써라. 신영하는 이방은 절대 올라오지 말고 고을의 경계까지만 나와 기다리도록 하라. 오직 형리刑吏 1명, 주리廚吏[34]【감상監嘗이라 이른다】, 관리館吏【행차공방行次工房】, 통인通引【시동侍童】 1명씩과 시노侍奴【급창及唱】 2명, 추종騶從【구종방자驅從房子】 2명, 조례皂隷【사령】 3명만은 곧 서울로 올라올 것이요, 이 밖에는 감히 함부로 움직이지 말도록 하라." ○ 만일 나 자신의 형편이 간단히 줄이기 어렵다면 인원을 늘려야겠으나 적을수록 좋다.

신영에 필요한 마필 사용료[35]를 이미 공적으로
받았음에도 불구하고 또 백성에게 부과하는 것은

---

32 계방촌契房村: 지방의 아전들이 임의로 한 마을을 계방촌으로 삼고서는 사사로이 부역을 징수하여 착복하고 대신 그 마을의 공적인 부역을 면제해주었다. 18세기 후반부터 성행하였다.

33 『다산필담茶山筆談』: 다산의 저술로 보이는데 따로 전하는 것은 아직 발견되지 않았다.

34 주리廚吏: 주방 담당 아전.

35 마필 사용료: 원문은 "쇄마지전刷馬之錢"이다. 지방에서 비치해두었다가 관용官用으로 제공하는 말을 쇄마라 하며, 쇄마가는 지방의 저치미儲置米(대동미에서 상납미上納米를 올려보내고 남은 것으로 지방에 둠) 중에서 쇄마의 대가로 지불하는 것이다.

왕의 은혜를 감추고 백성의 재물을 노략질하는
처사이니, 그래서는 안 된다.

⬜『속대전續大典』[36]을 보면 지방관地方官을 맞이하고 보내는 데 쓰이는
쇄마刷馬는 도리道里를 헤아려서 마릿수를 정한다고 되어 있다〔「호전戶典·
외관공급外官供結」에 보인다〕. 평안도와 함경도 이외에는 모두 쇄마가 있는데
주와 부에는 20필, 군과 현에는 15필이 원래 정해진 숫자이다. 그리고 도
道를 상·중·하 세 등급으로 나누고 다시 고을을 대·중·소 세 등급으로
나누어, 길이 멀고 고을이 큰 곳에는 6필까지 더하고 길이 가깝고 고을
이 작은 곳에는 혹 2필을 더한다. 경기도는 말의 필수를 줄이고 평안도의
박천博川 서쪽 지역이나 함경도의 홍원洪原 북쪽 지역은 모두 역마를 지
급한다〔「병전兵典·역마驛馬」에 보인다〕. 무릇 쇄마의 값은 처음에는 쌀로 주
었으나, 균역법均役法[37]이 실시된 이후 삼남(三南, 충청도·전라도·경상도)의 바
닷가 고을은 돈으로 대신 주었다〔『대전통편大典通編』에 보인다〕. 많은 경우에
는 400여 냥, 적은 경우에도 300여 냥이다. 이 법을 제정할 당초에는 조
정에서 수령을 맞이하고 보낼 적에 쇄마로 인해 백성이 침학을 받지 않
을까 우려하여 쇄마전을 지급, 비용에 충당케 한 것이었다. 요즈음 신구
수령이 교체할 때에 그 신구 수령의 쇄마전을 백성으로부터 징수하는데,

---

36 『속대전續大典』: 영조 22년(1746)에 간행된 법전.『경국대전』이후에 반포된『대전속록
大典續錄』『수교집록受敎輯錄』『여록통고與錄通考』등을 비롯하여 그 뒤의 각종 수교조례
受敎條例를 수집하여 편찬한 것이다.
37 균역법均役法: 영조 26년(1750) 종래 양정良丁 1인당 2필씩 부과하였던 군포를 1필로 줄
이고 그로 인한 부족액을 어염세漁鹽稅·결전結錢 등으로 보충하도록 개혁한 새로운 군역
법軍役法이다.

그 액수가 공적으로 지급되는 것보다 배나 많거나 혹은 그와 맞먹는다. 이 관행이 오래되어 습속을 이루어 부끄러운 줄 모르고 당연하게 여기니 크게 예에 어긋나는 일이다[전임 수령이 교체되어 갈 때는 공적으로 지급되는 쇄마 전이 없다]. 왕이 백성을 근심하여 나에게 말을 내려주셨거늘 왕의 은혜를 감추고 백성의 재물을 약탈하다니, 이는 갈백葛伯이 탕왕湯王이 보내준 것을 먹고서 제사를 지내지 않았다던 것과[38] 유사하다. 새 수령의 쇄마전은 반드시 향청鄕廳[39]에서 명령을 내리니 새 수령의 허물은 아니다. 하지만 부임한 후에도 그 쇄마전을 민간에 돌려주지 않으면 이는 새 수령이 먹은 것이다. 거둔 것은 내가 아니지만 먹은 것은 누구인가. 그러고도 그 허물에서 벗어날 수 있겠는가. 먹어서는 안 될 바에야 차라리 일찍 명을 내려서 나의 마음을 만백성에게 밝힘이 좋을 것이다.

저보를 내려보내는 날에 별도로 공형에게 전령을 내려 다음과 같이 말할 것이다. "신영의 부쇄가夫刷價[40]는 이 명을 받기 전에 벌써 거두었을 것 같다. 이미 나라에서 지급한 바가 있거늘 어찌 또 민간으로부터 거두어들이겠는가. 그러나 이미 거둔 것을 백성들에게 돌려준다 한들 중간에서 녹아 없어지는 것도 우려된다. 여러 마을의 부역賦役[41] 중에는 군전軍

---

38 『맹자·등문공 하藤文公下』에 나오는 말. 탕왕이 갈나라의 군주인 갈백에게 제사를 지내라고 소와 양, 그리고 곡물을 보내주었으나 갈백은 그것을 받아먹고 정작 제사는 지내지 않았다 한다. 임금이 내준 역마를 타고 가서 백성을 돌보는 정사를 펴지 않는 것이 갈백의 행위와 비슷하다는 의미.

39 향청鄕廳: 좌수·별감 등으로 이루어진 지방 관아의 보조 행정기관. 15세기 말엽부터 제도화되었다. 향촌의 사인士人 중에 나이 많고 명망이 있는 자를 좌수로, 그다음을 별감에 뽑아서 수령이 임명하되 그 임기는 대략 2년이었다. 향소鄕所라고도 한다.

40 부쇄가夫刷價: 신구 수령을 보내고 맞이하는 데 동원되는 인부와 쇄마에 대해 지방의 저치미에서 지불하는 대가. 삼남의 연해 고을에서는 돈으로 주었다.

41 부역賦役: 대동미·삼수미三手米·인세미因稅米·군포 등의 여러 가지 부담을 가리킨다.

錢[42]이나 세전稅錢[43]을 막론하고 몇 달 이내에 바쳐야 할 것이 반드시 있을 터이다. 받아놓은 부쇄가로 대신 충당하도록 하여, 응당 바쳐야 할 것에서 이 액수만큼을 제하여 중복해서 바치지 말게 하는 것이 참으로 사리에 맞다. 모름지기 이러한 뜻으로 향청에서 명령을 발하여 일일이 밝게 깨우쳐 저마다 알도록 하라." ○ 만일 신구 수령의 교체가 서울에서 이루어져 부임하는 고을에서 미처 알지 못하고 있으면 "신영에 필요한 부쇄가는 이미 나라에서 지급했으니 어찌 또 민간으로부터 거두어들이겠는가. 부디 거두어들이지 말도록 하라"라고 명령을 내려야 한다【여기에 한 자라도 보태서는 안 된다】. ○ 무릇 수령이 처음 오면 모든 백성이 그 풍채를 우러러볼 것이다. 이러한 때에 이러한 명령을 내리면 백성의 환호성이 우레 같고 칭송하는 노래가 먼저 일어날 것이다. 위엄은 청렴함에서 나오는 것이니 간악하고 교활한 무리들은 겁내어 엎드릴 것이고, 명령을 내리고 시행함에 백성들이 모두 순종할 것이다. 아, 버리는 것은 돈 300냥이나, 돈 300냥으로 이러한 환호성을 얻게 되면 또한 좋지 않으랴! 상하上下의 수백 년 동안 종횡 4000리里에서 부임하기 전에 이러한 명령을 내린 사람이 한 명도 없었던 것은 모든 사람이 청렴하지 못했기 때문만은 아닐 것이다. 일을 겪어보지 않은 사람은 그러한 사례를 애초에 알지 못했고, 부임해본 사람은 으레 그렇게 하는 것으로 알아 이렇게 할 수 없었던 것이다. 나부터 앞장서서 이 의로운 명령을 내린다면 그 또한 통쾌한 일이 아니랴! ○ 읍례는 만 가지로 다르다. 관아를 수리할 때 일산이나 쌍가마 같은 자질구레한 명목도 간혹 부쇄가와 함께 거두어들이는 일

---

42 군전軍錢: 군포의 대납전代納錢을 가리킨다.
43 세전稅錢: 전결田結에 부과되는 세미稅米의 대납전을 가리키는 듯하다.

이 있을 것이니 저리에게 물어서 읍례가 그러하거든 또한 마땅히 함께
다루어야 한다.

治裝

행장을 꾸릴 때, 의복과 안장을 얹은 말은 본래 있는
그대로 써야 할 것이며 새로 마련해서는 안 된다.

백성을 사랑하는 근본은 아껴 쓰는 데 있고, 아껴 쓰는 근본은 검소함
에 있다. 검소해야 청렴할 수 있고, 청렴해야 자애로울 수 있으니, 검소함
이야말로 목민하는 데 있어서 제일 먼저 힘써야 할 일이다. 어리석은 자
는 배우지 못하고 무식해서 산뜻한 옷에 좋은 갓을 쓰고 좋은 안장에 날
랜 말을 타는 것으로 위풍을 떨치려고 한다. 그런데 노회한 아전들이 신
임 수령을 볼 때, 먼저 그의 의복과 안장을 얹은 말의 차림새를 물어보고
만약 사치스럽고 화려하면 비웃으며 "알 만하다" 하고, 만약 검소하고 허
술하면 놀라며 "두렵다"라고 하는 줄은 모른다. 길거리의 아이들이 부러
워하는 것을 식자들은 비루하게 여기니, 도대체 무슨 이익이 있겠는가?
어리석은 자는 남들이 나를 부러워한다고 착각하지만, 부러워하기는커
녕 도리어 미워한다. 자기의 재산을 축내면서 자기의 명예마저 손상시키
고, 남의 미움까지 사게 되니, 어리석은 짓이 아닌가? 무릇 사치를 부리
는 짓은 어리석은 사람이 하는 일이다. ○ 수령으로 나가는 자는 이미 중
앙 관직을 거쳤을 터이니 의복과 안장을 얹은 말은 대강 갖추어 있을 것

이다. 그대로 착용하고 행차하는 것이 또한 좋지 않겠는가. 한 가지라도 새로 만들어서는 안 될 것이다.

정선鄭瑄[1]은 말했다. "가난한 선비가 갑자기 벼슬을 하게 되면 수레와 말이며, 부리는 노복이며, 먹는 음식과 입는 의복 따위를 당장 부귀한 집에 견줄 만큼 성대하고 화려하게 차리고자 하니, 털끝 하나까지 채가(債家: 대부업자)에게 빚을 내게 된다. 자기를 선발해준 부서에 인사하고 임지로 갈 때 채주債主가 따라가게 되니, 관고의 재물을 훔치거나 민간의 재산을 약탈하지 않고서 무엇으로 갚겠는가."

송나라 범공칭范公偁[2]의 『과정록過庭錄』에 "선군께서 전에 수주遂州[3]로 부임하실 때 행장이라곤 석 짐밖에 되지 않았는데 벼슬을 그만두고 돌아오실 때도 전과 다름이 없었다. 갑작스런 사정이 생겼을 때 거취에 간편할 뿐만 아니라 추문이 밖으로 퍼지는 것을 면할 수 있다"라고 나와 있다. 대저 양성재楊誠齋[4]가 조정에 있으면서 물건 하나도 사들이지 않았던 것은 집으로 돌아갈 때 짐에 누가 될까 걱정해서였고, 범우승范右丞[5]이 부임할 때 겨우 석 짐만 가지고 간 것은 행장이 간편해야 함을 생각한 것이다. 거취가 이러했으니 주고받는 데 어찌 청렴하지 않았겠는가.

명나라 해서海瑞[6]가 남총헌南總憲[7]이 되어 처음 부임할 때 겨우 고리짝

---

1 정선鄭瑄, 1602?~1646 : 중국 명대의 학자. 자는 한봉漢奉이다. 28면 주 13 참조.
2 범공칭范公偁, 1126~1158 : 중국 송대 인물로 범순인范純仁의 증손이다. 저술로『과정록過庭錄』이 있는데 이 책은 조상의 행실과 학덕을 기록했다.
3 수주遂州 : 지금의 중국 사천성四川省에 있는 지명.
4 양성재楊誠齋, 1127~1206 : 중국 남송 사람인 양만리楊萬里. 65면 주 11 참조.
5 범우승范右丞, 1031~1106 : 중국 송대의 인물로 상서우승尙書右丞을 지낸 범순례范純禮. 범순인과 친형제간이어서 범공칭의『과정록』에 범순례의 행적도 기록되어 있다. 범순인과 범순례는 유명한 범중엄范仲淹의 아들이다.
6 해서海瑞, 1514~1587 : 중국 명나라 때 인물. 자는 여현汝賢, 호는 강봉剛峰이다. 가정嘉靖

두 개를 휴대하였더니 배가 상하上河에 닿아도 사람들이 오히려 알아보지 못하였다. 언젠가 병이 들어 의원을 불렀는데, 의원이 방안에 들어가 보니 깔고 덮는 이부자리가 모두 흰 베였다. 검소하기가 가난한 선비만도 못할 지경이었다.

참판 유의柳誼[8]가 홍주洪州를 다스릴 때 찢어진 갓과 성근 도포에 찌든 띠를 두르고 느린 말을 탔으며, 이부자리는 남루하고 요도 베개도 없었다. 이리하여 위엄을 세우니 가벼운 형벌조차 쓰지 않아도 간사하고 교활한 무리들이 모두 숨을 죽였다. 이것은 내가 직접 본 일이다.

『한암쇄화寒巖瑣話』[9]에서 이렇게 말했다. "참판 윤광안尹光顔[10]이 나와 함께 외각外閣[11]에서 책을 교정할 때, 그의 도포는 상복처럼 성글었다. 그가 경상감사가 되자 위엄을 온 도내에 떨쳤다. 참판 유강柳㷁[12]이 충청감사로 있을 때 밀랍을 호박琥珀인 양 갓끈의 장식으로 삼으니, 모든 고을이 두려워하며 그 청렴하고 검소함에 복종하였다. 사서司書[13] 김서구金敍九[14]는 평

연간(1522~1566)에 관인으로 활동했는데 청렴 강직한 것으로 유명해서 강봉선생剛峰先生이라는 칭호를 얻었다. 시호는 충개忠介이다.

7 남총헌南總憲: 남경도어사南京都御史의 약칭. 해서가 남경도어사를 역임했다.

8 유의柳誼, 1734~?: 자는 의지誼之, 본관은 전주全州이다. 벼슬은 대사헌大司憲에 이르렀다.

9 『한암쇄화寒巖瑣話』: 다산이 강진에 유배되었던 시기에 기록한 저술. 현재는 전하지 않는다.

10 윤광안尹光顔, 1757~1815: 자는 복초復初, 호는 반호盤湖이며, 본관은 파평坡平이다. 벼슬은 예조판서에 이르렀다.

11 외각外閣: 교서관校書館. 정조 6년(1782) 규장각奎章閣에 속하게 되면서 규장각을 내각內閣이라 일컫는 데 대해서 교서관을 외각이라 부르게 되었다.

12 유강柳㷁, 1736~?: 자는 사정士精, 본관은 전주이다. 경주부윤慶州府尹, 대사간大司諫을 지냈다.

13 사서司書: 세자시강원世子侍講院에서 경사經史와 도의道義를 강론하는 임무를 맡은 정6품 관직.

14 김서구金敍九, 1725~?: 자는 성주聖疇, 본관은 풍산豊山이다. 영조 때 문과에 급제, 정언

생 검소함을 좋아하여 거친 베도포 위에 양가죽 갖옷을 걸치고 다녀 거리 아이들이 놀렸는데, 그가 해남현감海南縣監이 되어서는 백성들에게 위엄 있게 대하고 은혜롭게 보살펴 학질瘧疾 환자가 그의 이름으로 치료법을 삼았다 한다. 옛날의 청렴한 관리들은 모두 다 이러했다. 청렴하면 손해를 보니 행하기 어렵다고 하겠지만, 검소하면 비용도 들지 않는데 어찌 쉽게 행하지 못하겠는가. 근래에 해남현감이 된 한 무인武人이 비단주머니의 매듭 장식을 길게 늘어뜨리니, 강진 아전들이 그것을 보고 '그 주머니를 보니 분명 음탕하고 탐욕스러울 것이다'라고 했는데, 과연 그러하였다. 이것이 사람을 보는 묘한 방법이니 많이 배운 자만 판단할 수 있는 것이 아니고 간사하고 교활한 아전들도 모두 알 수 있다. 어찌 두렵지 아니한가."

일산日傘은 해를 가리는 것이다. 50년 전만 해도 당하관堂下官은 반드시 검은 일산을 지참했는데 옛날의 이른바 조개皁蓋[15]이다. 요즈음 습속이 흰 것을 좋아하여, 위로는 대신으로부터 아래로 현감에 이르기까지 모두 흰 일산을 사용하는데 이는 예법에 어긋나는 것이다. 검은 일산은 햇빛을 가릴 수 있고 흰 것은 햇빛이 새어나온다. 무릇 수령이 외출할 때에는 당상관堂上官·당하관을 막론하고 모두 검은 일산을 쓰게 할 것이요, 오직 제유臍帷[16]와 유수紐垂[17]로써 품계를 달리하는 것이[색깔로 구별하기도 하고, 동과 철로 구별하기도 한다] 마땅할 것이다. 비록 유행에 거슬린다 하더라도

正言·지평持平을 지냈다.
15 조개皁蓋: 수레 위에 씌우는 검은색의 덮개.
16 제유臍帷: 일산의 가장자리에 드리워진 짧은 휘장.
17 유수紐垂: 일산의 가장자리에 드리워진 장식용 끈.

흰 것은 옳지 않다.

유옥교有屋轎[18]와 청익장青翼帳[19]은 대부만 쓰는 물건이니 당하관이 임의로 써서는 안 된다. 선조先朝 때까지도 금령이 지극히 엄하여 범하는 자가 없었는데, 근래에 와서 잘못을 답습하고 있으니 이는 크게 예에 어긋나는 일이다. 수레와 복식을 법도대로 하는 것은 임금의 큰 권한이다. 『주례周禮』[20]에는 수레에 6등급이 있고 복식에도 6등급이 있어서 각기 등급에 따라 높고 낮음을 구별한다고 하였다. 유옥교와 청익장에 대해 일정한 품계 이하로는 사용하지 못하게 한 것 또한 『주례』의 뜻이니 범해서는 안 된다. 한나라 법에는 이천석二千石의 장리長吏[21]만이 조개와 붉은 깃발을 쓸 수 있었다. 황패黃覇[22]가 양주자사揚州刺史가 되어 치적이 뛰어나자, 임금이 수레와 일산을 하사하면서 특별히 한 발이나 더 높게 하여 그의 덕을 빛나게 하였다. 소량蘇亮[23]이 기주자사岐州刺史로 있을 때는 특별히 노거路車[24]와 북과 나팔 등속을 내려 치적을 권장하였다. 임금이 내리지 않았는데도 수레를 마음대로 탄다면 무엇으로써 권장하겠는가. 요즈음 하찮은 고을의 수령도 유옥교를 타고 나라의 금법을 함부로 어겨가면서 제멋대로 부귀와 영화를 뽐낸다. 나라의 기강과 법제가 이에 이르

---

18 유옥교有屋轎: 덮개 지붕이 있는 가마.
19 청익장青翼帳: 가마에 두른 푸른 휘장.
20 『주례周禮』: 유가 경전의 하나. 『주관周官』이라고도 한다. 중국 고대의 주周나라 때 관제官制를 담은 책이다. 전 6편篇 360관官인데 주소가注疏家에 따라 다르다.
21 장리長吏: 벼슬이 높은 관리나 지방관의 우두머리.
22 황패黃覇, B.C. 130~B.C. 51: 중국 한나라 양하陽夏 사람. 자는 차공次公이다. 벼슬은 승상丞相에 이르렀다. 지방관이 되어 백성을 잘 다스린 것으로 유명하다.
23 소량蘇亮, ?~551?: 중국 북주北周 때 무공武功 사람. 자는 경순景順이다. 어려서부터 명민하고 박학했다 하며, 벼슬은 대통중大統中을 역임하고 중서감中書監에 이르렀다.
24 노거路車: 제후가 타는 수레.

러 거의 없어지다시피 되었다. ○ 무신은 반드시 안장 없은 말〔鞍馬〕을 타야 한다는 것도 조정의 법령이니 어겨서는 안 된다.

백헌白軒 이경석李景奭 [25]이 관설觀雪 허후許厚 [26]의 말을 기록하여, "감사는 교자를 타되 겨울철에는 휘장을 드리우며, 여름철에는 휘장을 떼어내고 일산으로 햇볕을 가릴 따름이다. 그런데 요즈음은 삼면에 휘장을 둘러 걷어 올리고 있으니, 이는 참람하게도 임금의 승여乘輿를 본뜬 것이다"라고 하였다. 소름 끼치는 지적이다. 案 우리나라 법전에 쌍마교雙馬轎 [27]는 관찰사와 2품 이상만 탈 수 있다고 규정했고 또 승지를 지낸 이나 의주부윤義州府尹·동래부사東萊府使는 탈 수 있다고 했으니【요즈음은 제주목사도 탈 수 있다】3품 이상이면 쌍마교를 탈 수 있다. 그러나 3품이라도 왕명을 받든 경우가 아니면 타서는 안 된다. 내가 보기에 쌍마교는 폐단이 있으므로 상신相臣 [28]과 정경正卿 [29]만 타고, 아경亞卿 [30]과 하대부下大夫 [31]는 유옥교를 타는 것이 좋을 듯하다. 쌍마교에도 삼면에 걷는 휘장이 있으니 허후의 말이 꼭 그렇다고 할 수는 없겠다.

---

25 이경석李景奭, 1595~1671 : 자는 상보尙輔, 호는 백헌白軒·쌍계雙溪, 본관은 전주이다. 벼슬은 영의정에 이르렀다.

26 허후許厚, 1588~1661 : 자는 중경重卿, 호는 관설觀雪·둔계遯溪·일휴逸休이며, 본관은 양천陽川이다. 형조와 공조의 좌랑佐郎을 역임하고, 지평·부사 등에 임명되었으나 취임하지 않았다.

27 쌍마교雙馬轎 : 쌍가마. 말 두 필이 가마의 앞뒤로 메도록 한 가마.

28 상신相臣 : 영의정·좌의정·우의정 및 좌우의 찬성贊成을 가리킨다.

29 정경正卿 : 정2품 이상의 벼슬로 의정부의 참찬參贊, 육조六曹의 판서判書, 한성부윤漢城府尹, 홍문관의 대제학大提學 등을 일컫는 말.

30 아경亞卿 : 종2품의 관직. 육조의 참판參判, 한성부漢城府의 좌윤左尹과 우윤右尹을 통칭하는 말.

31 하대부下大夫 : 당하관인 대부로서 정3품 통훈대부通訓大夫에서 종4품 조봉대부朝奉大夫까지가 해당된다.

반자진潘子眞[32]은 말하였다. "예에 천자는 육마六馬에 좌우참左右驂[33]을 하고 3공三公[34]·9경九卿[35]은 사마駟馬[36]에 좌참左驂을 한다. 한나라 제도에 9경은 이천석二千石[37]이니 우참右驂을 하고, 태수太守는 사마일 뿐인데, 그 가운데 품계를 더해준 중이천석이라야 우참을 하는 까닭에 '오마五馬'라는 말로 태수의 미칭美稱을 삼은 것이다." 『학림學林』[38]에는 "한나라 때 중앙의 벼슬아치들이 지방으로 나가서 태수가 되면 말 한 필을 더해주었으므로 오마五馬가 되었다"라고 하였다〔『둔재한람遯齋閒覽』[39]에도 이렇게 나와 있다〕. 案 옛날 태수들은 현과 읍을 두루 순행하였으니 곧 우리나라의 감사에 해당한다. 오늘날 조그마한 고을의 수령이 태수라 참칭하고, 오마로써 격식을 갖추려 하니 역시 잘못이다.

풍원상馮元常[40]은 준의浚儀와 시평始平 두 현의 수령을 역임했는데 모두

---

32 반자진潘子眞: 중국 북송北宋 때 인물인 반순潘淳. 자진子眞은 자이다. 시인으로도 알려져 있다.

33 좌우참左右驂: 좌우에 두는 곁마.

34 3공三公: 중국 주周나라 때에는 태사太師·태부太傅·태보太保, 전한前漢 때에는 대사도大司徒·대사마大司馬·대사공大司空, 후한後漢 때에는 태위太尉·사도司徒·사공司空이다.

35 9경九卿: 9명의 대신大臣. 시대에 따라 그 명칭이 다르다. 구사九司·구품九品·구빈九賓과 같다.

36 사마駟馬: 말 네 필이 끄는 수레.

37 이천석二千石: 중국 한나라 제도에 관리의 등급을 그 녹봉의 많고 적음으로 기준을 삼았는데, 만석萬石·중이천석中二千石·이천석二千石·비이천석比二千石·천석千石·비천석比千石 이하 백석百石에 이르기까지 잡다하였다. 이천석의 실제 녹봉은 매월 120곡, 중이천석은 매월 180곡이었다. 후세의 이천석은 지방장관, 즉 지부知府의 별칭이 되었다.

38 『학림學林』: 『학림신편學林新編』의 약칭. 중국 송나라 왕관국王觀國이 편찬했다. 전10권으로 자체字體·자의字義·자음字音을 변별하며, 경사제서經史諸書의 전석주소문箋釋注疏文의 같고 다름의 기록하고 옳고 그름을 고찰한 내용이다.

39 『둔재한람遯齋閒覽』: 중국 송나라 범정민范正敏의 저술.

40 풍원상馮元常: 중국 당나라 고종高宗 때의 인물. 벼슬은 상서좌승尙書左丞, 광주도독廣州都督 등을 역임하였다.

말 한 필로 부임하였다. ○ 위魏나라 최림崔琳[41]은 언릉령鄢陵令이 되었을 때 도보로 부임하였다. ○『야인우담野人迂談』에 "중국에서는 관원들을 영송할 때 사람과 말을 지급하지 않고 다만 관원들이 문서를 들고 부임하면 관리·유생·기로耆老[42]·백성들이 성 밖에 나와서 영접할 뿐이다"라고 하였다.

동행하는 사람이 많아서는 안 된다.

자제 한 사람이면 따라다니기에 알맞다. ○ 요즈음 풍속에 소위 책객冊客[43]이란 것이 있어 회계를 맡고 있는데, 이는 법도[禮]가 아니니 없애야 한다[뒤에 '청탁을 물리침'(제2부 제4조)에 상세하다]. 만일 자신의 글솜씨가 거칠고 졸렬하다면 한 사람쯤 데리고 가서 서기의 일을 맡기는 것은 무방하다. ○ 겸인傔人[44]은 관부의 큰 좀이 될 것이니 일체 데리고 가서는 안 된다. 만약 공로가 많은 겸인이 있으면 훗날 따로 후하게 도와준다고 약속할 것이다. ○ 노복들은 데리고 가서는 안 되지만, 부인이 내려올 때 따라올 한 명만 허용한다. ○ 총괄해서 말하면, 자제 이하는 관속과 사담을 나

---

41 최림崔琳: 중국 당나라 인물. 벼슬은 개원開元 연간에 중서사인中書舍人을 지냈고 후에 태자소보太子少保에 이르렀다. 그의 아버지 신경神慶이 위현魏縣의 자작子爵으로 봉을 받았기 때문에 위나라 최림으로 나와 있다.
42 기로耆老: 60세 이상의 노인.
43 책객冊客: 수령의 사적인 사용인으로 지방 관청의 서생書生 역할을 담당한 사람을 가리키는 말. 관리가 아니면서 지방 관청의 업무에 관여했기 때문에 폐단을 일으킬 우려가 있었다.
44 겸인傔人: 양반 대가에서 집안의 제반 일을 맡아보는 인원. 겸종 혹은 청지기라고도 한다. 일반적으로 겸인은 세습되었는데 대개 경아전京衙前 층에서 맡았다.

누어서는 안 된다. 신영新迎하는 아전이 오는 날에는 수리首吏[45]를 불러 다짐하되 "자제 이하는 얼굴을 대면할 수는 있지만 말을 나누어서는 안 된다. 자제들이 말을 걸면 너희들이 대답을 안 할 수 없을 것이니 죄는 자제들에게 있다. 그렇지 않고 우연히 말 한마디라도 건다면 너에게 죄 가 있는 것이다. 아전과 하인들이 말을 걸 때, 네가 그것을 금지하지 못 해도 너에게 죄가 있다"라고 할 것이다. ○ 이에 자기 사람들을 단속하여 금하는 일을 범하지 않도록 하며, 범하는 자가 있거든 필히 벌을 줄 것이 요 용서해서는 안 된다.

허자許鎡[46]가 가선령嘉善令이 되었는데 청렴 강직하여 부임할 때 아들 하나와 종 하나만 데리고 갔다. 겨울철에 그 아들이 추위를 겁내어 밖에 서 숯을 구해올 것을 청함에 허자는 창고에서 나무막대 하나를 가지고 오게 하여, 아들에게 주면서 "이것을 밟아 굴리도록 하라. 발이 저절로 따뜻해질 것이다"라고 하였다. 案 이는 너무 각박해서 인정에 가깝지 않 으니 본받을 것이 못 된다.

조청헌趙淸獻[47]이 성도成都로 부임할 때, 거북 한 마리, 학 한 마리를 가 지고 갔고, 재임再任했을 때는 거북과 학마저 버리고 오직 종 한 명만 두 었다. 장공유張公裕가 시를 지어 전송하였는데 "말은 옛길을 알아 오가기 수월한데, 거북은 장강長江에 놓아주었으니 같이 가지 못하는구나"라고

---

45 수리首吏: 으뜸되는 아전이다. 일반적으로 이방을 가리키나, 때에 따라서는 출두出頭한 이속吏屬 중에 으뜸되는 아전을 가리키기도 한다.

46 허자許鎡: 중국 명나라 석병石屛 사람. 자는 국기國器이다. 성격이 강직하였으며 간관諫 官의 정장廷杖에 맞아죽는 자가 있으면 시체에 엎드려 곡하였다. 강서江西를 순안巡按 할 때, 순무巡撫의 눈밖에 나 벼슬을 그만두었다.

47 조청헌趙淸獻, 1008~1084: 중국 송나라 사람인 조변趙抃. 자는 열도閱道, 청헌淸獻은 그 의 시호이다. 참지정사, 태자소보를 역임하였다.

하였다.

양계종楊繼宗[48]이 가흥지부嘉興知府가 되었을 때 종 한 사람을 대동했을 따름이라 마치 객지의 여관에 든 것 같았다. 임기 만 9년 동안에 끝내 가족을 데려오지 않았다.

왕서王恕[49]가 운남雲南 지방을 순무巡撫하러 갈 때, 하인을 데리고 가지 않았다. 그리고 고시告示하기를 "하인을 데리고 가고 싶었으나, 백성들의 원망을 살까 두려워, 이 때문에 늙은 몸을 돌보지 않고 단신으로 온 것이다" 하니, 사람들이 모두 향을 피우고 그에게 예를 드렸다. ○ 당간唐侃[50]은 영풍지현永豊知縣이 되어 임지에 갈 때 처자를 데리고 가지 않고 오직 하인 한둘과 함께 나물밥과 콩국으로 살아갔다. 시간이 지남에 아전과 백성들이 믿고 복종하였다. ○ 사자양謝子襄[51]은 관리로서 청렴하고 조심하여 벼슬살이 30년 동안 가족을 데리고 가지 않았다【이상은 『명사明史』에 실린 것이다】.

이부자리와 베개, 옷가지 이외에 책을 한 수레 싣고
간다면 맑은 선비의 행장이 될 것이다.

---

48 양계종楊繼宗, 1426~1488 : 중국 명나라 양성陽城 사람. 자는 승방承芳, 시호는 정숙貞肅이다. 영종 초에 진사가 되어 형부주사刑部主事, 가흥지부嘉興知府, 순무운남巡撫雲南 등을 역임하였다.

49 왕서王恕, 1416~1508 : 중국 명나라 삼원三原 사람. 자는 종관宗貫, 시호는 단의端毅이다. 벼슬은 효종 때 이부상서를 지냈다. 저서에 『완역의견玩易意見』 『석거의견石渠意見』 『왕단의주의王端毅奏議』 『왕개암진고王介菴奏稿』 『왕단의문집王端毅文集』이 있다.

50 당간唐侃, 1487~1545 : 중국 명나라 단도丹徒 사람. 자는 정직廷直이다. 벼슬은 형부주사에 이르렀고 치적이 있었다.

51 사자양謝子襄 : 중국 명나라 신감新淦 사람인 사곤謝袞. 자양子襄은 그의 자이다.

요즘 수령으로 부임하는 사람들은 책력冊曆 한 권만 가져가고 그 밖의 다른 책은 한 권도 행장 속에 넣지 않는다. 임지에 가면 으레 많은 재물을 얻어서 돌아오는 행장이 무겁기 마련이라, 한 권의 서적도 부담이 된다고 여기기 때문이다. 슬프다, 그 마음가짐의 비루함이 이와 같으니 어찌 목민인들 제대로 할 수 있으랴! 문사文士가 벼슬살이를 하면 자연히 인근의 선비들이 질문을 하기도 하고 논란도 벌일 것이며, 이보다 아래 등급으로는 과거공부를 시키기도 할 터인데 고사를 참고하고 글제를 찾는 데도 서적이 있어야 할 것이다. 이보다 조금 더 못한 일로는 또 혹 이웃 고을 수령들과 한자리에 모여 산수 간에 노닐면서 운자韻字를 내어 시도 짓게 될 터이니, 옛사람들의 시집도 필요할 것이다. 하물며 전정田政·부역賦役·진휼賑恤·형옥刑獄에 관해서도 옛 책을 살펴보지 않고 어떻게 논할 수 있겠는가. 남북의 변방은 기후와 풍토가 아주 다른 데다 질병에 걸리기 쉽고 의원은 구하기 어려우니, 의서 몇 종을 어찌 가져가지 않을 수 있겠는가. 변방의 요새와 장벽에서는 밤낮으로 변란에 대비해야 하니, 척계광戚繼光[52]·유대유兪大猷[53]·왕명학王鳴鶴[54]·모원의茅元儀[55]가 편찬

---

52 척계광戚繼光, 1528~1588 : 중국 명나라의 명장. 자는 원경元敬, 시호는 무의武毅이다. 경사經史의 대의大義에 통하였으며, 벼슬은 태자태보太子太保에 이르렀다.

53 유대유兪大猷, 1504~1580 : 중국 명나라의 명장. 자는 지보志輔, 호는 허강虛江, 시호는 무양武襄이다. 수군을 통솔하여 왜구를 격파하는 데 공이 있었다. 저서로『세해근사洗海近事』가 있다.

54 왕명학王鳴鶴 : 중국 명나라 문인이자 병법가. 자는 우경羽卿, 산양山陽 사람이다. 가정嘉靖·만력萬曆 연간에 살면서 도독첨사都督僉事, 광서총병廣西總兵, 광동총병廣東總兵 등을 역임하였고, 편저로『등단필구登壇必究』『병법백전경兵法百戰經』등이 있다.

55 모원의茅元儀, 1594~1640 : 중국 명나라 사람. 자는 지생止生, 호는 석민石民이다. 숭정崇禎 연간에 손승종孫承宗의 군무를 보좌하였는데 내부의 반란으로 어려움에 처했으며, 국사를 위해 힘을 다했으나 간사한 자들의 모함으로 억울하게 죽었다. 저서로는『가정대정류편嘉靖大政類編』『평소사적고平巢事蹟考』등이 있다.

한 여러 책들 또한 항상 펼쳐봐야 할 것이다. 그러니 책을 한 수레 싣고 가는 일을 그만둘 수 없다. 돌아오는 날에 토산물을 싣지 않고 책 수레만 끌고 간다면 어찌 맑은 바람이 길에 가득하지 않겠는가?

辭朝

제 3 조 조정에 하직하기

양사兩司의 자격심사인 서경署經[1]이 끝나고 나면
임금에게 하직인사를 드린다.

『속대전』에는 이렇게 규정되어 있다. "각 도의 도사都事[2]나 수령으로
처음 임명된 자는 모두 서경을 받아야 하며, 일찍이 시종侍從[3] 및 당상관
을 역임한 자는 서경을 받지 않는다. 서경은 사헌부와 사간원이 관원 2명
씩을 내어 거행한다【사헌부와 사간원 양사에서 나온 관원이 한꺼번에 모이지 않더라
도 그중 한쪽의 관원이 다 나오면 먼저 서경한다】. 임명된 후 50일이 지나도록 서
경을 통과하지 못한 자는 임금에게 아뢰어 새로운 사람으로 다시 임명한
다. ○ 감찰監察[4]로 임명되었을 때 이미 서경을 받았으면 수령으로는 처음
임명된 자라도 다시 서경을 받지 않는다." 案 서경이란 친가와 외가의 사
조四祖[5]를 기록하여【아울러 처의 사조까지 살핀다】 허물이 있는가 없는가를 조

---

1 서경署經: 관원으로 임명된 자에 대해 사헌부司憲府와 사간원司諫院 양사兩司에서 자격
  을 심사하여 동의하는 일.
2 도사都事: 중앙의 충훈부忠勳府 등과 지방 각 도에 두었던 종5품의 벼슬. 주로 관리의 불
  법을 규찰하는 임무를 띠었다.
3 시종侍從: 홍문관·사헌부·사간원·예문관藝文館·승정원 소속의 관원을 가리키는 말. 국
  왕을 가까이 모시는 자리이므로 이렇게 칭한 것이다.
4 감찰監察: 사헌부 정6품의 벼슬. 과거科擧·회계출납會計出納 등 공무에 입회한다.

사해【또한 당사자의 허물도 조사한다】 가부를 결정하는 것이다. 임금의 특명이 있는 경우에만 한쪽 기관의 서경을 면제한다. 그러나 지금 이 규정은 형식에 지나지 않는다.

『경국대전經國大典』[6]에 "수령은 사서와 경서 1종 중에서 1경經, 『대명률大明律』[7]과 『경국대전』에 대해 강講을 받으며【『대전통편大典通編』에 '3책冊을 통하지 못한 자는 탈락시키고, 세 차례 강에 응하지 않는 자도 마찬가지이다. 또 1책을 통하지 못하고, 두 차례 강에 응하지 않는 자와 2책을 통하지 못하고 한 차례 강에 응하지 않는 자 또한 탈락시킨다'라고 규정하였다】, 백성을 다스리는 방략方略에 대한 논술로 시험을 본다"라고 나와 있다【지금은 폐지되었다】. 案 옛 법은 수령의 임명을 가장 중히 여겨, 임명하기 전에 천거의 절차를 두었고 임명한 후에는 서경의 절차를 두었으며, 거기에 더해 경서와 법률을 시험하여 재주와 학식을 관찰하였다. 그러나 이제 이 법은 유명무실해져서 용렬하고 무식한 자도 걸러지지 않고 수령으로 나아가게 되었다【지금은 오직 과거를 거치지 않은 선비로서 벼슬살이를 하게 된 자가 처음 6품으로 올라갈 때에만 강이 부과된다】.

『경국대전』에는 이렇게 나와 있다. "해마다 음력 정월에 문관 3품 이상과 무관 2품 이상의 관원은 각자 수령이나 만호萬戶[8]가 될 만한 자를 천거하되, 3명을 넘지 않게 한다." ○ 또 "만약 천거된 자가 관직을 이용하여 불법으로 재물을 취득하거나 인륜을 어지럽히는 죄를 저지르면 천거

---

5 사조四祖: 부父·조祖·증조曾祖·고조高祖를 사조라 한다.
6 『경국대전經國大典』: 세조 때 편찬을 시작하여 성종 때 완성하여 반포한 조선왕조의 법전. 기본 통치규범을 수록하고 있다.
7 『대명률大明律』: 중국 명나라의 형법전刑法典. 조선왕조에서는 『경국대전』 등의 기본 법전에 특별한 규정이 없으면 『대명률』을 원용하였다.
8 만호萬戶: 종4품의 지방 무관직.

한 자도 연좌된다"라고 하였다. 案 천거의 법이 형식적으로 남아 있기는 하지만, 관직을 이용하여 불법으로 재물을 취득한 죄를 저질러도 천거한 자에게 연좌시키지 않고 있으니 무슨 효과가 있겠는가.

공경公卿과 대간臺諫[9]에게 두루 하직인사를 드릴 때에 스스로 능력의 부족함을 말할 일이요, 봉록이 많고 적음에 대해 말해서는 안 될 것이다.

한 고을의 수령으로서 봉록이 아무리 박하다 할지라도 열 식구가 굶주리게 되지는 않을 것이다. 수령으로 나가는 자나 보내는 자는 그 고을의 병폐에 대해서, 백성들의 걱정되는 일에 대해서 논해야 한다. 봉록이 후하다거나 박하다거나 하는 따위는 부끄러운 말이다. 그 고을의 봉록이 후하다고 치하하는 자에게는 "대개가 부정한 물건이 많을 텐데 무어 기뻐할 것이 있겠소"라고 대답해야 하고, 봉록이 박함을 근심해주는 자에게는 "아무렴 열 식구가 굶주리지는 않을 텐데 무어 근심할 것이 있으리요"라고 대답해야 한다. ○ 재상이나 대신臺臣[10] 가운데 일찍이 그 도의 감사나 이웃 고을의 수령을 역임한 자가 있거든, 마땅히 그곳 풍속과 폐단을 상세히 묻고 그것을 바로잡을 방책을 청하되 지성으로써 도움을 구할 일이요, 형식적으로 묻는 데 그쳐서는 안 될 것이다.

양만리楊萬里[11]가 영릉승零陵丞이 되었을 때에, 제자의 예를 갖추어 장

---

9 대간臺諫: 사헌부와 사간원 벼슬의 총칭.
10 대신臺臣: 사헌부의 관원을 이르는 말.
11 양만리楊萬里, 1127~1206: 중국 송나라 때 인물. 자는 정수廷秀, 호는 성재誠齋, 시호는

위공張魏公[12]을 뵙고 무릎을 꿇고서 가르침을 청함에, 장위공이 "원부元符 연간(1098~1100)의 귀인으로 허리에 금줄을 차고 자줏빛 옷을 입은 자가 그렇게 많았는데 오직 추지완鄒志完[13]과 진영중陳瑩中[14]의 이름만 해와 달처럼 빛났다"라고 하였다. 양만리는 이 말을 듣고 종신토록 청렴 강직한 몸가짐을 지키기에 힘썼다.

전관에게 두루 하직인사를 할 때에는 감사하다는 말을 해서는 안 된다.

전관은 국가를 위해 사람을 뽑아 썼으니, 여기에 사사로운 은혜를 들먹여서는 안 된다. 수령은 자격에 따라 관직을 얻은 것이니, 이를 개인적인 은혜로 생각해서는 안 된다. 전관과 자리를 같이하는 경우 관직에 후보자로 추천해준 것에 관해 얘기해서는 안 되며, 전관이 혹시 그 말을 꺼내거든 "명공明公께서 변변치 못한 사람을 잘못 천거하셨습니다. 일을 그르쳐 훗날에 명공께 누를 끼칠까 몹시 두렵습니다"라고 대답할 일이다. ○ 지금은 무신으로서 수령이 되어 나가는 자가 전관의 집을 돌아다니며 하직할 때에 반드시 필요한 것이 무엇인가를 묻고, 전관이 짐짓 하찮은

문절文節이다. 벼슬은 보문각대제寶文閣待制에 이르렀다. 저서에『성재집誠齋集』『성재역전誠齋易傳』등이 있다.

12 장위공張魏公, 1094~1164 : 중국 송나라 사람인 장준張浚, 자는 덕원德遠, 시호는 충헌忠獻이다. 효종 때 위국공魏國公에 봉해졌으므로 위공이라 칭한 것이다.

13 추지완鄒志完, 1060~1111 : 중국 북송 말기 사람인 추호鄒浩, 지완志完은 그의 자이다. 직언으로 권문귀족들의 배척을 받았으나 굽히지 않은 것으로 유명하였다.

14 진영중陳瑩中, 1057~1124 : 중국 북송 말기 사람인 진관陳瓘, 호는 요옹了翁, 영중瑩中은 그의 자이다. 직언으로 유명하였다.

물건을 구하는 척하면 수령은 다시 후한 것을 바치겠다고 청한다. 그가 부임하게 되면 공공연히 뇌물을 실어 바치는 것을 당연한 일처럼 여긴다. 염치를 차리는 도리가 없어진 것이 이 지경에 이르렀다. 선배들에게는 이러한 습속이 없었다.

참의參議[15] 김변광金汴光[16]은 병조의 낭관郞官으로 있다가 물러나 고향 마을에서 궁하게 살며 벼슬을 구하지 않았다. 윤 모가 이조참의로서 그를 용강현령龍岡縣令으로 보내주었다. 후에 윤씨가 딸의 혼인이 있자 사람을 보내 도움을 청하니, 그는 다음과 같이 답장을 보냈다. "가난할 때에 서로 돕는 것은 마땅한 도리이지만, 의심 받을 만한 때에는 군자로서 조심해야 할 것 같습니다. 제가 공公과는 이전부터 사귀던 사이가 아니었지만 나중에 천거, 발탁해준 힘을 입었으니 비록 명분 있는 선물이요 결코 재물을 취하는 바 아니겠으나, 모르는 이들은 필시 이런저런 말을 할 것입니다. 변변치 못한 제가 수십 년 스스로 지켜온 바를 하루아침에 잃게 된다면 어찌 청덕淸德에 누가 되지 않고 아름다운 명예에 손상이 되지 않겠습니까? 심부름 온 사람을 헛되이 돌려보내니 오히려 부끄럽고 송구하기 그지없습니다."

신영 아전과 하인이 당도하면, 그들을 대함에 있어 아무쪼록 장중하고 화평하고 간소하고 과묵해야 할 것이다.

---

15 참의參議: 육조의 정3품 당상관 직위.
16 김변광金汴光, 1694~?: 자는 경실景實이다. 공조참의工曹參議를 지냈다.

맞이하러 온 수리의 행낭 속에는 으레 그 고을의 현황을 기록한 읍총기邑總記라는 작은 책자가 들어 있을 것이다. 거기에는 대개 녹봉으로 받는 쌀과 돈의 숫자며, 백성을 이리저리 다루어 사사롭게 취하는 방도가 갖가지로 나열되어 있다. 수리가 보러 온 날 그런 것을 꺼내 바치면 수령은 받아 보고는 흔연히 기쁜 빛을 띠고 조목조목 캐어물어 그 묘리와 방법을 알아내는데, 이는 천하의 큰 치욕이다. 수리가 이 문건을 바친 날 즉시 돌려주고 묵묵히 다른 말이 없어야 할 것이다. 그리고 자제나 친척, 손님들을 단속하여 절대로 만나는 일이 없도록 해야 한다. ○ 그다음 날 아침에 수리를 불러 그 고을의 큰 폐단 되는 일 한두 가지를 물어보아, 듣고 나서는 묵묵히 다른 말이 없어야 한다. 만약 그 폐단이 커서 즉시 고쳐야 할 일이면, 두루 하직인사를 다니는 날 일찍이 그 지방의 감사를 지낸 분과 함께 그 폐단을 바로잡을 방도를 의논해야 할 것이다. ○ 신영 아전과 하인을 경솔하게 대하여 체모를 손상해서는 안 되며, 뽐내고 잘난 체해서도 안 된다. 장중하되 화평하면 될 것이니, 오직 묵묵히 말하지 않는 것이 최상의 묘법이다.

금주錦洲 박정朴炡[17]이 새로 남원부사로 임명되었을 적에, 신영 아전이 제 고을에 통보하기를 "나이 어린 학사가 말도 않고 웃지도 않고 단정히 앉아 있으니 그의 심중을 헤아릴 수가 없다"라고 하였다. 이 말이 한때 널리 전해졌는데, 뒷날 이 말을 금주의 화상찬畫像贊으로 삼았다(『회은집晦隱集』[18]).

---

17 박정朴炡, 1596~1632: 자는 대관大觀, 호는 하석霞石, 본관은 반남潘南이다. 인조반정의 공신으로 나중에 금주군錦洲君에 봉해졌다. 박세당朴世堂의 부친.
18 『회은집晦隱集』: 숙종 때 문인인 남학명南鶴鳴의 문집.

집안의 자제나 노비들을 단속하여 고을에서 올라온 아전이나 하인들과 말을 붙이지 말도록 거듭 엄하게 일러두어야 한다. ○ 아침 문안이 끝나거든 즉각 경저京邸[19]로 돌려보내서 다시 집에 찾아오지 말도록 하라. 그다음 날 역시 똑같이 해서 한낱 통인通引【곧 시동侍童】이라도 오게 해서는 안 된다【집에 머물게 하면 사적으로 집안의 동정을 살펴서 헤아릴 것이요, 또한 멀리서 온 사람들이니 쉬도록 해야 할 것이다】. ○ 수리를 불러 다짐하되 "내가 하직인사를 다닐 때 재상이 고을 아전의 이름을 들어 부탁하는 일이 있으면 도임하는 날에 중한 자는 바로 명단에서 제거할 것이요, 경한 자라도 해임시킬 것이다"라고 한다.

임금께 하직을 올리고 궐문을 나서게 되면, 개연히 백성들의 소망에 부응하고 임금의 은혜에 보답할 것을 마음속에 다짐해야 한다.

임금께 하직하는 날에 수령칠사守令七事를 임금 앞에서 외거나 승정원에서 강론하게 될 것이니, 이를 소홀히 해서는 안 된다. 궁정에 들어가서 오르내리는 절차와 임금 앞에서 엎드리고 일어나는 의식은 아는 이에게 익히 들어두어야만 실수가 없을 것이다.

『고려사高麗史』를 보면, 우왕禑王 원년에 교서敎書를 내려 수령을 고과하도록 했는데, 전야田野의 확장, 호구戶口의 증식, 부역賦役의 균평, 소송의 감소, 도적의 종식을 들었다【이에 앞서 현종 9년에 주·부의 지방 관원이 마땅히

---

19 경저京邸: 지방의 각 읍과 중앙과의 연락 및 주선을 위해 서울에 설치한 기관.

행해야 할 6조를 정했는데 ①백성의 어려움을 살피는 일, ②향리의 능력을 살피는 일, ③도적과 간사하고 교활한 무리를 살피는 일, ④백성들이 금령을 범하는 것을 살피는 일, ⑤백성 중에서 효도하고 우애하고 청렴한 자를 살피는 일, ⑥향리가 전곡錢穀을 함부로 손대는 것을 살피는 일이었다]. 창왕昌王이 즉위하자 조준趙浚[20]이 상소를 올려 청하기를, 전야의 확장, 호구의 증식, 소송의 감소, 부역의 균평, 학교의 진흥 등 다섯 가지 일로써 주군州郡을 순찰하여 지방관을 파직시키고 승진시키는 원칙을 삼자고 하였다. 우리 조선의 『경국대전』에는 이에 더하여 일곱 가지를 정했는데 농상의 번성, 호구의 증식, 학교의 진흥, 군정[21]의 정비, 부역의 균평, 소송의 감소, 간사하고 교활한 자의 종식이다.

『당서唐書·순리전循吏傳』[22]의 서문에서 "백성을 다스리는 근본이 자사刺史보다 중한 것이 없는 까닭에 임헌臨軒[23]하여 사령장을 내리며, 사령장을 받은 날 편전便殿에 들어가 임금을 알현하면 임금이 옷을 하사하여 떠나보낸다"라고 하였다.

서거정徐居正[24]이 상소하기를, "엎드려 살피건대 성상께서 백관을 뽑아 쓰기를 신중히 하시되 더욱이 수령의 선발을 중하게 여기어 반드시 의정부와 전조銓曹[25]가 함께 천거하도록 했습니다. 그리고 문리文理와 이치

---

20 조준趙浚, 1346~1405 : 고려 말에서 조선 초의 정치가. 자는 명중明仲, 호는 송당松堂, 본관은 평양平壤이다. 조선왕조의 개국공신으로 영의정부사領議政府事를 지냈다.

21 군정軍政 : 양민의 군역 의무를 이행시키는 일.

22 『당서唐書·순리전循吏傳』:『당서』는 중국 25사史의 하나로 당왕조의 역사서. 「순리전」편에는 법을 잘 지키고 백성을 잘 다스린 양리良吏들의 전기傳記가 실려 있다.

23 임헌臨軒 : 임금이 정좌正座에 앉지 않고 평대平臺에 임한다는 뜻이니, 자기의 몸가짐을 겸손히 하여 상대편에게 간곡한 정을 나타낸다는 의미이다.

24 서거정徐居正, 1420~1488 : 자는 강중剛中, 호는 사가정四佳亭, 본관은 대구大邱이다. 대제학을 지냈고, 『동문선東文選』『동국여지승람東國輿地勝覽』 등을 편찬하였다.

25 전조銓曹 : 관원의 인사 발령을 관장하는 기관. 35면 주 6 참조.

吏治[26]에 통하는 자를 품계와 국량을 살펴 임명하시되 이들을 내려보낼 때에는 반드시 내전에 들라 하여 따뜻하고 상세하게 타이르시며, 다섯 가지 일로써 힘쓰게 하고 열 가지로 고과하여 모두 상위 등급으로 평가받은 자에게는 반드시 등급을 뛰어넘어 중용했습니다. 중앙 관직에 이런 사례가 없는 것은 수령을 특히 중히 여기신 때문입니다'라고 하였다.

案 서거정은 세조 때의 사람인데, 오히려 다섯 가지 일로써 말하였으니, 수령칠사는 대개 성종 이후에 개정된 제도일 것이다.

우연릉于延陵[27]이 건주자사建州刺史로 임명받고 들어가 임금께 하직하자, 임금이 "건주가 서울서 얼마나 먼가" 하고 물으매 "8000리입니다" 하고 대답하였다. 임금은 "경卿이 거기에 도착하여 정사를 잘하고 잘못하는 것을 짐이 모두 다 알 수 있다. 그곳이 멀다고 생각지 말라. 이 섬돌 앞이 바로 만 리 바깥과 같다"라고 하였다.

『자균암만필紫筠菴漫筆』[28]에 "내가 곡산도호부사谷山都護府使가 되어【가경嘉慶 정사년(1797) 7월】하직하는 날 들어가 희정당熙政堂[29]에서 임금을 뵈오니, 임금께서 '옛 법률에 수령이 탐욕을 부리고 불법을 행하거나 나약하여 직임을 다하지 못하는 경우에는 전관에게 죄를 내린다. 그렇기에 중비中批[30]로 임명된 자는 더더욱 삼가고 두려워해야 하니, 전관에게 죄를 돌릴 수 없기 때문이다. 내가 중비로 사람을 썼다가 여러 번 후회하고서도 또 경계치 아니하고 이름을 달리 써넣어 낙점落點[31]을 했으니【이때 전조

---

26 이치吏治: 백성을 다스리는 실무.
27 우연릉于延陵: 중국 당나라 선종宣宗 때의 관인이다.
28 『자균암만필紫筠菴漫筆』: 다산의 저작인데 현재는 전하지 않는다.
29 희정당熙政堂: 창덕궁에 있는 전각의 하나.
30 중비中批: 전관의 천거를 거치지 않고 임금의 특명으로 관직에 임명하는 일.

에서 세 번이나 다른 사람을 천거했으나 임금이 직접 내 이름을 써넣었다), 이는 중비와 다름없는 것이다. 가서 잘하여 나에게 부끄러움을 주지 말도록 하라'라고 하셨다. 내가 황공하여 진땀이 등에 배었으니, 지금에 이르도록 이 말씀이 잊히질 않는다"라고 기록했다.

임금께 하직하고 대궐 문 밖에 이르러서 곧 몸을 돌이켜 대궐을 향하고 마음을 가다듬어 속으로 맹세하되 "임금께서 천 사람 만 사람의 백성들을 오로지 나, 소신에게 맡기시어 사랑해서 다스리도록 하셨는데 소신이 감히 그 뜻을 공경히 받들지 않으면 죽어도 남은 죄가 있으리라" 하고, 몸을 돌이켜 말을 탈 것이다.

이웃 고을로 자리가 옮겨져 편도便道로 부임하게 되는 경우에는 하직인사를 하는 예禮가 없다.

이는 하직인사 없이 부임한다는 것이다. 단지 번거로운 폐단을 줄인다는 뜻이니, 날마다 살펴 지방관의 직능을 부여해준다는 옛 뜻[32]은 아니다.

당나라의 영호도令狐綯[33]가 일찍이 이웃 지방의 자사로 옮기는 발령을 받은 친구를 편도로 부임케 했다. 그 친구가 황제에게 올린 표문表文[34]을 황제가 보고서 물음에, 영호도가 "길이 가까우므로 보내고 맞이하는 폐

---

31 낙점落點: 관직에 천거된 후보자 명단에서 임금이 적임자를 골라 점을 찍어 인준하는 것.
32 옛 뜻: 『서경·우서虞書·순전舜典』에 순舜이 "이에 날마다 사악四岳·군목群牧을 보시고 군후群后 들에게 서옥瑞玉을 나누어주었다"라고 한 말에 근거한 것이다.
33 영호도令狐綯: 중국 당나라 사람. 자는 자직子直이다. 오흥태수吳興太守를 거쳐 재상에 이르렀다.
34 표문表文: 신하가 임금께 올리는 글의 한 가지.

단을 줄이려고 그런 것입니다" 하고 아뢰었다. 임금이 "짐은 자사가 적임 자가 아니어서 백성들에게 해를 끼치는 일이 허다하기로, 한번 만나서 그의 다스리는 방책을 물어보아 그 우열을 가려서 내치거나 승진시키고 자 하였다. 이 명령이 이미 반포되었는데도【자사는 지방에서 바로 옮겨 앉지 못 한다는 조칙을 가리킴】 폐기하고 쓰지 않다니, 재상은 권력이 있다고 할 만하 구나"라고 하였다. 그때 날씨가 추웠는데도 영호도는 땀이 흘러 두터운 털옷을 적셨다 한다.

啓行

제4조 부임 행차

부임하는 길에 있어서는 또한 오직 장엄하고 온화하며 과묵하기를 마치 말 못하는 사람처럼 해야 한다.

행차는 반드시 일찍 출발하고 저녁에 일찍 쉬도록 할 것이다. 동이 트기 전에 말에 오르고, 해가 미처 지지 않았을 때 말에서 내리는 것이 좋다. ○ 수리를 불러 "하인이 밥을 먹었으면 곧 진짓상을 올리고, 말에 오를 시각에 동이 트기 시작하면 적당하니 알아서 거행하라" 하고 주의를 줄 것이다. ○ 아랫사람들의 사정을 잘 헤아리지 못하는 사람은 미리 주의를 주지 않고 일찍 일어나 밥을 재촉하고 곧장 말에 오르니, 하인들이 밥상을 받아놓고 먹지도 못한 채 일어서는 경우가 허다하다. ○ 말을 달리지 말아야 한다. 말을 달리면 성질이 경박하고 조급하게 보인다. ○ 구불구불한 샛길에서는 돌아보지 말 것이다. 돌아보면 말을 탄 이속들이 비록 진창길이라도 말에서 내려야 하니, 배려해주어야 한다. 돌아보지 않을 뿐 아니라 형편에 따라서는 못 본 척하기도 하여 그들이 여유를 가질 수 있도록 하는 것이 좋다. ○ 내려가는 도중에는 비록 몸을 굽히지 않는 아전이 있더라도 책망하지 말고, 마치 말 못하는 사람인 양 말을 말 것이다.

도중의 매일 세 끼니 식사는 국 한 그릇, 김치 한 접시, 장 한 종지 외에 네 접시를 초과하지 말도록 할 것이다. 네 접시란 옛날의 이른바 2두 2변 二豆二籩[1]이다. 점주店廚[2]에서 먹을 때에도 이 숫자보다 덜하지 말고 행주 行廚[3]【이른바 지응支應이다】에서 먹을 때에도 이 숫자보다 더하지 말 것이다. 이에 쓰이는 물품은 하인들에게 맡겨 잔소리를 하지 말며 쓰는 바가 많 고 적음도 결코 따지지 말 것이다. ○ 만약 쇠잔한 고을로 받는 녹봉이 목 천木川[4]이나 연기燕岐와 같이 부족한 경우에는 두 접시로 정식定式을 삼 아야 할 것이다.

우리나라 풍속에 관원의 행차에는 권마성勸馬聲[5]이 있다. 이는 떠들썩 하지 말라는 뜻에 어긋나는 일이다. 행차가 교외에 이르면 수리를 불러 서 "나는 권마성을 아주 싫어하니 마을을 지날 때에 권마성을 한 번만 울 리고, 읍내와 역참驛站[6]을 통과할 때는 들어가고 나오는 길에 세 번만 울 려라. 만약 이를 어기면 너에게 죄를 묻겠다"라고 단속할 것이다. ○『시 경詩經』에 "이에 그대가 길을 가는데 소문만 있었지 소리는 들리지 않는

---

1 2두 2변二豆二籩: 두豆와 변籩은 제례祭禮나 잔치에 쓰는 그릇으로, 두는 나무로 만든 것 이고, 변은 대나무로 만든 것이다.
2 점주店廚: 행객이 머무는 숙소의 주방. 주막을 가리키기도 한다.
3 행주行廚: 행차할 때 임시로 차리는 주방을 가리킨다. 원주의 지응支應은 관원이 공무로 여행할 때 필요한 물품을 제공하는 것.
4 목천木川: 충청남도 연기군에 있던 고을. 연기군은 2012년 세종특별자치시 출범으로 폐 지되었다.
5 권마성勸馬聲: 왕 또는 왕명을 받드는 대관大官이나 수령이 말이나 쌍가마를 타고 길을 갈 때에 위세를 높이기 위하여 행차의 앞에서 가늘고 길게 부르는 소리.
6 역참驛站: 군사·외교·행정 등 공공의 업무를 수행하기 위해 설치된 교통기관인 역을 가 리킨다. 조선시대에는 중앙에서 지방에 이르는 주요 도로에 전국적으로 약 500여 개소의 역이 있었다. 역에는 말과 역졸驛卒을 두어 공문을 전달하고, 공무 여행자에게 마필을 제 공하고 숙식을 알선하며 진상되는 관물官物도 수송하였다. 조선 후기에 이르러 참은 여 행자들이 숙식을 하는 곳인 원院을 지칭하는 경우도 있었다.

구나"[7]라고 하였다. 군자의 행차는 그 엄숙함이 이와 같아야 한다. 우리나라 풍속은 떠들썩한 것을 좋아하여 하인들이 벼슬아치를 옹위하고 잡된 소리를 어지럽게 내서 백성이 바라보기에 엄숙하고 장중한 기상이 없다. 무릇 근엄하고 생각이 깊은 사람은 틀림없이 이런 소리를 좋아하지 않을 것이다. 수령 된 자는 비록 말 위에 앉아 가더라도 지혜를 쓰고 정신을 가다듬어 백성에게 편리한 정사를 펼 것을 생각해야 한다. 그렇지 않고 한결같이 들뜨기만 하면 어떻게 침착하고 주밀한 생각이 나올 수 있겠는가.

여혜경呂惠卿[8]이 연주지사延州知事가 되어 길이 서도西都[9]를 지나게 되자 정이천程伊川[10]이 제자들에게 "내가 여길보呂吉甫의 명성을 들었으나 안면이 없는데 아침에 내 집 앞을 지나게 되면 장차 한번 엿보리라"라고 말했다. 그런데 물어보니 지나간 지가 오래되었다는 것이었다. 정이천은 찬탄하여 "수행자 수백 명과 말 수십 필을 소리 없이 지나가게 했으니 무리를 부리는 것이 정숙하다고 할 만하다. 조정에 있을 때에 비록 말이 있었지만 그 재주를 어찌 감춰지게 할 것이랴"라고 말하였다.

행차가 교외에 이르거든 수리를 불러서 "길에서 선비를 만났을 때 선비가 나를 보고 말에서 내리는데도 너희들이 말에서 내리지 않으면 너희에게 죄를 주겠다. 비록 걸어가는 사람일지라도 양반임이 분명하거든 너

---

7 원문은 "之子于征, 有聞無聲." 『시경·소아小雅·거공車攻』에 나와 있다. 대오를 정비하고 출동했는데도 워낙 엄숙하고 질서가 있어 소리가 들리지 않았다는 의미.
8 여혜경呂惠卿, 1032~1112 : 중국 송나라 때 인물. 자는 길보吉甫이다. 왕안석王安石의 추천을 받아 대소정사大小政事의 기획에 참여하였다.
9 서도西都 : 장안長安을 가리킴. 지금의 중국 섬서성陝西省의 성도인 서안 지역.
10 정이천程伊川, 1033~1107 : 중국 북송의 성리학자 정이程頤. 자는 정숙正叔, 이천伊川은 호이다. 정호程顥의 동생.

희들은 말에서 내려라. 혹시 말썽이 있으면 너희에게 죄를 주겠다"라고 단속할 것이다. ○ 근세에는 아전들의 버릇이 날로 교만해져서 심지어는 조정의 관리나 명망 있는 선비가 수령을 만나 말에서 내리는데도 수령을 수행하는 아전이 방자하게 말을 달리며 돌아보지 않는다. 수령이 이런 아전을 비호庇護해 훈계하지 않으면 이로 인해 비방과 욕설을 무더기로 듣는 수가 많다. 아전 단속은 반드시 엄하게 해야 한다.

도중에 아전과 하인이 죄과가 있을 때 작은 건과 우발적인 잘못은 대강 처리하고 큰 잘못과 고의적인 위반은 형리를 불러서 명부에 적어두었다가 취임한 사흘 뒤에 그자를 불러 책망을 하되, 끝내 모두 용서하는 것이 좋다. 천 리 길을 동행한 자를 도중에 낭자하게 매질하고 임지에 도착한 뒤에도 처벌하고 용서치 않는다면 그것은 인정이 아니다. 다만 용서할 수 없는 죄는 여기에 해당되지 않는다.

중도에서 고을에 있는 공형公兄의 문보文報[11]를 받으면 마땅히 '받았다〔到付〕'라고 하거나 '알았다〔知悉〕'라고만 간략히 제사題辭할 것이요, 장황하게 사리를 논해서는 안 된다. 만일 긴요한 일이 있으면 수리로 하여금 사사로이 연락하도록 할 것이다. ○ 부임길에 본 고을 백성의 소첩訴牒[12]이 들어오면 단지 "취임 후에 와서 진정하라"라고만 제사할 것이지 사리를 논해서는 안 된다.

지나가는 길에 기피하고 꺼리는 것이 있어 아전이

---

11 문보文報: 보고문. 제3부 제4조 '보고서' 참조.
12 소첩訴牒: 진정서 또는 고소장.

바른길을 버리고 둘러가는 경우가 있다. 반드시 바른길로 가서 사특하고 괴이한 미신 따위를 타파할 것이다.

노준盧遵[13]이 전의령全義令이 되었는데, 성을 보니 북문을 틀어막고 다른 곳을 뚫어서 다니고 있었다. 그가 묻자 문지기는 "100년도 넘은 일입니다"라고 말했는데, 어떤 사람은 "무당이 원님에게 이롭지 못하다 해서 틀어막았다"라고 대답했으며, 어떤 사람은 "길손이 너무 많아 대접할 양식이 탕진될 우려가 있어서 길손이 다니는 길을 우회시키기 위해 문을 막았다"라고도 말하였다. 노준은 "이는 인색한 짓이며 속임수가 아닌가? 현자가 하는 일은 사람들에게 이로움이 되도록 하는 것인데, 이를 어긴 것은 잘못이다. 내가 이 문을 복구하겠다" 하고 상급 관청에 아뢰어 허락을 받았다. 고을 사람들이 편하게 여겨서 기뻐 춤추었다. 주민들은 떠나지 않고 눌러 살려 하였고, 나그네는 즐거이 그 지방을 드나들었다.

『남사南史』[14]에 보면, 하후상夏侯詳[15]이 상주자사湘州刺史가 되었는데 성의 남쪽에 높은 봉우리가 있었다. 사람들 말이 "자사가 이 봉우리에 올라가면 곧 해직당한다"라고 하였다. 이 때문에 그 산에 올라가본 자사가 하나도 없었다. 하후상은 그 봉우리에 대臺를 세우고 동료들을 초대하여 놀아, 벼슬을 가볍게 여기는 자신의 뜻을 보였다.

---

13 노준盧遵: 중국 당나라 때 인물. 유종원柳宗元의 제자이다.
14 『남사南史』: 중국 남북조시대의 송·제·양梁·진陳 170여 년의 역사를 서술한 책으로 당나라 때 이연수李延壽가 지었다. 본기本紀 10권, 열전列傳 70권으로 도합 80권이다.
15 하후상夏侯詳, 434~507: 중국 남북조시대 양나라 사람. 자는 숙업叔業이다. 무제武帝 때 상주자사湘州刺史를 역임하고 후에 상서좌복야尚書左僕射에 올랐다.

손순효孫舜孝[16]가 영남嶺南 순찰사巡察使[17]를 맡았을 때, 영해寧海[18] 땅에 서읍령西泣嶺이 있었다. 속설에 "왕명을 띠고 온 사람이 이 고개를 처음 넘으면 반드시 흉한 일이 있을 것"이라 하여 다들 그 고개 넘기를 피했다. 손순효는 서슴없이 고개 위로 올라가서 고목나무에 껍질을 벗기고 거기에 시를 지어 쓰길, "너는 화산華山[19]에 절하여 만세를 부르고, 나는 왕명을 받들어 백성을 돌보노라. 어느 편이 더 중요한지 뉘라서 알리오? 밝은 해는 양쪽 다 환히 비춰주누나"라고 하였다. 이에 고개의 이름을 고쳐 파괴현破怪峴이라 하였다.

관청 건물에 귀신과 요괴가 있다고 하며 아전들이
기피하라고 아뢰더라도 마땅히 구애받지 말아 현혹된
습속을 진정시킬 것이다.

동한東漢 때에 왕돈王忳[20]이 미현郿縣의 수령으로 제수되었는데, 부임하는 길에 시정樔亭에 이르렀다. 그곳 정장亭長[21]이 "정亭에 귀신이 있어 지나는 길손을 죽이는 일이 있으니 묵을 수가 없습니다"라고 아뢰었다. 왕돈은 "인仁은 사악한 것을 이기고 덕德은 상서롭지 못한 것을 물리치는

---

16 손순효孫舜孝, 1427~1497: 자는 경보敬甫, 호는 물재勿齋, 본관은 평해平海이다. 병조판서兵曹判書와 대사헌 등을 역임하였다.
17 순찰사巡察使: 관찰사의 별칭. 관찰사의 정식 직함이 관찰사 겸 순찰사였다.
18 영해寧海: 지금의 경상북도 영덕군에 속한 고을 이름.
19 화산華山: 삼각산의 별칭. 삼각산은 서울의 주산으로서 상징적인 의미가 있었다.
20 왕돈王忳: 중국 후한 때의 신도新都 사람. 자는 소림小林이다.
21 정장亭長: 중국 전한 때의 소규모 지방행정 단위인 정亭의 우두머리로 치안과 소송 관련 직무를 담당했다. 현縣 아래에 향鄕을, 향 아래에 정을 설치했는데, 10리마다 1정을, 10정마다 1향을 두었다.

법이다. 어찌 귀신을 피하겠는가"하고 바로 정에 들어가 잤다. 밤중에 들으니 여자가 억울함을 호소하는데 정장에게 죽임을 당했다는 것이었다. 왕돈이 이튿날 아침에 유요游徼[22]를 불러 따져 물어서 정장의 죄상을 낱낱이 자백 받았다. 정장을 즉시 잡아 가두었다.

진晉나라 때 악광樂廣[23]이 하남부윤河南府尹으로 있을 때 관사에 요괴가 많아 전임 부윤은 거처하지 못했다. 악광이 벽의 구멍 속에서 너구리를 잡아 죽이니 드디어 요괴가 없어졌다.

양梁나라 때 부소傅昭[24]는 좌민상서左民尙書를 역임하고[25] 안성군安成郡 내사內史[26]가 되었다. 그 고을은 송宋[27]대 이래로 병란이 끊이지 않아 관사는 흉가로 일컬어졌다. 밤중이나 새벽에 사람이 귀신을 마주치는 일이 잦아서 재임한 내사가 임기를 잘 마치는 일이 드물었다. 부소가 부임지에 도착할 즈음 어떤 사람이 밤에 보니 무장한 군사가 떠나면서 "부공傅公은 착한 어른인데 내가 범할 수 없다"라고 말하고 공중으로 날아갔다. 이로부터 그 고을에 드디어 우환이 없어졌다.

조극선趙克善[28]이 면천沔川[29]군수가 되어 임지로 갈 때에 아전들이 금기

---

22 유요游徼: 순찰하며 도적을 막는 임무를 띤 지방 관리. 중국 진秦나라 때에 설치되었고 한나라에서도 시행되었다.

23 악광樂廣, ?~304: 중국 진晉나라 때 인물. 자는 언보彦輔이다. 담론을 좋아하였고 벼슬이 상서령尙書令에 이르렀다.

24 부소傅昭, 454~528: 중국 남조 때 송·제·양에 걸쳐 벼슬을 한 인물. 자는 무원茂遠, 시호는 정貞이다.

25 『양서梁書·열전列傳』에는 부소가 좌민상서左民尙書를 지낸 것으로 되어 있다. 좌민상서는 회계와 호적을 담당하는 부서인 좌민의 수장이다. 좌민이라는 부서명은 당나라 때 태종의 이름을 피휘하면서 호부戶部로 변경되었다. 원문에는 "좌우상서左右尙書"로 되어 있으나 『양서·열전』에 의거해 바로잡았다.

26 내사內史: 중국의 지방관. 진대晉代에는 각 군의 태수를 내사라 칭하였다.

27 송宋: 중국 남북조시대에 남조의 유유劉裕가 세운 나라.

라고 하며 길을 둘러갈 것을 청하고, 또 귀신과 요괴 때문에 아사를 옮겨야 한다고 청하는가 하면, 택일을 해서 취임할 것을 청했다. 그는 일체 들어주지 않았다. ○ 당나라 이길보李吉甫[30]와 우리나라의 이위국李緯國[31]은 모두 임지에서 죽은 전임자의 자리를 이어 부임했으나 옛 관사를 꺼려하지 않았다. 뒤의 '수령의 재임 중 사망'(제12부 제5조)에 나오므로 여기서는 생략한다.

부임하는 길에 들르게 되는 관부官府에서는 마땅히 선배 수령과 함께 다스리는 이치를 깊게 논의해야지, 농담으로 밤을 지새워서는 안 된다.

임지가 있는 도道에 들어서면 여러 고을의 수령은 모두 동료로서의 우의가 있는 법이다. 진정 혐오하고 원망하는 집안 사이가 아니라면 마땅히 바로 방문하여 만나고, 그대로 지나쳐 교만하게 보여서는 안 된다. 더구나 고을살이한 지 오래된 그들에게 그곳의 풍속과 인정, 그리고 새로 생긴 폐단과 백성의 오래된 고통 등 물어보아야 할 사항이 반드시 있을 터인즉, 새로 부임하는 자가 스스로 눈과 귀를 넓히지 않아서야 되겠는가?

---

28 조극선趙克善, 1595~1658: 자는 유제有諸, 호는 야곡冶谷, 본관은 한양漢陽이다. 호조정랑戶曹正郎, 장령掌令 등을 역임하였다.
29 면천沔川: 지금의 충청남도 당진시에 있었던 고을.
30 이길보李吉甫, 758~814: 중국 당나라 사람. 자는 홍헌弘憲이다. 지방관을 여러 번 역임하였으며 대표적 지지地志인 『원화군현도지元和郡縣圖志』의 편찬으로 유명하다.
31 이위국李緯國, 1597~1673: 자는 태언台彦, 호는 운포雲浦, 본관은 전주이다. 청렴 강직으로 유명하였으며 지방 수령을 수차례 역임하였다.

취임 전날 하룻밤은 반드시 이웃 고을에서 자야 한다.

『치현결治縣訣』[32]에서 말하였다. "취임 전 하룻밤은 반드시 이웃 고을에서 자고 임지 고을 경내에서 자서는 안 된다. 대개 새 수령의 행차에는 수행하고 맞이하는 사람의 숫자가 아주 많아 경내에서 자면 백성들이 피해를 입게 된다." ○ 혹 고을의 경계상의 정亭·원院[33]으로서 그 요역徭役[34]을 면제받고 오로지 이러한 일을 전담하는 자에게는 구태여 곡진히 생각해줄 것은 아니다. 그 형편을 물어서 편의에 따르도록 할 것이다.

32 『치현결治縣訣』: 영·정조 때에 편찬한 목민서牧民書로 저자는 알 수 없다. 『치군요결治郡要訣』이라고 많이 불려진다.

33 정亭·원院: 정은 원래 중국 고대에 기찰譏察과 휴식의 기능을 행하던 지방행정 기구. 우리나라에는 정이 없으므로 여기서는 역驛·원院을 가리키는 말로 쓰고 있다.

34 요역徭役: 공적인 일에 필요한 노동력을 직접 부과 징수하는 것이다. 요역의 수취 기준은 토지 8결당 1정이 연 6일씩이라고 규정되었으나, 실제로는 가호별로 부과하는 등 일정하지 않았다. 특히 조선 후기에는 고립제雇立制가 발달함에 따라 민고民庫·잡요雜徭 등 각 군현별 일체의 임시 지출 비용을 요역이란 명목으로 토지·가호에 부과하고 있었다(2권 제6부 제2조 '세법' 참조).

上官

취임하는 날을 따로 받을 필요는 없고, 다만 비가 오면 개기를 기다리는 것이 좋다.

도임할 때 택일하지 않는 사람이 없건만, 봉고파직封庫罷職[1]을 당하기도 하고【암행어사가 탐관을 내쫓으려면 반드시 관의 창고를 봉한다】폄하貶下[2]가 되어 파직되기도 하고 사고를 만나 떠나는 이도 있다. 전임자들이 택일했어도 아무런 효과가 없었는데 무엇 때문에 그것을 따를 것인가? 늘 보면 임지 가까운 곳에 도착해서는 하루에 겨우 한 역참만 가기도 하고, 또는 종일 같은 자리에 지체하면서 길일을 기다리기도 한다. 읍에서 기다리는 아전들은 속으로 비웃고 그의 슬기롭지 못함을 알아차릴 것이며, 도임 행차를 따르는 아전과 하인들은 집 생각에 마음이 초조한데 앉아서 여비만 축내니, 모두들 그 수령이 재앙이나 당하라고 저주할 것이다. 길일이 저주를 당해내지 못할 것이니, 무슨 도움이 되겠는가? 다만 취임하는 날 비바람이 불고 날씨가 좋지 않으면 백성들이 불편하니, 잠깐 청명한 날씨를 기다리는 것이 무방할 것이다. ○ 기치는 폐단이 있으므로 다만 영

---

1 봉고파직封庫罷職: 어사나 감사가 지방 수령을 파직시키고 관의 창고를 봉해 잠그는 일.
2 폄하貶下: 감사가 수령을 고과하여 하등급이면 수령이 탄핵을 받고 파직됨.

기旗 두 쌍만 쓸 것이다[앞에 나와 있다]. 기타 관속들이 영접하는 절차는 모두 전례에 따라 허락할 것이다. ○ 고을의 경계에 들어서면 말을 달리지 말도록 단속하고, 길가에 나와서 구경하는 사람을 금하지 말 것이다. 읍내에 들어서면 더욱 말을 달리지 못하도록 해야 할 것이니 이것은 백성들에게 무게 있게 보이는 방도이다.

말 위에서는 눈을 두리번거리지 말며, 몸을 비스듬히 하지 말며, 의관을 엄숙하게 정제해야 할 것이니, 이것은 백성들에게 장중한 모습을 보이는 방도이다.

객사客舍[3] 밖에 당도하면 의복을 갈아입고, 뜰 안으로 들어가서 망궐례望闕禮[4]를 거행하되, 잠시 엎드려서 마음에 스스로 다짐하기를 "전하께서는 만 리 밖을 밝히 보시므로 하늘 같은 위엄이 나로부터 지척도 떨어지지 않았으니, 소신이 어찌 감히 삼가 공경하지 아니하리오. 전하께서 적자赤子 만 사람의 생명을 오직 소신에게 맡기신바 소신이 어찌 감히 백성을 삼가 잘 다스리지 않으리까"라고 한다. 그리고 일어나 물러나온다.

부임하여 관속들이 올리는 참알(參謁: 상관에게 올리는 인사)을 받는다.

좌수座首를 불러 이렇게 말한다. "급하지 않은 공무는 본관이 일을 시

---

3 객사客舍: 궐패闕牌를 모셔두고, 왕명을 받고 내려온 벼슬아치를 대접하고 묵게 하던 집으로 각 고을마다 있었다.
4 망궐례望闕禮: 지방관이 명절이나 왕의 탄신일, 그 밖에 특별한 경우에 객사에 나아가 궐패를 바라보고 절하는 예식.

작할 때까지 기다리되【취임한 셋째 날에 업무를 시작한다】만일 시급한 일이 있으면 오늘이나 내일이라도 구애치 말고 아뢰도록 하라."○ 청사가 굉장하고 화려하더라도 좋다는 말을 하지 말며, 청사가 퇴락하였더라도 누추하다는 말을 하지 말고, 좌우의 온갖 기물들이 아름답거나 추하더라도 또한 입을 열지 말고, 일체 침묵을 지킬 것이다. 눈은 마치 보이지 않고 입은 마치 말을 못하는 것같이 하여 숙연히 떠드는 소리가 없어 부중府中이 물을 끼얹은 듯하게 할 것이다.

취임하면 반드시 진찬進饌을 한다. 의당 특생特牲의 품品을 쓰되 그 작爵은 1헌獻【술 한 잔】이요, 그 식食은 2궤簋【떡과 면 각 한 그릇】요, 그 국〔羹〕은 3형鉶【모두 채소에다 육즙을 합해서 국을 만든다】이요, 그 육肉은 3조俎【삶은 고기 한 접시, 구운 고기 한 접시, 생선회 한 접시】요, 유물濡物이 4두豆【채소 두 접시, 어육 두 접시】요, 건물乾物이 4변籩【과일 두 접시, 육포와 어포 한 접시, 쌀가루 음식 한 접시】이다. 여기에 더 더해서는 안 된다. ○ 자제나 혹은 친척·빈객으로 따라온 사람에 대해서는 의당 특돈特豚 소품小品을 쓰되, 그 작이 1헌, 그 식은 1궤, 1형, 1조, 2두, 2변이다. 더해서는 안 된다. ○ 만일 쇠잔한 고을이라서 녹봉이 박하면 취임 시의 찬은 마땅히 특돈 3정三鼎을 쓰되, 국 1형에 2두 2변이요, 다른 것은 특생의 경우와 같다. ○ 선왕先王의 예에 음식은 다섯 등급이 있다. 첫째 태뢰太牢[5]요, 둘째 소뢰少牢[6]요, 셋째 특생이요, 넷째 특돈 3정이요, 다섯째 특돈 1정이다. 그 변·두·궤·형은 각각 정해진 수가 있으니 삼례三禮[7]와 춘추전春秋傳[8] 곳곳에 보인다. 그 예문은

---

5 태뢰太牢: 제사나 잔치의 음식에 소와 양과 돼지를 쓰는 것.
6 소뢰少牢: 제사나 잔치의 음식에 양과 돼지를 쓰는 것.
7 삼례三禮: 중국 고대의 예禮에 대하여 서술한 고전으로 『의례儀禮』 『주례』 『예기禮記』를

나의 『제례고정祭禮考定』⁹ 제2권에 상세히 기재되어 있다. 옛날에 대부는 제사를 소뢰로 지냈는데 그 식은 특생이요, 사士는 제사를 특시特豕로 지냈는데 그 식은 특돈이니 넘을 수 없는 것이다. 대저 예라는 것은 천지의 절문節文이다. 제사와 연회는 더욱 신중히 해야 하는 것이니 그 명목과 그릇 수는 가감할 수 없다. 예법을 경솔히 어기는 자는 반드시 국법도 가벼이 범할 것이다. 그러므로 군자는 예법을 중히 여기는 것이다. ○ 행차가 중도에 이르면 미리 이 예식을 적어서 수리에게 주어 본 고을에 가만히 알리도록 하는 것이 좋다. ○ 무릇 조俎¹⁰에 담는 것은 높이가 두 치를 넘지 못하게 하고 변籩¹¹에 담는 것은 높이가 세 치를 넘지 못하게 하며【혹은 두 치】 두豆¹²에 담는 것은 높이가 한 치를 넘지 못하게 할 것이다【모두 주척周尺¹³을 말하는 것이다】.

따라왔던 이속이나 하인들은 3일간 말미를 주되 수리는 그럴 것이 없다. ○ 우두머리 아전과 군교軍校를 불러 다음과 같이 다짐한다. "조사朝仕¹⁴는 동틀 무렵에 시작해서 참알례參謁禮가 끝나면 해가 뜰 때가 되도록 하라【일어나는 것은 동트기 전이어야 한다】. 근무는 저녁 10시에 마칠 것이다.

가리킨다.

8 춘추전春秋傳: 『춘추春秋』란 노魯나라의 역사를 공자孔子가 찬술한 것인데, 그 해석으로 서 『좌전左傳』『공양전公羊傳』『곡량전穀梁傳』과 『호씨전胡氏傳』이 있다.

9 『제례고정祭禮考定』: 제례祭禮를 상고한 다산의 저술. 『여유당전서·예집禮集』에 수록되어 있다.

10 조俎: 나무로 만든 제기의 일종.

11 변籩: 대로 엮어서 만든 제기의 일종.

12 두豆: 식혜나 김치 같은 것을 담는 제기의 일종.

13 주척周尺: 중국 주나라에서 제정하였다는 기본 척도. 중국과 우리나라에서 국가 제도상 의 기준으로 쓰여 왔다.

14 조사朝仕: 지방 관청의 관속들이 아침에 상관을 뵙던 일.

폐문한 뒤에 맥반麥飯이 익을 무렵이면 될 것이다【겨울밤에는 다소 늦어도 무방하다】. 매일 새벽녘에 시중드는 종이 관속들의 아침 인사를 받을 시간이 되었다고 알리면 나는 곧 문을 열 것이다. 매일 저녁 10시에 시중드는 종이 근무를 마칠 시간이 되었다고 알리면 나는 물러가라는 명을 내릴 것이다. 오늘 이렇게 알리노니 모두 알아두도록 하라. 혹 시간을 어기는 일이 있으면 너희에게 벌을 내릴 것이다." ○ 아침 일찍 예禮를 행하는 것이 옛날의 법이다. 군현이 비록 작더라도 조례는 마땅히 그래야 한다. 매양 보면 수령들이 기거하는 것이 절도가 없어서 해가 세 발이나 떠오르도록 깊이 잠들어 있고, 이속이나 장교 등 여러 일을 맡은 자들이 문 밖에 모여 느릅나무와 버드나무 그늘 아래서 서성거리고, 송사하러 온 백성들이 지연이 되어 하루 품을 버리게 된다. 온갖 사무가 늘어져서 만사가 엉망이 되니 매우 옳지 않은 일이다. 혹 너무 일찍 기상을 해도 이속들이 괴롭게 여긴다. ○ 비나 눈으로 땅이 질퍽거리면 참알을 생략해도 좋다.

아전과 하인들이 인사하고 물러가면 말없이 혼자 단정히 앉아 백성을 다스릴 방도를 생각해야 한다. 너그럽고 엄숙하고 간결하고 치밀하게 규모를 미리 정하되, 오직 그때그때의 사정에 알맞게 하며 스스로 굳게 지켜나가야 한다.

『치현결』에서 이렇게 말했다. "군자가 백성을 대할 때는 마땅히 먼저 나의 성격에 치우친 곳을 찾아 바로잡아야 한다. 유약함은 강하게 고치고, 게으름은 부지런하도록 고치고, 지나치게 굳센 데는 관대하도록 고치고, 지나치게 완만한 데는 위엄 있고 용맹하도록 고쳐야 한다." 반드시 구준丘濬[15]의『대학연의보大學衍義補』[16], 조선료趙善璙[17]의『자경편自警編』[18], 설문청薛文淸[19]의『종정록從政錄』등의 책에서 아름다운 말과 착한 행실로 마음에 감복되는 내용을 자주 읽고 음미하면서 항상 마음을 맑게 하고 거듭거듭 본받아 실행해야 한다. 또『경국대전』『수교집록受敎輯錄』[20]『결송유취決訟類聚』[21]『무원록無寃錄』[22]『종덕편種德篇』[23]『의옥집疑獄集』[24] 등의 책을 미리 연구해놓으면 일이 생겼을 때 많은 도움을 얻을 수 있다. 옛사

---

15 구준丘濬, 1421~1495 : 중국 명나라 사람. 자는 중심仲深, 호는 심암深菴·경산선생瓊山先生·경대瓊臺, 시호는 문장文莊이다. 벼슬은 문연각태학사文淵閣太學士에 이르렀다. 국가의 전고典故에 밝았으며 학문을 좋아했다.『대학연의보』는 그의 대표적인 저술이다.

16 『대학연의보大學衍義補』: 중국 명나라의 구준이 1487년에『대학연의』를 보충하여 지은 경서經書.『대학』의 여덟 조목 가운데 치국평천하治國平天下에 중점을 두어 논하였다. 전 160권.

17 조선료趙善璙: 중국 송나라 사람. 자는 덕순德純이다. 벼슬은 상서랑尙書郞에 이르렀으며 저술로『자경편』이 있다.

18 『자경편自警編』: 중국 송나라의 조선료가 편찬한 책. 송대 현인賢人의 사적을 학문學問·조행操行·제가齊家·접물接物·출처出處·사군事君·정사政事·습유拾遺의 8문門으로 나누어 기록했다. 목민서의 성격도 띠고 있어 우리나라에서도 누차 간행되었다.

19 설문청薛文淸, 1389~1464 : 중국 명나라 하진河津 사람인 설선薛瑄. 자는 덕온德溫, 호는 경헌敬軒, 문청文淸은 그의 시호이다. 벼슬은 예부우시랑禮部右侍郞 겸 한림학사翰林學士에 이르렀다. 정주학에 근본을 두었으며 저서에『독서록讀書錄』『종정명언從政名言』『설문청집薛文淸集』이 있다.

20 『수교집록受敎輯錄』: 숙종 연간에 간행된 법령집. 중종 38년(1543)의『대전후속록大典後續錄』이후 내려진 법령을 모은 것으로 이·호·예·병·형·공의 육전六典으로 나뉘어 있다.

21 『결송유취決訟類聚』: 재판에 관한 편람으로 조선 명종 때 김백간金伯幹이 편집한 책.『사송유취詞訟類聚』라고도 한다. 숙종 때 다시『결송유취보決訟類聚補』로 편집되었다.

22 『무원록無寃錄』: 살해사건의 조사를 위한 법의학서. 중국 원나라 왕여王與가 편찬한 책으로 우리나라에서 누차 증보, 번역, 간행되었다.

23 『종덕편種德篇』: 조선 후기의 실학자 김육金堉이 지방관을 위해서 편찬한 책으로 사람을 구제한 사례와 재판에 관한 사례가 실려 있다. 본명은『종덕신편種德新編』이다. 3권 1책.

24 『의옥집疑獄集』: 판단하기 어려운 옥사의 사례를 모은 책인데, 중국 오대五代의 화응和凝이란 사람이 편찬했다.

람들이 의술을 가르칠 때 먼저 매일 새벽마다 『논어』와 『효경 孝經』[25]을 읽게 한 것도 다 이러한 뜻이다.

순암 順菴[26]의 『임관정요 臨官政要』[27]에서는 이렇게 말했다. "천 리 간에는 습속이 같지 않고, 백 리 간에는 기풍이 다르다. 한 도 안에서도 산간과 해안지대의 풍토가 다르고, 한 고을 안에서도 읍과 촌의 좋아하는 바가 다르다. 장사꾼이 모이는 곳의 민심은 간교하고, 농사꾼이 사는 곳의 민심은 소박하다. 백성을 다스리는 자는 마땅히 형세를 살펴서 대처해야 할 것이다. 당나라의 유중영 柳仲郢[28]이 경조윤 京兆尹[29]으로 있을 때 북사 北司의 아전이 곡식을 납입하는 것을 어기자 곤장을 쳐 죽였더니, 그의 정사가 엄하고 명백하다고 소문이 났다. 후에 하남부윤 河南府尹이 되어서는 관용과 은혜로써 정사를 행했는데, 어느 사람이 경조윤 시절과 같지 않다고 말하니, 유중영이 '수도의 백성을 다스림에 있어서는 위엄이 앞서야 하고, 지방 도읍을 다스릴 때에는 은혜와 사랑을 근본으로 삼아야 한다'라고 하였다. 당나라의 최언 崔郾[30]이 섬 陝[31] 지방은 너그럽게 다스리

25 『효경 孝經』: 유교 경전의 하나. 공자가 제자인 증자 曾子에게 효도에 대해서 말씀한 것을 기록한 것이라 한다.

26 순암 順菴, 1712~1791 : 조선 후기 실학자 안정복 安鼎福. 순암 順菴은 그의 호이다. 자는 백순 百順, 본관은 광주 廣州이다. 이익 李瀷의 문인으로 저서에 『순암집 順菴集』 『동사강목 東史綱目』 『열조통기 列朝通紀』 『임관정요』 등이 있다.

27 『임관정요 臨官政要』: 안정복이 26세에 초고를 작성하고 46세(1757)에 완성한 책이다. 상·하·속편으로 편차되어 있다. 지방 수령의 치정 治定에 관계되는 제반 문제를 서술한 것으로 『목민심서』의 선례가 되었다.

28 유중영 柳仲郢, ?~864 : 중국 당나라 사람. 자는 유몽 諭蒙이다. 명관으로 이름이 높았다. 유공작 柳公綽의 아들.

29 경조윤 京兆尹: 수도의 행정 장관. 경조는 서울을 뜻함.

30 최언 崔郾, 768~836 : 중국 당나라 사람. 자는 광략 廣略이다. 여러 지방의 관찰사를 역임하고 병부상서 兵部尙書에 이르렀다.

31 섬 陝: 지금의 중국 하남성 河南省에 속한 지명. 일명 괵 虢.

고, 악鄂[32] 지방은 무섭게 다스렸는데, '섬 지방은 토지가 메마르고 백성이 가난하므로 동요가 생길까 염려하여 따뜻이 어루만졌고, 악 지방은 토지가 비옥하고 백성들이 사나우므로 위엄 있게 다루지 않으면 안 된다'라고 말하였다. 장영張詠이 촉蜀 지방을 다스릴 때 처음에는 엄격하게 다루었는데, 두 번째 부임해서는 백성들이 자기를 믿는 줄을 알고, 드디어 엄한 태도를 고쳐 너그럽게 대하였다. 이는 모두 습속에 따라 변통할 줄을 안 것이다."

부임한 이튿날 향교鄕校[33]에 나아가 공자의
사당에 알현하고 이어 사직단社稷壇[34]으로 가서
봉심奉審[35]하되 오직 공손히 행할 것이다.

이날은 동트기 전에 일어나 횃불을 들고 향교에 가서 촛불을 켜고 배례를 행한다. 배례가 끝나면 전상殿上에 올라가 봉심하고, 다시 동무東廡와 서무西廡[36]로 가서 봉심한다. ○ 나와서는 명륜당明倫堂[37]에 앉아 배례에 참례한 유생들을 불러 만나보고 답배를 한다【비록 서북 지방이라도 이날은 답배하지 않으면 안 된다】. 그리고 유생들과 약속한다. "현직 향교 임원들은

---

32 악鄂: 지금의 중국 호북성湖北省 무창현武昌縣 지역.
33 향교鄕校: 고려왕조 이래 특히 조선왕조 때 각 지방 군현마다 설치되어 있던 관립 중등학교.
34 사직단社稷壇: 땅의 신인 사社와 곡식의 신인 직稷을 모시던 단. 서울 및 각 지방 군현에 있었다.
35 봉심奉審: 윗사람의 명을 받들어 사묘社廟를 보살피는 것.
36 동무東廡와 서무西廡: 성균관 및 향교의 문묘文廟에 여러 선현들을 모신 동서의 부속 건물.
37 명륜당明倫堂: 성균관 및 향교에서 교육의 기능을 위한 건물.

아무래도 서로 만나게 되겠지만, 사철 첫 달의 분향은 내가 몸소 거행할 것이요, 봄가을의 석채釋菜[38]도 내가 몸소 거행할 것이니, 그날은 서로 만나볼 수 있을 것이다. 또 때때로 백일장을 열어 선비들을 시험할 적에 향교 임원은 의례상 압반押班[39]할 것이니 그날에 서로 만나볼 것이요, 또 민사民事나 지방 내의 폐단에 대해서 여론을 듣고자 하는 경우 내가 응당 부를 것이니 그날 만나볼 수 있을 것이다. 제군들은 관문에 와서 청탁하는 일이 없도록 해야 할 것이다." 돌아와서 예방禮房[40]을 불러 이렇게 경계한다. "이와 같이 약속을 하였으니 너는 그것을 알아서 면회를 받아들이는 일이 없도록 하라."

그리고 사직단으로 가서 조복朝服을 입고 봉심하며, 예감禮監【곧 관청별감官廳別監】을 여단厲壇[41]과 성황단城隍壇[42]으로 보내서 봉심하고 오도록 한다. ○ 한 고을이 받드는 귀신 중에는 사직社稷의 귀신이 가장 비중이 크다. 그런데 근래 수령들이 전혀 정성을 들이지 않으니 매우 옳지 못한 일이다. 여단이나 성황단도 비록 몸소 갈 것까지는 없지만 수령은 모든 귀신의 주관자이니 취임한 처음에 마땅히 예를 차려 사람을 보내 봉심하는 것이 옳다. ○ 마치고 돌아와서 참알을 받는다.

---

38 석채釋菜: 문묘에서 공자를 제사 지내는 의식. 2월과 8월의 상정일上丁日에 거행했다. 석전제釋奠祭라고도 함.

39 압반押班: 뭇사람들의 반열班列을 정돈한다는 뜻이니, 여기서는 응시자들의 위치를 정돈하는 일.

40 예방禮房: 육방六房 아전의 하나로 예전禮典에 관한 사무를 관장함.

41 여단厲壇: 객사하거나 제사 지내줄 자가 없는 귀신을 여귀厲鬼라 불렀고, 이들의 제사를 지내주던 곳이 여단 혹은 여제단厲祭壇이다.

42 성황단城隍壇: 각 지역의 수호신을 받드는 곳. 사직단·여단과 함께 군현마다 설치되어 삼단三壇이라고 일컬었다.

苟事

제 6 조 업무를 시작함

이튿날 새벽에 출근하여 정사에 임한다.

상급 관청에 올리는 보고문서 가운데 전례에 따라야 할 것은 곧바로 서명날인(成帖)하고, 그 사리를 따져야 할 것은 모름지기 아전들의 초안을 바탕으로 다듬고 글을 만들어 그들에게 다시 쓰게끔 한다. ○ 민간에 내리는 명령은 일자반구一字半句라도 함부로 서명날인해서는 안 된다. 반드시 다음의 육전六典 36조條를 참고하여 일일이 검사하고, 그 안에 조금도 간계와 허위가 들어 있지 않음을 분명히 파악한 뒤에야 서명날인해야 한다. 혹시 의심스러운 것은 아랫사람에게 묻는 것을 부끄러워하지 말고 수리와 담당 아전을 불러 자세한 사정을 물어 그 본말을 분명히 안 후에 서명날인해야 한다. 늘 보면 가장 어리석은 사람이 일을 잘 아는 체하고 아랫사람에게 묻기를 부끄러워하여 의심스러운 것을 두루뭉수리하게 그냥 놔둔 채, 문서 끝에 서명만 부지런히 하다가 아전들의 술수에 빠지는 경우가 많다. ○ 혹 그 고을의 잘못된 전례가 이미 오래되었더라도 아주 불합리한 일의 경우, 보고할 기한이 급박하지 않으면 책상에 남겨두고 서명날인하지 않은 채 개정을 도모하며, 기한이 급박하거나 혹 일이 얽혀서 쉽게 변경할 수 없는 것은 일단 명령을 내려놓고 천천히 개정할 것을 도모한다.

무릇 부임하는 길에 잘못을 범했던 수행원은 이날에 문초하여 훈계 방면하고 매질할 것까지는 없다. 혹 사면할 수 없는 자는 가두어두고 뒷날을 기다리게 하라. 취임한 지 10여 일 사이에는 형벌을 가하지 말아, 안팎에 소문이 나기를 한결같이 관대하고 온후하고 굳세고 사납지 않은 인물이라고 알려지는 것이 좋다.

이날 사족과 백성들에게 영을 내려 고질적인 폐단이 무엇인지 묻고 의견을 구할 것이다.

관내의 사족土族과 각층의 백성들에게 공문을 내려 다음과 같이 말한다. "행 현령行縣令[1]은 알리노라. 본관이 적절한 재목이 아님에도 불구하고 과분한 나라의 은혜를 입고 이 고을에 부임하여 아침저녁으로 근심과 두려움으로 어찌할 바를 모르고 있다. 묵은 폐단이나 새로운 병폐로 백성들의 고통이 되는 것이 있으면 각 면에서 일을 잘 아는 사람 5~6명이 한곳에 모여 조목을 들어 의논하고 문서를 갖추어 제출하라. 고을 전체에 해당되는 폐단과 한 면, 한 마을의 특수한 고통은 각각 한 장의 종이에 쓰되, 면마다 하나의 문서로 갖추어 지금부터 7일 이내에 일제히 와서 바치도록 하라. 혹 아전이나 군교, 토호들이 들으면 싫어할 일이라 후환이 두려워 드러내 말하지 않는다면, 수령이 부임한 처음에 폐단을 묻는

---

1 행 현령行縣令: 관직제도에서 품계가 높은데 낮은 직위에 있는 경우에 '행行'을 붙이고 반대로 품계가 낮은데 높은 직위에 있는 경우에 '수守'를 붙인다. 대체로 전자의 경우가 많기 때문에 관행적으로 '행 현령'이라는 표현을 썼다.

본의에 어긋나는 것이다. 각각 엷은 종이로 풀칠하여 봉하고 그 바깥에 표시를 한 후, 아무 날 정오에 다 같이 읍내에 들어와 역시 다 같이 관아의 뜰에 와서 본관의 면전에 직접 바치도록 하라. 만약 읍내에 들어와서 오래 머물면서 이 문서를 고치거나 삭제하는 간사한 자가 있으면 마땅히 엄하게 징계할 것이니, 이 점을 명심하라. 의견을 수집하기는 쉬우나 고치기는 어려운 법이다. 고칠 만한 것은 고치고 고칠 수 없는 일은 그대로 둘 수밖에 없다. 오늘 들떠서 날뛰지 말며 다음에 실망하지도 말 것이다. 면이나 리의 폐단을 혹시 사심을 품고서 허황되게 과장하고 실상을 감추거나 뜬소문을 꾸미는 사람이 있으면, 결국에는 죄를 받게 될 것이니 조심하라." ○ 신관이 부임하면 으레 소 잡는 일, 술 담그는 일, 소나무 남벌하는 일 등 세 가지 금령禁令을 엄히 내리지만 이는 하나의 형식에 지나지 않으니 하지 말아야 할 것이다.

주자朱子가 처음으로 남강南康 땅에 부임한 당초에 유시하는 방문을 써 붙였다. "본관은 오랫동안 질병으로 물러나 민간에 있다가 근래에 나라의 은혜를 입어 이 지방을 지키게 되었기에 간절히 사양하였으나 받아들여지지 않아서 병든 몸으로 부임하게 되었다. 부임한 처음에 스스로 생각해보건대 성스러운 천자께서 은거해 있는 사람을 찾아내어 백성과 사직을 맡기신 뜻은 참으로 장차 교화를 펴 밝히고 민력民力을 기르려 한 것이며, 한갓 문서 처리와 회계 처리의 실적만을 책임지운 것이 아니다. 돌아보건대, 교화를 펴고 민력을 배양하는 일이 쉽게 이루어지지 않더라도 힘쓰지 않을 수야 있겠는가. 이제 순방詢訪과 권유勸諭로써 해야 할 다음과 같은 몇 가지 사항이 있다.

1)부역이 번잡하고 세가 무거운 일에 대하여 그 이로움과 병폐의 근원

과 경위를 능히 안다면 마땅히 어떻게 조처를 취할 것인가.

2)전대 효자 사마씨司馬氏와 웅씨熊氏는 모두 효행으로 드러났고 또 의로운 문중인 홍씨洪氏[2]는 대대로 의롭게 살았으며 과부 진씨陳氏는 절개를 지키고 개가하지 않았다. 바라건대 후세 사람들도 몸을 닦아서 옛사람에게 부끄럽지 않게 행해야 할 것이다.

3)청컨대 향당鄕黨의 부형들은 자제 중 학문에 뜻이 있는 자를 입학하게 하라.”

案 주자의 이 글은 첫째는 민생을 말한 것이요, 둘째는 교화를 말한 것이요, 셋째는 학업을 말한 것이다. 군자가 백성들을 대함에 있어서 반드시 민생을 먼저 한 후에 교화를 할 것이요, 교화를 한 후에 학업을 닦게 할 것이니 이것이 그 의미이다.

범재泛齋 심대부沈大孚[3]가 성산현감星山縣監으로 있을 때 성문에 방을 붙여서 고하기를 “몸가짐을 맑고 근실하게 하며 정사를 공평히 하는 것은 태수의 할 일이니, 태수는 그렇게 하기를 힘쓸 것이다. 효도와 우애를 돈독히 하고 약속을 잘 지켜 법령을 어기지 않는 것은 백성의 할 일이니, 백성은 이를 힘쓸 것이다”라고 하였다.

이날 백성의 소장訴狀이 들어오면 판결하는 제사를 간결하게 할 것이다.

---

2 의로운 문중인 홍씨義門洪氏:『송사宋史·고의전考義傳』에 남강南康 건창建昌 사람인 홍문무洪文撫의 집안이 6대에 걸친 육친이 한집에 같이 살며 따로 솥을 건 아궁이가 없었다고 했는데 이 홍씨일문洪氏一門을 말한다.

3 심대부沈大孚, 1586~1657 : 자는 신숙信叔, 호는 가은嘉隱·범재泛齋이다. 인조 때 사간司諫을 지냈고 문경聞慶 소양사瀟陽祠에 제향되었다.

『치현결』에서 말했다. "백성들의 소장에서 아뢰는 바는 엄하게 판결하지 말고, 마땅히 양편을 대질시켜야 하며, 한편의 말만 듣고 가볍게 판단해서는 안 된다. 싸우고 때린 일로 와서 고소하는 자는 더욱 그 말을 믿고 가벼이 체포해서는 안 된다." ㅇ 또 말하였다. "고소장을 처리하는 일은 본래 말단의 사무에 속하며, 신경 쓰는 것도 한도가 있어서 모두를 상세히 다룰 수 없다. 머리와 몸을 모두 고소장 처리에만 쏟는다면 업무를 어떻게 다 할 수 있겠는가? 모름지기 백성들의 고소장은 그 내용에 따라 몇 가지 종류로 나누고, 예제例題와 상투적인 용어를 만들어서 형리에게 주라. 형리는 큰 고을은 4명, 작은 고을은 2명을 뽑아 그들로 하여금 백성들의 고소장을 받아서 분류하여 책에 기록하고, 해당하는 예제와 용어를 쓰게 하고, 날짜의 왼편에 처리한 형리의 이름을 써넣도록 하라. 이것으로 훗날 고찰할 것에 대비하고 농간과 거짓을 방지한다면, 비록 하루에 만 가지 소송을 처리해도 어렵지 않을 것이다."

가령 전답과 노비에 관한 소송이면 예제에 "양편이 각기 문권文券[4]을 가져와서 서로 대질하라" 하고, 만약 춘분이 지난 후에 전답의 소송이 있으면 예제에 "전답 소송을 할 때가 아니니 추분을 기다려서 다시 소송하라" 하고, 농사에 흉년이 들었을 때 노비 소송이 있으면 예제에 "흉년에 노비를 추쇄推刷[5]하는 것은 국가의 금령이 있으니 가을을 기다려서 다시 하라"〔만약 역役을 지는 노비가 목전에서 도망가 고을 안에 숨어 있는 경우는 여기에 해

---

4 문권文券: 토지 등의 소유권을 인정하는 문서.
5 추쇄推刷: 부세賦稅를 받아들이거나 특히 도망간 노비의 종적을 캐내어 잡아오는 것. 조선시대의 노비는 종천법從賤法과 추쇄법推刷法의 적용을 받았다.

당되지 않는다】 하고, 빚돈 때문에 소송했을 때에는 예제에 "빚진 사람이 신용이 없는지 빚 준 사람의 독촉이 지나친 것인지 양편이 대질하라" 하는데 만약 빚진 사람이 농부이고 농사가 바쁜 철이면 예제에 "춘궁기春窮期에 빚돈을 거두는 것은 사목事目[6]에 어긋나는 일이니 추수철을 기다려 다시 소송하라"【만약 빚진 사람이 장사꾼이거나 뱃사람일 경우는 이에 해당되지 않는다】 하고, 지주가 경작권을 빼앗아 전객佃客[7]이 와서 소송한 경우면 예제에 "지주가 다른 사람의 청탁을 받았는가, 전객이 농사에 게으르기 때문인가를 그 마을의 여러 상호上戶[8]【속칭 두민頭民이라 한다】들이 공평하게 의논하고 결정하여 다시는 소송하는 일이 없게 하라"【만약 지주가 세력 있고 부자여서 가난한 전객의 경작권을 빼앗는 경우라면 형리로 하여금 이를 뽑아서 보고하도록 하라】 하고, 논에 물 대는 일로 싸워서 약한 사람이 소송하면 예제에 "물길을 막은 자가 유력하고 강한 사람인가, 물길을 끌어들인 사람이 간사한가를 그 마을의 여러 상호들이 공평하게 의논하고 결정하여 다시 소송하는 일이 없게 하라"【만약 마을의 의론이 불공평하여 다시 소송해오면 상호를 벌주되 누락되지 않도록 하라】 하고, 품팔이꾼과 고용주가 품삯 때문에 다투어서 품팔이꾼이 와서 소송한 경우면 예제에 "고용주가 신의가 없는가 품팔이꾼에게 죄가 있는가를 그 마을에서 공평하게 의논하고 결정하여 품삯을 제대로 줌으로써 다시 소송하는 일이 없도록 하라"【그 마을의 상호에게 맡겨라】 하고, 싸우다가 상처를 입어 그 친속이 와서 소송하는 경우면 예제에 "중상이면 범인을 감금해서 고한辜限【30일】을 채우게 하였다가 구류 기간

---

6 사목事目 : 공적인 업무의 규칙을 정해놓은 문서.
7 전객佃客 : 남의 농토를 빌어 농사짓는 소작인을 가리킴.
8 상호上戶 : 민간 마을에서 나이가 많거나 능력으로 상위에 있는 사람.

이 지나면 그 마을의 공의公議에 따라 압송하여 본관의 처치를 받도록 하라【그 마을의 상호에게 맡겨라】 하고, 만약 목숨이 경각에 있으면 예제에 "상처를 조사하여 과연 위급하면 그 마을에서 풍헌이나 영장領將 [9]을 초청하여 주범과 공범을 조사한 후 묶어서 압송하여 처치를 받게 하라【그 마을의 상호에게 맡겨라】라고 할 것이다. ○ 이상과 같은 것은 모두 예제를 만들어서 형리에게 주고 오직 그 사정이 특수하여 예제로 처리할 수 없는 건들은 형리로 하여금 뽑아서 올리게 하고 내가 상세히 심사하여 따로 특별 판결문〔特題〕을 사용할 것이다. 이때 가볍게 판결하지 말고 양편을 모두 대질시켜야 한다. 案 작은 고을로 한가한 관청은 꼭 이 방법을 쓰지 않아도 된다.

『다산필담』에서는 이렇게 말했다. "전세田稅가 가복加卜 [10]이 되었다 하여 호주戶主 [11]가 와서 호소하면 예제에 '이 일은 한번 전반적인 조사가 있을 것이니 지금은 우선 물러가서 통지가 있기를 기다리라' 하고 즉시 형리로 하여금 그 성명과 호소 내용의 요점을 기록하여 한 책자 속에 열기할 것이다." ○ "군액軍額이 이미 면제되었는데【탈역頉役 [12]의 제사가 있었음】또 군포를 거두어서 군역 면제자가 와서 호소하면 예제에 '이 일에 관해서는 모름지기 한번 전반적인 조사가 있을 것이니 지금은 우선 물러가서 통지가 있기를 기다리라' 하고 즉시 형리에게 명하여 그 성명과 호소 내용의 요점을 기록하여 한 책자 속에 열기할 것이다." ○ "환곡還穀 [13]을 거

---

9 영장領將: 조선시대에 지방 관아에 소속된 하급 장교.
10 가복加卜: 전세가 정량보다 더 부가되는 것을 말한다. 원주에 "복卜은 부負이다. 가복은 몇 부 더 부가되는 것을 말한다"라고 나와 있다.
11 호주戶主: 법제적인 호의 장. 법제호는 여러 가구로 구성되어 있었다.
12 탈역頉役: 어떤 사유로 인해서 군역이나 부역 등에서 면제되는 경우를 가리키는 말.

두어들일 때 빌리지 않았는데도 거두는 일이 있어서 억울한 사람이 와서 호소하면 예제를 앞에서 든 것과 같이 하고, 호소의 내용을 기록해두는 것도 앞과 같이 할 것이다." ○ "이후 5~6일이 지나서 호소하는 사람이 더욱 많아지면 한가한 날을 타서 해당 아전들을(전리田吏·군리軍吏·창리倉吏 등) 특별히 불러 호소 내용의 요점을 적어둔 책자를 내보이고 바로 면전에서 그 내력을 조사하되 수향首鄕[14]과 수리도 함께 조사하게 하여 그 가운데 쉽게 분별이 되는 것은 곧 시정하고 농간을 부린 사람이 있으면 즉시 자백하게 하되 다시 숨기거나 속이는 경우는 즉시 처벌하고(군포를 바치는 의무가 이미 면제되었으나 그것을 대신 바칠 사람이 정해지지 않은 경우는 군리와 풍헌·약정 등이 군포를 부담하게 하라) 호소한 사람에게 통지하여 시정하였음을 알릴 것이다."

『치현결』에서 말하였다. "백성들이 와서 호소하는 것은 억울함이 있기 때문이다. 군포 문제로 호소하는 일이 있으면 나의 군정軍政이 잘못된 것이요, 전세 문제로 호소하는 일이 있으면 나의 전정田政이 잘못된 것이요, 요역徭役 문제로 호소하는 일이 있으면 이것은 내가 부역을 공평하게 매기지 못한 것이요, 창곡倉穀 문제로 고소하는 일이 있으면 내가 재무의 관리를 잘못한 것이요, 침학侵虐을 당하여 고소하는 일이 있으면 이것은 토호들을 통제하지 못한 것이요, 백성들이 재물을 빼앗기고 호소하는 일이 있으면 이것은 아전들을 단속하지 못하였기 때문이다. 백성들의 호소를 들어보면 내가 잘 다스리는지 잘못 다스리는지 알 수 있다. 위정자가

---

13 환곡還穀: 조선시대 관부에서 봄에 백성들에게 빌려주었다가 가을에 이자를 붙여 거두어들이던 곡식. 환자還上·환상곡還上穀이라고도 한다.
14 수향首鄕: 군현에 있는 향청의 우두머리, 곧 좌수를 말한다.

그 큰 줄기를 제대로 바로잡으면 백성들은 저절로 억울한 일이 없어질 것이니 어찌 소장이 분분하게 날아들겠는가." ○『치현결』에서 또 말하였다. "백성들의 괴로움과 즐거움, 다스림의 잘하고 못함은 소장의 판결에 달려 있는 것이 아니다. 오직 그 큰 줄기를 바로할 수 있으면 소소한 판결의 잘잘못은 논할 것이 못 된다. 전정·군정·창정倉政[15]·요역·호적戶籍·진휼賑恤 등 여섯 가지 일은 다스림의 큰 줄기이니 이 여섯 가지 일에 대해 지혜를 써서 법을 세울 수 있으면 아전들은 농간을 부릴 수 없게 되고 백성들은 그 혜택을 입지 않음이 없을 것이다. 그러면 소장은 저절로 줄어들 것이다."

이날 명령을 내려서 백성들에게 몇 가지 일로써 약속을 하고 관아 바깥문 설주에 특별히 북을 하나 걸어둘 것이다.

행 현령이 알리고자 하는 바 관과 백성 사이에 마땅히 약속이 있어야 하기에 다음 기록하는 조항을 일일이 깨우치고 잘 살펴서 이에 따라 시행하되 어기는 일이 없도록 해야 한다. 만약 어기는 자가 있으면 엄히 다스려 용서하지 않을 것이니 각별히 주의하라.

다음 기록하는 조항
1)백성들의 소장은 일일이 직접 가져오지 않아도 된다. 그 가운데 긴

---

15 창정倉政: 환곡에 관한 업무를 처리하는 것.

급한 것은 본인이 와서 제출하고 긴급하지 않은 것은 서류로써 갖추어 풍헌·약정 등에게 주어서 그들이 고을에 들어오는 날 함께 제출하여 판결을 받게 하거나, 그 마을 사람 가운데 소장을 가지고 고을로 오는 사람이 있으면 그 편에 부치도록 하라. 한 사람의 백성이 10명의 소장을 바쳐도 관가에서는 구애받지 않는다.

2)연명으로 된 등소等訴【여러 사람이 함께 고소하는 것을 등소라 한다】는 그것을 의논할 때에는 10명이 함께 서명하였더라도 소장을 가지고 고을에 들어올 때는 일의 내용을 잘 아는 사람 하나를 골라서 그 사람 혼자서 가져오게 하라. 혹 중요한 일인 경우는 두 사람이나 세 사람이 함께 고을에 들어오되 아무리 중요하고 큰 사건이라도 세 사람을 넘지 않도록 하라. 고을에 드나들면서 술값이나 밥값을 함부로 써서 백성들에게 곤란을 끼쳐서는 안 되기 때문이다. 이와 같이 약속을 한 후에도 많은 사람이 함께 고을에 들어와서 모두 방주인집[16]에 숨어 있고 관아에 들어오는 사람 수만 규정을 지킨 양하여 술값이나 음식값을 지나치게 쓰면 반드시 후회가 있을 것이니 각기 다 조심하라【명령을 내린 후에 한 방坊에서 혹시 큰 사건을 호소한 자가 있으면 가만히 사람을 방저坊邸에 보내어 정탐하고 만일 그곳에 남아 머물고 있는 사람들이 있으면 붙들어다가 죄를 줄 것이다】.

3)물건이나 문권을 잃어버렸거나, 사람이나 소와 말이 없어져 입지立旨[17]를 얻고자 하는 사람이 있으면 반드시 그가 사는 마을 상호의 확인서나 혹은 풍헌의 보고서를 첨부해오도록 하라.

---

16 방주인집: 조선시대 현 밑의 각 방에서 현아縣衙와의 연락을 위하여 읍내에 관계자로 정해둔 사람. 면주인面主人·방주인坊主人·방저坊邸라고도 한다.
17 입지立旨: 토지·가옥 등의 소유권 혹은 연고권을 인정하는 관부의 증명.

4)소장을 가지고 관아에 오는 사람은 형리를 만나거나 문지기【곧 사령】에게 묻지 말고 곧바로 관아의 바깥문으로 해서 안문으로 들어와 직접 수령 앞에 바치면 형리나 문지기가 뒤따라와 이를 가로막는 폐단이 없을 것이다. 그래도 가로막는 일이 있으면 관아의 바깥문 설주에 특별히 북을 하나 걸어놓고 새벽이나 저녁, 혹은 언제라도 와서 이 북을 치면 관에서는 그 사람을 불러서 사정을 물을 것이니 그리 알도록 하라.

5)소장을 판결함에 있어서 양편을 대질시키라 하였는데, 만약 그들 스스로 사적으로 화해하면 무방하다. 만약 사적으로 화해가 되지 않고, 또 판결하는 때에 피고가 나오지 않아서 원고가 피고의 거역 사실을 다시 관청에 고소하게 되면 관에서는 부득이 저졸邸卒【곧 면주인】을 보내지 않을 수 없고, 심한 경우는 관아의 문지기를 보내거나 혹은 군교를 보내게 된다. 이렇게 되면 마을이 대단히 소란하게 될 것이다. 거역하고 출두하지 않는 사람은 마땅히 엄하게 징계하여 마을을 조용하게 할 것이다. 소송의 내용은 비록 피고 측이 옳다 하여도 출두하지 않은 죄는 다스릴 것이니 익히 알라. 만약 어떤 간악한 백성이 있어서 처음부터 출두하라는 제사를 보여주지 않고 거역한 것이라 무고하였다가 양편이 대질하는 날에 농간질을 한 것이 드러나면 엄하게 처리하길 배나 더할 것이니 이 점도 익히 알라.

6)관에서 전하는 명령이 시급한 일은 당연히 저졸을 보낼 터이지만 급하지 않은 일은 혹 풍헌이나 약정에게 부치거나 송사로 고을에 온 사람 편에 부쳐 보내어 마을이 소란치 않게 할 것이다. 명령으로 전달되는 일은 반드시 기한에 맞추어서 이행해야만 저졸이나 차사差使을 보내는 폐단이 없을 것이다. 관의 명령을 거역하거나 지체하여 마을을 소란하게

하는 사람은 반드시 벌을 주고 용서하지 않을 것이다.

『치현결』에 이렇게 나와 있다. "입지에는 여러 가지 종류가 있다. 문권을 잃어버려 입지를 신청하는 사람은 그것이 불타버렸다거나 혹은 도적이 가져갔다고 말한다. 불에 타버렸다고 하는 자에게는 반드시 이웃 사람의 확인서를 갖추게 하고, 도적이 가져갔다고 하는 자에게는 반드시 향갑鄕甲[18]의 확인서를 증빙으로 제출하게 한다. 노비가 도망갔을 경우는 반드시 호적을 조사하되 그 이름이 실려 있지 않으면 준거로 삼을 수 없다. 관棺을 만들 재목을 운반하는 것은 금지사항에 관계되므로 그 출처가 확실하지 않으면 허가해서는 안 된다. 관명冠名으로써 아명을 대신하고자 하는 사람은 군적軍籍을 농간하려는 자이며, 정군正軍[19]으로서 보인保人으로 강등하고자 하는 자는 번차番次[20]를 피하려는 것이다. 이와 같은 사례가 수없이 많은데, 요즈음 수령 된 자들은 백성들의 소장 끝에 입지 두 글자가 있는 것만 보고 그 허실을 가리지 않고 일률적으로 승인하니 소홀함이 심하다." ○ 나의 생각으로는 큰 고을의 소장은 구름같이 모이고 산같이 쌓이는데 이것을 일일이 또 상세히 조사하려고 하면 도리어 그것에 구애되고 얽매여서 아전과 백성이 의심 많은 사람으로 지목할 것이니 역시 좋지 못하다. 막힘없이 처리하다가 때때로 한 장의 소장을 집어내어 간사하고 거짓됨을 찾아낸다면 이것이 훌륭한 수령이다.

『운곡정요雲谷政要』[21]에서 이렇게 일렀다. "호소를 하러 오는 백성이 부

---

18 향갑鄕甲: 풍헌을 가리킴. 원주에 "면장의 직임"이라고 나와 있다.
19 정군正軍: 조선시대의 병역 의무를 가진 양인 남정男丁 가운데 현역 복무의 의무를 지는 사람. 정병正兵이라고도 하며 보인保人이란 보조원을 거느린다.
20 번차番次: 입번立番. 정군에 속한 자가 순번이 되어 복무하는 것.
21 『운곡정요雲谷政要』: 목민서의 일종. 『조선민정자료: 목민편』에 『정요 3』 "이운곡李雲谷

모의 집에 들어가는 것처럼 친숙하고, 아랫사람들의 사정에 통달하여 막힘이 없어야 백성의 부모라 할 수 있다. 밥을 먹거나 목욕하는 때라도 문지기가 오는 백성을 금하지 말아야 할 것이며, 문지기가 이를 어기면 곧장 서너 대를 호되게 쳐야 할 것이다.【마침 뒷간에 가 있는 때라면 부득이 잠깐 기다리게 할 것이다】

포증包拯[22]이 개봉부開封府[23]를 맡아 다스릴 때의 일이다. 옛날 제도에는 소송하는 사람이 곧바로 들어오지 못하고 아전이 관문 앞에서 소장을 거두었는데 이것을 첩사牒司라 하였다. 포증이 관아의 문을 활짝 열고 사람들이 곧바로 관정에 와서 스스로 옳고 그름을 밝히도록 했더니 아전과 백성들이 감히 속이지 못하였다.

김익경金益炅[24]이 여러 고을을 맡아 다스림에 대체를 파악할 뿐 까다롭고 사소한 일은 문제 삼지 않았다. 관아의 바깥문을 활짝 열어놓고 괴로운 일을 가진 백성이 모두 뜰 아래에 와서 직접 호소하게 하였더니 그 사정을 모두 털어놓고 말하지 않는 사람이 없었다.

구준寇準[25]이 파동지현巴東知縣으로 있으면서 모임이나 부역이 있을 때는 공문을 내지 않고 다만 그 지역과 성명을 관아의 문에 게시하였으나

이 한감사韓監司를 위해 지음", 『정요 4』 "박사한朴師漢이 봉화수령奉化守令으로 갈 때 이를 지어주다"라고 밝혀 수록되어 있다. 운곡은 이광좌(李光佐, 1674~1740)의 호이다.

22 포증包拯, 999~1062 : 중국 송나라 사람. 자는 희인希仁, 호는 청천靑天, 시호는 효숙孝肅이다. 개봉부윤開封府尹, 추밀원부사樞密院副使 등을 역임했다. 강직하기로 이름났다.

23 개봉부開封府 : 중국 하남성에 있는 지명. 북송시대의 수도였다.

24 김익경金益炅, 1629~1675 : 자는 계명季明, 본관은 광산光山이다. 벼슬은 예조참판禮曹參判에 이르렀다.

25 구준寇準, 961~1023 : 중국 송나라 사람. 자는 평중平仲, 시호는 충민忠愍이다. 동중서문하평장사同中書門下平章事를 지냈으며, 내국공萊國公에 봉해졌다. 저서로 『파동집巴東集』이 있다.

백성들이 뒤늦게 오지는 않았다.

충세형 种世衡[26]이 무공지현 武功知縣이었을 때, 사람들이 그의 위엄과 신망에 복종하였다. 혹 누구를 부르는 일이 있어도 사람을 시켜 문서를 가지고 마을에 들어가게 하지 않고 다만 종이쪽지에 써서 관아의 문에 방을 붙여도 모두 기일에 맞추어 왔다.

진서산 眞西山[27]이 천주지사 泉州知事였을 때, 소송을 심리함에 있어 군졸을 보내지 않고 다만 그 성명을 게시하였는데 백성들이 스스로 고을에 와서 소송 심리에 응하였다.

장횡거 張橫渠[28]가 운암현령 雲巖縣令으로 있을 때, 교시 敎示하는 포고를 할 때마다 문서가 백성들에게 도달하지 못함을 근심하여 향장 鄕長들을 관아의 뜰에 불러서 거듭 깨우쳐주고 마을로 돌아가서 알리게 했다. 그후 간혹 백성들이 일이 있어 관아에 오거나 길에서 만나면 반드시 그때 명령한 일을 들었는지 못 들었는지 묻고, 들었다고 하면 그만이지만 못들었다고 하면 그 명령을 받은 사람을 벌주었다. 그래서 한마디 말이 나가면 우매한 백성이나 어린아이까지 모르는 자가 없었다.

관청의 일은 기약이 있는 법인데, 그 기약이 믿기지
않으면 백성들이 명령을 두렵게 여기지 않을 것이니,

---

26 충세형 种世衡, 985~1045 : 중국 송나라 사람. 자는 중평 仲平이다. 환경로병마령할 環慶路兵馬鈐轄을 지냈다. 변방을 지킬 때 사졸을 잘 위무한 것으로 이름났다.

27 진서산 眞西山, 1178~1235 : 중국 송나라 학자 진덕수 眞德秀. 서산 西山은 그의 호이다. 28면 주11 참조.

28 장횡거 張橫渠, 1020~1077 : 중국 송나라 학자 장재 張載. 자는 자후 子厚, 시호는 명 明이다. 도학 道學에 깊어 출신지 이름을 따서 '횡거선생 橫渠先生'으로 일컬어졌다. 저서는 『정몽 正蒙』『서명 西銘』『역설 易說』 등이 있다.

기약은 미덥게 해야 한다.

무릇 많은 사람을 다스리는 방법은 반드시 먼저 약속을 분명히 하고 이를 거듭거듭 알리며, 또 기한을 여유 있게 주어 주선할 수 있게 해야 한다. 그런 뒤에 이를 어기는 사람이 있으면 약속대로 시행해도 원망하지 못할 것이다.

호태초는 이렇게 말했다. "모든 일에 신의가 없으면 성사되지 않는다. 하물며 고을의 일이 복잡하고 수령의 위엄이 그다지 대단하지도 못한데, 기한도 미덥지 않고 호령도 엄숙하지 못하다면, 어떻게 일을 해낼 수 있겠는가? 그러므로 기한을 확고히 세우는 것보다 중요한 일은 없다. 그러나 사정이 각각 다르므로 기한을 연기해주되, 세 번까지 연기하고도 이행하지 않으면 거기에 대한 벌은 마땅히 엄해야 한다." ○ 또 말했다. "고을의 관아에서 50리 이상 떨어진 곳은 7일을 기한으로 하며 그 이하는 5일로 하되 먼저 그 멀고 가까움을 상고하여 미리 규칙을 세워야 한다. 또 일직하는 청리廳吏가 책상머리에 앉아 즉시 기록하게 하여 뒷날의 참고가 되도록 하며, 이를 어긴 자는 벌주어야 한다."

한연수韓延壽[29]가 영천태수潁川太守가 되어 조부租賦를 거둘 때에 먼저 기일을 분명히 포고한 다음, 그 기일에 맞추는 것을 중요하게 따지니 아전과 백성들이 다 공경하고 두려워하여 이에 따랐다.

증공曾鞏[30]이 주州를 다스릴 때, 완급을 헤아려 기한을 정해주고 기한

---

29 한연수韓延壽, ?~B.C. 57 : 중국 한나라 사람. 자는 장공長公이다. 간대부諫大夫, 회양태수淮陽太守, 영천태수潁川太守 등을 역임했는데 치적이 천하에 제일이라 일컬어졌다.
30 증공曾鞏, 1019~1083 : 중국 북송 때 사람. 자는 자고子固, 호는 남풍南豐, 시호는 문정文

이 다하기 전에는 다시 공문을 보내 독촉하는 일이 없었다. 기한이 다하고도 이행하지 않으면 그 죄를 법으로 다스렸다. 기한과 일이 서로 맞지 않으면【기한이 촉박한 것을 말한다】 각 현의 의견을 들어 따로 기한을 정해주고 그래도 어긴 자는 벌을 주어 용서하지 않았다. 이에 감히 일을 게을리하지 못하고 모두 기한 내에 이루어졌다.

서구사徐九思[31]가 구용지현句容知縣으로 있을 때, 소송 심리에 매질은 10대를 넘지 않았고 각종 부세의 독촉도 미리 기한을 정해두고 기한이 넘으면 마을의 부로父老들로 하여금 붙잡게 했을 뿐, 관가의 사람들이 나가지 않도록 하였다.

이날 책력에 맞춰 작은 책자를 만들어 모든 사무의 기한을 기록하여 비망을 삼도록 할 것이다.

주자가 말했다. "관청에는 응당 방통력旁通曆[32]을 만들어 매일 공사公事의 진행 상황을 낱낱이 기록해야 한다. 일이 완료되면 그 표시를 하고, 완료되지 않은 경우 끝내도록 해야 바야흐로 일의 차질이 없을 것이다."

『상산록象山錄』[33]에서 말했다. "옥에 갇힌 죄수에 관한 기록을 수도囚徒라 하여 형리가 이를 맡아 정리한다【관례가 본래 그러하다】. 부세를 거두어서

定이다. 중서사인中書舍人을 지냈다. 문장가로 당송팔대가唐宋八大家 중 한 명이다.

31 서구사徐九思, 1495~1580 : 중국 명나라 사람. 자는 자신子愼이다. 40세에 구용지현句容知縣이 되어 선정을 베풀었다.

32 방통력旁通曆 : 관리들이 사용하던 일종의 관무 일지.

33 『상산록象山錄』: 상산은 황해도 곡산谷山의 별칭.『상산록』은 정약용이 곡산부사로 있을 때 쓴 행담기록行談記錄인 것 같다.

운반하는 데 기한이 있어 그것을 한기限記라 하며 담당 아전이 맡아 기록하고【이하는 내가 만들어 본 것이다】 백성들을 호출하는 데도 기한이 있어서 그것을 기록期錄이라 하는데 이는 시동이 맡아 기록한다【패자牌子[34]를 보내어 백성들을 잡아들이는 일】. 상사上司가 독촉함에 있어서 정해진 기일이 있는데 그것을 총록聰錄이라 하고 이는 수리가 맡아 기록한다【상납上納이나 복정卜定 같은 것】. 이와 같은 사례는 모두 마땅히 기록해두고 날마다 펼쳐 보아서 스스로 깨닫도록 해야 할 것이다."

다음 날 노련한 아전을 불러서 화공畫工을 구하여 본 현의 지도를 그려 관아의 벽에 걸어두도록 한다.

『치현결』에서는 이렇게 말하였다. "지도 가운데 강줄기와 산맥은 실제와 똑같이 그리고 동서남북의 방위를 각각 표시하며, 면과 마을 이름, 모든 도로의 이수(里數, 지역 간 도로의 길이), 모든 마을의 가구 수를 표시한다. 또한 큰길과 작은 길, 다리, 나루터, 고개, 객점客店, 절간이 있는 곳 등을 모두 표시한다. 그래야 인정 풍속을 살필 수 있고, 그곳 실정을 파악할 수 있으며, 또 아전과 백성들이 왕래하는 길을 알 수 있다." 案 이 지도는 가장 긴요한 것이다. 본 현에 화공이 없으면 솜씨가 변변찮아도 괜찮으니 이웃 현에서 데려오도록 한다. 반드시 노련한 향임鄕任[35]과 아전과 군교들이 관장하여 지도를 만들게 할 것이다. 우리나라의 지도는 땅의 길고 짧음에 상관없이 모두 네모진 모양으로 그려져서 쓸모가 없다. 반드

---

34 패자牌子: 상위자가 발행하는 명령서.
35 향임鄕任: 향청의 임원.

시 먼저 경위선經緯線을 그어놓고 1칸을 10리로 하여, 동쪽으로 100리 거리에 있으면 지도상에는 동쪽으로 10칸째 위치에, 서쪽으로 10리 거리에 있으면 지도상에는 서쪽으로 1칸째 위치에 그려지도록 하며, 고을의 관아가 꼭 지도의 중앙에 있게 할 필요는 없다. 100가구가 있는 마을은 모든 집을 다 그려 넣을 수 없으니 집이 조밀하게 있는 모양을 그려서 큰 마을임을 알게 하면 된다. 한두 집이 산골짜기에 있는 것도 빠뜨리지 말아서 사람이 살고 있음을 알게 해야 한다. 큰 기와집 또한 각각 표시하여 토호의 집임을 알게 하는 것이 좋다.

도장의 글자는 흐릿하지 않아야 하며, 화압花押[36]은 조잡해서는 안 된다.

새긴 글자가 모호하면 아전들이 농간질하기 쉽다. 이 때문에 아전들이 말을 만들어서 "도장을 바꾸면 벼슬이 빨리 갈린다"라고 하는데 어리석고 슬기롭지 못한 수령이 이 말을 곧이들어 도장을 바꾸지 않고 글자가 뭉그러지고 획도 없는 것을 그대로 사용한다. 이에 호박껍질이나 대삿갓 조각으로 찍어도 족히 첩牒이 되고 첩帖이 되고 계契가 되고 권券이 될 수 있다. 뒤에 사람들이 어떻게 분별할 수 있겠는가. 부임한 당초에 도장의 글자가 분명하지 않은 것을 발견하면 즉시 예조에 보고하여 다시 만들도록 하고, 달을 넘기지 않는 것이 옳다. ○ 화압 또한 마찬가지이다. 획을 긋는 방법이 면밀하지 못하고 거칠어서 쓸 때마다 같지 않으면 농간

---

36 화압花押: 도장 대신 쓰는 일정한 자형字形. 수결手決과 같다.

하는 폐단이 생긴다. 물정을 잘 살피려면 유의하지 않을 수 없다.

이날 목도장 몇 개를 새겨 각 면에 나누어줄 것이다

목도장의 크기는 마땅히 사방 두 치로 하며【주척을 사용함】글자는 '모산 방향회소지인某山坊鄕會所之印'이라고 새긴다. ○ 향촌의 풍헌과 약정이 모두 도장이 없어서 관아에 올라오는 문건들이 중간에 위조된 사례가 허다하니 그 소홀함이 이러하다. 응당 나무에 새겨 도장을 만들되 먹으로 찍고 꼭 인주를 사용할 것은 없다. 한 면의 백성들이 집회하여 문서를 올리는 경우에도 통용한다. 그런 까닭에 풍헌지인風憲之印이라 하지 않지만, 풍헌으로 하여금 도장을 관리하도록 해야 할 것이다.

도장이 만들어지면 나누어주면서 단속하되 "도장이 찍히지 않은 문서는 시행하지 말라"라고 할 것이다.

제2부 율기 6조

律己六條

飭躬

일상생활을 절도 있게 하고 옷차림은 단정히 하며, 백성들을 대할 때에는 장중하게 하는 것이 옛날부터 내려오는 수령의 도리이다.

날이 밝기 전에 일어나서 촛불을 밝히고 세수를 한 다음 옷을 단정히 입고 띠를 두르고 조용히 꼿꼿하게 앉아 정신을 가다듬는다. 얼마쯤 있다가 생각을 풀어내어 오늘 해야 할 일의 순서를 정한다. 제일 먼저 무슨 공문을 처리하고, 다음에는 무슨 명령을 내릴 것인가를 마음속에 분명히 해야 한다. 그리고 나서는 제일 먼저 할 일을 놓고 처리할 방법을 생각하고, 다음 할 일에 대해 처리할 방법을 생각하되, 사욕을 끊고 하나같이 천리天理를 따르도록 힘써야 한다.

동이 트면 촛불을 끄고 그대로 단정히 앉아 있다가, 시중드는 종이 시간이 되었다고 아뢰거든 창문을 열고 관속들의 인사를 받는다. ○ 흑포립黑布笠이란 것은 원래 길을 갈 때 햇빛을 가리는 물건이니, 평상시 착용하는 것이 아니요 공복에 속하는 것도 아니다. 백성에게 임하는 자는 항상 검은 사모紗帽[1]와 푸른 창의敞衣[2]를 착용해야 한다. 지금 경관으로서 입직入直하는 자는 다들 그러한데 외관外官[3]은 어찌 그렇게 하지 않는단 말인

가. ○ 대좌기大坐起[4]와 같은 때는 마땅히 단령포團領袍[5]와 정대韝帶[6]·흑화黑靴를 착용하고 의자에 앉아 인사를 받아야 한다. ○ 군사軍事로 대좌기가 있을 경우에는 마땅히 융복戎服[7]을 갖추고 칼을 차야 한다. ○ 간혹 보면 소탈함을 좋아하고 속박을 싫어하는 자는 망건만 쓰고 협수의夾袖衣[8]를 걸치거나 망건도 안 쓰고 버선도 신지 않은 채 아전과 백성을 대하는데, 이는 크게 잘못된 짓이다. 『시경』에서는 "위엄 있는 차림새를 갖춘 자는 덕德의 표현"이고, "공경하고 삼가는 차림새는 백성의 본보기이다"[9]라고 하였으니, 이는 옛날의 도道이다. 위엄 있는 차림새를 잃으면 백성들이 본받을 바가 없는데, 무슨 일이 되겠는가? ○ 관아에서 퇴근은 가을과 겨울에는 조금 늦추고, 봄과 여름에는 조금 이르게 해야 할 것이다.

호태초가 말하였다. "하루의 일과는 새벽에 달렸으니, 오늘 무슨 일은 결재해야 하고 무슨 공문은 띄워야 하며 무슨 부세, 어떤 물종은 처리해야 하고, 구금된 누구는 석방해야 할 것인가 등을 낱낱이 살펴서 급급히 행하여야 한다."

여공저呂公著[10]가 고을살이를 할 때에 한결같이 오경(五更, 새벽 3~5시)이

---

1 사모紗帽: 관원이 관복과 함께 착용하던 모자. 깁[紗]을 써서 탕건 모양으로 만들었다.
2 창의氅衣: 관원의 평상 웃옷. 소매가 넓고 뒷솔기가 갈라져 있다. 창의鷩衣라고도 한다.
3 외관外官: 경관京官에 상대되는 말로 지방관을 가리킴. 내직과 외직이라고도 일컬었다.
4 대좌기大坐起: 좌기坐起는 관장이 자리에 나가 공무를 집행한다는 뜻인데, 특별한 의식이 있는 날(儀式日)에는 대좌기라 하여 위의威儀를 크게 갖춘다.
5 단령포團領袍: 옷깃을 둥글게 만든 공복.
6 정대韝帶: 가죽으로 만들어 공복 위에 두르는 띠.
7 융복戎服: 군복과 같은 말. 원주에 "범의 수염으로 장식한 군모와 깁으로 만든 철릭"이라고 나와 있다.
8 협수의夾袖衣: '동달이'라고 하는 군복으로 오늘날의 두루마기와 비슷한 옷.
9 『시경·대아大雅·억抑』.

되면 일어나서 촛불을 밝히고 공문서를 검토하다가 날이 밝아지면 청사로 나아가 백성들의 송사를 처리한다. 물러나 편히 앉거나 한가로이 있을 때에도 재계齋戒하듯 하여, 빈객이나 요속僚屬으로 만나러 오는 자가 구애받을 때가 없었다. 그래서 고을에 밀린 일이 없고 아랫사람들의 사정이 위로 통하였다. 무릇 여섯 고을을 다스림에 항상 이같이 하였다.

당나라의 배요경裴耀卿[11]이 정사에 부지런했다. 관아 앞에 큰 오동나무 한 그루가 있어 새벽이 되면 새들이 날아들어 모이니, 이를 관아에 출근하는 시각으로 삼아 '새벽을 알리는 새'라고 불렀다. 당시 사람들이 이를 아름답게 여겼다.

한지韓祉[12]가 감사가 되어서는 날이 밝기 전에 세수하고 관을 쓰고 도포를 입고 나아가 앉되, 앉는 자리 곁에는 베개나 안석案席을 두지 않으며, 몸을 바로 세우고 무릎을 꿇어 손을 꽂고 앉아 종일토록 몸이 기울거나 비틀리는 일이 없었으며, 창가의 난간에라도 기대지 않았다. 그와 더불어 3년을 함께 지낸 사람이 한 번도 그가 피로하여 하품하고 기지개켜는 모습을 본 적이 없었다 한다. 저녁식사가 끝나면 언제나 뒤뜰을 거니는데, 걸음을 돌리는 곳이 곡척曲尺으로 그어놓은 듯하여 늘 한결같았다.

송나라 태조가 어떤 현령에게 "절대로 비단 이불 속에서 하루의 임무를 끝내지 말라"라고 하였다. ○ 문로공文潞公[13]이 유차현楡次縣에 있을 때

---

10 여공저呂公著, 1018~1089 : 중국 송나라 인물. 자는 회숙晦叔, 시호는 정헌正獻이다. 정주
    안무사定州按撫使·사공을 지냈다. 사마광司馬光과 함께 선정을 하였고, 신국공申國公에
    봉해졌다.
11 배요경裴耀卿, 681~743 : 중국 당나라 인물. 자는 환지煥之, 시호는 문헌文獻이다. 선정을
    베풀었고, 상서좌복야를 지냈다.
12 한지韓祉, 1675~? : 자는 석보錫甫, 호는 월악月嶽, 본관은 청주淸州이다. 한태동韓泰東의
    아들. 충청도와 전라도의 감사를 지냈다. 저서에는 『월악서소月嶽書疏』가 있다.

에, 관아의 북에다 글을 지어 적기를, "지금 다행히 좋은 비단 이불을 덮고 있지만, 거기서 벗어나와 하루의 공무를 다할 것이다"라고 하였다【소식蘇軾[14]은 시를 지어, "그대 좋은 비단 끌어안고 있는 걸 보니 늦게 퇴청하여 높이 누워 있더라"[15]라고 하였다】.

범문정공范文正公[16]이 "매양 잠자리에 들면 내가 하루 동안 대접받은 비용과 시행한 일을 따져보아서 서로 맞먹을 만하면 곧 깊은 잠이 들지만, 그렇지 않으면 밤새 편히 잠을 이루지 못했다. 그래서 다음 날 기어코 보충하는 일을 하고야 만다"라고 하였다. ○『시경』에 "저 군자여, 일하지 않고 먹는 법이 없도다"[17]라고 하였으니, 이를 두고 한 말이다.

조변趙抃[18]이 성도成都를 맡아 다스릴 때에, 매일 밤이면 반드시 의관을 갖추고 향을 피우고 그날 한 일을 하늘에 고하며, 고할 수 없는 일은 감히 하지 않았다. ○ 이는 군자가 스스로 경계하여 삼가고 두려워하는 진정한 공부의 길이다.

공사에 여가가 있거든 반드시 정신을 모으고 생각을

---

13 문로공文潞公, 1006~1097 : 중국 송나라 인물인 문언박文彦博, 자는 관부寬夫이다. 인仁·영英·신神·철종哲宗의 4대에 걸쳐 50년간 장상將相으로서 치적이 많았다. 노국공潞國公에 봉해져서 문로공이라고 일컫게 되었다. 저서에는『노공집潞公集』이 있다.

14 소식蘇軾, 1037~1101 : 중국 북송의 문학가. 자는 자첨子瞻, 호는 동파거사東坡居士로 소동파로 더 많이 불린다. 22세에 과거시험에 합격한 후 구양수의 눈에 들어 문단에 등장하였다. 왕안석의 신법에 반대하여 항주로 좌천되었을 때 많은 시를 남겼다. 송나라 최고의 시인으로 평가되며 당송팔대가 중 한 명이다.

15 『동파전집東坡全集』·시詩·화손동년변산용동도청和孫同年卞山龍洞禱晴』

16 범문정공范文正公, 989~1052 : 중국 송나라 인물인 범중엄范仲淹. 자는 희문希文, 문정文正은 시호이다. 참지정사를 지냈다.

17 『시경·위풍魏風·벌단伐檀』: "피군자혜彼君子兮, 불소찬혜不素餐兮."

18 조변趙抃, 1008~1084 : 중국 송나라 서안西安 사람. 시호는 청헌淸獻이다. 57면 주 47 참조.

안정시켜 백성을 편안히 할 방도를 헤아려 지성으로 잘해나갈 것을 강구해야 한다.

주자는 말했다. "오공제吳公濟[19]는 '날마다 사물을 응접하는 가운데서도 모름지기 잠깐의 시간을 내어 고요히 혈기와 정신을 함양하고 보존해야 한다. 요컨대 일이 번잡할수록 마음을 더욱 차분하게 가져야 하고 시간은 부족하나 나는 여유있게 지내야 할 것이다'라고 했다. 오공제의 말이 비록 이설異說에서 나왔으나, 시험해보매 대략 징험이 있으니, 혹 주렴계의 이른바 주정主靜이라는 것이 아니겠는가."

정백자程伯子[20]가 현령으로 있을 때에 일찍이 자리 옆에 '시민여상視民如傷'[21] 넉 자를 써놓고 "나는 날마다 이 문구에 부끄러움이 있다"라고 하였다【양귀산楊龜山[22]이 "그 마음 쓰는 것을 보면 응당 잘못된 판결로 사람을 매질하지는 않았을 것이다"라고 하였다】.

장구성張九成[23]이 진동鎭東 판관判官[24]으로 있으면서 정사에 열성껏 마음을 다하니 다른 사람들이 속일 수가 없었다. 일찍이 벽에다 크게 써 붙

---

19 오공제吳公濟: 중국 남송 사람인 오즙吳楫. 공제公濟는 그의 자이다. 주자의 문인으로 성리학 및 유불儒佛의 분변에 대해 논한 바 있다. 만년에 계림부桂林簿에 등용되었다.

20 정백자程伯子, 1032~1085: 중국 송나라의 학자인 정호程顥. 자는 백순伯淳, 호는 명도明道이다. 그의 아우 정이程頤와 함께 성리학의 확립에 크게 역할을 하여, 형인 정호를 정백자라고 일컬었다.

21 시민여상視民如傷: 백성 보살피기를 마치 다친 곳이 있듯 한다는 의미.

22 양귀산楊龜山, 1053~1135: 중국 송나라의 학자인 양시楊時, 자는 중립中立, 귀산龜山은 그의 호이다. 이정二程 형제에게서 성리학을 배웠다. 저작으로 『귀산집龜山集』이 있다.

23 장구성張九成, 1092~1159: 중국 송나라의 문신이자 학자. 자는 자소子韶이다. 예부시랑禮部侍郎을 지냈으며 경학經學에 밝았다.

24 판관判官: 절도節度·관찰觀察·방어사防禦使 등의 부관. 해당 지역의 민정을 주로 관리하였다.

이기를, "내 한 몸이 구차히 하루라도 한가하면, 백성은 끝없는 괴로움을 당한다"라고 하였다.

『치현결』에서는 "벼슬살이에서 가장 중요한 점은 '두려워할 외畏' 한 글자이다. 의義를 두려워하고 법을 두려워하고 상관을 두려워하고 백성을 두려워하여 마음에 언제나 두려움을 간직하면, 혹시라도 방자하게 되지 않을 것이니, 이로써 허물을 적게 할 수 있다"라고 하였다.

『정요政要』[25]에서는 "벼슬살이에는 석 자의 오묘한 비결이 있으니, 첫째는 '청(淸, 맑음)'이고, 둘째는 '신(愼, 삼가함)'이며, 셋째는 '근(勤, 부지런함)'이다"라고 하였다.

여씨呂氏는 『동몽훈童蒙訓』[26]에서 "임금을 나의 어버이처럼 섬기고 아전을 나의 노복처럼 대하며, 백성을 나의 처자처럼 사랑하며, 공무를 집안 일처럼 돌보아야만 능히 내 마음을 다한 것이다. 만약 조금이라도 미진한 일이 있다면, 이는 내 마음을 다하지 않았기 때문이다"라고 하였다. ○ 일을 처리할 때 언제나 선례만을 좇지 말고, 반드시 백성을 편안히 하고 이롭게 하기 위해서 법도의 범위 내에서 변통을 도모해야 한다. 만약 그 법도가 나라의 기본 법전이 아니며 현저히 불합리한 것은 고쳐서 바로잡아야 한다.

한위공韓魏公[27]이 개봉부의 추관推官[28]이 되자, 일을 처리함에 게으르지

---

25 『정요政要』: 조선 후기에는 안정복이 지은 『순암정요』 등 '정요'라는 이름의 목민서가 다수 편찬되었는데, 여기 『정요』는 어느 것을 가리키는지 미상.

26 『동몽훈童蒙訓』: 중국 송나라의 여본중呂本中이 지은 책. 가숙家塾에서 어린이들을 가르치기 위한 책으로 정론正論과 격언이 많다.

27 한위공韓魏公, 1008~1075: 중국 송나라의 명재상 한기韓琦로 자는 치규稚圭이다. 범중엄과 함께 일시에 이름이 높았다. 사도司徒와 시중侍中을 지냈고 위국공魏國公에 봉해졌다.

아니하여 여름철에 땀이 흘러 등을 적시자, 부윤府尹 왕박문王博文[29]이 중히 여겨 "이 사람은 청요淸要의 벼슬길이 앞으로 보장되어 있는데도 백성 다스리기를 이같이 하니, 참으로 재상감이다"라고 하였다. ○ 요즘 홍문관이나 승정원을 거쳐 수령으로 나간 자들은 멋대로 교만해져서 세세한 일은 직접 돌보지 않고 "문신의 다스리는 체통은 음관과 다르다"라고 말하며 오직 바둑 두기나 시 짓기를 즐기고 정사는 보좌하는 사람에게 맡긴다. 그래서 백성들을 괴롭히는 결과를 초래하니, 무릇 이 같은 자들은 마땅히 한위공의 사례를 읽어보아야 할 것이다.

진서산이 장사長沙[30] 지방을 다스릴 때에, 관하의 12고을 수령을 모아 상강정湘江亭에서 잔치를 베푸는데 다음과 같이 시를 지었다. "예로부터 관인과 백성은 본디 동포로 한 몸이었거늘, 백성의 기름을 짜내 그대들에게 바치니, 모름지기 백성의 아픔을 내 몸의 아픔으로 여길지어다. 이 고장은 원래 당조唐朝로부터 명성이 있었나니 우리들 마땅히 한나라 순리循吏처럼 되어, 지금 이 정자에서 나누는 한 잔의 술 온 경내에 무르녹은 봄기운으로 퍼져야 하리."

정선은 "하늘은 한 사람을 사사로이 부유하게 하려는 것이 아니라, 대개 수많은 가난한 사람들을 그에게 부탁하려 함이요, 하늘은 한 사람을 사사로이 귀하게 하려는 것이 아니라, 대개 수많은 천한 사람들을 부탁하려 함이다. 가난하고 미천한 사람들은 제 힘으로 먹고살면서 제 일을 경

---

28 추관推官: 절도節度·감찰사監察使에 속한 관리로 주로 형사에 관계된 일을 맡았다.
29 왕박문王博文, 973~1038: 중국 송나라 인물. 자는 중명仲明이다. 진종眞宗 때 동지추밀원사同知樞密院事를 지냈다.
30 장사長沙: 지금의 중국 호남성湖南省의 성도. 그곳에 상강湘江이 흐른다.

영하고, 제 피땀으로 얻은 것을 제가 쓰니, 하늘이 오히려 너그럽게 볼 것이요, 부귀한 사람들은 벼슬을 띠고 녹을 먹되 만민의 피땀을 한 사람이 받아 쓰니, 하늘이 그 허물을 경계함이 더욱 엄중할 것이다"라고 하였다.

한지가 감사로 있을 때 언제나 막료들이 아침 인사를 하러 들어올 때면, 부반副盤[31]을 내려주고 술을 돌린 다음에 "내가 어제 한 일 가운데 무슨 허물이 있었는가?" 하고 물었다. 막료들이 "없습니다"라고 대답하면, 그는 정색하고 "세 사람이 길을 함께 가는 데도 반드시 내 스승이 있다고 하였거늘,[32] 10여 명의 의견이 어찌 반드시 내 의견과 똑같을 것인가? 그대들은 어서 말하라. 말해서 옳다면 좋을 것이요, 그르다면 서로 토론을 하여 깨우치는 바가 없지 않을 것이다"라고 말했다. 날마다 이와 같이 물으니 막료들이 미리 의논해가지고 들어와 고하였고, 옳은 말이면 아무리 중대하여 고치기 어려운 일일지라도 기꺼이 자기의 생각을 버리고 그들 말에 따랐다. 언제나 "천하의 일을 한 사람이 다 할 수는 없는 법이다"라고 하였다.

말은 많이 하지 말고, 조급히 성내는 일이 없도록 할 것이다.

백성의 윗사람 된 자의 움직이고 정지하며 말하고 침묵하는 것을 아랫사람이 모두 살피어 의심쩍게 탐색하는 법이니, 방에서 문으로, 문에서

---

31 부반副盤: 감사에게 상을 올릴 때 필히 따로 감사의 상과 똑같이 차린 상을 올리는 관행이 있었다. 이를 부반이라고 불렀다.
32 『논어·술이述而』의 "삼인행三人行, 필유아사언必有我師焉"을 원용한 것이다.

고을로, 고을로부터는 사방으로 새어나가서 온 도道에 퍼지게 된다. 군자는 집안에서도 말을 삼가야 하거늘, 하물며 벼슬살이할 때야 말할 필요가 있겠는가? 비록 시중드는 아이가 어리고 시중드는 종이 어리석다 해도, 여러 해를 관청에 있으면 백번 단련된 쇠와 같아서 다들 기민하고 영리하여 엿보아 살피는 것이 귀신과 같다. 관아의 문을 나서기만 하면 세세한 것까지 다 누설하고 소문을 낸다. 내가 10여 년을 읍내 바닥에서 귀양살이하며 실정을 알게 되었다. 『주역周易』에서는 "군자가 집안에 있으면서 착한 말을 하면 천 리 밖에서도 이에 응하는데, 하물며 가까이 있는 자야 말할 나위도 없다. 군자가 집안에 있으면서 착하지 않은 말을 하면 천 리 밖에서도 어기는데 하물며 가까이 있는 자야 말할 나위도 없다"[33]라고 하였다. 또 『시경』에서는 "예측할 수 없는 일을 경계하고 너의 말을 삼가라"[34] 라고 하였다. 그러니 백성의 윗사람 된 자가 조심하지 않을 수 있겠는가.

정선은 "자신이 백성의 수령이 되면 몸이 곧 화살의 표적이 되는 고로 한마디 말과 한 가지 행동도 삼가지 않으면 안 될 것이다"라고 하였다. ○ 또 "한마디 말로 천지의 화평을 상하게 하는 수가 있고, 한 가지 일로 평생의 복을 끊어버리는 수가 있으니, 모름지기 철저히 점검해야 한다"라고 하였다.

포증이 경조윤으로 있을 때에 말수와 웃음이 아주 적었다. 사람들이 그의 웃음을 황하가 맑아지는 것에 비유하였다.[35]

---

33 『주역·계사전 상繫辭傳上』.
34 『시경·대아·억』.
35 황하는 예로부터 토사가 많아 물이 아주 흐렸다. 그런데 500년에 한 번, 혹은 1000년에

수령이 되어 지방으로 나온 관장들은 으레껏 "이곳 인심이 극히 악하다"라고 말한다. 서쪽 지방으로 나간 자도 이 말을 하고 남쪽 지방으로 나간 자도 이 말을 하며, 동쪽으로 나간 자나 북쪽으로 나간 자 역시 모두 이 말을 한다. 하늘의 이치가 사람은 본디 선하거늘 어찌 팔도 백성의 마음은 모두 다 극히 악하고 나만 홀로 선하겠는가. 맹자는 "사람을 사랑해도 친하게 되지 않거든 나 자신의 인仁을 반성하고, 사람을 예禮로써 대접해도 반응이 없거든 나 자신의 공경심을 반성해보라"[36]라고 했거늘, 어찌 스스로 반성하는 것이 지혜롭지 않겠는가. 육상산陸象山[37]은 "서해나 동해나 사람들 마음도 같고 이치 또한 같다"라고 하였는데, 이 땅의 인심은 어찌 꼭 악으로 치우쳐 있겠는가. 하물며 수령인 나는 객客이요, 저 백성들이 이 땅의 주인인데, 외로운 내 한 몸으로 뭇 초나라 사람[38] 가운데 들어와서 탓하기를 "인심이 극히 악하다"라고 하니, 이는 자신을 스스로 고립시키는 태도가 아닌가.

사방의 풍속이 각각 다르므로 나에게 친숙하지 않은 것이 마음에 거슬리기는 하겠지만 그렇다고 해서 꾸짖고 화를 낸다면 역시 견문이 좁고 괴팍한 것이다. 수령이 어떤 악인을 만나서 "이곳 인심이 순박한데, 네가 어지럽히고 있으니 네 죄가 무겁다" 하고 꾸짖으면 사람들이 다 기뻐할

한 번 황하가 맑아지는데, 이때 어진 사람이 나온다는 말이 있다. 극히 희귀한 일을 비유하여 '황하청黃河淸'이라고도 한다.

36 『맹자·이루 상離婁 上』에 나오는 말. 행함에 있어 먼저 자기 자신을 반성하면 천하가 귀의하게 된다는 의미이다.

37 육상산陸象山, 1139~1193 : 중국 송나라의 학자인 육구연陸九淵. 자는 자정子靜, 상산象山은 그의 호이다. 주희朱熹와 대립되어 성리학의 다른 유파를 형성하였다.

38 『맹자·등문공 하』에, 초나라 사람이 제나라 사람을 교사로 초빙해 와서 제나라 말을 가르치도록 하면, 아무리 가르쳐도 효과가 없다고 하였다. 여기서는 그 지역의 주민들 속에 수령 한 사람이 고립된 상태에 놓인 어려움을 비유한 표현이다.

테지만, 수령이 "이곳 인심이 고약해서 이런 일이 일어났다" 하고 꾸짖으면 사람들이 다 노여워할 것이다. 스스로 실언하여 뭇사람의 노여움을 불러일으킨다면, 역시 어리석은 짓이 아닌가? 하물며 그 이른바 고약하다 함은 대체로 쌀이나 소금, 오이나 채소 같은 작고 하찮은 물건으로 인한 것이고, 백성들에게 포학스럽게 구는 자나 백성을 수탈하고 법을 범하는 자는 노여움의 대상이 되지 않으니, 어찌 뭇사람의 마음을 감복시킬 수 있겠는가? 옛사람은 촉蜀나라 사람을 제齊나라 노魯나라처럼 대우해 주었거늘[39] 하물며 원래 촉나라 사람이 아님에 있어서랴!

여본중呂本中[40]은 『동몽훈』에서 "벼슬살이에 임하는 자는 먼저 조급히 성내는 일을 경계해야 한다. 실로 수령이 형벌의 권한을 쥐고 있으므로, 무릇 그의 명령에 좌우가 순종하여 거역하지 못하는데, 그의 조급한 노여움에 따라 급히 형벌을 시행하면 온당치 못한 경우가 많을 것이다"라고 하였다. ○ 무릇 조급히 성내는 병통이 있는 자는 마땅히 평소 마음속에 맹세하여 '노즉수怒則囚'[41] 석 자를 가슴에 새겨두어야 할 것이다. 이에 문득 성이 날 때는 스스로 깊이 깨우쳐 억제하여, 범인을 붙잡아 일단 옥에 가두어두라. 혹은 하룻밤을 생각하고 혹은 사흘을 두고 생각하면, 기꺼이 이치에 따라서 처리하여 온당하게 되지 않는 일이란 없다. 또한 조급히 성내는 사람은 성냄이 조급했기에 풀어지는 것도 으레 빠르다. 이

---

39 촉인蜀人은 워낙 성질이 사납고 제와 노는 문화와 도덕이 순후하여 인심이 너그럽다고 보았다. 그런데 송나라 인종仁宗 때 장방평張方平이 촉 지방의 반란을 평정하러 가서 촉인을 제와 노처럼 대우해줌으로써 마침내 촉인을 감화하게 했다고 한다.
40 여본중呂本中, 1084~1145: 중국 송나라 학자. 자는 거인居仁, 시호는 문청文淸이다. 동래선생東萊先生이라 일컬었으며 저서에 『동몽훈』 등이 있다.
41 노즉수怒則囚: 성이 나거든 그것을 가두어두라는 의미.

른바 회오리바람은 아침 내내 불지 않고 소낙비는 종일토록 내리지는 않는 이치다. 얼마 지나지 않아서 평상심으로 돌아올 것이니, 그때를 기다리기는 어렵지 않으며, 이로 인해 다른 사람은 화를 면하고 나는 허물이 없게 될 것이니 또한 좋은 일이 아닌가.

정선은 "성났을 때의 언어는 도무지 체면을 차리지 못하게 되니, 성이 가라앉은 연후에 생각해보면 자신의 비루하고 좁은 속을 다른 사람에게 온통 드러내 보인 꼴이 된다"라고 하였다.

한지는 감사로 있을 때 한 번도 성급한 말씨나 성난 기색을 가진 일이 없었으며, 하루에 사람을 매질하는 것도 두셋에 지나지 않았다. 그럼에도 관아의 안팎이 숙연했으며, 그의 신발 소리만 듣고서도 사람들이 다 벌벌 떨었다. 그가 순력巡歷해서 이르는 곳마다 시끄러움을 금하지 않아도 조용하기가 마치 사람이 없는 듯하였으되, 명령은 곧 이행되고 금하는 일은 곧 그쳤으니, 사람들이 왜 그런지 까닭을 알 수가 없었다.

아랫사람을 너그러이 대하면 순종치 않는 백성이 없을 것이다. 그렇기에 공자는 "윗사람이 되어 너그럽지 않고 예禮를 차리는데 공경하지 않으면 볼 것이 무엇이 있겠느냐?" 하였고, 또 "너그러우면 많은 사람을 얻는다"[42]라고 하였다.

사람들은 흔히 "벼슬살이에는 무서움을 내세우는 것이 제일이다"라고

---

42 『논어·팔일八佾』에 나온 구절이다.

하는데 이는 속된 말이다. 먼저 무서움을 마음속에 품고 있으면 자신에게도 좋지 않으니 무슨 소용이 있겠는가. 죄가 있으면 죄를 주는 것이니, 내가 형벌을 쓰는 것은 그 죄에 합당한 것뿐인데 어찌 위세를 앞세울 것인가? 『시경』에서 "그대의 위엄 있는 몸가짐〔威儀〕을 공경히 하여 '편안하고 착하지〔柔嘉〕' 않음이 없게 하라"[43]라고 이른 것처럼, 편안하고 착한 기상이 가장 좋다. 전에 내가 조정에 있을 때에 공경대신公卿大臣들을 보면 언제나 말씨와 안색이 편안하고 착한 듯하였다. 후세 사람들이 옛사람들만 못할지라도, 역시 편안하고 착한 자는 반드시 많은 사람을 얻고 높이 오르지만, 우악스럽고 거친 자는 대부분 중도에서 넘어진다. 그래서 나는 편안하고 착한 것이 좋은 기상인 줄 안다.

『시경』에 "편안하고 착함을 본받음이여, 훌륭한 태도와 모습이로다"라고 하였으니 이는 중산보仲山甫의 덕을 표현한 것이다.[44] 그런데 또 『시경』에서 "오직 중산보는 부드럽다고 삼키지 않으며 강하다고 내뱉지 않으니, 홀아비 과부도 업신여기지 않고 강포한 자도 두려워 않노라"[45]라고 하였다. 중산보가 어찌 유약한 사람일까? 평소에 말씨나 기색이 편안하고 착하고 온공한 후에야 능히 강해도 내뱉지 않고 강포해도 두려워하지 않을 수 있다. 이 이치는 매우 분명하다.

양귀산은 "지금 사람들은 다만 일마다 뜻대로 되기를 바라기 때문에

---

43 원문은 "경이위의敬爾威儀, 무불유가無不柔嘉." 『시경·대아·억』에 나와 있다. 유柔는 안安, 가嘉는 선善을 의미한다.

44 원문은 "유가유즉柔嘉維則, 영의영색令儀令色." 『시경·대아·증민蒸民』에 나와 있다. 중산보仲山甫는 주나라 선왕宣王 때의 인물.

45 원문은 "유중산보維仲山甫, 유역불여柔亦不茹, 강역불토剛亦不吐, 불모긍과不侮矜寡, 불외강어不畏强禦." 『시경·대아·증민』에 나와 있다.

정사를 너그러이 하면 괴로움을 당한다고 생각하고, 권병權柄이 내 손에 있다고 해서 자기 성깔대로 휘두르라는 것이 아닌 줄을 모르고 있다. 어찌하여 일찍이 백성들이 관리를 두려워하지 않는 것은 보면서도, 다만 관리가 백성을 허다히 침학하는 것은 볼 줄 모른단 말인가"라고 하였다.

장영이 재차 익주지사益州知事가 되자, 백성들이 자기를 믿고 있음을 알고, 엄격히 대하던 태도를 너그럽게 바꾸었다. 그럼에도 한번 명령을 내리면 사람들이 기꺼이 받아들이지 않는 일이 없었다. 장영이 이전李畋[46]에게 "백성이 나를 믿고 있는가" 물으니, "시랑侍郞[47]의 위엄과 은혜가 백성에게 미치고 있어 백성들은 다 믿고 따릅니다"라고 대답했다. 장영은 "지난번 임기 동안에는 그렇지 않더니, 이번 임기에 조금 나아졌구나. 오직 이 믿음이 5년 만에 바야흐로 성취되었다"라고 하였다.

범충선공范忠宣公[48]이 제주齊州[49]지주知州로 있을 적에 어떤 이가 그를 염려해서 "공公의 정사가 원래 너그러운데, 제주 백성들은 흉하고 사나워서 노략질과 겁탈을 좋아하니, 마땅히 엄하게 다스려야 합니다"라고 말했다. 그는 "너그러움은 내 성품에서 나온 것인데, 만약 억지로 사납게 다스리려 하면 그 사나움이 오래 지속하지 못할 것이고, 또 사납게 하고도 흉악한 백성들을 오래 다스리지 못하면, 놀림을 받는 길이 될 것이오"라고 하였다.

---

46 이전李畋: 중국 송나라 사람. 호는 곡자谷子이다. 처음에 향사鄕士로 있다가 장영의 권유로 벼슬길에 나가, 영주榮州의 지사知事를 지냈다. 저작으로 『장영어록張詠語錄』이 있다.

47 시랑侍郞: 중앙 6부의 장관인 상서尙書 다음의 차관. 여기서는 장영이 시랑으로 있다가 외직外職으로 나왔으므로 중앙 관직으로 호칭한 것이다.

48 범충선공范忠宣公, 1027~1101: 중국 송나라의 명신 범순인范純仁. 자는 요부堯夫, 충선忠宣은 그의 시호이다.

49 제주齊州: 지금의 중국 광서성廣西省에 있는 주의 명칭.

관부의 체통은 엄숙해야 하니, 수령의 자리 곁에 다른
사람이 있어서는 안 된다.

수령의 지위는 존엄한 것이므로, 아전들은 엎드리며 백성들은 뜰아래
에 있게 되는 법인데, 감히 다른 사람이 수령의 곁에서 관여해서야 되겠
는가? 비록 자제나 친척, 손님이라 할지라도 모두 물리치고 홀로 앉는 것
이 예禮에 맞다. 공청公廳에서 물러나온 한가한 낮이나 고요한 밤에 일이
없을 때에 불러서 만나보는 것은 괜찮다. ○ 어버이를 모시고 있는 수령
은 새벽에 일어나 어버이 처소에 가서 문안드리고, 나와서 참알을 받을
것이다. 혹 부형이나 존장尊長이 내아內衙에서 식사를 할 때에는 공무를
마치고 잠깐 들어가 인사를 드리되, 부형이나 존장이 정당에 나와 있도
록 해서는 안 된다.

채번옹蔡樊翁[50]이 화성華城 유수留守[51]로 있을 때 가까운 집 소년이 상복
喪服을 입고 관아의 문으로 들어왔는데, 공公은 그 문지기를 벌주고 소년
을 급히 문 밖으로 내보내 사처에 머물도록 하였다. ○ 위솔衛率 이술원李
述源[52]이 성천부사成川府使로 있을 때 그의 맏아들이 상복 차림으로 대문
밖에 와서 기다리며 아전을 불러 들어가기를 청하였다. 이술원이 "상복

---

50 채번옹蔡樊翁, 1720~1799 : 조선 후기의 문신인 채제공蔡濟恭. 자는 백규伯規, 본관은 평
   강平康, 번암樊巖은 그의 호이다. 10년간 정승의 자리에 있으면서 치적이 많았다. 번옹樊
   翁이란 그의 호에 대한 경칭으로 쓴 것이다.
51 유수留守 : 수도 이외의 별도別都에 두었던 지방장관, 개성·강화·수원·광주에 있었다.
52 위솔衛率 이술원李述源 : 위솔은 세자익위사世子翊衛司의 종6품 무관직. 이술원은 정조와
   순조 때의 관인으로 승지承旨를 지냈다.

을 입은 자는 공문으로 들어올 수 없고 정당政堂에 올라와서도 안 된다"
하고, 아전에게 명하여 담장을 헐고 들어오도록 하여 내사內舍에 있게 하
고, 자신이 몸소 들어가서 만나보았다. 내가 곡산에 있으면서 이 말을 듣
고서 훌륭하다고 생각하였다. ㅇ 정당은 몸가짐을 존엄하게 해야 하니,
무릇 상복을 입은 사람이거나 승려 차림을 한 사람이나 야복野服[53][폐량자
를 쓰고 협수의 등을 입은 사람] 차림을 한 사람을 정당에서 접견해서는 안 된
다. 옛사람들은 다 그러하였다.

여씨의 『동몽훈』에서 "관직에 있는 자는 무릇 색다른 사람을 접하지
말아야 할 것이다. 무당이나 여승 따위는 더욱 멀리해야 한다"라고 하였
다. ㅇ 비록 시승詩僧으로서 가히 친하게 지낼 만한 자라도 마땅히 절에
놀러가서 산간에서나 만나볼 것이요, 불러서 관아에 들어오게 해서는 안
된다. 절의 주지로 있는 자라도 그의 참알을 받는 경우를 제외하고는 동
헌에 오르게 해서는 안 된다. 만약 아뢰어야 할 폐막弊瘼이 있으면 문서
로 보고하게 할 것이다.

『상산록』에 "관아의 뜰에서는 푸닥거리를 하고 내아에서는 굿을 하며,
중과 무당이 한데 섞여 징과 북을 울리고 떠드는 짓은 관부의 체면이 전
혀 아니다. 만약 수령이 나간 틈을 타서 이 괴이한 일을 벌인다면, 이는
처자가 명령을 따르지 않은 탓이니, 그 집안의 법도가 없어졌음을 드러
낸 것이다"라고 하였다.

---

53 야복野服: 벼슬하지 않은 촌야인村野人의 복장이라는 뜻. 원주의 폐량자蔽凉子는 패랭
이, 협수의夾袖衣는 소매가 좁은 군복의 일종이다.

군자가 무겁지 않으면 위엄이 없으니, 백성의 윗사람
된 자는 진중해야 한다.

사안謝安[54]은 조카의 승전 보고를 듣고도 바둑 두는 것을 그치지 않았
고, 유관劉寬[55]은 새로 지어 입은 조복에 누군가 국물을 엎질렀지만 놀라
거나 성내지 않았다. 평상시에 충분히 생각하고 헤아려둔 바가 있었기
때문에 일을 당해서도 당황하지 않은 것이다. 관아 안에 호랑이나 도적
이 들거나, 수재나 화재가 나고 담장이 무너지거나, 지붕이 내려앉고 혹
시 지네나 뱀이 요 위로 떨어지거나 혹시 시중드는 아이가 잘못하여 물
을 엎지르고 술잔을 뒤엎는 일이 있더라도, 모름지기 조용히 앉아서 천
천히 그 경위를 살펴야 한다. 또한 암행어사가 출도出道【암행어사가 일을 착
수하는 것을 일러 출도라 한다】하거나, 좌천이나 파면 등 죄를 묻는 통보서가
갑자기 닥치더라도 말씨나 안색이 달라져서 남의 비웃음과 업신여김을
받지 않도록 해야 한다.

배도裴度[56]가 중서성中書省[57]에 있을 때, 주위에서 갑자기 도장이 없어졌

---

54 사안謝安, 320~385 : 중국 동진東晉의 인물. 자는 안석安石이다. 당시 북방에서 전진왕前
秦王 부견苻堅의 군대가 남침하자 정토대도독征討大都督에 임명되었는데, 그의 조카 사현
謝玄의 승전 보고를 받고도 태연히 바둑 두기를 계속하다가, 끝내고 안으로 들어갈 때에
는 기뻐하여 나막신의 굽이 떨어지는 것도 몰랐다고 한다. 시호는 문정文靖이다.
55 유관劉寬, 120~185 : 중국 후한 때 사람. 자는 문요文饒이다. 너그럽기로 이름났다. 새 조
복을 입고 입궐한 날 그를 시험하기 위해 누가 그의 옷에 국을 엎질렀는데도 놀라거나 성
내지 않았다 한다.
56 배도裴度, 765~839 : 중국 당나라 인물. 자는 중립中立이다. 헌종 때 오원제吳元濟의 반란
을 평정하고 중서령中書令을 지냈다.
57 중서성中書省 : 문하성門下省, 상서성尙書省과 함께 중국 당나라의 최고 정치기관. 3성이
라 불렀다.

다고 하는데도 그는 태연히 술을 마셨다. 얼마 후 제자리에서 도장을 찾았다는 보고를 받고도 여전히 아무 반응을 보이지 않았다. 누군가 그 까닭을 묻자, 그는 "필시 아전이 도장을 훔쳐 문서에 찍은 것일 텐데, 급하게 찾으면 물이나 불 속에 던져버리겠지만 느긋하게 해주니 제자리에 도로 갖다 놓은 것이다"라고 말하였다. 사람들이 그의 도량에 탄복하였다.

유공권柳公權[58]이 술잔과 그릇들을 한 상자에 넣어두었는데, 동여매고 봉해놓은 것이 전과 같은데도 넣어둔 물건은 다 없어졌다. 종이 거짓으로 모른다고 하였다. 유공권은 웃으면서 "그렇다면 은잔이 날개가 돋쳐 날아간 게지" 하고는 더 추궁하지 않았다.

한위공이 대명부大名府[59]에 있을 때에 100금金을 주고 옥 술잔 한 쌍을 샀는데, 밭을 갈던 자가 옛 무덤에서 얻은 것으로 안팎에 흠집이 하나도 없는 진귀한 보물이었다. 어느 날 조사漕使[60]를 초대하여 술을 대접하는데, 한 아전이 잘못해서 그 옥 술잔을 깨트리고 말았다. 공은 안색이 조금도 달라지지 않고 손님들에게 "물건이 만들어지고 부서지는 것 역시 각기 정해진 운명이 있지요" 하고, 그 아전을 돌아보면서 "너는 실수를 한 것이요 고의가 아니다. 네게 무슨 죄가 있겠느냐"라고 하였다. ○ 문로공이 옥 술잔 네 개를 내어 손님을 대접하는데 관노가 잘못하여 그중의 하나를 깨뜨렸다. 문로공이 그 죄를 다스리려 하자 사마온공司馬溫公[61]이 붓

---

58 유공권柳公權, 778~865: 중국 당나라 사람으로 유공작柳公綽의 아우. 자는 성현誠懸이다. 태자태보를 지내고 하동군공河東郡公에 봉해졌다. 명필로 이름이 높았다.

59 대명부大名府: 중국 하북성에 있던 지명으로 지금의 북경에서 가까운 지역이다.

60 조사漕使: 전운사轉運使의 별칭. 부세를 징수·독촉하고, 돈과 곡식의 출납 등을 맡은 관원이다.

61 사마온공司馬溫公, 1019~1086: 중국 송나라의 명신이자 학자인 사마광司馬光, 자는 군실君實이다. 왕안석의 신법新法에 반대하였고, 상서좌복야를 지냈다. 저서에 『자치통감資治

을 달라고 하여 문서의 끄트머리에 쓰기를, "옥 술잔을 휘두르지 말라는 예법은 비록 옛 기록에 있으나, 아름다운 구름은 쉽게 흩어져 사라지는 것이니, 이 사람의 허물을 가히 용서해줄 만하다"라고 하였다. 문로공이 웃으면서 그 관노를 풀어주었다.

왕문정王文正[62]은 평생토록 노여움을 나타내 보인 적이 없었다. 음식에 불결한 것이 있으면 다만 먹지 않을 따름이었다. 집안사람들이 그의 도량을 시험해보고자 국 속에 먼지를 집어넣었더니, 그는 밥만 먹었다. 왜 국을 먹지 않느냐고 물음에, "어쩐지 고기가 먹기 싫구나" 하고 대답했다. 하루는 또 그의 밥에 검정 재를 얹어놓았더니, 그는 "어쩐지 밥이 싫으니 죽을 가져오너라"라고 하였다.

여조겸呂祖謙[63]이 젊었을 적에 성품이 거칠고 사나워서 음식이 마음에 안 들면 집기를 때려 부수기도 하였다. 후에 오랜 병으로 인해서 오직 『논어』 한 책만 들고 아침저녁으로 한가로이 읽었다. 그러던 중에 문득 깨달음을 얻어 마음이 평안하고 고요해졌다. 그리하여 종신토록 크게 성내는 일이 없었다. 이는 기질을 변화시킨 방법이라 하겠다.

진호陳鎬[64]가 산동성山東省 지역의 학정學政을 감독할 때 밤에 제양濟陽의 공관에 도착하자 음식을 준비한 사람이 밥상을 올리면서 수저 놓는 것을 잊어버렸다. 제양의 관장이 그가 꾸짖을 것을 두려워하여 문 밖에

通鑑』이 있다.
62 왕문정王文正, 957~1017 : 중국 송나라 인물인 왕단王旦. 자는 자명子明, 문정文正은 그의 시호이다.
63 여조겸呂祖謙, 1137~1181 : 중국 송나라 학자. 자는 백공伯恭. 동래선생東萊先生이라 불렸다. 저서에『동래좌씨박의東萊左氏博議』 등이 있다.
64 진호陳鎬, ?~1511 : 중국 명나라 사람. 우부도어사右副都御史와 호광순무湖廣巡撫를 지냈다. 저서에『궐리지闕里志』가 있다.

나가서 가져오기를 청했다. 그는 허락하지 않고 "예禮와 식食은 어느 것이 더 중한가"[65] 하고, 끝내 밤참을 들지 않고 과일 몇 개만 먹었다.

한위공이 정무定武 지방을 맡아 다스릴 때에 밤에 공문을 작성하면서 모시는 병사 하나를 시켜 촛불을 들게 하였다. 병사가 한눈을 팔다가 촛불로 공의 수염을 태웠다. 공은 급히 소매로 문지르고 나서 글 쓰는 것을 계속했다. 잠시 뒤 돌아다보니 다른 병사가 촛불을 들고 있었다. 공은 주리主吏가 그자에게 매질할 것을 염려하여 급히 불러 "그자를 바꾸지 말라. 이제는 촛불을 잡을 줄 알 것이다"라고 하였다.

하원길夏原吉[66]이 겨울에 명령을 받들어 지방으로 나갔다가, 어떤 공관에 다다라 공관 사람에게 버선을 말리도록 하였다. 그 사람이 잘못해서 한 짝을 불에 태우고 두려워 감히 아뢰지를 못하였다. 공이 급히 버선을 찾자, 좌우가 죄를 청하였다. 공은 웃으면서 말하였다. "어찌 일찍 말하지 않았는가."

장요蔣瑤[67]는 성품이 너그러웠다. 양주揚州 지방을 맡아 다스릴 때에 거리에 나갔다가, 어떤 아이가 띄운 연이 그의 모자에 떨어졌다. 좌우가 그 아이를 붙잡아오려 하자, 그는 "어린아이이니 놀라게 하지 말라"라고 하였다. 어떤 부인이 다락 창문으로 물을 버리다가 잘못하여 그의 옷을 적시었다. 그 남편을 잡아서 묶어오자, 그는 좌우를 꾸짖어 돌려보내도록

---

65 『맹자·고자 하告子下』에 있는 말. 예와 음식 중 어느 것이 더 중한가로 논란이 있었는데 맹자는 예가 음식보다 더 중하다고 판정한 바 있다.

66 하원길夏原吉, 1366~1430: 중국 명나라 사람. 자는 유철惟喆이다. 호부상서를 지냈으며, 대신의 풍모가 있었다.

67 장요蔣瑤, 1469~1557: 중국 명나라 사람. 자는 수경粹卿, 시호는 공정恭靖이다. 공부상서를 지냈다.

하였다. 어떤 사람이 그가 지나칠 정도로 관대한 것을 의아하게 여겼다. 그는 "내가 이름 내기를 좋아해서가 아니다. 이 여인도 실수한 것인데, 하물며 그 남편이 무슨 죄가 있느냐"라고 하였다.

장형張鎣[68]이 산동성山東省을 순무巡撫[69]할 때에 맨 처음에 임청臨淸에 이르렀는데, 우연히 어떤 술집의 깃대에 그의 사모紗帽가 걸려 떨어졌다. 좌우가 실색하여, 이튿날 아침에 주州의 수령이 그자를 묶어놓고 벌주기를 기다렸다. 장형은 평온한 목소리로 "앞으로는 모름지기 깃대를 높이 걸어라" 하고 곧 풀어주었다.

장형이 수령으로 있을 때에 급히 보고해야 할 옥사가 있어서 밤에 촛불을 잡고 앉아 아전을 재촉하여 문서를 작성했다. 밤중에야 문서가 다 되었는데, 아전의 옷소매가 촛불을 건드려 촛대가 문서 위에 넘어져서, 문서는 올릴 수 없게 되었다. 아전이 머리를 조아려 죽음을 청하자, 그는 "실수일 뿐이다" 하고, 재촉해 다시 쓰도록 했다. 그리고 화평한 얼굴로 앉아 기다리면서 새벽이 될 때까지 잠자리에 들지 않았다.

주색을 멀리하고 풍악을 물리쳐서 단정하고 위엄 있기를 큰 제사 받들 듯 할 것이요, 마구 향락에 빠져 방탕하게 되어서는 안 될 것이다.

---

68 장형張鎣, 1422~1493 : 중국 명나라 사람. 자는 정기廷器, 시호는 장의莊懿이다. 우부도어사와 남경병부상서南京兵部尙書를 지냈다.
69 순무巡撫 : 지방장관이 순회하며 관내의 실정과 백성의 고난을 파악하는 것. 지방장관이라는 의미로도 씀. 중국 명대明代의 순무는 지방의 군사권을 장악하고 경관京官을 겸직하는 대관大官이었다.

정선은 말하였다. "사람의 총명에는 한도가 있고 일의 기틀은 무궁한데, 한 사람이 정신을 다해 많은 사람들의 농간을 막는 것은 결코 쉬운 일이 아니다. 즐겨 술에 떨어지고 색정에 빠지며 시 짓기, 바둑 두기에 팔려서 마침내 옥송獄訟이 해를 넘기고 시비가 뒤죽박죽이 되면 소송거리는 더욱 많아지고 일의 기틀은 엉망이 되고 말 것이다. 어찌 한탄스럽지 아니한가. 닭이 울면 일어나 정사를 살피되 집안일은 다 치워둘 것이요, 주색 때문에 스스로 고달파하지 말고, 함부로 노닐다가 자신을 해치지도 말 것이다. 무슨 건은 결재하고 무슨 공문은 띄우며 무슨 부세賦稅는 처리하고 잡아 가둔 누구는 풀어줄 것인가를 하나하나 따져서 급급히 행할 것이요, 우선 내일까지 두고 보자고 미루지 않는다면 업무가 잘 다스려지지 않는 것이 없고 내 마음 역시 편안해질 것이다."

부승우傅僧佑[70]와 그의 아들 부염傅琰, 부염의 아들 부화傅翽는 수령이 되어 모두 훌륭한 치적을 나타냈다. 당시 사람들이 "부씨傅氏 집에는 치현보治縣譜[71]가 있어 대대로 전하며 다른 사람에게는 보여주지 않는다"라고 하였다. 유현명劉玄明[72]은 행정 능력이 뛰어났는데, 건강建康[73]과 산음山陰[74]의 수령으로서 치적이 천하에 제일이었다. 부화가 후임으로 산음령이 되어 유현명에게 "원컨대 지금까지 해오신 정사를 새 영윤令尹에게 일러주소서"[75]라고 말하니 유현명이 "나에게는 기이한 방법이 있는데, 그대의

---

70 부승우傅僧佑: 중국 남북조시대 송나라 인물. 산음령山陰令을 지냈다.
71 치현보治縣譜: 군현을 다스리는 방법을 기록한 책자. 여기서는 지방행정에 관한 비법을 뜻한다.
72 유현명劉玄明: 중국 남북조시대 제나라 인물. 역시 산음령을 지냈다.
73 건강建康: 지금의 중국 남경南京의 별칭.
74 산음山陰: 중국 절강성浙江省에 있는 소흥紹興의 별칭.
75 이는 『논어·공야장公冶長』의 말을 인용한 것으로 전임관의 정사를 후임관에게 말해달

가보家譜에는 실려 있지 않을 것이오. 오직 매일 한 되 밥만 먹고 술은 마시지 않을 것, 이것이 제일가는 방법이라오"라고 대답하였다.

매지梅摯[76]가 소주韶州[77]지주知州로 있을 때에 벼슬살이의 고질병에 관한 글을 지어 밝혔다. "벼슬살이에는 다섯 가지 병통이 있다. 급히 재촉하고 함부로 거두어들여 아랫사람한테 긁어다가 위에 바치는 것은 조세의 병통이요, 엄한 법조문을 함부로 둘러대어 선악을 명백히 가리지 못하는 것은 형옥刑獄의 병통이요, 밤낮 술에 빠져 나랏일을 등한히 하는 것은 음식의 병통이요, 백성의 이익을 침해하여 사사로이 자기 주머니를 채우는 것은 재물의 병통이며, 여러 여자를 골라 노래와 여색을 즐기는 것 또한 하나의 병통이다. 이 가운데 하나만 있어도 백성이 원망하고 신이 노여워할 것이니, 건강한 자는 반드시 병들고 병든 자는 반드시 죽을 것이다. 벼슬살이하는 자가 이를 알지 못하고 풍토병을 탓하니, 잘못된 일이 아닌가."

『상산록』에서 말했다. "술을 좋아하는 것은 모두 객기이다. 세상 사람들은 이를 맑은 취미로 잘못 생각하는데, 술 마시는 버릇이 오래가면 게걸스러운 미치광이가 되어 끊으려 해도 되지 않으니 참으로 애석한 일이다. 마시면 주정 부리는 자가 있고, 마시면 말이 많은 자가 있으며, 마시면 잠자는 자도 있다. 주정만 부리지 않으면 스스로 폐단이 없는 줄로 여긴다. 그러나 잔소리와 군소리는 아전들이 괴롭게 여길 것이요, 쿨쿨 잠

라는 뜻이다. 영윤令尹은 원래 중국 초나라의 상경上卿 집정자執政者를 이르는 말.

76 매지梅摯, 994~1059 : 중국 송나라의 문신. 자는 공의公儀이다. 우간의대부右諫議大夫를 지냈다.

77 소주韶州 : 중국 광동성廣東省에 있는 지명.

이 들어 오래 누워 있으면 백성이 원망할 것이다. 어찌 미친 듯 고함지르고 어지러이 떠들며 넘치는 형벌과 지나친 곤장질만이 정사에 해가 된다고 하겠는가? 수령 된 자는 술을 끊지 않으면 안 될 것이다."

『다산필담』에서 말하였다. "해마다 12월과 6월에 시행되는 팔도 관원들의 포폄褒貶[78]의 조목을 보면, '과도했던 징수는 공평하게 되었으나 마땅히 주도酒道를 경계하라' '잘 다스리기를 원하지 않는 바 아니로되, 어찌 이다지도 술을 좋아하는가'와 같은 구절이 앞뒤로 잇달아 있다. 그럼에도 술에 빠져서 반성할 줄 모르다니, 대체 무슨 심사인가." ○ "옛날에 한 현령이 술에 빠져 정사를 잘못하자 감사는 그의 치적을 고과하여 '술이 깬 날에도 역시 취해 있다[醒日亦醉]'라고 하였다. 한때 세상의 웃음거리가 되었다."

기생들과 방탕하게 노는 것은 삼대三代 선왕先王[79]의 풍속이 아니다. 후세에 이르러 오랑캐 풍속이 점차 중국을 물들여서 드디어 우리나라에까지 미친 것이다. 백성의 수령 된 자는 결코 기생과 가까이 친해서는 안 되는 법이다. 한번 가까이하게 되면 정사 한 가지, 명령 하나도 의심과 헐뜯음을 받아 아무리 공평하고 바른 일이라 할지라도 모두가 여인의 청탁에서 나왔다고 의심받게 된다. 이 어찌 딱하지 않은가. 매양 보매 물정에 어둡고 소박하며 바깥출입이 없던 선비가 기생이란 것과 처음 친하게 되면, 빠져서 현혹됨이 더욱 심하여 이부자리 속에서 소곤거린 말을

---

78 포폄褒貶: 올려주거나 깎아내린다는 뜻. 고려와 조선에서는 매해 6월과 12월 두 차례씩 관원의 치적을 직속상관이 고과하여 중앙으로 보고하면 중앙에서는 모두를 종합하여 등용이나 추출·이동의 자료로 삼았는데, 이를 도목정都目政이라 하였다.
79 선왕先王: 중국 고대의 성군으로 일컬어지는 하夏의 우왕禹王, 은殷의 탕왕湯王, 주의 문왕文王과 무왕武王을 가리킨다.

금석같이 믿으며, 기생이란 것이 사람마다 정을 주어서 인간의 본성이란 진작 없어지고 따로 또 정부情夫가 있어 누설치 않는 말이 없다는 사실을 모른다. 밤중에 소곤거린 말이 아침이면 온 성내에 퍼지고, 저녁이면 온 고을에 자자하게 되는 것이다. 평생토록 단정하던 선비가 하루아침에 어리석은 사람이 되고 만다. 어찌 애석하지 않은가. ○ 무릇 기생이란 것은 요염한 물건이니 응당 눈짓도 주고받지 말 일이요, 초하루와 보름의 점고點考[80] 때 외에는 문 안으로 들어오게 해서도 안 될 것이다. ○ 자제나 친척, 빈객들이 기생과 가까이하는 것은 더욱 엄히 막아야 할 일이니, 금계禁戒를 아주 엄하게 해놓으면 설사 어기는 자가 있더라도 정도가 지나치지 않을 것이다. 금계를 어긴 자는 여러 사람 앞에서 꾸짖지 말고 다만 밀실에서 금계를 어긴 것을 책망하고 다음 날 말을 내어주고 행장을 꾸려서 돌려보내게 한다면, 나의 정사를 어지럽히지 않고 나의 법을 무너뜨리지 않으니 최상의 방편이 될 것이다.

조청헌공이 촉 지방을 맡아 다스릴 때에, 한 기생이 머리에 살구꽃을 꽂고 있었다. 공이 무심코 희롱하는 말로 "머리 위의 살구꽃이 참으로 예쁘구나"라고 하자, 기생이 즉시 "가지 끝의 매실은 어찌 중매 서는 이가 없을까"라고 대답하는 것이었다.[81] 저녁때가 가까워 공이 한 노병老兵을 시켜 그 기생을 불러오게 하였는데, 거의 이경(二更, 밤 9~11시)이 되도록 오지 않았다. 다시 사람을 시켜 재촉을 하고는 혼자 방안을 거닐다가

---

80 점고點考 : 어떤 기관에 소속된 사람을 명단에 점을 찍어가면서 일일이 대조 확인하는 일.
81 짝이 될 남자를 기다린다는 의미. 『시경·국풍·표유매摽有梅』에서 취한 말인데, 이 시는 여자가 짝을 구하는 급한 심경을 매화나무 가지에 매실이 떨어져가는 것에 비유해서 표현한 내용이다.

문득 소리를 높여 "조변趙抃아, 예가 없어서는 안 된다" 하고 즉시 사람을 보내 중지하도록 하였다. 노병이 장막 뒤에서 나오며 "저는 상공相公께서 몇 시각 지나지 않아 그런 마음이 식으실 것으로 알고 부르러 가지 않았습니다"라고 말하는 것이었다.

조청헌공은 매양 색욕을 끊을 때면 부모의 화상畵像을 침상 앞에 걸어놓고 스스로를 경계하였다 한다. ○ 유봉서柳鳳瑞[82]가 북평사北評事[83]로 나갔을 때 한 요사스런 기생에게 혹하여 헤어나지 못했다. 그래서 아버지인 유상운柳尙運[84] 정승의 화상을 걸어놓고 밤낮으로 쳐다보며 울었으나 【유정승은 아들이 여색에 빠질 것을 짐작하고, 임지로 떠나던 날 그에게 화상을 주었다】, 끝내 자제하지 못한 나머지 임지에서 죽었다. 아아, 슬픈 일이다.

장괴애張乖崖[85]가 촉 지방을 맡아 다스릴 때에 빨래하고 바느질하는 두 여자가 있었는데, 그는 한 여자를 좋아하였다. 밤중에 욕망이 일어나자 방 안을 서성거리서, 다만 "장영張詠, 너는 소인이로다, 소인이로다"라고 중얼거리다가 드디어 그만두었다. ○ 정선은 "욕망의 싹이 돋아날 때 그 것을 충족시키고 나면 반드시 후회하며, 참고 넘기고 나면 반드시 즐겁다. 분노 역시 마찬가지다"라고 하였다.

장괴애가 촉 지방을 맡아 다스릴 적에 유흥의 자리에 있을 때면 남녀

---

82 유봉서柳鳳瑞, 1654~1699 : 자는 계휴季休, 본관은 문화文化이다. 역시 정승을 지낸 유봉 휘柳鳳輝의 형이다.

83 북평사北評事 : 북도평사北道評事의 준말. 평사는 병사兵使를 보좌하는 문관으로 정6품 직. 조선 전기에는 각 도에 평사를 두었으나, 후기에는 함경북도의 병사 아래에만 두었다.

84 유상운柳尙運, 1636~1707 : 자는 유구悠久, 호는 약재約齋, 본관은 문화이다. 영의정을 지 냈다.

85 장괴애張乖崖, 946~1015 : 중국 송나라 때 인물인 장영張詠. 괴애乖崖는 그의 호이다. 28면 주 10 참조. 익주의 별칭이 촉蜀이다.

가 그의 좌우를 에워쌌지만, 3년을 다 마치도록 돌아보지도 않았다. ○
『상산록』에서 "수령이 관부나 마을을 출입할 때에 담 너머나 길거리에서
부인들이 보고 있는 줄 알더라도 눈길을 흘려보내서는 안 된다"라고 하
였다.

장영이 익주지주益州知州였을 때 속관屬官들이 그의 엄격함을 두려워하
여 감히 비첩婢妾을 두는 자가 없었다. 장영은 이들의 인정을 끊게 하고
싶지 않아서 여자종 한 명을 사서 시중을 들게 했다. 이로부터 속관들이
차츰 비첩을 두었다. 촉 지방에서 4년을 지내다가 부름을 받고 조정으로
돌아갈 때 시중든 여자의 부모를 불러 재물을 주면서 시집을 보내게 했
는데, 그대로 처녀였다.

정언빈程彦賓[86]이 나성병마사羅城兵馬使였을 때에 좌우에서 처녀 셋을
바쳤는데 다 미모가 있었다. 그는 세 여자에게 "너희는 딸과 같다. 내 어찌
범하겠느냐" 하고는 한방에 두고 손수 문을 걸어 잠궜다. 그 이튿날 아침
이 되자 그들의 부모를 불러서 돌려보내니 다들 울면서 감사해 하였다.

한지가 감사로 있을 때에 시중드는 기생 수십 명을 항시 한방에 두고
서도 종래 범하지 않았다. 여러 비장裨將들 또한 감히 가까이하는 자가
없었다. 어느 날 조용히 비장들에게 "오래도록 객지 생활을 하면서 여자
를 가까이해본 적이 없는가" 하고 물으니 다들 사실대로 아뢰었다. 그는
웃으면서 다음과 같이 말했다. "어찌 나 자신에게 금하고 있는 것을 다
른 사람까지 막겠느냐. 난잡하게 놀지 말라는 것뿐이다. 하지만 여색을
참기 어려운 것이 실로 이 같을 수 있을까? 내가 일찍이 호서湖西의 아사

---

86 정언빈程彦賓: 중국 5대10국시대 전촉前蜀의 무관.

亞使[87]로 있을 때 검전도회檢田都會의 일[88]로 보름 동안 청주淸州에 머물렀더니라. 용모가 빼어난 강매絳梅란 기생이 항시 내 곁에 있었는데, 사흘째 되던 날 밤 잠결에 발을 뻗으니 문득 사람의 살결이 느껴지더라. 누구냐고 물으니 강매였다. '주관主官[89]이 명하시기를, 돌보아주심을 입지 못하면 장차 죄를 주겠다 하시기에, 부끄러움을 무릅쓰고 몰래 들어왔습니다'라고 대답하더라. 나는 '그거야 쉬운 일이다' 하고 곧 이불 속으로 들어오게 하였다. 그래서 13일 동안을 동침하였으되 끝내 어지러움이 없었다. 공무를 마치고 돌아오게 되자 강매는 눈물을 흘렸다. 내가 '아직 정이 남아 있느냐'라고 물으니, '무슨 정이 있겠습니까? 단지 무료하였기 때문에 우는 것입니다' 하고 대답하더라. 주관이 장난말로 '강매는 좋지 못한 소문을 만년에 남겼고, 사군使君[90]은 꽃다운 이름을 백세에 남겼도다'라고 하였다."

조운흘趙云仡[91]이 강릉부사로 있으면서, 손님 접대를 즐기지 않아 백성들을 번거롭게 하지 않아서 오늘에 이르도록 청백하다는 일컬음을 받고 있다. 어느 날 관부의 기생들이 자리에 앉아서 희롱하며 웃고 있으므로 공이 그 까닭을 물었다. 한 기생이 "제가 사또를 모시고 동침하는 꿈을 꾸었는데, 지금 여러 동료들과 해몽을 하는 중입니다"라고 대답하는 것

---

87 아사亞使: 충청도 도사都事. 각 도의 도사는 감사의 부관이므로 아사라고도 하는데, 주로 관내 수령의 불법을 규찰하고 향시鄕試를 관장하는 종5품직이었다.
88 검전도회檢田都會의 일: 각 군현의 토지를 관찰사 혹은 도사의 입회하에 점검하던 일. 행전도회行田都會라고도 한다.
89 주관主官: 그 지역의 관장官長을 뜻하는 말. 여기서는 청주목사를 가리킨다.
90 사군使君: 왕명을 받들어 지방으로 나가는 관원에 대한 존칭.
91 조운흘趙云仡, 1332~1404: 호는 석간石磵, 본관은 풍양豊壤이다. 첨서밀직사사簽書密直司事와 검교정당문학檢校政堂文學을 지냈다.

이었다. 공이 즉석에서 붓을 들어 시를 지어 썼다. "마음은 영서靈犀[92]와 같아 뜻이 이미 통했으되 비단 이불을 함께 하기란 쉽지 않구나. 태수의 풍류 인정이 박하다 하지 말라. 아름다운 여인의 좋은 꿈속에 먼저 들어 갔거니."

박신朴信[93]은 젊어서 명성이 있었다. 강원도 안찰사按察使[94]로 있을 때 강릉의 기생 홍장紅粧을 사랑하여 정이 자못 두터이 들었다. 임기가 차서 돌아가는데, 부사 조운흘이 일부러 "홍장이 죽었습니다" 하고 거짓말을 했다. 박신은 슬퍼 어쩔 줄을 몰라 했다. 강릉에 경포대鏡浦臺가 있는데, 부사가 안찰사를 초청해 경포대에 가서 놀았다. 몰래 홍장으로 하여금 곱게 치장을 하고 따로 놀잇배를 마련해서 늙은 관인 한 사람을 골라 눈썹과 수염을 하얗게 꾸미고 의관도 신선처럼 차리게 한 후, 홍장과 함께 그 배에 탔다. 그 배에 채색 액자를 걸었는데 거기에는 "신라 성대의 늙은 안상安詳[95]이 천년 풍류를 아직도 잊지 못해, 경포대에 나라의 사신이 논다기로 가벼운 배에 다시 홍장을 실었노라"라는 시구를 적어놓았다. 배를 천천히 저어 포구로 들어오면서 물가를 배회하는데 풍악 소리가 맑게 울려 공중에서 퍼지는 것 같았다. 부사가 "이곳에는 신선들이 종종 오가는데, 바라만 볼 것이요, 가까이 가서는 안 됩니다"라고 하니 박

---

92 영서靈犀: 신령스러운 물소. 그 뿔은 가운데에 구멍이 나 있어 양쪽이 통하게 되어 있으므로, 두 사람의 의사가 모르는 사이에 소통하고 투합한다는 비유로 쓰인다.

93 박신朴信, 1362~1444: 자는 경부敬夫, 본관은 운봉雲峰이다. 조선의 개국공신으로 이조 판서를 지냈다.

94 안찰사按察使: 고려 때 각 도의 장관으로 경관직京官職을 겸직하여 파견되었다. 조선시대의 관찰사보다 품계도 낮고 권력도 적었다. 안사按使 혹은 안렴사按廉使라고도 한다.

95 안상安詳: 잘 알 수 없다. 『삼국유사三國遺事·백률사栢栗寺』에 나오는바, 신라 효소왕대孝昭王代의 국선國仙 부예랑夫禮郎과 가장 친했으며 함께 강원도 지방으로 종유從遊한 일화를 남겼다는 안상安常을 가리키는 듯도 하다.

신은 눈물이 그렁그렁해졌다. 갑자기 배가 순풍을 타고 눈앞에 다가와서 바라보고는, 박신이 놀라 "신선이 분명하군" 하고 다시 자세히 살펴보니 다름 아닌 홍장이었다. 한자리에 있던 사람들이 모두 손뼉을 치면서 크게 웃었다. ⊠ 박신은 물론 허황하고 어리석은 사람이고, 조공趙公 또한 일을 꾸며서 상관을 놀린 것은 잘못이다. 내가 서읍西邑[96]에 있을 때에 이와 같은 일을 만났는데, 기생으로 하여금 앓아누운 체하여 모시고 놀지 못하게 하고, 놀이가 파하자 사실대로 말하니, 감사 역시 사과할 뿐 나에게 노여워하지는 않았다.

정한강鄭寒岡[97]이 안동부사로 있을 때 일이다. 관아에 이전부터 전해오는 기녀妓女라는 이름의 꽃나무가 있었는데, 그가 베어버리도록 명했다. 회곡晦谷 권춘란權春蘭[98]이 까닭을 물음에 "사람이 혹하기 쉽기로 여색만한 것이 없지요. 그 이름을 싫어해서 잘라버린 것입니다"라고 하였다.

노래와 풍악은 백성의 원망을 재촉하는 풀무이다. 내 마음에 즐겁더라도 좌우의 마음이 반드시 다 즐거울 수 없고, 좌우의 마음이 다 즐겁더라도 온 읍내 남녀의 마음이 반드시 다 즐거울 수 없으며, 온 읍내 남녀의 마음이 다 즐겁더라도 온 고을 만민의 마음이 반드시 다 즐거울 수는 없다. 그중에 한 사람이라도 춥고 배고파 고달프거나 벌을 받아 울부짖고 쓰러져서, 하늘을 보아도 캄캄하고 참담하여 세상 살아갈 즐거움이 없는 자가 있으니, 풍악 소리를 들으면 반드시 이맛살을 찌푸리고 눈을 부

---

96 서읍西邑: 황해도의 고을이란 뜻. 다산은 곡산부사를 지낸 일이 있다.
97 정한강鄭寒岡, 1543~1620: 조선 중기의 문신인 정구鄭逑. 자는 도가道可, 한강寒岡은 그의 호이다. 경학과 예학에 뛰어난 학자였다.
98 권춘란權春蘭, 1539~1617: 자는 언회彦晦, 호는 회곡晦谷이다. 청송부사靑松府使를 지냈다.

릅뜨며 길바닥에다 욕을 퍼붓고 하늘을 저주할 자가 있을 것이다. 배고
픈 자가 들으면 배고픔을 더욱 한탄할 것이요, 갇혀 있는 자가 들으면 갇
혀 있음을 더욱 슬퍼할 것이다. 『맹자』의 지금 임금이 풍악을 연주할 때
백성의 반응이 어떤가[99] 살펴봐야 한다는 대목을 깊이 음미해야 할 것이
다. 『시경』에 "종鐘을 궁중에서 치니 소리가 바깥에 들린다"[100]라고 하였
고, 『주역』에는 "향락을 펼쳐내면 흉하다"[101]라고 하였다. ○ 늘 보면 수령
으로 부모를 모신 자가 가끔 부모의 생신날에 풍악을 베푸는데, 자신은
이를 효도라 생각하겠지만 백성들은 이를 저주하기 마련이다. 백성이 자
기 부모를 저주하도록 한다면 이는 불효가 아닌가? 만약 생신날에 고을
의 모든 늙은이를 위로하는 잔치를 겸해서 한다면 백성들이 저주하지 않
을 것이다. ○ 백일장白日場을 베풀어 선비들을 시험 보이는 날에도 바야
흐로 음식상을 올릴 때에 잠시 풍악을 베풀되, 반드시 자리를 파할 때까
지 계속할 것은 없다.

당나라 설평薛平[102]이 세 진鎭의 장을 역임했으되 그의 집에 풍악 소리
가 들리지 않았다. 헌종이 그의 치적을 보고 어사대부御史大夫[103]로 발탁
하였다.

---

99 『맹자·양혜왕 하梁惠王 下』: "금왕고악지장今王鼓樂之章." 임금이 풍악을 울리는데 임금
　이 백성과 함께 즐기면 백성이 그 풍악을 좋아하고, 함께 즐기지 않으면 백성이 오히려
　싫어하여 부자가 서로 쳐다보지도 않고 형제와 처자가 이산한다고 하였다.
100 『시경·소아小雅·백화白華』: "고종우궁鼓鍾于宮, 성문우외聲聞于外." 백성은 그 풍악의
　소리에 슬프고 괴로운 감정을 갖는다는 의미.
101 『주역·예豫』: "명예鳴豫, 흉凶." 일락에 빠지면 좋지 않다는 의미.
102 설평薛平, 753~832 : 중국 당나라의 장군. 자는 탄도坦塗이다. 평로군절도사平盧軍節度使
　를 지내고 위국공魏國公에 봉해졌다.
103 어사대부御史大夫 : 중국 진秦나라 때 설치된 관직명. 백관百官의 비행을 규찰하는 직무
　를 맡았다. 당대唐代에는 종3품직.

유관현柳觀鉉[104]은 성품이 검소한 사람이어서 고을살이를 할 때에 큰 음식상을 받고서는 "고향의 미꾸라지 조림만 못하다" 하고, 기생의 노랫소리를 듣고는 "논두렁에서 농가農歌 듣는 것만 못하다"라고 하였다.

놀며 즐기는 것은 백성들이 좋아하는 일이 아니니, 단정하게 처신하여 망동하지 않아야 할 것이다.

주박朱博[105]이 전후 세 번이나 현령으로 나갔는데 청렴 검소하여 주색과 놀이를 좋아하지 않았다. 미천한 때나 부귀한 때나 식사에 두 가지 고기를 차리지 않았고, 상 위에는 음식이 세 그릇을 넘지 않았다【세 접시를 벗어나지 않았다는 말이다】. 밤늦게 자고 아침 일찍 일어나니, 부인이 그의 얼굴 대하는 때가 드물었다.

이급李及[106]이 항주지주杭州知州였을 때에 본래 성격이 맑고 정직하여 전당錢塘[107]의 사치스러운 풍속을 싫어해서 놀이와 잔치를 일삼지 않았다.

당나라 전휘錢徽[108]가 강주자사江州刺史로 있을 때의 일이다. 강주에는 우전전牛田錢[109]이 백만이나 있었는데 자사가 이를 연회 비용으로 쓰는 것이 관례였다. 전휘는 "이것은 농사짓는 데 대비하는 돈인데 다른 곳

---

104 유관현柳觀鉉, 1692~1764: 자는 용빈用賓, 호는 양파陽坡, 본관은 전주이다. 벼슬은 춘방春坊을 거쳐 참의, 시강원侍講院 필선弼善 등을 역임했다. 문집에 『양파집陽坡集』이 있다.
105 주박朱博, ?~B.C. 5: 중국 한나라 사람. 자는 자원子元이다. 애제哀帝 때 승상을 지냈고 양향후陽鄕侯에 봉해졌다.
106 이급李及: 중국 송나라 사람. 자는 유기幼幾이다. 어사중승御史中丞을 지냈다.
107 전당錢塘: 중국 절강성에 있는 지명. 그곳에 전당강이 흘러 항주의 별칭으로도 쓰인다.
108 전휘錢徽: 중국 당나라 사람. 자는 울장蔚章이다. 이부상서를 지냈다.
109 우전전牛田錢: 미상. 『주례·지관사도地官司徒·재사載師』에 우전은 공가公家의 목축자牧畜者에게 지급하는 땅이라고 나와 있다. 대개 소의 사육에 관계된 돈인 듯하다.

에 써서 되겠느냐" 하고 명하여 가난한 사람들의 부세에 충당하도록 하였다.

판서 정상순鄭尚淳[110]이 평안도 감사로 부임해서 2년 만에 교체되었는데 연광정練光亭에 끝내 올라가보지도 않고 돌아왔다. 평소 자기 집에 있을 때에 그의 도움을 받아 끼니를 이어가는 자가 40여 호나 되었다. 그아우가 나력瘰癧[111]에 걸려 의원의 지시에 따라 뱀의 회를 먹게 되었다. 그는 먼저 먹어보고는 "맛이 아주 좋다. 너도 먹어보아라"라고 하였다.

치적이 성과를 올리고 뭇사람들의 즐거워하는 마음을
얻은 뒤에 풍류를 벌여 백성들과 함께 즐긴 것은
선배들의 훌륭한 일이었다.

소동파蘇東坡[112]가 여항餘杭[113]에 부임하여, 서호西湖에서 놀이를 할 적에는 속관들이 깃발들을 앞세우고 전당문錢塘門으로 나오도록 하고, 자신은 용금문湧金門으로 나와서 한두 명의 노병을 따라 배를 타고 호수를 가로질러 갔다. 보안원普安院[114]에서 밥을 먹고 영은사靈隱寺와 천축사天竺寺 사이에서 노닐다가, 공문서가 있으면 뒤에 가져오도록 하여 냉천정冷泉亭에 이르러서는 책상에 기대 명쾌하게 처리하되 붓을 휘두르는 것이 마치

---

110 정상순鄭尚淳, 1723~1786 : 자는 돈부敦夫, 본관은 동래東萊이다. 영조 때 문과에 급제해
　　병조판서에 이르렀다.
111 나력瘰癧 : 목 부위의 임파선에 생기는 만성 종양.
112 소동파蘇東坡, 1037~1101 : 중국 북송의 문학가인 소식蘇軾. 동파東坡는 그의 호이다.
　　128면 주 14 참조.
113 여항餘杭 : 중국 절강성 항주의 별칭.
114 보안원普安院 : 중국 항주에 있는 절 이름.

비바람처럼 빨랐고, 분쟁과 소송을 갈라 해결하되 말하고 웃어가면서 처리하였다. 그리고는 속관들과 더불어 실컷 마시고, 저녁 으스름에 말을 타고 돌아오는데, 길 양쪽으로 사람들이 등불을 밝혀 들고 태수를 마음 놓고 구경하게 하였다. 소흥紹興(1131~1162) 말년에 90여 세 되는 늙은 중이 있었는데, 그가 어릴 적에 보안원의 노복으로 있으면서 본 일이라고 이야기했다. 당시 소동파의 호협한 기상과 뛰어난 운치를 가히 상상해볼 수 있을 것이다.

황간黃幹[115]이 안경부安慶府를 맡아 다스릴 때의 일이다. 치적이 이미 이루어졌는데 마침 정월 보름날 등불놀이를 벌이니, 백성들이 늙은이는 부축하고 어린애는 끌고 나와 왕래하는 사람이 끊이지 않았다. 한 노파가 나이 100세였는데, 두 아들이 가마로 모시고 여러 손자가 뒤를 따라 관아로 와서 감사를 드렸다. 황간이 예절로 대해서 술과 안주를 차리게 하고 또 돈과 비단으로 위로하니, 노파가 "이 늙은이가 온 것은 우리 고을의 생령生靈들을 위해 감사드리려 함이요, 태수가 내려주시는 것을 바라서가 아니옵니다" 하고 끝내 사양하고 돌아갔다.

채경蔡京[116]이 영흥永興을 맡아 다스릴 때에, 정월 보름날 궂은비가 사흘을 계속 내려 나가 놀지를 못하였다. 17일에 비가 그치자 이틀 동안 등불놀이를 하려는데, 아전이 아뢰기를 "매년 등불놀이로 들어가는 기름이 엄청나서, 임박하여 마련하기가 불가능합니다"라고 하였다. 이에 채경은

---

115 황간黃幹, 1152~1221 : 중국 송나라의 학자. 자는 직경直卿, 호는 면재선생勉齋先生, 시호는 문숙文肅이다. 주희의 제자이자 사위였다. 저서로는 『경해經解』『면재문집勉齋文集』이 있다.

116 채경蔡京, 1047~1126 : 중국 북송의 인물. 당시 왕안석의 신법新法에 찬성했다는 이유로 소인小人이란 평을 들었다.

비성고備城庫¹¹⁷에 저장해둔 기름을 갖다 쓰게 했는데, 이 때문에 전운사 轉運使의 탄핵을 받게 되었다. ㉔ 이 같은 일은 마땅히 거울삼아 경계해야 할 것이다.

채군모蔡君謨¹¹⁸가 복주福州의 수령으로 있을 때에 보름날 백성들로 하여금 등잔 7개를 켜놓게 했는데, 진열陳烈¹¹⁹이 큰 등을 만들고 그 위에 시를 지어 써 붙였다. "부잣집의 등불 하나는 큰 창고의 좁쌀 한 톨에 불과한데, 가난한 집의 등불 하나는 심장의 살을 도려낸 것이라. 풍류 태수는 아는가 모르는가. 그래도 오히려 생황을 울리면서 좋은 곡조가 없음을 탓한다지."

강진康津 고을의 한 원님이 총애하는 기생이 있었다. 그 기생이 등불놀이를 보고 싶어하자, 4월 초파일에 명령을 내려 등불을 달도록 하고, 등불 막대의 길이가 높은 자에게 상을 주기로 하였다. 이에 아전과 군교들이 포구로 나가서 어선에 있는 돛대를 모조리 빼앗아왔다. 먼 섬 백성들이 빨리 어장으로 나가려면 잠시도 지체할 수 없으므로 돈을 주고 돛대를 물려받아야 했다. 그래서 배 한 척에 돈이 200문文이나 들어가서 원성이 온 바다에 가득했다. 수령이 한번 움직이는 것은 이처럼 어려운 법이다.

정한봉이 이런 말을 하였다. "몇 사람의 관인이 휴가를 얻어 노래하고

---

117 비성고備城庫: 군사적인 용도에 대비하여 평소에 저장해두는 창고.
118 채군모蔡君謨, 1012~1067: 중국 송나라 학자 채양蔡襄. 군모君謨는 그의 자이다. 서법가로서도 이름이 있었다.
119 진열陳烈, 1012~1087: 중국 송나라 후관侯官 사람. 자는 계자季慈이다. 성품이 개벽介僻하고 효우孝友하며 학행學行이 있었다. 구양수의 천거로 국자직강國子直講에 제수되었으나 나아가지 않았다.

춤추는 자 몇을 데리고 절간에 가서 놀았는데, 술이 얼근해지자 선배의 시구를 읊어 '대밭을 지나다 중을 만나 이야기하며 다시 부질없는 생애에 반나절 한가로움을 얻었노라'라고 하였다. 중은 듣고 웃으며 '존관尊官은 반나절의 한가로움을 얻으셨지만, 이 노승은 도리어 사흘 동안 바쁘게 되었습니다. 하루는 장막을 치고, 하루는 잔치를 차리고, 하루는 청소를 해야 하기 때문이지요'라고 했다 한다." ○ 고을의 수령이 한번 절에서 놀고 나면 중들은 접대하는 비용으로 거의 반년 동안의 생활비를 소비하게 된다. 동행한 사람들도 주식과 담배, 신발을 토색하기 마련이요, 게다가 기생을 데리고 가서 풍악을 잡히고 광대를 불러 잡회雜戲라도 벌이게 되면, 뭇 남녀가 와서 구경하여 다들 중에게 밥을 토색하게 되니, 중들이 어떻게 다 감당할 수 있겠는가. 간혹 돈과 쌀을 주어서 비용을 보상하는 경우도 있지만, 면전에서 주겠다 하고 수령이 절 문 밖을 나가면 아전과 관노들이 곧 달려들어 빼앗는다. 세미자문稅米尺文[120]이라도 받아야만 겨우 수령할 수가 있다.

『다산필담』에서 일렀다. "지난해 봄에 내가 작은 배를 타고 가우도駕牛島 어촌에 놀러갔는데, 마침 강진현감이 배를 타고 만덕사萬德寺에 와서 놀이를 벌이고 있었다. 내가 어촌에서 어부들의 이야기를 들으니, 바다에 나간 배가 포구로 들어오면 아전과 군교들이 배 한 척마다 돈 200문을 뜯어가고, 고기잡이 통발이 바다 가운데 수십 곳이 있는데, 밀물 썰물에 잡히는 것을 모조리 빼앗아가면서 모두 원님의 놀음을 핑계 댄다고 하였다. 아아, 수령이 어찌 알 것인가. 내가 바야흐로 석양에 노를 저어

---

120 세미자문稅米尺文: 세미는 조세로 내는 쌀. 자문은 관부가 부세 따위를 수납하고 써주는 수령 증명서.

먼 갈대와 버들 사이로 따라가면서 산허리에 있는 절을 바라다보니, 붉은 옷 푸른 옷이 어울리고 피리와 장고 소리가 한창 울렸다. 그네들은 어촌의 백성들이 눈을 흘기고 저주하며 욕하는 줄 모르고 있다. 아아, 백성의 윗사람 노릇하기 또한 어렵지 않은가."

수행원을 줄이고 안색을 부드러이 하여 백성들에게
묻고 알아보면 기뻐하지 아니할 자가 없을 것이다.

고려의 서침徐忱[121]이 울진현령이 되어 선정을 베풀었는데 소를 타고 다니면서 농사를 권하기도 하였다.

박세량朴世樑[122]이 신창현감新昌縣監으로 있으면서, 모든 일이 간소하였다. 관아에서 일을 볼 때 북이나 나팔 소리를 내지 않았고, 관문을 나설 때에도 하인을 거느리지 않았다. 몸에 병이 없으면 두 가지 이상의 반찬을 들지 않았고, 큰 더위가 아니면 일산을 펼치지 않았다. 농사철이 되어 아전들이 농사일을 보러 가겠다고 하면 다 들어주어 관아를 지키는 자가 겨우 몇 사람뿐이요, 소용되는 땔나무는 동복을 시켜 해오게 하였다. 여가가 나면 단건短巾에 편복 차림으로 지팡이를 짚고 소요하였는데, 사람들이 사또인 줄 알아차리지 못하였다.

유의가 홍주목사로 있을 때에, 조랑말을 타고 시동 둘을 데리고서 야외로 순행하다가 들밥을 이고 가는 아낙네를 만나면 밥보자기를 풀어보

---

121 서침徐忱: 고려 말 정몽주鄭夢周의 문인. 은혜로운 정사로 이름을 얻었다.
122 박세량朴世樑, 1628~1693: 자는 하경廈卿, 본관은 반남이다. 영천군수 등을 역임했는데
　　선정을 하여 생불生佛이라고 일컬어졌다.

게 하여 나물 반찬이 빈약하면 성의가 부족함을 경계하고, 반찬이 너무 많으면 지나치게 낭비함을 책망하니 백성들이 크게 기뻐하였다.

정당政堂에서 글 읽는 소리가 나면, 이는 가히 맑은 선비라 할 수 있을 것이다.

임금은 만 가지 정무로 극히 번거로운데도 날마다 경연에 참석하는데, 진실로 성현의 격언을 가슴 속에 스며들게 하여 이를 정치에 반영함에 자연 그 유익함이 넓고 크다. 수령도 공무에 틈이 나거든 마땅히 『상서尚書』『논어』『중용中庸』『대학大學』 및 『송명신록宋名臣錄』[123] 『자경편』 같은 책을 늘 읽고 외우도록 할 것이다.

유중영이 예로써 자신을 바르게 하여 단정히 앉아 손을 꽂고 있더니, 세 번이나 큰 진鎭[124]을 맡아 거느리면서도 마구간에는 좋은 말이 없고 옷에서는 좋은 향내가 나지 않았다. 공무에서 물러나면 반드시 책을 읽어 손에서 책을 놓는 법이 없었다.

완평부원군完平府院君 이원익李元翼[125]은 "내가 평일에는 역시 책 보기를 좋아하지만, 벼슬살이할 적에는 책을 묶어 책장에 넣어두고 마음을 공적인 일에 오로지할 뿐이다. 요즘 사람들은 고을을 맡아 다스리면서도 글

---

123 『송명신록宋名臣錄』:『송명신언행록宋名臣言行錄』의 별칭. 전집前集과 후집後集은 주희가 엮었고, 속續과 별別, 외집外集은 이유무李幼武가 보충하여 엮었다. 송나라 명신들의 언행을 모아 기록한 책.
124 진鎭: 전략상의 요지에 설치했던 군진軍鎭.
125 이원익李元翼, 1547~1634: 자는 공려公勵, 호는 오리梧里, 본관은 전주이다. 영의정을 지냈는데 청백리로 이름이 있었다. 정유재란 이후 전후 복구사업의 공으로 1604년 호성공신扈聖功臣 2등에 봉해지면서 완평부원군의 봉호를 받았다.

을 읽는다지만, 이는 내 재주로서는 능히 미치지 못하는 바이다"라고 하였다【그의 시장諡狀에서 실려 있다】.

이의전李義傳[126]은 매양 고을을 다스리면서도 일이 없을 때면 손에서 책을 놓는 법이 없었다. 그는 "일이 생기기 전에 미리 백성을 다스리면 번거롭게 굴지 않아도 일은 저절로 간략하게 된다. 옛일에 해박하면 논하는 말에 남을 깨우치는 내용이 많을 것이다"라고 하였다.

무신 원영주元永冑[127]가 장흥부사長興府使로 있을 때에 판서 권엄權𧛭[128]이 감사로서 그의 치적을 고과하여 으뜸으로 올리면서 "관아에서 글을 읽는다"라고 하였다. 선왕先王[129]이 보시고 하고下考[130]에 두도록 명하였다. ○ 글만 읽고 일을 보살피지 아니하는 자는 진실로 폄하貶下되어야 할 것이다. 내가 말하는 바는 때때로 성현의 글 한두 장을 읽어서 가슴 깊이 젖어들게 함으로써, 착한 마음이 느껴 일어나게 하고자 하는 것일 뿐이다.

시나 읊조리고 바둑이나 두면서 정사를 아전들에게 맡겨두는 것은 큰 잘못이다.

성종 때에 뇌계㵢溪 유호인兪好仁[131]이 부모 봉양하기를 청하여 산음山

---

126 이의전李義傳, 1568~1647 : 자는 의중宜仲이다. 4현縣·5군郡·2부府를 다스리면서 치적이 많았다. "완평부원군의 손자이다"라는 원주가 있는데 손자가 아니고 아들이다.

127 원영주元永冑 : 정조 때의 무신. 함경도 북병사北兵使를 지냈다.

128 권엄權𧛭, 1729~1801 : 자는 공저公著, 호는 섭서葉西, 본관은 안동安東이다. 병조판서를 지냈으며, 1801년 지중추부사로 전임하여 이가환李家煥·이승훈李承薰·정약용 등을 천주교 관련자로 몰아 극형을 주장하였다.

129 선왕先王 : 돌아가신 임금이란 뜻으로 여기서는 정조를 가리킨다.

130 하고下考 : 직속상관이 관원의 치적을 상중하로 평가하여 중앙에 보고하였다. 상고上考는 상등, 하고는 하등이다.

陰[132]현감이 되었다. 영남 방백方伯이 임금께 하직인사를 드리자, 임금이 불러보고서 "내 친구 유호인이 지금 산음 고을을 맡아 있으니, 경卿은 가서 두둔斗頓【곧 보호해준다는 뜻】해주도록 하라"라고 하였다. 그러나 그가 백성의 아픔을 돌보지 않고 시만 읊조리자, 마침내 방백은 그를 파직시켰다.

남창南牕 김현성金玄成[133]이 여러 고을을 맡아 다스렸는데, 손을 씻은 듯 깨끗하게 직책에 봉사하여 청렴한 소문이 세상에 드러났다. 그러나 실무에는 익숙하지 못했고 심히 소탈하고 너그러워 아랫사람들에게 매질을 하지 않았으며, 담담하게 동헌에 앉아 종일토록 시나 읊조렸다. 말하기 좋아하는 자들이 "김남창은 백성을 자식처럼 사랑하지만 온 고을이 원망하며 탄식하고, 티끌만 한 것도 사사로이 범하지 않되 관청 창고는 바닥이 났다"라고 하여, 이 말이 일시에 웃음거리가 되었다.

도간陶侃[134]이 광주자사廣州刺史로 있을 때에 종일토록 무릎을 모으고 단정히 앉아 군사에 관한 여러 가지 일들을 빠짐없이 검토 관리하여 조금도 한가히 지내지 않았다. 참모나 속관들이 혹 장난질을 하며 일을 보지 않는 자가 있으면, 그들의 술잔이나 놀음기구를 모조리 강물에 던져넣어버리고, 군교와 아전들에게 매를 치면서 "윷놀이는 돼지 치는 놈들이나 하는 짓이다"라고 꾸짖었다.

당나라 영호도가 이원李遠[135]을 항주자사杭州刺史로 천거하자, 임금이

---

131 유호인俞好仁, 1445~1494 : 자는 극기克己, 호는 뇌계㵢溪이다. 시인으로 명성이 있었고 『뇌계집』을 남겼다.

132 산음山陰 : 경상남도 산청의 별칭.

133 김현성金玄成, 1542~1621 : 자는 여경餘慶, 호는 남창南牕이다. 동지돈녕부사同知敦寧府事를 지냈다. 시인으로 알려졌다.

134 도간陶侃, 259~334 : 중국 진晉나라 사람. 자는 사행士行이다. 장사군공長沙郡公과 대장군大將軍을 역임했다.

"내가 들으니 이원의 시에 '온종일을 오로지 바둑 두기로 소일하노라'라고 했다는데, 이런 자가 어찌 능히 백성을 다스릴 수 있겠느냐" 하고 말하였다. 영호도가 "시인이 흥에 겨워서 그런 것이지 실제로 그러지는 않을 것입니다"라고 아뢰자, 임금이 "우선 보내서 시험해보도록 하라"라고 하였다. ○ 바둑은 그나마 고상하고 운치 있는 취미이다. 근래 수령들은 정당에서 저리나 읍내의 건달들, 하천한 무리들과 더불어 투전 놀음으로 날을 다하고 밤을 새니 체모의 손상이 이렇듯 극심해졌다. 아아, 장차 어찌할 것인가?

관행을 따라 일을 줄이고 대체를 잡도록 하는 것도 한 방법이지만, 오직 시속이 맑고 순후하며 자기의 지위가 높고 명망이 두터워야만 그럴 수 있다.

육가陸賈[136]가 말하였다. "군자가 다스림에 순후하여 일이 적고 조용하여 소리가 없다. 관아에 사람이 없는 것 같고 정락亭落에는 아전이 없는 것 같다. 역에는 급한 일로 밤길을 달리는 역졸이 없고, 향촌에도 밤중에 군사를 불러 모으는 일이 없다. 노인들은 집에서 맛있는 음식을 먹고, 장정들은 들에서 밭갈이에 힘쓴다." [案] 한나라 초기는 진秦나라의 가혹한 정치의 뒤를 이었기에 백성들과 더불어 휴식을 취하고자 하여 그 말이 대개 이와 같았다. 보통 사람이 이를 본떠서 손을 놓고 묵묵히 있으면 만

---

135 이원李遠: 중국 당나라 사람. 진사로 뽑혀 항주자사를 지냈다.
136 육가陸賈: 중국 한나라 초기 사람. 고조高祖를 도와 통일에 힘쓰고 왕실을 부호扶護했다. 태중대부太中大夫를 지냈으며 저서에 『신어新語』가 있다.

사가 다 잘못되고 말 것이다.

급암汲黯[137]이 동해태수東海太守로 있을 때에 백성을 다스리되 맑고 깨끗한 것을 좋아하여, 자기의 속관을 골라서 일을 맡기고, 다스리는 데 있어서는 대체만 살필 뿐 조금도 가혹하지 않았다. 급암이 병이 많아서 안방에 누워 한 해를 넘기도록 밖에 나가 보지 않았으되 동해 지방이 잘 다스려졌다. 案 급암은 평소 위엄과 명망이 두터웠던 데다가 능히 사람을 알아보아서 맡겼으므로 이와 같을 수 있었다. 평범한 사람이 이 방법을 본뜨다가는 집집마다 근심하고 탄식하는 소리가 일어나게 될 것이다.

당나라 육상선陸象先[138]이 포주蒲州를 다스리게 되었는데, 일찍이 "천하에는 원래 일이 없거늘 용렬한 자가 뒤흔들어 일으키는 것이다. 참으로 근원을 맑게 하면 간결하게 되지 않을 것을 어찌 근심하리요"라고 하였다.

남송의 사비謝朏[139]가 의흥태수義興太守로 있을 때에 잡다한 일은 돌보지 않고 모두 강기綱紀[140]에게 맡기면서 "나는 태수 노릇만 하면 된다"라고 말하였다. 案 이것이 이른바 대체를 잡는다는 것이다. 위엄과 명망이 평소에 확실해야만 이와 같이 할 수 있을 것이요, 보통 사람이 이를 흉내 내다가는 모든 일이 그릇되고 말 것이다.

---

137 급암汲黯, ?~B.C. 112?: 중국 한나라 경제에서 무제 때 사람. 자는 장유長孺이다. 동해東海와 회양淮陽의 태수를 지냈으며 황로학黃老學에 심취하였다.

138 육상선陸象先, 665~736: 중국 당나라 사람. 자는 숭현崇賢, 본명은 경초景初이다. 동중서문하평장사와 태자소보를 지냈다.

139 사비謝朏, 441~506: 중국 남북조시대 송나라 사람. 자는 경충敬沖이다. 양梁나라에서 시중侍中과 상서령尙書令을 지냈다.

140 강기綱紀: 수령의 속관인 주부主簿의 별칭.

清心

청렴이란 수령의 본무로서 모든 선의 원천이며 모든 덕의 근본이다. 청렴하지 않고서 능히 수령 노릇을 잘할 수 있는 자는 없다.

우리 조선조에서 청백리淸白吏[1]로 뽑힌 인물은 통틀어 110명인데, 태조 이후에 45명, 중종 이후에 37명, 인조 이후에 28명이다. 경종 이후로는 마침내 이렇게 뽑는 일조차 끊어졌으며, 나라는 더욱 가난해지고 백성은 더욱 곤궁하게 되었다. 이 어찌 한심하지 않은가? 400여 년 동안에 관복을 입고 조정에서 벼슬한 사람이 몇천에서 만에 이르는데, 그중에서 청백리로 뽑힌 사람은 겨우 이 정도 숫자이니 이 또한 사대부의 수치가 아닌가?

『상산록』에서는 이렇게 말했다. "청렴에는 세 등급이 있다. 최상은 봉급 외에는 아무것도 먹지 않고 먹고 남는 것 또한 가져가지 않으며, 벼슬을 그만두고 집으로 돌아갈 적에는 한 필 말로 조출하게 가는 자이니, 이는 아주 옛날의 청렴한 관리이다. 그다음은 봉급 외에 명분에 바른 것은

---

1 청백리淸白吏: 청렴결백한 관리. 조선에서는 의정부, 육조, 경조에 소속된 2품 이상의 당상관과 사헌부·사간원의 장이 천거하여 청렴결백한 관리를 선정하여 청백리라 하였다.

먹고 바르지 않은 것은 먹지 않으며, 먹고 남은 것은 집으로 보내는 자이니, 이는 중고 시대의 청렴한 관리이다. 최하는 무릇 이미 관례가 된 것은 비록 명분이 바르지 않더라도 먹으며, 관례로 되어 있지 않은 것에 대해서는 죄를 먼저 짓지 않으며, 향임의 자리를 팔거나 재감災減[2]을 훔치거나 곡식으로 농간을 부리지 않고, 송사와 옥사를 팔지 않으며, 조세를 과다하게 부과하여 나머지를 착복하는 짓은 않는 자다. 이는 오늘날 이른바 청렴한 관리이다. 모든 악을 두루 갖추고 있는 자로 오늘날에 도도한 대세를 이루고 있다. 최상은 참으로 좋은 것이지만, 능히 그렇게 할 수 없다면 그다음 등급만 해도 좋다. 최하에 속하는 경우 옛날 같으면 반드시 끓는 물에 삶아 죽이는 형벌에 처했을 것이다. 선을 좋아하고 악을 부끄럽게 여기는 사람은 결코 그렇게 하지 않을 것이다."

양병楊秉[3]은 청렴하고 검소하며 우아하고 소박하였다. 그는 예주豫州·형주荊州·서주徐州·연주兗州 네 곳의 자사를 역임했던바, 날짜를 계산하여 봉록을 받되 봉록 중에 쓰고 남는 것을 제 집으로 들여보내지 않았다. 집안이 가난하여 하루 끼니를 이틀로 나누어 먹는 형편임에도 일찍이 그는 "내게는 세 가지 현혹되지 않는 것이 있으니, 술과 여자와 재물이다"라고 하였다.

양의공襄毅公 산운山雲[4]은 청렴하고 정직하기 짝이 없었다. 광서수부廣

---

2 재감災減: 재결災結, 즉 자연재해를 입은 논밭에 조세를 면세해주는 것.
3 양병楊秉, 95~165: 중국 후한 환제 때 사람. 자는 숙절叔節이다. 벼슬이 태복太僕, 태상太常에 이르렀다. 원주에 "후한시대 양진楊震의 아들"이라고 나와 있는데, 양진의 둘째 아들이다.
4 산운山雲, ?~1438: 중국 명나라 사람. 그의 시호는 충의忠毅인데, 간혹 양의襄毅라고도 한다. 정만장군征蠻將軍, 우도독右都督, 동지同知 등을 역임했다.

西帥府[5]에 정뇌鄭牢라는 자가 있었는데 늙은 하인이었다. 그는 성품이 강직하고 바른말을 잘하였다. 산운이 그에게 묻기를 "세상에서 말하기를 장군이 되면 탐욕하여도 탓하지 않는다는데, 나 역시 탐해도 되지 않을까"라고 하니, 정뇌는 "공이 처음 도임하심에 마치 깨끗한 새 흰 도포 같았는데 먹물 한 점에 더럽혀지고 보면 끝내 씻을 수 없을 것입니다"라고 대답하였다. 또 묻기를 "사람들 말에 토착의 족속들이 보내는 선물을 받지 않으면 저들이 필시 의심하고 분노할 것이라 하는데, 어찌하면 좋을까" 하니, 정뇌는 "벼슬자리에 있으면서 뇌물을 받아먹으면 조정에서 중한 벌을 내립니다. 조정을 두려워하지 않고 저 족속들을 두려워한다는 말씀입니까"라고 대답하였다. 산운은 웃으며 그의 말을 받아들였다. 광서 지역을 다스린 10년 동안에 청렴한 지조가 끝내 변하지 않았다.

청렴은 천하의 큰 장사이다. 욕심이 큰 사람은 반드시 청렴하려 한다. 사람이 청렴하지 못한 것은 그의 지혜가 짧기 때문이다.

공자孔子는 "인자仁者는 인仁을 편안히 여기고 지지知者는 인을 이롭게 여긴다"[6]라고 했는데, 나는 "청렴한 자는 청렴함을 편안히 여기고, 지자는 청렴함을 이롭게 여긴다"라고 하겠다. 무엇 때문인가? 사람들은 재물

---

5 광서수부廣西帥府 : 광서廣西는 중국 동남부 지역으로 남쪽이 월남에 접경하고 있는 곳이다. 명나라 홍무洪武 9년에 승선포정사사承宣布政使司를 두었는데 이것이 곧 광서포정사사廣西布政使司가 되었다. 광서수부는 이 포정사사를 지칭한 것 같다.
6 『논어·이인里仁』.

을 크게 욕심내지만, 재물보다 더 큰 것을 욕심내는 경우에는 재물을 버리고 취하지 않기도 한다. 비록 재물을 얻는 데 뜻을 둔다 하더라도 당연히 청렴한 관리가 되어야 한다. 왜 그런가? 늘 보면 지체와 문벌이 화려하고 재주와 덕망이 가득한 사람이 돈에 빠져 관직을 박탈당하고 귀양가서 10년이 지나도록 등용되지 못하는 경우가 허다하다. 비록 세력이 높고 때를 잘 만나 형벌을 면할 수 있을지는 몰라도 여론은 그 비루함에 침을 뱉으니 명망이 땅에 떨어질 것이다. 문신이 이렇게 되면 가장 영예로운 홍문관과 예문관藝文館의 벼슬을 얻지 못하게 되고, 무신이 이렇게 되면 장수가 되지 못한다. 지혜가 높고 사려가 깊은 사람은 욕심이 크므로 청렴한 관리가 되고, 지혜가 짧고 사려가 얕은 사람은 욕심이 작으므로 탐욕한 관리가 되는 것이니, 진실로 생각이 여기에 미친다면 청렴하지 않을 사람이 거의 없을 것이다.

송나라에서 한 농부가 밭갈이를 하다가 옥을 주워서 사성司城인 자한子罕[7]에게 바쳤으나, 자한은 받지 않았다. 농부가 "이것은 우리 농부들이 보배로 여기는 것입니다. 바라옵건대 상공께서는 받아주시옵소서"라고 거듭 청하자, 자한은 "그대는 옥을 보배로 삼고, 나는 받지 않는 것을 보배로 삼으니, 만일 내가 그것을 받는다면 그대와 나 모두 보배를 잃는 셈이네"라고 말했다. ○ 공의휴公儀休[8]가 노魯나라 재상이 되었는데, 어떤 사람이 물고기를 보냈으나 받지 않았다. 그 사람이 "재상께서 물고기를 좋

---

7 사성司城 자한子罕: 사성은 중국 춘추시대 송나라 때 두었던 관직. 자한은 춘추시대 송나라 사람으로 이름은 낙희樂喜, 자가 자한이다. 청렴하기로 유명하였다.
8 공의휴公儀休: 공의公儀는 성, 휴休는 이름이다. 중국 춘추시대 노나라 목공穆公의 재상이었다.

아하신다고 들었사온데, 어찌하여 물고기를 받지 않으십니까"라고 물으매 공의휴는 "물고기를 좋아하기 때문에 받지 않는 것이오. 이제 재상이 되었으니 스스로 물고기를 마련할 수 있게 되었는데, 지금 물고기를 받았다가 면직을 당하면 누가 다시 나에게 물고기를 바치겠소? 그래서 내가 받지 않는 것이라오"라고 대답했다.

양진楊震이 탁군태수涿郡太守가 되었는데 성품이 청렴하였다. 누가 그에게 집안의 재산을 장만하라고 권했더니 양진은 응하지 않고 "후세 사람들로 하여금 청백리 자손이라고 일컫게 하여, 이것을 물려주게 되면 이보다 중한 것이 있겠는가"라고 하였다.

예로부터 지혜가 깊은 선비는 청렴을 교훈으로 삼고,
탐욕을 경계했다.

배협裵俠[9]은 "청렴은 벼슬살이의 근본이며 검약은 몸가짐의 바탕이다"라고 말했다.

율기잠律己箴[10]에서 "오직 선비의 청렴은 여자의 순결과 같도다. 한 오라기의 오점도 실로 평생의 흠이 되나니, 어두운 방이라 말하지 말라. 넷이 이미 환히 알고 있도다.[11] 너 스스로를 아끼지 않더라도 너의 마음의

---

9 배협裵俠: 중국 북주의 인물. 본명은 협協, 자는 숭화嵩和이다. 관직은 공부중대부工部中大夫에 이르렀다.

10 율기잠律己箴: 중국 명나라의 만력 연간에 추현지사鄒縣知事를 지낸 양주언梁州彦이 세운 비에 새겨진 글로, 관직을 지내는 사람들이 경계해야 할 관잠官箴이다. 인仁·렴廉·공公·근勤의 네 항목 중에서 렴廉에 대한 서술을 다산이 인용한 것이다.

11 양진의 고사에서 유래한 말로 아무리 비밀스런 거래라도 이미 하늘과 땅이 알고 너와 내가 안다는 의미. 이를 '사지四知'라고 일컫는다.

신명神明까지 속일 수 있겠는가. 황금 5~6바리와 후추 800곡斛이라도[12] 살아서는 영화가 되지 않을 터요, 천 년이 가도록 욕을 먹게 될 것이라. 저 아름다운 군자여, 학 한 마리 거문고 하나 바라보매 늠연하여 만고의 청풍이로다"라고 했다.

포효숙공包孝肅公[13]이 가훈으로 "후세에 자손이 벼슬살이하다가 부정을 범한 자는 집에 돌아오게 해서는 안 되며, 죽은 후에도 선영先塋에 묻힐 수 없다. 내 뜻을 따르지 않으면 나의 자손이 아니다"라고 쓰고, 이 글 끝에 서명하면서 "석공은 이 말을 돌에 새겨 집의 동쪽 벽에 세워 후손에게 남기라"라고 하였다.

나경륜羅景倫[14]은 "사대부로서 돈 한 푼을 좋아하면 그의 값어치는 한 푼 어치도 못 된다"라고 하였다. ○ 진간재陳簡齋[15]는 시에서 "종래 이름 있는 선비는 이름 없는 돈을 쓰지 않았다"라고 하였다. ○ 양백자楊伯子[16]는 "사대부가 청렴하면 그것으로 칠 푼은 이미 성취된 인간이다"라고 말했다.

풍유룡馮猶龍[17]은 "천하의 한없는 못난 짓은 모두 돈을 버리지 못하는 데 따라 일어나고, 천하의 끝없이 좋은 일은 모두 돈을 버리는 데 따라 이루어진다"라고 하였다.

---

12 중국 당나라의 간신 원재元載의 고사에서 나온 말.
13 포효숙공包孝肅公: 효숙孝肅은 포증包拯의 시호.
14 나경륜羅景倫: 중국 송나라 사람 나대경羅大經. 경륜景倫은 그의 자이다. 용주법조연容州法曹掾을 지냈으며 저서에『학림옥로鶴林玉露』가 있다.
15 진간재陳簡齋, 1090~1139: 중국 송나라 사람 진여의陳與義. 자는 거비去非, 간재는 그의 호이다. 벼슬이 참지정사에 이르렀다. 저서로『간재집簡齋集』이 있다.
16 양백자楊伯子, 1157~1236: 중국 송나라 사람 양장유楊長孺. 양만리楊萬里의 장자로 백자伯子는 그의 자이다. 광주廣州와 복주福州의 지주知州를 지냈다.
17 풍유룡馮猶龍, 1574~1646: 중국 명나라 사람 풍몽룡馮夢龍. 유룡猶龍은 그의 자이다. 문학가로 알려졌고 저서에『춘추형고春秋衡庫』『지낭智囊』『고금담개古今譚概』등이 있다.

정선은 이렇게 말하였다. "얻기를 탐내는 자가 만족할 줄 모르는 것은 모두 사치를 좋아하는 일념 때문이다. 만일 마음이 편안하고 담담하여 족한 줄 알면, 세상의 재물을 구해서 어디에 쓰겠는가? 청풍명월淸風明月 은 돈이 드는 것이 아니며, 대울타리 띠집은 돈 쓸 일이 없으며, 책을 읽고 도를 논하는 데 돈이 요구되지 않으며, 몸을 깨끗이 하고 백성을 사랑하는 데 돈이 필요하지 않으며, 사람을 구제하고 만물을 이롭게 하는 데는 돈이 남을 수 없다. 이렇게 자신을 성찰하면 세상맛에 초탈하게 될 것이니 탐욕스러운 마음이 또 어디서 나오겠는가?"

정선은 다음과 같이 말했다. "시골거리에 야단스럽게 서적을 싣고 다니면서 공부를 많이 한 것처럼 뽐내고, 바다 굽이마다 나는 토산물을 물어 벼슬살이 돈 자루를 채우려 하면서, 간혹 탐천貪泉을 마셔도 탐욕하지 않거나, 보잘것없는 허름한 수레와 여윈 말을 타는 벼슬아치가 있으면 비웃으며 '어찌 저런 못난 벼슬아치가 되랴! 좋은 벼슬이란 돈이 많이 생기는 데 불과하다'라고 한다. 슬프다! 나는 돈을 탐내서 챙기는 자들을 보았지만, 그들은 죽은 지 몇 년 못 가서 자손들이 서로 차지하려고 다투다가 망하기도 하고, 2대를 못 가서 자손이 방탕해서 폐인이 되기도 한다. 그중에도 더욱 이상한 자는 등 따습고 배부른 데 뜻을 두고 훔치고 빼앗는 데 재주가 능하면서도 남들이 그에게 십승十乘의 부富를 가졌다고 칭찬하면 성을 빨끈 내며, 항아리 하나 채울 만큼의 재물도 모아둔 것이 없다고 칭찬하면 듣고 흔연히 좋아한다. 그 자손이 자기의 할아버지나 아버지의 행장行狀을 부탁하여, 그 행장에서 할아버지나 아버지를 계손씨季孫氏이나 도주공陶朱公[18]과 같은 무리라고 홍보면 역시 발끈 성내고, 공의公儀와 백기伯起[19] 같은 반열에 올려주면 흔연히 기뻐한다. 이것은 돈

많은 것이 오히려 추하고, 순박하고 청렴한 것이 귀하다는 것을 분명히 알고 있기 때문이다. 그럼에도 뜻을 둔 곳은 귀한 것이 아니고, 귀하게 여기는 곳은 추한 것에 많다. 이 어찌된 일일까?"

정선은 이렇게 말했다. "근래 사대부들이 밖으로는 공명을 낚고 안으로는 재산을 경영하며, 천 칸이나 되는 넓은 집채에 기름진 밭이 만 경頃이나 되고, 사내종은 개미떼 같고 비첩은 구름 같은데, 입을 열었다 하면 인성과 천리를 고상하게 논하고 마음이 맑고 깨끗함을 자부하니, 비록 석가모니처럼 장중한 말을 혀끝에 올린다 하더라도 나는 믿지 않을 것이다." ○ 정선이 또한 말했다. "진신搢紳[20]이 한번 벼슬길에 올라서 잠깐 사이에 재산이 많아지고 이익이 두터워지고 관직이 높아지면 이들을 유능한 사람이라 하며, 청빈하고 검소하면서 관직을 유지하고 있으면 이들은 그래도 비웃음을 면할 정도가 되는데, 공정하고 청렴하고 꿋꿋하여 벼슬과 이득을 모두 잃으면 크게 졸렬한 사람이라 일컬어지며 처자들까지 허물하고 친구들도 비웃으니 향리에 의탁할 곳이 거의 없게 된다. 하늘이 내린 높은 인품이 아니면 바람 부는 데로 쏠리지 않을 사람이 드물다."

송나라의 합거원蓋巨源이란 사람이 현령이 되어 공청公廳 위에서 비단을 사들여 손수 자로 재고 있었다. 시비들이 병풍 사이로 엿보고 싫어하며, "뜻밖에 오늘 우리는 한낱 비단 장사를 섬기게 되는구나" 하고 떠나가기를 자청하니 만류할 수 없었다. ○ 근래 한 현령이 정당에서 손수 베

---

18 계손씨季孫氏·도주공陶朱公: 계손씨는 중국 춘추시대 노나라의 권력자이며, 도주공은 춘추시대 월나라 범려范蠡인데 화식貨殖에 능하여 크게 부를 이루었다고 한다.
19 공의公儀·백기伯起: 공의는 공의휴公儀休이며 백기는 양진楊震의 자이다.
20 진신搢紳: 벼슬아치 혹은 지위가 높고 행동이 점잖은 사람, 즉 신사를 지칭한다. 우리말의 양반과 유사한 의미이다.

를 자로 재는 자가 있었다. 어느 시대인들 합거원이 없겠는가?

석박石璞[21]이 관직을 역임한 지 40여 년 동안에 청렴하고 꿋꿋하며 고결하기가 한결같았다. 고향 사람 중에 전사典史[22]로 있다가 돌아온 자가 있어 예방을 하였다. 그 집 책상 위에 은그릇과 금 술잔 10여 개가 진열되어 있었다. 석박이 "당신이 벼슬한 지 몇 해가 되는가"라고 물음에, 그는 "임기를 채우지 못했습니다"라고 대답했다. 이에 "어찌해서 돌아왔는가" 물으니, "고약한 백성이 탐욕을 부린다고 저를 고발하여 벼슬을 빼앗겼지요"라고 말했다. 석박이 "슬픈 일이다! 내가 당신 죄를 다스렸다면 당신이 어찌 집으로 돌아올 수 있었겠는가" 하고 옷을 떨치고 나왔다.

복건염사福建廉使[23] 도후중陶垕仲[24]이 방백方伯 설대방薛大方의 탐욕과 횡포를 탄핵하였더니, 설대방이 도후중을 무고하였다. 도후중이 서울에 와서 일이 밝혀져 설대방은 죄를 얻고 도후중은 복직이 되었다. 민(閩, 복건) 땅 사람들이 "도陶 염사가 다시 오시니 하늘에는 눈이 있고, 설薛 방백이 떠나지 않았다면 우리 땅에는 껍데기도 남지 않았으리라" 하고 환호하였다.

송나라 절도사節度使 미신米信[25]은 인색하여 백성의 재물을 긁어들여서

---

21 석박石璞: 중국 명나라 임장臨漳 사람. 자는 중옥仲玉이다. 영락永樂 연간에 급제하여 어사御史, 강서부사江西副使를 지내면서 치적이 있었고, 병부상서兵部尙書, 남경좌도어사南京左都御使를 지냈다.
22 전사典史: 중국의 관명. 원나라 이래로는 지현知縣에 속한 관리로, 청나라에서는 범인을 검거하고 현옥縣獄에 가두는 일을 담당함.
23 복건염사福建廉使: 복건은 중국 복건성. 염사는 안찰사의 별칭.
24 도후중陶垕仲: 중국 명나라 사람. 이름은 도주陶鑄이다. 후중이란 자로 알려졌으며, 복건 안찰사로 있을 때 나쁜 관리를 쫓아내고 학교를 세우고 군민을 무휼하는 등 치적이 있었다.
25 미신米信, 926~992: 중국 송나라 사람. 활을 잘 쏘기로 유명했고. 태종 때 양단梁丹을 격

돈을 백만 꾸러미나 쌓았다. 그 아들이 사치스럽고 방탕한 사람인데 아버지 때문에 마음대로 쓰지 못하고 부잣집에서 비싼 이자 돈을 빌려 썼다. 그리고는 노도환老倒還이라고 말했다. 이 말은 아버지가 죽으면 장례식이 끝나자마자 본전과 이자를 몽땅 갚아주겠다는 뜻이었다. 사사로이 하인들을 모아 안마와 복장을 호사롭게 꾸며 집문 좌우 양쪽에 두었다가 문밖을 나서면 즉시 옹위하고 부축하게 해서 출동했다. 이들은 서울에서 입술과 혀를 놀려 먹이를 낚는 무리들이었다. 미신이 죽자마자 그 자식은 방탕하여 재산을 거의 없애서 옥졸이나 방울 흔드는 야경꾼의 도움을 받아 겨우 입에 풀칠하는 지경이 되었다.

수령이 청렴하지 않으면 백성들은 그를 도적으로
지목하여 마을을 지날 때에 더럽다고 욕하는 소리가
높을 것이니, 이 역시 수치스러운 일이다.

정선이 다음과 같이 말하였다. "관장이 한 도적을 심문하여, '네가 도적질하던 일을 말해보라'라고 했다. 도적이 짐짓 모르는 척하며 '무엇을 도적이라 합니까'라고 물으니, 관장이 '네가 도적인데 그걸 모르다니! 남의 궤짝을 열고 재물을 훔치는 짓이 도적이다'라고 답했다. 도적이 비웃으며 '당신 말대로라면 제가 왜 도적입니까? 당신 같은 관원이 진짜 도적이지요. 유생이 첩괄帖括²⁶을 낭랑히 읽으면서 일찍이 고금을 상고하거나 천인天人의 이치를 궁구하여 국가를 경영하고 백성들에게 혜택을 베

파했다. 버슬은 창무군절도사彰武軍節度使에 이르렀다.
26 첩괄帖括: 과거에 소용되는 글을 적어놓은 문건.

풀 것은 생각지도 않고, 밤낮으로 권력을 손에 넣어 일확천금할 것을 바라고 있지 않습니까. 아비와 스승이 가르치는 바와 친구들에게 배우는 바도 도둑질을 익히는 것입니다. 관복을 입고 홀을 잡고 높이 앉아 있으면 아전들이 옆에 늘어서고 관노들이 아래에서 옹위하여 존엄은 천제天帝를 방불케 하지요. 벼슬은 이로움을 따라 나오고 인사人事는 뇌물로써 이루어집니다. 원섭原涉과 곽해郭解[27] 같은 협객이 대낮에 살인을 해도 뇌물 꾸러미가 한번 들어가면 법이 있으나 마나가 되고, 권력이 황금에 있으므로 대낮의 해도 빛을 잃어, 곧 밖으로 나와서 의기양양하게 거리를 나다니는 세상입니다. 마을의 천한 백성들은 돈으로 벌을 대신하느라고 더 가난해져서 고통을 겪어 머리는 다 흐트러지고 살갗이 벗겨집니다. 그리하여 집도 유지하지 못하고 처자식을 팔 지경에 이르러 물에 빠지고 구렁에 파묻히도록 스스로 돌아보고 근심할 겨를도 없습니다. 귀신이 노여워하고 사람이 원망해도 돈의 신령스러움은 하늘에 통하여 벼슬의 명예가 굉장히 일어나고 저택은 구름처럼 하늘에 닿아, 노래와 풍악 소리는 땅을 울리며 종들은 벌떼 같고 예쁜 여인들이 방방에 가득하니, 이런 자가 참으로 천하의 큰 도둑 아닙니까. 땅을 파고 지붕을 뚫어 겨우 남의 돈 한 푼을 훔치면 도둑으로 심판을 받고, 관리들은 팔짱을 끼고 높이 앉아서 수만의 돈을 긁어모으고도 오히려 벼슬의 명예는 잃지 않으니, 큰 도둑은 잡으려 않고 민간의 거지들과 좀도둑만 잡아서 죄를 따지는 것입니까?'라고 말했다. 이에 그 관장은 즉시 이 도둑을 풀어주었다."

고려의 나득황羅得璜[28]이 백성들의 살을 벗겨내듯 세금을 긁어모으면

---

27 원섭原涉·곽해郭解: 두 사람 다 중국 한나라의 유명한 협객이었다.
28 나득황羅得璜: 고려 원종 때 사람. 판예빈성사·제주부사·추밀원부사를 지냈다.

서 최항崔沆[29]에게 아첨하여 제주부사濟州副使가 되었다. 전에 송소宋佋가 제주의 수령을 지내다가 횡령죄로 면직되고 나득황이 부임하게 되었는데, 사람들이 "제주가 전에는 작은 도적을 겪었는데 이제 큰 도적을 만났구나"라고 말했다.

이기李墍의 『송와잡설松窩雜說』[30]에 이런 이야기가 실려 있다. "국초에 함경도는 야인野人의 땅과 접해 있기 때문에 크고 작은 수령을 모두 무관에서 뽑아 보내는 것이 관례였다. 게다가 조정으로부터 멀리 떨어져 있어 거리낄 것이 없기에 형벌이 가혹하고 세금을 마구 뜯어냈고, 간혹 문관을 보냈지만 명망이 있는 수령은 극히 드물었기에, 백성들은 관원들을 '낮도둑'이라고 불렀다. 어떤 함경도 사람이 처음으로 서울에 올라와서 성균관 앞을 지나다가 동행에게 '이곳은 어느 고을 관청인가' 하고 물었다. 그 동행이 '이곳은 조정에서 낮도둑들을 모아 기르는 못자리라오'라고 대답했다. 비록 지나친 말이지만, 이 말을 들은 자는 응당 부끄럽게 여겨야 할 것이다."

『한암쇄화』에서 "백련사白蓮寺[31]에는 우스갯소리를 잘하는 중이 있었는데, 그는 항상 '일산 그늘 밑에 큰 도적이 있고, 목탁 소리 속에 참 중이 적다'라는 시 구절을 외었다"[32]라고 했다.

---

29 최항崔沆, ?~1257 : 진양공晉陽公 최이崔怡의 아들. 국정을 장악해 권세를 부렸던 인물.
30 이기李墍의 『송와잡설松窩雜說』: 이기(1522~1600)는 명종에서 선조에 이르는 시기의 인물로 본관은 한산韓山이고, 벼슬은 부제학과 이조판서에 이르렀다. 『송와잡설』은 그의 필기류 저술로 고려 말에서 자기 당대에 이르기까지 역사 사실 및 일화들을 수록한 책이다. 원문에 출전이 『동각잡기東閣雜記』로 되어 있는데 『동각잡기』는 이정형李廷馨이 지은 것이다. 『동각잡기』에는 이 기록이 보이지 않으며 『송와잡설』에 실려 있다.
31 백련사白蓮寺 : 전라남도 강진에 있는 만덕사萬德寺.

뇌물은 누구나 비밀스럽게 주고받겠지만, 한밤중에 주고받은 것도 아침이면 드러난다.

아전들은 심히 경박하게 들어와서 곧 "이 일은 비밀이라 사람들이 아무도 모릅니다. 퍼뜨리면 제게 해로울 뿐이오니 누가 감히 퍼뜨리겠습니까?"라고 한다. 수령은 그 말을 철석같이 믿고 뇌물을 흔연히 받지만, 아전은 문을 나서자마자 마구 떠벌려 자기의 경쟁자를 억누르고자 하니, 소문은 삽시간에 사방으로 퍼진다. 수령은 깊이 들어앉아 고립되어 있어서 전혀 듣지 못하니 참으로 안타까운 노릇이다. 양진이 말했던바 넷이 알고 있다는 것 외에 남이 아는 것도 막아낼 수 없다.

양진이 형주자사荊州刺史로 있을 때 왕밀王密이 창읍昌邑의 수령을 제수받고서 밤에 금 10근을 품고 와서 내어놓으면서 "어두운 밤이라 아무도 모릅니다"라고 말하니, 양진이 "하늘이 알고 신이 알고 내가 알고 그대가 아는데, 어찌 아무도 모른다 하오"라고 대답하자 왕밀이 부끄럽게 여기고 물러갔다『후한서後漢書』].

손신孫薪과 황보광黃葆光[33]은 태학太學에서 같이 공부하던 친구였다. 뒤에 황보광이 어사가 되어 처주處州로 나갔을 때에 어떤 아전이 손신을 통해 황보광에게 뇌물을 바치려고 했다. 손신은 "삼가 그런 말을 꺼내지도

---

32 원문은 "일산음중다대도日傘陰中多大盜, 목탁성리소진중木鐸聲裏少眞僧"이다. "목탁 소리 속에 참 중이 적다"에 대해서 "수좌(首座, 윗자리에 앉은 중)가 욕심이 많다"라는 원주가 달려 있다.

33 손신孫薪·황보광黃葆光: 중국 송나라 휘종 때의 인물들. 손신의 행적은 자세치 않다. 황보광(1067~1124)은 중국 송나라 이현黟縣 사람. 자는 원휘元暉이다. 태학박사太學博士를 거쳐 감찰어사監察御史·시어사侍御史를 지냈으며, 소주昭州와 처주處州의 지주를 역임하였다.

말라. 내가 그런 말을 들으면, 그건 내 귀로 들어온 장물이다"라고 하였다.

선물로 보낸 물건이 아무리 작아도 은혜로운 정이 맺어지면 이미 사사로운 정이 벌써 행해진 것이다.

진晉나라 격현령鬲縣令으로 있던 원의袁毅라는 자가 조정 대신에게 뇌물을 바치고 영예를 사려고 하여, 산도山濤[34]에게 명주실 100근을 바쳤다. 산도는 유별나게 보이고 싶지 않아 그 실을 받아서 들보 위에 얹어놓았다. 후일에 원의의 일이 탄로 나자, 산도는 들보 위에서 실을 가져다가 아전에게 주었다. 이미 몇 해가 지났기 때문에 실은 먼지가 끼어 누렇고 검게 변했지만 봉인封印한 것은 처음 그대로였다.

양속羊續[35]이 여강태수廬江太守로 있을 때, 부승府丞[36]이 물고기를 선물로 바치자 그는 받아서 먹지 않고 그대로 놓아두었다. 뒤에 또 선물을 가져오자 양속은 전에 받은 물고기를 내다 보여주었다. 부승이 부끄러워 돌아갔다.

웅태간공熊泰簡公[37]은 평소 맑은 절조를 지켜 지푸라기 하나도 받지 않았다. 그가 운남 지방을 순무하고 오랑캐를 평정하여 연회를 베풀던 날에 금화채단金花綵段을 받으니 사람들이 의아하게 여겼다. 다음 해에 그가

---

34 산도山濤, 205~283 : 중국 진晉나라 사람. 자는 거원巨源, 시호는 강강康이다. 노자老子와 장자莊子를 좋아하였다. 죽림칠현竹林七賢의 한 사람이다. 무제 때 이부상서, 우복야右僕射, 시중侍中 등을 역임했다.

35 양속羊續, 142~189 : 중국 후한 때 평양平陽 사람. 자는 흥조興祖이다. 여강廬江과 남양南陽의 태수를 지냈는데 청렴한 행적을 남겼다.

36 부승府丞 : 태수부太守府의 부관副官.

37 웅태간공熊泰簡公 : 웅태간공은 '웅공간공熊恭簡公'의 오기로 보인다. 인적사항은 미상.

서울로 돌아가면서 유사有司를 불러 금화채단을 창고에 갖다두도록 명했다. 비로소 그가 자신의 청렴함을 드러내기 위해 다른 사람을 아프게 하는 일을 좋아하지 않음을 알게 되었다. 그가 처음에 받지 않았더라면 그의 부하들이 어떻게 감히 받을 수 있었겠는가. 이 일은 장괴애가 시녀를 받아들인 것과 유사하다.

조극명曹克明[38]이 호광행성湖廣行省[39]에 있을 때 어떤 주부主簿가 진사辰砂 한 함을 바쳤는데 그는 미처 풀어보지도 않고 별 생각 없이 상자 속에 넣어두었다. 뒤에 꺼내보니 사금砂金 세 냥이 그 속에 들어 있었다. 그는 탄식하며 "저 사람이 나를 어떤 사람으로 여겼단 말인가"라고 말했다. 이때 그 주부는 이미 죽고 없었으므로 그의 아들을 불러 돌려주었다.

섭종행葉宗行[40]이 전당錢塘의 수령으로 있을 때 안찰사 주신周新[41]은 풍채가 근엄하고 중후했는데 섭종행을 더욱 중하게 여겼다. 한번은 주신이 섭종행이 외출한 때를 기다려서 슬그머니 그 집에 가서 방안을 살펴보니 좋은 물건은 없고 오직 입택笠澤[42]의 은어 말린 것 한 묶음이 있을 뿐이었다. 주신이 탄식하며 마른 은어를 조금 집어왔다. 다음 날 그를 불러 식사를 청하며 그 은어를 함께 먹으면서 "이것은 당신 집 물건이다" 하고 말했다. 그때 사람들이 그를 전당일엽청錢塘一葉淸[43]이라고 불렀다.

---

38 조극명曹克明: 중국 송나라 사람. 자는 요경堯卿, 안무사安撫使를 역임했다.

39 호광행성湖廣行省: 호광은 지금의 중국 하북성과 하남성 지역. 한동안 호광성으로 통합되어 있었으며, 행성은 그곳의 포정사布政司를 가리킨다.

40 섭종행葉宗行: 중국 명나라 때 인물 섭종인葉宗人. 종행宗行은 그의 자이다. 청렴한 선비로 이름이 있었다.

41 주신周新, ?~1413: 중국 명나라 사람. 벼슬은 절강안찰사浙江按察使를 역임했다.

42 입택笠澤: 지금의 중국 강소성江蘇省에 있는 큰 호수인 태호太湖의 옛 이름.

43 전당일엽청錢塘一葉淸: '일엽청'은 유독 고결한 인물이라는 의미. 전당은 항주의 별칭.

북제北齊의 소경蘇瓊[44]이 남청하南淸河의 태수가 되었다. 성정이 청렴하고 신중하여 오이나 과일도 받지 않았다. 그 고을 사람 조영趙榮[45]이 새로 나온 오이 두 개를 바쳤더니 그는 들보 위에 얹어두고 끝내 먹지 않았다.

○ 가욱賈郁[46]이 선유현仙游縣으로 자리를 옮겼는데 읍내 사람이 그에게 과일을 바쳤으나 받지 않았다.

송나라 사도查道[47]는 자기 관내를 순시하는데 길옆에 좋은 대추나무가 서 있었다. 수행원이 대추를 따다 바치자 그는 그 값을 계산하여 돈을 대추나무에 걸어두고 갔다.

청렴한 관리를 소중히 여기는 것은 그가 지나는 곳의 산림과 수석에까지 맑은 빛이 미치기 때문이다.

오은지吳隱之[48]가 광주자사廣州刺史로 가 있을 때, 산해군山海郡에서 20리 떨어진 곳에 샘이 있었는데 이름이 탐천貪泉이었다. 그 물을 마시면 사람이 탐욕스럽게 된다는 말이 있었다. 그는 바로 거기로 가서 샘물을 떠 마셨다. 그리고 맑은 절조를 더욱 힘써 지키니 그가 떠날 때에 가진 재물이라고는 전혀 없었다. 벼슬이 상서尚書가 되고 태복太僕[49]에 이르렀으나 사

---

44 소경蘇瓊: 중국 남북조시대 북제北齊 사람. 자는 진지珍之이다. 벼슬은 대리경大理卿에 이르렀다. 순리循吏로 이름이 있었다.

45 조영趙榮: 낙릉태수樂陵太守를 역임하고 나이 80세에 은퇴한 뒤 고향에 와 있던 인물. 『북제서北齊書』에는 조영趙穎으로 나와 있다.

46 가욱賈郁: 중국 오대五代 때 인물. 자는 정문正文이다.

47 사도查道: 중국 송나라 사람. 자는 담연湛然이다. 벼슬은 용도각대제龍圖閣待制를 지냈다.

48 오은지吳隱之, ?~414: 중국 진晉나라 사람. 자는 처묵處默이다. 벼슬은 중령군中領軍에 이르렀다.

49 태복太僕: 9경九卿의 하나로 임금의 수레와 말을 총찰하던 관직.

는 집이 대와 쑥대로 바람벽을 한 것이었고 식구들이 끼니를 걸러도 태연하였다.

당나라 이백李白[50]이 우성현령虞城縣令으로 갔을 때 관사의 옛 우물이 물은 맑아도 맛이 썼다. 수레에서 내려 물맛을 보고 빙그레 웃으며 "나는 쓰면서 맑은 사람인데 내 뜻과 꼭 맞구나"라고 말하고, 그 우물을 그대로 사용하고 고치지 않았다. 그러자 물이 변하여 단 샘이 되었다.

방준方峻[51]은 사는 집의 동북쪽에 샘 하나를 파서 완공이 되자 공복公服을 입고 향을 피우며 기도하기를, "비옵나니, 자손이 벼슬을 하게 되면 청백함이 이 물과 같게 해주옵소서"라고 하였다.

원위元魏[52]의 방표房豹[53]가 낙릉군樂陵郡의 수령이 되었는데, 그곳에는 좋은 식수가 없고 바닷가라서 물맛이 다 짰다. 그가 샘 하나를 파게 했더니 물맛이 좋았다. 그가 돌아가자 다시 짠물로 바뀌었다.

송나라 우원虞愿[54]이 진안태수晉安太守로 부임했는데 해변에 월왕석越王石이 있었다. 항상 구름과 안개가 끼어 있어, 전해오는 말에 청렴한 태수라야 볼 수 있다 하였다. 그가 가서 보니 청명하여 가리는 것이 없었다.

양성재가 여릉태수廬陵太守에게 시를 지어주었는데 다음과 같다. "태수여, 빙벽氷檗[55]의 생활 너무도 맑구나. 여릉의 쌀은 한 낟도 씹지 않고 오

---

50 이백李白, 701~762 : 중국 당나라 때 유명한 시인. 자는 태백太白이다. 현종玄宗의 부름을 받아 벼슬에 나아갔으나 추방되어 방랑생활을 하며 시를 지었다.

51 방준方峻 : 중국 송나라 사람. 자는 경통景通이다.

52 원위元魏 : 중국 남북조시대 북위北魏의 별칭. 북위의 성이 척발씨拓跋氏인데 원元으로 고쳤기 때문에 이렇게 부른 것이다.

53 방표房豹 : 중국 남북조시대에 북위에서 북제에 걸쳐 벼슬살이한 관인. 자는 중간仲干, 낙릉태수樂陵太守를 지냈다. 북제가 망하자 은거해버렸다.

54 우원虞愿, 426~479 : 중국 남조의 송에서 제에 걸쳐 벼슬한 인물. 자는 사공士恭이다. 저서로 『오경논문五經論問』 『회계기會稽記』 등이 있다.

직 나물을 맑은 샘물로 데치는구나. 옥황상제는 아시리, 이 양리良吏를."

무릇 본 고을에서 생산되는 진기한 물품은 반드시 그 고을에 폐를 끼치게 된다. 그러므로 돌아갈 때 하나도 가지고 가지 않아야만 청렴한 사람이라고 할 수 있다.

예컨대 강계江界의 인삼과 초피, 경북鏡北56의 다리〔髢〕와 삼베, 남평南平57의 접부채, 순창淳昌의 종이, 담양潭陽의 채색상자, 동래東萊의 담배 도구〔煙具〕, 경주의 수정, 해주의 먹, 남포藍浦58의 벼루 같은 것은 돌아오는 날 행장 속에 하나라도 넣어오지 않아야 맑은 선비의 행차라 할 것이다.

○ 진귀한 물건을 지니고 돌아온 자가 그 진귀한 물건을 좌우에 늘어놓으면 그것을 볼 때마다 탐욕하고 더러운 빛이 안으로부터 밖으로 뻗쳐나와서 남이 대신 부끄럽도록 만드는 것이다.

백향산白香山59은 스스로 "오래도록 소주蘇州에서 벼슬살이를 하였으나 태호太湖의 돌60을 하나도 갖다놓지 않았다"라고 하였다.

운남雲南 대리부大理府는 석병石屛61이 생산되었다. 그곳에 벼슬살이 하

---

55 빙벽氷檗: 얼음을 마시고 황벽나무를 먹는다는 말로 대단히 청렴함을 뜻함.
56 경북鏡北: 함경북도의 경성과 북청. 가발의 용도로 쓰는 다리와 함께 삼베가 특산물이었다. 그곳의 삼베를 북포라고 일컬었다.
57 남평南平: 지금의 전라남도 나주시에 속한 지명.
58 남포藍浦: 충청남도 보령시에 속한 지명으로 오석烏石이 이곳의 특산물이다.
59 백향산白香山, 772~846: 중국 당나라 때 시인으로 유명한 백거이白居易. 자는 낙천樂天인데 향산거사香山居士로 일컫기도 했다.
60 태호太湖의 돌: 태호에 기암괴석이 나와서 이것을 태호석이라 일컬었으며, 정원석이나 분재에 많이 이용했다.
61 대리부大理府 석병石屛: 대리는 중국 운남성에 있는 지명으로 대리석이 그 지역의 특산

는 자들은 으레 백성을 괴롭히고 재물을 축내서 석병을 가져다가 선물로 바쳤다. 이방백李邦伯[62]이란 사람이 그쪽으로 부임하는 사람에게 송별하는 시를 지어 주면서 뜻을 붙여 다음과 같이 읊었다. "생각한다고 석병을 보내려 말고 부디 남방에 덕정비德政碑 남기기를 힘쓰시오." ○ 하남河南 지방은 표고버섯과 선향線香[63]이 나는 곳이다. 이곳에 가서 벼슬살이하는 사람은 으레 이 두 가지를 취해 요로要路에 선사하였다. 우숙민공于肅愍公[64]은 그곳을 순무할 때 하나도 손을 대지 않았는데 이때 지은 시가 있다. "보자기에 싼 표고며 선향 본디 백성의 일용 물자였거늘 도리어 재앙이 되네. 맑은 바람에 두 소매 나부끼며 서울로 돌아가니 거리에서 이러니 저러니 비난하는 소리 면하게 되는구나." ○ 정선이 말했다. "슬프다, 대체 지방의 토산물은 그곳의 재앙이구나. 휘주徽州는 척박한 지역이거늘 정규묵廷珪墨과 용미연龍尾硯[65]은 지금까지 누를 끼치고 있네. 덕정비를 남기고 맑은 바람 두 소매 가득히 돌아가는 것이 수령에게 가장 바람직한 일이라."

포증이 단주端州[66]를 다스렸는데, 그곳에서는 해마다 벼루를 공물貢物

물이다. 대리석으로 병풍을 만들기도 하였는데 이를 석병이라 한다.
62 이방백李邦伯: 미상.
63 선향線香: 향료의 가루로 실처럼 만든 향.
64 우숙민공于肅愍公, 1398~1457: 중국 명나라 인물인 우겸于謙, 자는 정익廷益, 숙민肅愍은 그의 시호이다. 하남河南·산서山西의 순무사로 19년간이나 있으면서 은혜로운 정사를 베풀었고 병부상서에 이르렀다.
65 정규묵廷珪墨·용미연龍尾硯: 정규묵은 남당南唐의 이정규李廷珪가 좋은 먹을 만든 데서 유래하여 좋은 먹을 지칭하고, 용미연은 강서성江西省 용미산에서 좋은 벼루가 생산된 데 유래하여 좋은 벼루를 지칭하는 말이 되었다. 안휘성安徽省 휘주徽州에서 상품上品의 먹이 생산되고 그곳 흡현翕縣에서는 좋은 벼루가 나온다.
66 단주端州: 중국의 광동성에 있는 지명. 이곳 단계에서 좋은 벼루가 생산되는데 단계연端溪硯이라고 일컫는다.

로 보내고 있었다. 전에 수령들이 번번이 배 수십 척을 징발하여 권력 있고 높은 분들에게 선물로 올려보냈다. 포증은 먹과 벼루를 만드는 공인에게 공물로 올려보내는 만큼만 만들도록 하였다. 그는 임기를 마치고 돌아갈 때 벼루 하나도 가져가지 않았다.

구양문충공歐陽文忠公[67]이 조카 통리通理에게 편지를 보내 일렀다. "어제 편지에 네가 주사朱砂를 사러 오겠다는데 나는 그 물건과 아무 상관이 없다. 너는 나의 관내에서 더욱 청렴을 지켜야 할 텐데 어떻게 나의 관내에서 물건을 사려느냐? 나는 벼슬살이하면서 마시는 물 외에는 단 한 가지도 사지 않았다. 이를 보고 너도 마땅히 경계할 것이다."

당개唐介[68]가 담주潭州의 부관으로 있을 때 큰 상인 한 명이 진주를 사사로이 가지고 있다가 관리關吏[69]의 수색을 받게 되었다. 이에 태수 이하 관속들이 모두 제값보다 헐하게 진주를 구입했다. 뒤에 진주를 나누어 가진 일로 옥사가 일어났다. 인종이 근시近侍에게 "당개는 필시 사지 않았을 것이다"라고 말했는데 다시 조사해보니 과연 그러했다.

당나라 계주도독桂州都督 이홍절李弘節[70]이 죽음에 그 집에서 진주를 팔았다. 태종이 듣고서 "이홍절은 재상도 청렴하다고 말했던 사람인데 오늘에 와서 진주를 팔고 있다니 그를 천거한 사람이 어찌 죄가 없겠느냐"라고 말했는데, 위징魏徵[71]이 구해서 풀려나게 했다. ○ 토산품을 두려워

---

67 구양문충공歐陽文忠公, 1007~1072 : 중국 송나라의 구양수歐陽脩. 문충文忠은 그의 시호이다.
68 당개唐介, 1010~1069 : 중국 송나라 사람. 자는 자방子方, 시호는 질숙質肅이다.
69 관리關吏 : 관문을 지키는 관리. 관세關稅 등의 사무를 맡아 보았다.
70 이홍절李弘節 : 중국 당나라 무덕武德 연간의 인물. 협주자사硤州刺史가 되었고, 소선蕭銑을 평정한 전공을 인정받아 청평현개국공淸平縣開國公에 봉해졌다.
71 위징魏徵, 580~643 : 중국 당나라 태종 때의 명재상.

해야 할 것이 이와 같다.

합포合浦[72]는 보배로운 진주가 나는 고장이다. 수령이 탐욕을 부려 사람들을 독촉하여 채취하니 진주가 점차로 교지군交趾郡[73] 경계로 옮아가 버렸다. 그리하여 상인도 오지 않아, 사람과 물산이 힘입을 바가 없게 되었다. 맹상孟嘗[74]이 합포태수가 되어 이전의 폐단을 전부 없애자, 1년이 못 되어 옮겨갔던 진주가 다시 돌아오고 상인들도 오고가고 하였다. 사람들이 맹상이 신명이 있다고 칭송하였다.

유자후柳子厚[75]는 「영릉복유혈기零陵復乳穴記」에서 "연주連州는 석종유石鍾乳가 나는 곳인데, 연주 사람들이 석종유가 다 없어져버렸다고 고한 지 5년이 되었다. 그래서 석종유를 공물로 바치려면 다른 지역에서 사와야 했다. 자사 최공崔公이 부임하여 한 달이 지나자 채취하는 사람이 와서 석종유가 되살아났다며 전에는 자사들이 탐욕하여 노역을 시키고 값도 쳐주지 않았기에 괴로워서 속인 것인데 지금 자사는 법령이 밝고 마음이 깨끗하여, 미더움과 순리로 충분한 휴식을 주기 때문에 사실대로 아뢰는 것이다"라고 하였다.

여정余靖[76]이 이광二廣을 다스릴 때, 법령을 바로잡고 관리를 신칙하여

72　합포合浦: 중국 광동성에 있는 지명. 해강현海康縣 지방으로 진주가 많이 나는 곳으로 유명하다.

73　교지군交趾郡: 중국 광서성에서 베트남 북부의 통킹만에 이르는 지역. 한나라 때에 교지군이라 불렸으며, 뒤에 교주交州라고 하였다.

74　맹상孟嘗: 중국 후한 때 사람. 자는 백주伯周이다. 후에 궁택窮澤에 은거하였다.

75　유자후柳子厚, 773~819: 중국 당나라의 문학가인 유종원柳宗元. 자후는 그의 자이다. 그는 정치를 개혁하려는 입장에 섰다가 밀려나 좌천을 당해서 평생을 변방에 있었다. 「영릉복유혈기」는 그가 영주永州에 있을 때, 연주자사連州刺史였던 최군민崔君敏을 위해 지은 글이다.

76　여정余靖, 1000~1064: 중국 송나라 사람. 자는 안도安道, 호는 무계武溪이다. 저서에『무

남방의 약藥을 사지 못하도록 하였다. 그가 북쪽으로 돌아갈 때에도 남해南海[77]의 물건은 하나도 싣고 가지 않았다.

왕승유王僧孺[78]가 남해태수南海太守가 되었다. 그는 외국배로 들어온 물건은 하나도 가지는 일이 없었는데, "옛사람은 촉蜀의 장사長史가 되어 종신토록 그 지방 물건을 갖지 않았다. 나의 자손들이 감히 남방의 물건을 몸에 붙이지 않기를 바라노라"라고 말했다.

당나라 주경칙朱敬則[79]이 부주자사涪州刺史로 좌천되었다가 돌아올 때 회남淮南 물건은 하나도 싣지 않았다. 말도 한 마리뿐이었으므로 아들들은 걸어서 따라왔다.

동사의董士毅[80]가 촉주蜀州를 다스리게 되어 부임할 때 여러 아들이 청하기를 "아버님의 지절志節은 저희들이 잘 알고 있으므로 생계를 위한 것은 일체 기대하지 않습니다. 다만 아버님께서 연세가 높으신데 촉주는 좋은 재목이 많은 곳이오니 후일을 생각해주시길 바라옵니다"라고 아뢰었다. 그는 "그렇게 하지"라고 대답했다. 그가 벼슬을 마치고 돌아올 때 아들들이 마중을 나가 나루에서 기다렸다. 후사를 대비하였는지 여쭈어보니 그는 "내 듣기로 삼나무가 잣나무보다 못하다는구나"라고 말했다. 아들들이 "아버님께서 준비하신 목재는 잣나무입니까"라고 묻자, 그는 웃으며 "내가 가져온 것은 잣나무 씨이니 이걸 심으면 될 것이다"라고 하

계집武溪集』이 있다. 이광은 광동성과 광서성을 지칭함.
77 남해南海: 지금의 중국 광동성에 있는 지명.
78 왕승유王僧孺, 465~522: 중국 남북조시대 양나라 사람.
79 주경칙朱敬則, 635~709: 중국 당나라 사람. 자는 소련少連이다. 국사國史의 편수編修에 참여했고, 정주자사鄭州刺史를 역임했는데 부주涪州로 좌천을 당했다.
80 동사의董士毅: 중국 명나라 사람. 자는 유원惟遠이다. 사천남충현지현四川南充縣知縣과 봉주지주蓬州知州를 역임했다.

였다.

유달리 과격한 행동과 각박한 정사는 인정에 맞지 않다.
군자는 배격하는 바이니 취할 것이 못 된다.

양계종이 돼지머리를 받은 일 때문에 아내를 쫓아내고【다음 '집안을 다스림'(제2부 제3조)에 나온다】, 허자가 아들에게 나무막대를 굴려 발을 따뜻하게 하라고 한 일은【'부임하는 행장 꾸리기'(제1부 제2조)에 보인다】 각박한 정사政事이다. 공기孔覬[81]가 비단을 불 속에 던지고, 이견공李汧公[82]이 무소뿔과 상아를 물속에 던졌으니【'돌아가는 행장'(제12부 제2조)에 보인다】 과격한 행동이다. 이런 처사는 모두 군자가 취할 바가 아니다.

정선은 "사대부들이 덕을 손상하게 되는 것은 이름을 내려는 마음이 너무 급한 데서 나온 경우가 많다"라고 말했다.

북제 때 고적간庫狄干의 아들인 고적사문庫狄士文[83]은 성질이 꼿꼿하고 모질어서 국가의 봉급도 받지 않았다. 그는 아들이 관청 주방의 음식을 먹었다고 하여 칼을 씌워 여러 날 옥에 가두고, 곤장을 200대나 때린 후에 걸려서 서울로 돌려보냈다. 그는 또 간사한 자와 아첨하는 자를 적발

---

81 공기孔覬, ?~466: 중국 남북조시대 송나라 사람. 자는 사원思遠이다. 권문귀족들을 미워했다.
82 이견공李汧公, 717~788: 중국 당나라 때 사람인 이면李勉. 자는 현경玄卿이다. 일찍 관직에 나가 광주자사廣州刺史, 영남절도관찰사嶺南節度觀察使 등을 역임했다.
83 고적간庫狄干·고적사문庫狄士文: 고적간은 중국 북제 천보天保 초기에 장무군왕章武郡王으로 봉을 받은 인물. 고적사문은 수나라 때 활동한 인물로 패주자사貝州刺史를 지냈으며, 엄혹하다는 어사의 탄핵을 받아 감옥에서 죽었다. 고적사문은 고적간의 아들이 아니고 손자이다.

한다며 베 한 자, 곡식 한 말의 부정도 용서하지 않고 위에 아뢰어 영남嶺南으로 귀양을 보낸 자가 1000명에 이르렀다. 귀양 간 사람들 중 많은 수가 풍토병으로 죽어, 그 친척들이 울부짖었다. 고적사문은 그들을 모두 붙잡아 채찍으로 때렸는데, 채찍이 앞에 가득 쌓였지만 울부짖음은 더 해갈 뿐이었다. 임금이 이 일을 듣고 "고적사문의 포악함은 사나운 맹수보다 심하다" 하고 파면시켰다. ○ 정선은 "전에 어른들의 말씀을 들으니, 상관이 탐욕스러우면 백성은 그래도 살길이 있으나, 청렴하면서 각박하면 살길이 막힌다 하였다. 옛날이나 지금이나 청렴한 관리의 자손이 많이 떨치지 못하는 것은 바로 그 각박함 때문이다"라고 하였다.

청렴하면서 치밀하지 못하거나 재물을 내어 쓰되
실효가 없으면 족히 일컬을 것이 못 된다.

『상산록』에 이렇게 일렀다. "수령이 청렴하면서도 그 청렴함이 치밀하지 못하고, 재물을 쓰기에만 힘쓰되 그 쓸 곳을 몰라 기생과 악공에게 뿌리거나 절간에 시주나 하면 이는 분명히 잘못이다. 그런데 스스로 생각하여 실질에 힘쓴다고 하는 이 또한 혹은 소를 사서 백성에게 나눠주거나 혹은 빚을 주어서 부역에 충당하도록 하지만, 그의 돌아가는 행차가 관문 밖을 떠나기 바쁘게 약조約條가 무너지고 소와 돈은 모두 토호들에게 돌아간다. 그래서 아전과 토호는 이익을 나누어먹고, 갚아야 할 돈은 강제로 가난한 백성들에게 배당되니 백성들이 이 때문에 파산을 하게 되는 줄을 모른다. 새로 부임한 수령은 이 일을 듣고 매가 고기를 만난 듯, 호랑이가 땅을 허비듯 이미 없어진 물건을 더 거두어들여 무한정 욕심을 채운다. 그 약조는 아예 없어지는데 마치 학정虐政을 제거한 것처럼 된다. 천하에 의리 없고 지혜 없는 것이 이보다 더할 수 없다. 그렇다면 어떻게 할 것인가? 큰 재물이 있으면 전장田莊을 설치하여 요역徭役을 덜어주되【즉 민고民庫】 만일 그렇게 할 수 없다면 노인을 공양하고 어린애를 양육하며 관혼상제와 불구불치 등 병자의 보살핌을 마땅히 목전에서 실행하여 자신의 마음에라도 흡족하게 할 것이다. 내 지위가 확고하지 않은데 어떻게 후일을 기약해서 계획을 세울 수 있으리요!"

무릇 민간의 물건을 사들일 때 그 관식官式[84]이 너무 저렴한 것은 마땅히 시가時價대로 사야 한다.

호태초는 다음과 같이 말했다. "벼슬살이의 요점은 청렴과 근면이니, 한 오리만큼이라도 어긋나면 정사에 미치는 해가 아주 심하다. 또한 사람들이 청렴은 내 분수 안의 일인 것을 누군들 모르리오마는 일이 얽히고 형세가 급박하여 점차 어쩔 수 없게 된다. 본래 빈천한 사람은 처자의 울부짖는 소리에 마음이 흔들리기 쉽고, 본래 부귀한 사람은 잘 먹고 호사롭게 입는 비용이 많이 들 것이며, 명예를 좋아하면 음식치레로 손님을 즐겁게 하고 요로에 결탁하기를 힘쓰며 선물을 후하게 바쳐 호의를 사고자 한다. 더 심한 경우는 자녀 혼사에 비단과 금붙이를 꾸려서 보낸다. 그러니 아무리 청렴하고자 한들 어찌 되겠는가. 탐욕에 눈이 어두워 부끄러움을 잊은 사람은 본래 동정할 여지가 없지만, 맑은 공론을 두려워하는

---

84 관식官式 : 관에서 책정한 기준 가격. 관정식官定式.

사람이 더러 있어도 역시 '나는 위로는 공금을 훔치지 않았고 아래로는 백성들의 재물을 함부로 취하지 않은 것으로 충분하다. 수령이 음식을 구입하는 데는 원래 관에서 책정한 값이 있으니 내가 이를 시행하면 무엇이 부끄러우며, 빈객을 접대하는 것은 이첩吏貼에 열거되어 있으니 내가 그대로 따르면 무엇이 부끄러우리오'라고 말한다. 이 어찌 부끄러운 말이 아닌가?" 案 본래 관가官價가 있다 함은 오늘날 말하는 관정식官定式이다.

관에서 정한 가격은 대개 헐하고 박한 것을 따르게 마련이다. 혹 그중에 후한 가격을 따른 것이 있어도 관에서는 쓰지 않으니 아전들이 감당해낼 수 있겠는가? 물건값의 높고 낮음은 시기에 따라 변하는데 관의 가격 기준은 한번 정하여 100년이 되도록 고치지 않으니, 시세에 맞추지 못하는 것은 당연하다. 값이 박하면 아전들이 괴롭고, 아전이 괴로우면 백성을 괴롭히니 결국 백성들에게 그 해가 돌아간다. 아전이야 무슨 상관이 있겠는가? 대개 아전의 됨됨이는 즐거우면 나아가고 괴로우면 물러서는 법인데, 물러서지 않는 것을 보면 거기에 좋은 것이 있음을 알 수 있다. 백성이란 즐거워도 머물러 있고 괴로워도 떠나지 못한다. 몸이 토지에 박혀 마치 밧줄에 묶여 매를 맞는 것과 같으니 비록 그곳을 떠나지 않더라도 고통이 없다고 말할 수 없다.

수십 년 이래 아전에게 돈이나 곡식을 주어 부역을 면제받은 마을들, 이른바 계방契房이 날로 늘어 부역의 공평치 않아서 생기는 고통 때문에 백성이 제대로 살아가지 못한다. 수령이 이 폐단을 없애려고 하면, 아전들은 "제가 그만두겠습니다" 하고 말한다. 내가 그 이유를 살펴보니, 하나는 모든 고을에서 감사에게 아첨하여 섬기는 것이 갈수록 더욱 심해지는 데 있으며, 다른 하나는 관의 가격 기준에 따라 억지로 정한 물건값이 공평하지 못한 데 있다. 아전들은 손해를 보면 반드시 물러난다고 하고 수령이 그들을 만류하려면 반드시 그들의 욕심을 충족시켜주어야 하는데, 위로는 차마 자기 이익을 떼어 내놓을 수 없고 아래로는 세금을 더 부과할 수 없다. 그래서 한 초락을 아전에게 떼어주어 계방을 삼게 하니, 천하에 사악하고 비루하고 인색한 것이 이보다 더한 것이 없다. 그러므로 새로 부임하는 수령은 계방을 타파하려고 하지만, 일단 그 내막을 알게 되면 또한 모두가 잠자코 포기하니, 그 근본이 자기로 말미암은 것을 알기 때문이다.

무릇 관용 물건은 마땅히 춘분과 추분에 시가를 개정하고, 반년 동안 시행하여 그대로 둘 만한 것은 그대로 두고, 고쳐야 할 것은 고친다. 오로지 시가에 따라 값이 너무 깎인 것이나 너무 높게 된 것이 없도록 하는 것이 또한 좋을 것이다. 『예기禮記』에 "밤낮이 같아 춘분과 추분이 되면 도량度量을 통일하되 형석衡石을 고르게 하며, 두용斗甬을 비교하고 권개權概를 바르게 한다"[85] 라고 하니 역시 이러한 뜻이다. ○ 무릇 이노吏奴들이 바치는 물건이 구입 과정에서 억울하다는 말을 듣지 않게 되면 대개 계방과 같이 백성에게 해를 끼치는 일을 비로소 뜻대로 바로잡을 수 있을 것이다.

무릇 잘못된 관례는 결심하고 고치도록 하되, 혹 고치기 어려운 것이 있으면 나는 범하지 말 것이다.

---

85 도량度量은 물건의 길이, 무게, 양을 재는 것을 가리키는 말. 형석衡石은 저울, 두용斗甬은 말과 섬, 권개權概는 저울추와 말의 평미레. 『예기·월령月令』에 나온다.

서로西路의 방번전防番錢[86], 산간 고을의 화속전火粟錢[87], 기타 장세전場稅錢[88], 무녀포巫女布[89] 등은 비록 잘못된 관례에 속하지만 조정에서 다 아는 바이니 그대로 둘 수도 있다. 그러나 서로의 와환채臥還債[90]【'환곡 장부상'(제6부 제3조)에 자세히 나와 있다】, 남방의 은결채隱結債[91]【'전정'(제6부 제1조)에 자세히 나와 있다】 등은 비록 오랜 관례이지만 단연코 착복해서는 안 될 것이다. ○ 신관新官의 부쇄가夫刷價는 절대로 두 번 거두어서는 안 된다【이미 앞에서 나왔다】. 추관推官[92]의 고마전雇馬錢[93]도 결코 부당하게 허위로 지출되어서는 안 된다【여러 고을에 고마고雇馬庫라는 것이 있는데, 매양 추관이 행차할 때 고마고에서 수십 냥의 돈을 지불하는 것이 관례로 되어 있다. 이에 한 달에 세 번 추심을 하는데, 단지 문서로만 본영에 보고하고, 실제는 몸소 행차하지 아니하면서 고마전은 의연히 받아 쓰고 있는 것이다】. 궁결宮結[94]의 잉여전賸餘錢도 절대로 착복해서는 안

---

86 방번전防番錢: 방번수포전放番收布錢. 번상番上을 풀어주고 그 대가로 받는 포의 대납전代納錢으로 추정됨.

87 화속전火粟錢: 화전세火田稅를 돈으로 바치는 것.

88 장세전場稅錢: 면이나 읍내의 장터에서 상업 활동을 하는 자에게 자릿세로 받는 것을 말하는 듯하다.

89 무녀포巫女布: 무녀에게 징수하는 포布. 무포巫布 라고도 한다.

90 와환채臥還債: 환곡을 연말에 거두어들이지 않고 거두어들였다고 상부에 보고하고(이것을 번질反作 이라고 한다), 또 봄에 환곡 중에서 실제로 대여하지 않고 대여해준 것처럼 하여 1석에 대해 돈 1냥을 거두어들인 것을 가리킴. 이것을 아전이나 수령, 심지어 절도사까지도 착복하였다고 한다.

91 은결채隱結債: 은결은 경작지로서 불법적으로 수세收稅 대상에서 누락되어 있는 농지. 은전隱田 또는 은루隱漏 라고도 한다. 이 은결에 대해 아전이나 수령이 실제로는 수세하면서 중앙에 보고하지 않고 부정으로 착복한 것을 은결채라 한다.

92 추관推官: 살인과 같은 큰 옥사는 한 달에 세 번씩 이웃 고을의 수령으로 하여금 죄인을 추고推考 하게 되어 있는데, 이 추고를 맡아 파견되는 관원이 곧 추관이다.

93 고마전雇馬錢: 조선 후기에 공용의 말인 역마 이외에 민간에서 말을 세내어 쓰는 이른바 고마雇馬의 관행이 발달하였는데, 이 고마의 비용으로 지출하는 돈이 곧 고마전이다. 각 군현마다 고마고가 설치되어 고마전의 재원으로 사용하였는데, 수령의 신영新迎·체귀遞歸·출장 등에 이용되었다.

된다【모든 궁방宮房의 무토면세전無土免稅田은 1결에 대하여 호조에서 받는 돈이 7냥이 못 되는데 흉년에 쌀이 귀하게 되면 매 결에서 수십 냥을 거두어 거기서 남는 것은 그 고을에서 가로챈다】.

민고民庫란 명목으로 관아의 비용에 쓰기 위해 백성들에게 거둬들이는 돈은 결코 관례로 용납해서는 안 된다. 이런 종류의 예는 일일이 들 수 없으니, 모름지기 수령 된 자가 의리를 헤아려서 그것이 천리天理에 어긋나고 왕법王法에 거스르는 것은 절대로 자신이 범해서는 안 된다. 혹 여러모로 구애되어 혁파하기 어려운 경우 비록 고칠 수는 없더라도 나만은 범하지 말아야 한다. ○ 무릇 방번전과 화속전은 비록 전부 혁파하지는 못하더라도 쇠잔한 마을의 군액軍額은 충당하기가 어렵고 지적하여 징수할 곳이 없는 것들은 모두 마땅히 감면하는 데 인색해서는 안 될 것이다.

고려의 김지석金之錫[95]이 고종 말에 제주부사가 되었다. 제주도의 풍속에 남자 15세 이상 된 자는 해마다 콩 1곡斛을 바치고 아전 수백 명이 해마다 각자 말 한 마리를 바치면 부사와 판관이 나누어 차지했다. 그래서 이곳의 수령으로 가면 가난한 자라도 재물을 모아 부자가 되었다. 정기井奇와 이저李著 두 사람이 이곳의 수령으로 있다가 뇌물을 받은 죄로 파면되었다. 김지석이 제주에 도임하자 곧 콩과 말을 바치는 관행을 없애고,

94 궁결宮結: 궁방전宮房田·궁사전宮司田·사궁장토司宮莊土라고도 하며, 내수사內需司·후궁後宮 및 왕자·왕녀들에게 세금이 귀속되는 전토田土. 유토궁방전有土宮房田은 그 토지의 소유권이 당해 관방官房에 속해 있었고, 무토궁방전無土宮房田은 민전民田 위에 설정되고 호조에서 세금을 걷어 당해 궁방에 바치는 형태였다. 유토궁방전과 무토궁방전 모두 직전제職田制의 붕괴 후 특히 임진왜란 이후에 발달한 것인데, 국가에 대해서는 '무세無稅'로 규정되어 있었다.
95 김지석金之錫: 『고려사高麗史·열전列傳·양리良吏』에 본문에 인용된 고사가 실려 있다. 그에 대한 자세한 사적은 나와 있지 않다.

청렴한 아전 10명을 뽑아서 관아의 업무를 보도록 하니, 정사가 물처럼 맑아졌고 백성과 아전들이 사모하고 복종하였다. 이보다 먼저 경세봉慶世封이란 사람이 제주의 수령으로서 역시 청백하다고 소문이 났었다. 그래서 이 고을 사람들이 "전에 세봉이 있었고 뒤에 지석이 있다"라고 칭송하였다.

고려의 권단權㫡[96]이 경주慶州 유수留守[97]를 맡게 되었다. 전부터 창고가 하나 있었는데 백성들로부터 능라綾羅를 거둬들여 저장하는 곳으로 갑방甲坊이라고 불렀다. 능라를 위에 공물로 바치고도 남는 것이 많아 유수가 다 사적으로 차지하는 것이었다. 권단은 갑방을 철폐하고, 1년 동안 거둬들인 것으로 3년간의 공물을 충당하였다.

가황중賈黃中[98]이 승주昇州[99]를 다스릴 때, 하루는 부고府庫를 둘러보다가 자물쇠가 단단히 채워진 것을 발견하고 열어보니 보화 수천 궤짝이 들어 있었다. 모두 이씨李氏 궁중의 물건으로 장부에 기록되지 않은 것이었다. 가황중이 목록을 작성하여 임금에게 바치니 임금이 감탄하여, "부고의 물건이 장부에 올라 있어도 탐욕스럽고 속 검은 자는 법을 무릅쓰고 차지하려고 드는데 더구나 이런 물건이야 말할 것이 있느냐!" 하고 그에게 돈 200만 전을 하사하여 그의 결백함을 표창하였다.

---

96 권단權㫡, 1228~1311 : 고려 때 인물. 자는 회지晦之, 호는 몽암夢巖, 본관은 안동이다. 충렬왕 때 전리총랑典理摠郎을 지냈고 첨의부지사僉議府知事에 이르렀다.

97 유수留守 : 수도 이외의 별도別都 또는 행궁行宮의 소재지에 두었던 특수한 지방장관.

98 가황중賈黃中, 940~996 : 중국 송나라 사람. 자는 왜민媧民이다. 6세에 동자과童子科, 15세에 진사에 올랐다. 벼슬은 참지정사에 이르렀다.

99 승주昇州 : 중국 남경의 옛 이름. 당송 때에 이 이름이 쓰였다.

무릇 포목이나 비단을 구입하는 데 응당 인첩 印帖이
있어야 한다.

읍마다 읍시邑市¹⁰⁰가 있는데, 구매를 담당한 이노吏奴가 관에서 사들인
다고 빙자하여 포백布帛 따위를 억지로 헐값으로 사거나, 또는 내사나 책
방冊房이 사적으로 사들이면서 몰래 그 가격을 깎거나 하면, 이노가 그
차액을 물어넣거나 상인이 앉아서 값을 잃기도 한다. 이는 모두 원한을
사게 되는 길임에도 수령은 알지 못하고 있다. ○ 부임한 당초 응당 장시
를 관장하는 아전[호방이 담당하거나 다른 아전이 담당하기도 한다]에게 명령하
여 포백상들에게 다음과 같이 널리 알리도록 할 것이다. "이제부터 관에
서 포백을 사들일 때에는 반드시 인첩이 있으니[첩문帖文에 도장을 찍은 것인
데 크기가 손바닥만 하다], 이 인첩이 없으면 곧 관에서 구입하는 것이 아니
다. 인첩의 하단에 받은 값을 네 손으로 기입하며, 아전이 갖다가 바치도
록 하여 후일에 증거가 되도록 할 것이다."

인첩의 서식은 예를 들자면 다음과 같다. 첫머리에 갑자년 2월 초6일.
관무첩官貿帖, 둘째 줄에 여덟새 무명베 2필, 셋째 줄에 아홉새 모시 1필,
넷째 줄에 열새 명주 1필, 다섯째 줄에 수노首奴 득손得孫이라 쓰고 가운
데에 도장을 찍는다. ○ 매매가 끝나면 판 사람 이명담李命聃이라고 자필
로 이름을 쓰고 각 줄마다 가격을 적어 도로 바치도록 한다. ○ 이와 같이

---

100 읍시邑市: 장시는 서울의 어용상御用商인 시전市廛과 구별하여 민간인을 상대로 매매
활동을 하던 시장이다. 조정에서는 장시를 금했으나, 16세기경부터 서울과 지방에 장시
가 확대되었다. 조선 후기에는 각 지방의 장시가 더욱 발달하여 18세기 말에는 전국적으
로 1000곳 이상의 장시가 개설되었다. 이 중에서 각 고을의 읍내에 개설된 장시를 읍시라
하였다.

하면 사들인 포백을 혹시 바꿔치기하는 폐단이 있더라도 상인에게 원망이 돌아가지 않을 것이다. ○ 팔도의 풍속이 각각 다르니, 만일 아전들의 습속이 순후하여 본래 간사한 폐습이 없으면 굳이 이런 방법을 쓸 것은 없다.

무릇 일용 물품의 구매 장부는 꼭 눈여겨볼 것은 없으니 결재를 쉽게 해주어야 한다.

향교 및 여러 고庫[101]의 하기下記[102]는 마땅히 자세히 살펴보아야 하지만, 주리廚吏와 현사縣司의 하기는 일체 자세히 보지 말고 속히 화압花押【방언으로는 수례手例라 한다】을 하는 것이 좋다. 비록 지나친 지출이라도 일체 깎지 말 것이다.

『상산록』에 다음과 같이 말하였다. "요즘 습속에 책객에게 명하여 대조하고 검토케 하는데, 책객이 사사로운 감정을 가지고 샅샅이 뒤지면 비방의 소리가 물 끓듯 일어나서, '책객이 어째서 정사에 간여하느냐[客何干政]'라는 구절이 필시 감사의 고과표에 폄하는 조목으로 오를 것이다. 책객이 사심을 품고서 작당하여 농간을 하면 조소가 쏟아져 나와서 아전들과 이익을 나누어먹는 폐단을 막을 도리가 없다【다음 '청탁을 물리침'(제2부 제4조)에 나온다】. 또 혹은 토서土書[103]로 번역하여 내사에 바쳐서 먹도장을 받

---

101 고庫: 민고民庫·진휼고賑恤庫 등 각 군현에 설치되어 있는 창고. 자세한 것은 제2부 제5조 '씀씀이를 절약함' 참조.
102 하기下記: 일상의 용도로 지출되는 돈이나 곡식의 장부.
103 토서土書: 여기서는 한글을 가리키는 말. 원주에 "시속의 말로 언문諺文이라 한다"라고 나와 있다.

아 서로 대조하게 되면, 규문閨門[104]이 엄하지 못해 사리와 체면이 뒤틀리게 되니, 모두 할 짓이 아니다. 무릇 내사에 제공하는 물건은 모두 예규를 정하여 그 달 초하루에 납부토록 하고【다음 '씀씀이를 절약함'(제2부 제5조)에 나온다】, 날마다 공급하는 물품은 한두 가지 종류에 한정시켜 놓으면, 전혀 사단이 없을 것이다. 이것은 더할 수 없는 묘책이다."

수령의 생일에 여러 아전과 군교들이 성찬을 바치더라도 받아서는 안 된다.

아전과 군교들이 바치는 성찬은 모두 백성에게서 나온 것이다. 혹은 계방에서 돈을 거두고 혹은 보솔保率[105]의 돈을 거두는데, 이를 빙자하여 가혹하게 거둬들여 미치지 않는 곳이 없다. 어민들의 고기를 빼앗으며, 촌락의 개를 잡기도 하고, 메밀과 기름을 절에서 뺏어오기도 하고, 주발과 접시는 질그릇 집에서 가져오기도 하니, 이들은 원한으로 거둬들인 물건이다. 어찌 그런 것을 받겠는가? 유기鍮器 한 벌과 세마포 몇 끗이라도 헌수獻壽를 위하여 받아서는 안 된다. ○ 수령의 부모 생신에 바치는 물건은 더욱 받아서는 안 된다.

호태초는 "생일날의 헌수는 일체 물리칠 것이다. 내가 구하지 않았으니 아전들이 알아서 고칠 줄 모르면 그들을 책망하더라도 부끄러울 것이

---

104 규문閨門: 여성이 거처하는 곳을 뜻하며, 규중閨中·규방閨房·내방 등과 같은 말이다.
105 보솔保率: 보인保人으로 책정된 솔정率丁. 조선 후기에는 고립제雇立制가 발달하면서 국가 기구의 운용과 관련된 여러 기관 혹은 역인役人들에게 보솔이 지급되었다. 자세한 것은 제8부 제1조 '병역 의무자 선정' 참조.

없다"라고 하였다.

무릇 자기가 베푼 것은 말하지 말고 덕을 베풀었다는
표정도 짓지 말고 누구에게 이야기도 말 것이다. 또한
전임자의 허물도 말하지 말 것이다.

늘 보면 청렴하되 똑똑한 체하는 사람은 잘못된 전례에서 생긴 재물
을 내놓고 공리公理에 따라 사용하거나, 자기의 봉록을 떼어내어 백성에
게 은혜를 베풀기도 한다. 그 일이 비록 잘한 일이기는 하나 반드시 뽐내
서, "사대부가 어찌 이런 물건을 쓸 수 있느냐" 하며 큰소리를 친다. 아전
이 혹 전례를 들어 설명하면 반드시 꾸짖고 곤장을 쳐 자기의 청렴함을
드러낸다. 또한 "남은 봉록으로 내 어찌 돌아가서 전답을 사겠느냐" 하며
큰소리로 과장하고, 얼굴에 덕을 베풀었다는 표정을 짓고, 백성을 대하
고 손님을 대할 때 항상 으스대어 마음에 돈 수백 냥을 큰 물건이나 되는
듯이 여긴다. 식자들이 곁에서 보면 어찌 속으로 웃지 않겠는가. 무릇 재
물을 희사하고 봉록을 떼어내어 쓰더라도 마땅히 지나가는 말로 몇 마디
해당 아전에게 분부하는 데 그치고 다시는 들추어 말하지 말 것이다. 혹
시 묻는 사람이 있으면 "이번에는 그 정도로 내놓을 수 있었지만 다음에
는 그렇지 못할까 두렵다"라고 말하고, 말머리를 돌려 다른 이야기를 하
며, 다시 장황하게 늘어놓지 않는 것이 좋다. ○ 전임자가 관례를 따랐다
는 것이 본래 나쁜 것은 아니다. 지금 내가 재산을 내어 베푸는 것이 혹
은 명예를 구하는 데서 나오기도 한 것이니, 내가 작은 은혜를 베푼 일을
가지고 다른 사람이 관례로 하는 일을 비방하는 것은 예禮가 아니다. 일

체 모름지기 경계할 것이다.

두연杜衍[106]은 "벼슬살이의 제일 요건은 청렴이다. 그러나 다른 사람이 알아주기를 구하지 말라. 구태여 남이 알아주기를 바라면 동료 중에는 삼갈 줄 모르는 자들이 있어 필시 나를 참소하고, 윗사람 또한 잘 살피지 못하여 화를 당하기 알맞게 된다. 오직 묵묵히 행하며 내 마음에 부끄러움이 없게 하는 것이 좋다"라고 하였다.

정선이 말하였다. "벼슬살이를 청렴하게 하는 것은 사대부의 분수 안의 일이다. 청렴하기가 어려운 것이 아니요, 청렴을 드러내지 않기가 어려우며, 자신의 청렴을 믿고 남을 얕잡아보거나 깔아뭉개지 않기는 더욱 어렵다." ○ 정선이 또 말하였다. "청렴이 곧 벼슬살이의 본분이기는 하지만, 자신의 청렴을 자랑하며 탁한 자에게 오만해서는 안 된다. 근신하는 것은 벼슬살이에서 세심하게 주의할 일이지만, 도리어 큰 것만 삼가고 작은 것을 소홀히 해서도 안 된다. 근면은 정무政務에 종사하는 바탕이니 처음에 부지런하고 끝에 가서 게으르면 안 된다."

호위胡威[107]의 아버지 호질胡質[108]이 형주자사로 있었는데, 호위가 서울에서 문안을 드리러 내려왔다. 호위가 돌아갈 때 호질은 비단 한 필을 주며 행장에 쓰도록 했다. 무제武帝[109]가 호위에게 "경의 청렴함이 경의 부친과 어떤가" 하고 물으니, 호위는 "신의 아버지는 청렴하되 남이 알까

---

106 두연杜衍, 978~1057 : 중국 송나라 사람. 자는 세창世昌이다. 기국공祈國公에 봉해졌다.
107 호위胡威, ?~280 : 중국 진晉나라 사람. 자는 백무伯武이다. 전장군前將軍으로 청주靑州의 군사를 감독하였다. 평춘후平春侯에 봉해졌다.
108 호질胡質, ?~250 : 중국 삼국시대 위나라 사람. 자는 문덕文德이다. 진위장군振威將軍, 정동장군征東將軍을 지냈고 관내후關內侯에 봉해졌다. 본문의 고사는 『삼국지三國志』 권 27에 나온다.
109 무제武帝 : 여기서는 삼국을 통일한 진晉나라 사마염司馬炎이다.

두려워하고 신은 청렴하되 남이 모를까 두려워하니 신이 아버지에게 멀리 미치지 못합니다"라고 대답했다.

동악東岳 이안눌李安訥[110]은 청백리로 뽑힌 인물이다. 일찍이 어떤 이에게 "내가 수령이나 감사를 지낼 때, 어찌 흠이 없을 수 있겠소? 단지 부인이 살림을 잘 못하여 나의 의복, 음식, 거처에 쓰이는 물건이 다른 사람에게 훌륭하게 보이지 못했기 때문에, 보는 사람들이 나를 청백하다고 생각했던 것이라오. 참으로 부끄러운 일입니다"라고 했다. 선배들이 실제를 따르고 이름을 좋아하지 않는 것이 이와 같았다【정재륜鄭載崙[111]의 『공사견문록公私見聞錄』에 실려 있다】.

청렴한 자는 은혜 베푸는 일이 적어서 사람들이 이를 병통으로 여긴다. 스스로 자신을 책망하는 데 무겁고, 남을 책망하는 데는 가볍게 해야 옳다. 청탁이 행해지지 않아야만 청렴하다고 할 수 있다.

아전이나 종들은 배우지 못하고 아는 것이 적어 오직 욕심만 있고 천지자연의 이치를 모른다. 내가 바야흐로 힘써야 하는데 어찌 남을 책망하겠는가? 나를 예로써 규율하고 남을 보통사람으로 기대하는 것이 원망을 사지 않는 길이다. 규정 외로 백성에게 세를 더 받아내는 것은 법이

---

110 이안눌李安訥, 1571~1637: 자는 자민子敏, 동악東岳은 그의 호, 본관은 덕수德水이다. 벼슬은 예조판서, 예문관제학藝文館提學 등을 지냈다. 시인으로 명성이 높다.
111 정재륜鄭載崙, 1648~1723: 자는 수원秀遠, 호는 죽헌竹軒, 본관은 동래이다. 영의정 정태화鄭太和의 아들이며 효종의 사위. 저서로 『공사견문록公私見聞錄』『한거만록閑居漫錄』이 있다.

마땅히 엄금하는 일이니, 잘못된 일을 답습하여 정상적인 수입으로 생각하는 것은 대부분 허용해주어야 한다【색락미色落米 [112], 부표채付標債 [113] 같은 것】.

조극선이 수령으로 있을 때, 아전이 관가의 매 한 마리를 잃어버려 다른 매를 사서 바치니, 그는 "매가 스스로 날아간 것인데, 네게 무슨 죄가 있느냐"라고 말하며, 그것을 물리치고 불문에 부쳤다.

『상산록』에서는 "늘 보면 속된 수령은 궁한 친구나 가난한 친척을 만나면 자기 봉록에서 떼어 도와주려 하지 않고, 그 사람에게 따로 일거리 하나를 마련하여 그 청탁을 들어주니, 이는 백성의 재물을 약탈하여 자기 족속을 구하는 식이다. 비록 그 족속이 적지 않은 전대를 가지고 돌아가면서 칭송하더라도 그렇게 해서는 안 된다"라고 하였다.

청렴하다는 소리가 사방에 퍼져서 좋은 소문이 날로 빛나면, 이것 역시 인생의 지극한 영광이다.

고려의 윤선좌尹宣佐 [114]는 충숙왕 때 한양윤漢陽尹 [115]이 되었다. 때마침 왕과 공주가 용산龍山에 이르러 좌우를 돌아보고 "윤 부윤은 청렴하고 검소한 사람이어서 수령을 시켰으니, 너희들은 조심하여 그를 괴롭히고 번

---

112 색락미色落米: 간색미看色米와 낙정미落庭米. 세곡이나 환곡을 징수할 때 견본見本이나 낙미落米로 약간 더 받는 것을 말한다.
113 부표채付標債: 군역자의 사망신고서를 받아 군적에 표시하는 대가로 부당하게 징수하는 돈.
114 윤선좌尹宣佐, 1265~1343: 자는 순수淳叟, 본관은 파평이다. 전라도 관찰사, 성균관좨주成均館祭酒, 예문관대제학藝文館大提學 등을 지냈다.
115 한양윤漢陽尹: 고려 충렬왕 34년(1308)에 지금의 서울 지역을 남경南京에서 한양부漢陽府로 개칭하고 부윤府尹을 두었다.

거룩게 하지 말라"라고 하였다. 후에 왕이 친히 임명할 수령들의 이름을
기록하다가 계림윤鷄林尹을 뽑는데 이르러 붓을 놓고 생각하다가 "신하가
뜰에 가득하지만 윤선좌 같은 사람은 없다"라 하고 곧 그를 임명하였다.

고려 때 전녹생田祿生[116]이 경주판관이 되었는데 정사에 청백하였다. 이
제현李齊賢[117]이 그를 두고 시를 지어, "전田 랑이 우리 계림의 판관이 되
어 부로들 지금도 그의 맑은 덕을 칭송하네"라고 하였다.

완선군完善君 이의전李義傳이 양근군수楊根郡守로 있는데, 창석蒼石 이준
李埈[118]이 이 고장을 지나다가 감탄하여 "맑은 기운이 사람에게 스며든
다"라고 하였다.

이목李楘[119]이 서천군수舒川郡守가 되었는데, 감사 이안눌이 그의 성적
을 "맑기는 옥항아리와 같고 은혜롭기 봄바람이라"라고 평가하였다. ○
채번옹이 이천부사伊川府使로 있을 때 정사가 청렴하고 간결함을 위주로
하니, 감사가 그의 성적을 평가하여, "어떤 덕정德政을 행하였기에 이천
물이 맑게 되었는가"라고 하였다.

이규령李奎齡[120]이 수원부사水原府使가 되어 정사를 청렴하고 자애롭게

---

116 전녹생田祿生, 1318~1375 : 고려 공민왕 때 인물. 자는 맹경孟耕, 호는 야은壄隱, 본관은
담양潭陽이다. 저서에 『야은집壄隱集』이 있다.
117 이제현李齊賢, 1287~1367 : 자는 중사仲思, 호는 익재益齋, 시호는 문충文忠, 본관은 경
주慶州이다. 원나라에 가서 활동했으며, 본국으로 돌아와서 벼슬이 문하시중에 이르렀고
계림부원군鷄林府院君에 봉해졌다. 문학가로서 시와 문에 격조가 높았다. 저서로 『익재난
고益齋亂藁』 『역옹패설櫟翁稗說』을 남겼다.
118 이준李埈, 1560~1635 : 자는 숙평叔平, 호는 창석蒼石, 본관은 흥양興陽이다. 서애 유성
룡의 문인으로 역시 학자로 명망이 있었다. 저서로 『창석문집蒼石文集』이 있다.
119 이목李楘, 1572~1646 : 자는 문백文伯, 호는 송교松郊, 본관은 전주이다. 대사헌과 도승
지를 역임했다.
120 이규령李奎齡, 1625~1694 : 자는 문서文瑞, 본관은 한산이다. 벼슬은 형조판서에 이르
렀다.

하니 송우암宋尤菴[121]이 편지를 보내 치하하기를, "큰물이 산을 둘러싸면 지척에서도 남의 말을 듣지 못하지만, 오직 어진 소리만은 귓전에 쟁쟁하다"라고 하였다. ○ 이천에 오래된 비碑가 서 있는데 거기에 '이후규령 통만고 제일청덕선정비李侯奎齡通萬古 第一淸德善政碑'[122]라고 새겨져 있다.

---

121 송우암宋尤菴, 1607~1689 : 조선 후기의 문신이자 학자인 송시열宋時烈. 자는 영보英甫, 본관은 은진恩津, 우암尤菴은 그의 호이다.

122 이후규령통만고 제일청덕선정비李侯奎齡通萬古 第一淸德善政碑 : "이규령 원님, 만고를 통해서 제일 청덕을 베풀어 선정한 비"라는 뜻. 경기도 이천에 이 선정비가 서 있다.

齊家

몸을 닦은 후에 집을 다스리고, 집을 다스린 후에
나라를 다스리는 것은 천하에 공통된 원칙이다.
고을을 다스리려는 자는 먼저 자기 집을 잘 다스려야
할 것이다.

한 고을을 다스리는 것은 한 나라를 다스리는 것과 같다. 자기 집을 잘
다스리지 못하고 어떻게 한 고을인들 다스릴 수 있겠는가? 집안을 잘 다
스리는 데는 몇 가지 요점이 있다. 첫째 데리고 가는 사람의 수는 반드시
법대로 해야 하고, 둘째 치장은 반드시 검소하게 해야 하고, 셋째 음식은
반드시 절약해야 하고, 넷째 규문은 반드시 근엄해야 하고, 다섯째 청탁
은 반드시 끊어야 하고, 여섯째 물건을 사들이는 데는 반드시 청렴해야
한다. 이 여섯 가지 조목에 법도를 세우지 못하면 수령으로서의 정사를
가히 알 만하다.

『속대전』에 "수령 가운데 가족을 지나치게 많이 데리고 간 자와, 관비
를 몰래 간음한 자는 모두 적발해서 파면한다"라고 규정되어 있다[「이전
吏典」의 끝을 보라]. [案] 국전國典에 가족을 많이 거느리는 것을 금하고 있으
나 구체적으로 규정한 바는 없다. 마땅히 일정한 규정이 있어야 할 것이

다. 부모와 처 외에는 아들 1명만 허용하되, 미혼 자녀들은 모두 허용하고, 남종 1명, 여종 2명 외에는 데려가지 못하도록 하는 것이 좋다. ○ 부모·처자·형제를 육친六親이라 한다. 위로 조상의 신주神主를 모시고 아래로 식객食客을 거느리고, 또 노비까지 데리고서 온 집안이 이사해간다면, 모든 일이 얽히고 꼬여 사사로운 일 때문에 공무가 가려지고 정사가 문란해질 것이다. 옛날의 어진 수령이 가족을 따라오지 못하게 한 것은 참으로 이유가 있는 것이다. 오직 부모가 연로하면 잘 봉양하는 데에 힘쓸 일이나, 그 밖에는 간략함을 좇아야 할 것이다.

국법에 모친을 모시고 가서 봉양하면 관에서 비용을 지급하고, 부친의 경우에는 그 비용을 셈해 주지 않는다 하였으니, 까닭이 있는 것이다.

부친이 아들의 임지에 가 있으면 친구들은 그 부친을 춘부春府라 부르고, 이속이나 하인들은 대감大監이라 부른다. 대감이 나이 60세가 넘어 봉양을 받아야 할 처지이면 마지못해 따라가야겠지만, 그렇지 않을 경우에는 비록 아들이 간청하더라도 가볍게 따라나서는 것은 옳지 않다. ○ 만일 부득이하게 임지에 따라가야 할 처지라면, 마땅히 내사[속칭 내위內衛라 이른다]에 따뜻한 방 하나를 택하여 조용히 지내면서 조리하도록 하고, 외인과의 접촉을 피하는 것이 사리에 맞다. 매양 보면 '춘부'가 예절을 몰라서 외사外舍에 나가앉아 아전들을 꾸짖고 관노들을 질책하는가 하면 기생들을 희롱하고, 손님들을 끌어들이며, 심하면 송사와 옥사를 파는 등 정사를 어지럽게 만든다. 그래서 저주하는 사람이 읍내에 가득 차고, 비방하는 사람이 고을에 그득하게 된다. 이와 같이 되면 자애의 정과 효도를 다 잃고 공과 사가 함께 병들게 되는 것이니 꼭 알아두어야 한다.

필종경畢終敬[1] 부자가 서로 대를 이어 연주태수兗州太守가 되어 당세에서 영광으로 여겼다. 아들 필원빈畢元賓이 매양 정무를 볼 때에 필종경은 가마를 타고 아들의 근무처로 가서 측근자를 보내 아들에게 알은 체도 일어나지도 말게 했다. 그리고 판결하는 것을 보고서 기뻐하는 기색이 얼굴빛에 나타났다. 案 이런 경우는 부친이 아들의 관부에 갔더라도 더욱 빛이 날 것이다. 한억韓億[2]의 부친 또한 따라간 일이 있었다(다음 조에 나온다).

종손으로 제사를 받드는 자는 마땅히 신주를 모셔야겠지만 맏이 외의 자식으로 제사를 맡지 않는 자는 그래서는 안 된다. 제수祭需를 준비함에 관의 도움을 받는다면 이것은 관에서 제향을 드리는 것이다. 하필 가묘家廟를 비워놓고, 신주를 임지에 모시고 가야 할 것인가. 종손이라도 부친이 있어 제주祭主가 아닌 경우는 맏이 외의 자식들과 마찬가지이다. 『예기』에 "적자適子가 있는 경우 적손適孫은 없다"라고 하였다.

청렴한 선비가 고을살이를 나갈 때에 가루(家累, 가솔)를 데리고 가지 않는다 하였으니, '가루'는 처자를

---

1 필종경畢終敬, ?~491 : 중국 남북조시대 후위 인물. 일명 중경衆敬이라고도 한다. 산기상시散騎常侍와 연주자사를 지냈고, 동평공東平公의 작위를 받았다.
2 한억韓億, 972~1044 : 중국 북송 때 사람. 자는 종위宗魏이다. 지방관으로 치적이 있었으며, 상서좌승에 올랐다. 가법家法이 엄하여 그 가문을 일러 '동수한가桐樹韓家'라 하였다.

두고 이른 말이다.

명나라 때 순리循吏인 양계종·사자양·왕서·당간 등은 지방관으로 부임하면서 처자를 데리고 가지 않았다. 이는 근고近古의 맑은 행적이거니와, 한漢·당唐에 있어서는 말할 것도 없다.

양속이 남양태수南陽太守로 있을 때 그의 처와 아들 비秘가 함께 군아郡衙로 찾아왔는데 그는 문을 닫고 들어오지 못하게 했다. 모자가 그냥 돌아가는데 그 행장이 오직 베 이불, 허름한 홑옷에 소금과 보리 약간 뿐이었다 한다. ○ 이는 과격한 행동이요, 인정이 아니니 본받을 것이 없다.

자녀가 어려서 따라오려고 하면 인정에 금하기 어렵다. 나이가 이미 장성해서 결혼한 자녀들은 의당 차례로 와서 뵙게 할 것이요, 일시에 함께 오는 것은 불가하다. ○ 옛사람이 말했다. "고을살이를 나가는 사람은 세 가지를 버리게 된다. 첫째는 가옥이니, 대개 집을 비워두면 허물어지기 때문이다. 둘째는 노복이니, 대개 노복들은 놀려두면 방자하게 되기 마련이다. 셋째는 아이들이니, 대개 자제들이 호사한 분위기에 젖으면 방탕해지기 마련이다." 참으로 옳은 말이라 하겠다.

형제간에 서로 그리우면 때로 내왕할 일이로되 오래 머무는 것은 불가하다.

형제간에 우애가 돈독하더라도 얼마 동안은 아무래도 헤어져 있어야 한다. 아우는 그래도 낫지만 형은 더욱 곤란하다. 내가 본 바, 수령의 형이 아우를 따라 관부에 와 있으면 이속이나 관노들이 그를 관백官伯이라고 부른다. 일본에서 천황은 자리만 지키고 관백關白[3]이 집정을 하는데, 마치 현령이 자리만 지키고 관백이 국사를 보는 것과 같다고 해서 이와 같이 기롱한 것이다. 아우가 비록 눈물을 흘리며 함께 지내자고 만류하더라도 형 된 사람은 마땅히 머리를 흔들고 떠나야 할 것이다. 만약 발을 들여놓게 되면 '관백'의 칭호를 면하기 어렵다. ○ 고모나 형수·제수·누이들 중에서 가난하거나 과부가 되어 따라가기를 원하는 경우 어찌 딱하지 않겠는가. 그러나 국법이 엄금하고 있으니 데리고 가서는 안 된다.

따라오려는 빈객들이 많더라도 다정한 말로 작별하고 떠날 것이요, 노복들이 많더라도 양순한 자만 뽑을 것이니, 사사로운 정에 끌려서는 안 된다.

종족宗族과 의당 화목하게 지내야겠지만 데리고 가서는 안 되고 빈객들에게 의당 후하게 대접해야겠지만 불러들여서는 안 되고, 겸종僮從[4]이 고생을 하였더라도 따라오게 해서는 안 된다. 이 모든 경우에 후일 선물을 보낼 것을 약속하고 따뜻한 말로 만류해야 한다. 관부에 친지들이 들끓으면 안 된다는 점을 인식시켜야 원망이 없을 것이다.

좌의정 정홍순鄭弘淳[5]이 평양감사로 있을 때의 일이다. 오랫동안 고생

---

3 관백關白: 일본 에도시대에 국정은 막부의 쇼군將軍이 장악하고 있었으며 천황天皇은 상징적 존재에 불과했다.
4 겸종僮從: 양반가나 부호의 가문에서 가내의 업무를 관장하는 일종의 가신이다. 청지기·겸인僮人·청직廳直·수청守廳·장반長班 등 여러 가지 이름으로 불렸다.
5 정홍순鄭弘淳, 1720~1784: 자는 의중毅仲, 호는 호동瓠東이다. 벼슬은 우의정에 이르렀다. 특히 10년간 호판으로 있었는데, 당대의 제일가는 재정관으로 손꼽혔다.

하였던 겸인이 의당 자기를 데리고 가리라 생각하여 사적으로 치장을 갖추고 기다렸는데 정홍순은 거절하고 허락하지 않았다. 겸인은 울분으로 병이 들었다. 그 후 반년쯤 지나서 겸인이 염치 불고하고 내려왔다. 그는 3일 동안 묵게 한 후 곧 돌려보냈는데 말 한 필을 줄 따름이요, 다른 아무것도 주지 않았다. 겸인은 다시 크게 분히 여겼다. 그가 임기를 마치고 돌아오매 겸인은 드디어 발길을 끊었다. 달포쯤 지나 정홍순이 그 겸인을 불러 책망하고 낡은 종이 한 두루마리를 내주는 것이었다. 겸인은 더욱 원한을 품고 자기 집으로 돌아가서 그 종이를 자기 어머니 앞에 던졌다. 어머니가 그것을 펴보니 기인공물其人貢物[6] 2명의 교권交券이었다[기인其人이란 땔감[柴炭]과 횃불의 조달을 맡는 자이다].

노복들이 과오를 허다히 범하므로, 선량하고 솔직한 남종 1명과 여종 2명을 뽑아가는 것 외에 더 데려가는 것은 불가하다. 혹 딸린 식구가 많지 않을 경우는 여종 1명이라도 좋다. 제오륜第五倫[7]은 처가 몸소 부엌일을 하였으며, 왕서는 노복을 데리고 가지 않았으니 어찌 까닭이 없겠는가?

범문정공이 수령으로 나갔을 때 여종 셋이 있었는데 두 부府를 역임하여 별세하기에 이르도록 한 명도 늘리지 않았고 또 한 명도 바꾸지 않았다.

---

6 기인공물其人貢物: 기인이란 지방 향리의 자제로서 서울로 뽑혀올라와 일정한 역을 지는 동시에 자기 지방의 일에 대한 자문 역할을 했던 사람을 가리킨다. 이는 중앙정부의 지방에 대한 통치책의 하나였는데, 이 제도는 고려 초부터 있었으나 차차 기인의 본래 성격이 변하여 조선시대로 와서는 시탄柴炭을 중앙에 납입하는 수취 체제의 중간 역할을 담당하는 임무를 띠게 되었다. 그래서 이들 기인공인은 공물인貢物人·공물주인貢物主人이라는 이름으로 불리어졌다. 교권交券은 공인貢人 영업 허가장에 해당하는 것이다.

7 제오륜第五倫: 중국 후한 때 인물. 자는 백어伯魚이다. 효렴과孝廉科에 뽑혀 회계태수會稽太守를 역임했고 사공司空에 올랐다. 청렴과 절개로 이름이 있었다.

내행內行이 내려오는 날에는 치장을 아주 검소하게 해야 할 것이다.

쌍마교雙馬轎는 좋은 제도가 아니다【태평거太平車[8]보다도 못하다】. 그러나 여자가 출생하면 쌍마교 탈 것을 축원하니 어머니를 모시는 사람은 사용하지 않을 수 없겠지만 처에 대해서는 반드시 그럴 것이 있겠는가. 무식한 부녀자들이 마음에 꼭 소원한다면 마땅히 남의 쌍가마를 빌려서 한 역참驛站만 가거나【남쪽 길은 과천果川까지, 서쪽 길은 고양高陽까지, 동쪽 길은 평구平丘까지이다】, 하룻길을 가서【두 역참】 치워도 좋을 것이다. 독마교獨馬轎 청익장靑翼帳에 주렴을 드리우고 고을에 당도하면 또한 영화롭지 않으리오! 하루만 쌍가마를 타더라도 출생 시의 축원을 달성해준 셈인데 하필 열흘을 탄 뒤라야 마음에 기쁠 것인가. ○ 어머니와 처가 타는 가마 외에 일행의 인마에 관노와 관마를 쓰는 것은 옳지 않다. 집의 하인과 집의 말을 쓰거나 사람을 사고 세마를 얻는 것이 예에 맞는 일이다.

『야인우담野人迂談』에 이렇게 나와 있다. "두황상杜黃裳[9]이 상부相府에 있을 적에 그의 부인이 죽두자竹兜子[10]를 탔다고 한다. 하필 쌍마교로 행차를 해야만 혐의를 멀리 한다고 하겠는가. 우리나라가 중고 이전에는

---

8 태평거太平車: 관인이 타던 수레로, 박제가는 이를 교통수단으로 이용할 것을 주장한 바 있다.
9 두황상杜黃裳, 738~808: 중국 당나라 사람. 자는 준소遵素이다. 벼슬은 문하시랑門下侍郎, 동중서문하평장사에 이르렀으며 강직한 인물이었다.
10 죽두자竹兜子: 두자는 메는 가마로 일명 과산교過山轎라고 한다. 죽두자는 대나무로 만든 가마.

비록 재상의 부인이라도 말을 타고 너울을 쓰고 출입했는데 요즈음은 풍속이 날로 사치만 늘어서 인마를 동원하는 것이 한도가 없어졌다. 쌍마교 하나가 행차하는 데 좌우에 옹위하는 사람만 해도 부지기수요, 심지어는 인부를 많이 징발해서 천 리 길을 메고 가게 하는 자도 있다. 대개 쌍마교는 임금이 타는 것이요, 어깨에 메는 쌍마교는 임금도 타지 않는 것이니, 참람함이 이만저만이 아니다. 옛날에는 감사 부인도 독마교를 탔는데 지금은 시정의 천한 여자도 그 남편이 원님만 되면 쌍마교를 타니 참람함이 더할 수 없다." 案 수령으로 뜻이 있는 사람이 중국의 제도를 본받아 태평거를 한 대 만들어서 자기 모친을 모시고 내려가면 영화롭기도 하려니와 원성도 없을 것이다.

한억이 하북전운사河北轉運使로 있을 때 어머니는 태평거에 앉히고 갈대 자리를 드리웠으며, 그의 부친인 헌숙공獻肅公은 나귀를 타고 수레 뒤를 따랐다. 검소함이 이와 같았다. ○ 한억과 이약곡李若谷[11] 두 분은 급제하기 전에 모두 빈곤하였다. 함께 서울에 가서 시험을 치르는데 매양 나아가 배알할 적에 교대해서 하인 노릇을 하였다. 이약곡이 먼저 급제를 해서 장사현長社縣의 주부를 제수받고 부임할 때 이약곡이 손수 처가 탄 나귀의 고삐를 잡았으며, 한억은 이 친구를 위해서 상자 한 개를 짊어졌다. 현의 30리 거리에 도착하자 이약곡이 한억에게 "고을 사람들이 나올까 두렵네"라고 말하며, 상자 속에 돈이 겨우 600전이 있었는데 절반을 한억에게 나눠주고 서로 손을 잡고 눈물을 흘리며 작별하였다. 다음번

---

11 이약곡李若谷: 중국 북송 때 사람. 자는 자연子淵이다. 벼슬은 자정전대학사資政殿大學士에 이르렀다.

과거에 한억도 급제하여 다 같이 벼슬이 참정參政[12]에 이르렀다.

윤석보尹碩輔[13]가 일찍이 풍기군수豊基郡守가 되어 내려갈 때 남종 1명과 여종 1명만 데리고 갔으며 처자를 거느리고 가지 않았다 후에 성주목사가 되었을 때 처 박씨가 임신한 지 8개월인데도 말을 타고 가고 가마는 엄두도 내지 못했다. 박씨 부인의 동생 박중간朴仲幹이 상주목사가 되어 들러보니 관에서 공급하는 것이 매우 빈약하므로 소금 몇 말을 보내주었다. 윤공은 즉시 그것을 되돌려 보내며, 마치 더러운 것이나 되는 듯이 하였다. 案 국초에 사족 부녀자들은 너울을 쓰고 말을 탔음이 분명하다.

효헌공孝憲公 송흠宋欽[14]이 매양 지방 수령으로 부임할 적에 신영마新迎馬가 겨우 세 필이었다. 대개 공이 타는 말이 한 필, 어머니와 처가 타는 말이 각각 한 필이었던 것이다. 당시 사람들이 그를 삼마태수三馬太守라고 불렀다.

자제들은 반드시 초교草轎【덮개가 없는 가마】를 타는데 관노가 좌우에서 옹위하도록 하는 것도 예가 아니다. 젊은이들은 마땅히 안장을 얹은 말을 타는 것을 배울 것이요, 그렇지 않으면 언치〔屉鞍〕【우리말로 길마】에 짐 싣는 행구〔우리말로 부담〕를 놓고 타면 못 탈 것이 없을 것이다.

안식구가 떠나기 하루 전에 의당 술이나 떡과 같은 음식으로 수행하는 아전이나 관노를 대접해야 할 것이다. ○ 수령 본인이 떠날 때에는 음식

---

12 참정參政: 참지정사參知政事의 준말. 중국 송나라 때는 동중서문하평장사가 재상宰相이고 참지정사는 그다음이었다.

13 윤석보尹碩輔, ?~1505: 자는 자임子任이다. 성종 때 문과에 급제하였다. 갑자사화에 유배를 가서 죽었다.

14 송흠宋欽, 1459~1547: 자는 흠지欽之, 호는 지지당知止堂, 효헌孝憲은 그의 시호이다. 청백리에 뽑혔으며, 우참찬右參贊에 이르렀다.

을 대접할 필요가 없다. 수령은 엄해야 하고 또 공적인 행차이기 때문에 그럴 필요가 없는 것이다. 내행은 자애로워야 하고 또 사적인 행차에 속하기 때문에 대접할 필요가 있다. ○ 내행이 고을에 당도한 지 3일이 되면 또 마땅히 대접을 하여 수행한 노고를 위로해야 할 것이다.

의복 사치는 많은 사람이 꺼리는 바요 귀신도 미워하니 복을 깎는 일이다.

부인으로서 도리를 아는 이는 아주 드물다. 대부분 소견이 천박해서 남편이 고을살이 나간다는 말을 듣기만 해도 금방 한 보따리 부귀가 하늘로부터 내려오는 줄로 생각한다. 장식과 패물을 곱게 하는 데만 힘써서 함부로 경저京邸의 돈을 토색해서 아파牙婆【속칭 방물장수】를 널리 불러들여 진기한 비단, 가는 모시베, 고운 삼베, 용을 아로새긴 비녀, 나비 모양의 노리개 등속으로 아이들을 요물처럼 꾸미고 여종들을 창기처럼 만들어서, 어느 집보다도 뛰어나게 하여 한 지방에서 빛내고자 한다. 식자들은 이를 보면 벌써 그 남편이 바르지 못함을 알 것이다. 재물을 낭비하고 복록福祿을 해치면서 남편의 얼굴을 깎아내리니 무슨 쾌락이 있을 것인가.

주신이 절강浙江의 안찰사로 있을 적에 부하 관원이 하루는 구운 거위를 선사하였다. 그는 거위고기를 집에 걸어두고 뒤에 또 선물하는 사람이 있으면 그것을 가리키곤 하였다. 함께 있는 관원의 여러 부녀자들이 연회에 저마다 화려하게 치장을 하고 나타났는데, 오직 주신의 부인만 나무비녀에 베치마 차림으로 참석하니 마치 촌부인 같았다. 도리어 치장한 부인들이 부끄럽게 여기고 이후로 담박한 의복으로 갈아입었다 한다.

형악衡岳[15]이 경양慶陽을 맡아 다스릴 때에 요속의 여러 부인들이 참석하여 연회를 열었다. 부인들이 모두 금붙이와 비단으로 화사하게 치장했는데, 오직 그의 부인만 나무비녀에 베옷을 입고 나왔다. 잔치가 끝난 후 부인이 좋지 않은 기색을 보이자, 그가 "부인은 어디에 앉아 있었소?"라고 물었다. 부인이 상석에 앉아 있었다고 대답하자, "이미 상석에 앉았으면서 또 의복까지 화려하게 꾸미기를 바란단 말이요? 부와 귀를 겸할 수야 있겠소"라고 말했다. 지금까지 미담으로 전한다[『주역』에 "그 군君의 옷깃은 그 누이의 옷깃보다 못하다"[16]라고 하였으니 바로 이 뜻이다].

서정충徐廷忠[17]이 오정현승烏程縣丞[18]으로 있을 때 티끌만큼의 잘못도 없었다. 출입할 적에는 헤진 옷에 허름한 일산을 사용하였다. 어느 날 우연히 집안사람들이 불평을 하자 그는 웃으며 "내일 아침에는 반드시 선물이 관정에 이를 것이니 너희들은 기다려보라"라고 하였다. 그 시각이 되자 과연 귀안歸安[19]의 한 위관尉官이, 탐욕한 일로 법에 걸려 어사대御史臺[20]로 올라갔다가 서정충이 청렴하고 밝은 줄 알고 특별히 공문을 보내 심문하

---

15 형악衡岳: 중국 명나라 때 여녕부汝寧府 서평西平 사람. 자는 세첨世瞻이다. 계림태수桂林太守를 지냈다.

16 『주역·귀매歸妹』에 나오는 말로 원문은 "기군지메其君之袂, 불여기제지메不如其娣之袂"이다. '고귀한 신분의 공주가 출가하는데 그 의복이 호화롭지 않아 (신랑의) 누이가 입은 옷보다 못하다'라고 풀이되며, 이렇게 하면 길하다는 뜻이다.

17 서정충徐廷忠: 중국 명나라 가정 연간의 인물. 오정현승烏程縣丞을 지냈다.

18 현승縣丞: 중국의 관직명. 승丞이란 보좌의 임무를 맡는 관직을 가리키는 말이니, 현승은 현의 부관이다.

19 귀안歸安: 중국 절강성에 있는 지명으로, 오정현烏程縣의 동남 경계상에 있던 고을이다. 지금은 오정현과 함께 오흥현烏興縣으로 합해졌다.

20 어사대御史臺: 중국 한나라 이후 백관의 규찰을 맡던 관청.

도록 해서 그 위관이 뜰아래 엎드려 있었다. 서로 전하여 미담을 삼았다.

음식을 사치하는 것은 재화를 소모하고 물건을 없애는 일로 재앙을 부르는 길이다.

후한의 공분孔奮이 고장姑臧을 맡아 다스릴 때 오직 노모만은 진찬으로 잘 봉양하고 처자들의 반찬은 파와 겨자뿐이었다. 어떤 사람이 공분을 조롱해서 "기름진 자리에 앉아 있으면서도 스스로 윤기를 내지 못하고 있다"라고 말했다.

조어趙峿[21]는 합천군수陜川郡守로 있으면서 청렴함이 비할 데 없었다. 아들과 사위, 노복들이 내려올 때 다들 자기가 먹을 양식을 가져오게 하였다. 그 고을에 은어가 잡히는데 여름철에 고기가 썩게 되더라도 처자들에게 그것을 맛보게 하지 않았다.

후당後唐의 유찬劉贊[22]의 부친 유비劉邺가 현령으로 있었다. 이때 유찬이 비로소 입학을 하였는데, 청포 저고리와 바지를 입혔으며, 식사 때 자기는 고기반찬을 먹으면서 따로 나물반찬을 차려 상 아래에서 먹게 하고는 "육식은 임금이 주는 녹이다. 너도 육식을 하고 싶으면 부지런히 글을 읽어 녹을 받도록 하여라. 내가 먹는 것은 네가 먹을 바가 아니니라"라고 하였다. 이 때문에 유찬은 힘써 글을 읽어 진사에 합격하였다 한다.

호수안胡壽安[23]이 영락永樂 연간(1403~1424)에 신번新繁을 맡아 다스릴 때

---

21 조어趙峿 : 세종 때 사람으로 본관은 횡성橫城, 조온보趙溫寶의 아들이다. 문과에 급제하여 집현전직제학에 이르렀다.
22 유찬劉贊 : 중국 후당後唐 때 사람으로 벼슬은 형부시랑에 이르렀다.

고기를 전혀 먹지 않았다. 그 아들 호자휘胡自徽가 문안을 드리러 와서 한 달 묵는 동안에 닭 2마리를 삶아 먹었다. 호수안이 성을 내며 "음식을 밝히는 사람은 남들이 천하게 여긴다. 내가 20여 년 벼슬을 하도록 항상 사치를 경계로 삼고 있으나 오히려 끝을 잘 맺지 못할까 조심하고 있다. 너는 이처럼 먹기를 좋아하니 나에게 누가 되지 않겠느냐?"라고 말했다.

규문이 엄숙하지 않으면 가풍이 어지러워진다. 가정에 있어서도 그러한데 하물며 관아에 있어서야 말할 것 있겠는가. 법을 세워 금하되 의당 우레 같고 서릿발 같아야 할 것이다.

옛날에는 내아의 문을 염석문簾席門이라 하였다. 발로 격리시키고 자리로 가리어 가노家奴들과 관노들이 서로 대면하지 못하도록 하였으니 이것은 내외의 구분을 엄하게 하기 위한 것이었다. 근래에는 이 법이 어지러워져서 가노들이 제멋대로 이 문을 나가고 관비들이 어지러이 이 문을 들어오니, 발이 걷히고 자리가 치워져서 서로 귀에 입을 대고 무릎을 붙이고 명령이 여러 곳에서 나오게 되어, 이로 말미암아 온갖 폐단이 생겨났다. 어찌 한심하지 않은가.

염석문 밖에 어석椻石【섬돌로 금하는 모양을 만든 것】을 놓고 명령을 내려 이렇게 말한다. "매일 아침 주노廚奴²⁴【관청의 창고지기】나 원노園奴²⁵【원두한園頭

---

23 호수안胡壽安: 중국 명나라 사람. 신번新繁의 지현知縣으로 있을 때 직접 채소를 심어 먹어서 채지현菜知縣이라는 칭호를 얻었다.

漢】가 바칠 물건은 어석 위에 놓고 방울을 당겨 알리는데【곧 내아의 방울】, 30보 밖에 서 있으면【땅에 금을 그어 설 곳을 표시함】가노는 방울 소리를 듣고 곧 문으로 가서 자리를 걷고 물건들을 가져다 들여놓은 다음 빈 그릇을 도로 어석 위에 갖다놓는다. 가노가 들어가고 나서 한참 후에 관노는 빈 그릇을 가지고 나간다. 감히 서로 얼굴을 마주 대하고 말하는 자가 있으면 내외 노속 모두 중하게 매를 칠 것이다.”○ 들여온 물품이 아주 좋지 못해 먹을 수 없는 지경이면 수령이 몸소 들여온 당일에 살펴보고 용서해줄 만한 것은 용서해주되 정 용서할 수 없는 경우는 적당한 틈에 수리에게 말하여 밖에서 살펴 주의를 주도록 할 것이다. 가노들은 결코 한마디도 말하게 해서는 안 되고, 역시 안식구들이 사사로이 이래라 저래라 해서도 안 되며, 또 역시 책객【곧 자제·친빈親賓】이 옳으니 그르니 조금이라도 간섭하게 해서는 안 된다. ○ 만약 쓰일 곳이 시급한데 납품하는 것이 아주 늦어질 때에는 응당 책방으로 쪽지를 보내 동헌東軒²⁶【정당이다】에 전하게 한다. 동헌에서는 수리를 불러 그로 하여금 독촉하게 할 것이요, 결코 사인私人들이 관속에게 직접 말하지 못하도록 할 것이다. 비록 아무리 하찮은 일이라도 만에 하나 명령이 여러 곳에서 나오게 해서는 안 된다. ○ 법을 이와 같이 세워놓으면 수리는 아주 어렵게 여겨 독촉하고 주의를 주는 일을 필시 엄하게 하여 며칠 내로 일들이 시원스럽게 돌아갈 것이다.

권일權佾²⁷이 지방에 원으로 나갈 때 어머니 안씨 부인이 경계하기를

---

24 주노廚奴: 음식을 맡은 하인.
25 원노園奴: 과일이나 채소를 관리하는 하인.
26 동헌東軒: 지방 수령이 업무를 보는 처소를 가리킴.

"백성을 대하매 반드시 너그럽게 다루어, 늙은 어미로 하여금 봉양을 받기에 부끄러움이 없도록 하여라. 내외를 엄하게 단속하지 않으면 뇌물이 들랑거리는 길이 열릴 것이니 각별히 조심하여라"라고 하였다.

관기나 관비가 내정에 출입해서는 안 된다. 너절하고 잡스런 말들이 모두 이런 무리들의 입으로부터 흘러나오는 것이다. ○ 침비針婢[28]에게 시킬 일이 있으면 응당 동헌에서 수노를 시켜 바느질감을 내보내도록 할 것이다. ○ 급수비汲水婢[29]는 마땅히 염석문 옆에 담을 뚫고 홈통을 설치하여 안으로 물을 붓도록 할 것이다.

수리의 처를 내아에 출입하도록 해서는 안 된다. 이런 무리들은 공관空官【수령이 나가 자리가 빌 때를 공관이라 한다】한 틈을 타서 음식을 잘 차려오거나 또는 포백, 기물 등속의 좋은 물건들을 내실에 선사해서 사사로운 안면을 두터이 한다. 수령이 이 때문에 구애가 되어 수리를 사인과 같이 여기게 되니, 정사를 해침이 많다.

언제나 성대한 제사를 지내면 제사 음식을 골고루 나누어주어야 한다. 옛날 예법에는 훈포釁胞[30]나 적혼翟閽[31] 같은 무리들에게도 반드시 은혜를 고루 베풀었다. 그런 까닭에 『예기』에서 "은혜가 골고루 베풀어지면 정치가 잘 된다"라고 하였다. 육방六房의 이속이나 가까이 부리는 시노와 시

---

27 권일權佾, 1608~?: 조선 후기 문신. 현종 때 청도군수淸道郡守에 도임했고, 숙종 초년에 표리(表裏, 옷의 겉감과 안집)를 하사받았다.
28 침비針婢: 바느질을 맡은 관비官婢 내지 관기官妓.
29 급수비汲水婢: 관청에 소속되어 주로 물을 긷는 잡역에 종사하던 관비. 수급비水汲婢라고도 한다.
30 훈포釁胞: '훈'은 가죽을 다루어 갖옷을 만드는 사람, '포'는 가축을 잡는 일을 맡은 사람. 모두 천한 사람으로 취급했다.
31 적혼翟閽: '적'은 악을 다루는 아전이며, '혼'은 문지기.

동 등 수고를 끼친 사람들에게 다 골고루 돌아가게 하지 않으면 안 된다.

호태초는 말하였다. "자제나 문객들은 이속 무리와 서로 사귀지 못하게 하며, 아전이나 민간의 부녀자들이 내아로 드나들며 물건을 사고파는 일이 없도록 해야 한다. 오고 가는 사이에 서로 결탁하여 은밀한 약속을 교환하면 재앙이 집안으로부터 생겨날 것이니 어떻게 해결할 것인가. 일이 규문에 관계되면 분변하기도 쉽지 않다."

『오성가계烏城家誡』[32]에 나와 있다. "자제나 친척 빈객들은 책방에 조용히 있을 것이요, 이속이나 향임, 관노들과 만나 말을 나누어서는 안 된다【전에 나의 선인先人께서도 군현을 다스릴 때에 이같이 경계하셨다】. 자제들은 마땅히 새벽에 일어나서 세수를 하고 머리를 빗고 아버지 침소에 나아가 문안을 드리되, 참알할 때가 되면 곧 자기 방으로 물러나올 것이요, 부친의 곁에 서서 참알하는 것을 보아서는 안 된다. 간혹 이속들이 물러가고 관정이 비어 있을 때에 동헌으로 올라가서 모시고 담소하는 것은 좋다. 그러나 송사하러 백성이 들어오거나 죄인에게 매를 친다거나 할 때에는 곧 자기 방으로 돌아가야 할 것이요, 부친 곁에 서서 판결을 하고 죄인을 다스리는 것을 보아서는 안 된다." ○ 자제들이 혹 상경해서 집에 갈 때라든가, 혹 가까운 고을에 놀러나갈 때에는 마땅히 자기 종과 자기 말을 이용해야 한다. 흔히 자제들이 나들이할 적에 관의 말을 타고 옆에 관노들의 옹위를 받아 마치 관인 행차처럼 차려서 보는 사람을 민망하게 하고 있다. ○ 자제들이 책방에 있을 때에 반드시 모시는 아이가 있게 된다【즉 책방 통인이다】. 만약 이 아이가 없으면 손님들이 수족을 꼼짝할 수 없으므

---

32 『오성가계烏城家誡』: 누구의 저술인지 미상. 연일延日 정씨鄭氏 가문에서 후손을 경계하기 위해서 지은 것이 아닌가 추측된다.

로 금지하기는 어렵다. 그러나 응당 입에서 젖내가 나는 아직 어린아이를 시키되, 항상 자제들에게 주의를 주어서 그 아이를 사랑하고 쓰다듬으며 글자라도 가르치고, 비록 잘못이 있더라도 큰소리로 꾸짖지 말도록 할 것이다. ○ 자제들이 혹 절에 놀러 나갈 때에는 책방 통인을 데리고 조용히 걸어서 가는 것이 좋다. 절에서 먹는 음식에 대해서는 값을 후하게 주고, 병폐를 알아보아서 돌아와 아뢰도록 한다. 비록 시를 아는 중이나 경서를 아는 중이 있다 하더라도 관부로 불러들여서는 안 된다. ○ 만약 읍내 청년들이 서로 만나기를 청하더라도 사양하여 만나지 말고, 졸지에 찾아와서 말을 붙이면 온화한 얼굴로 사양하며 "가훈家訓이 엄해서 감히 환대하지 못하니 너그러이 용서하기 바라오"하고 곧 일어나서 자리를 피하도록 할 것이다.

청탁이 행해지지 않고 뇌물이 들어오지 못한다면, 곧 집을 바로잡았다고 할 수 있다.

나의 지위가 높아지면 아내와 자식부터 나를 가리고 속이게 된다. 남편을 공경하지 않는 아내가 없으며, 아버지를 사랑하지 않는 아들이 없거늘 어찌 가리고 속일 마음이 생기겠는가? 그러나 도리를 아는 사람이 적어서 혹은 안면에 끌리기도 하고, 혹은 재물에 유혹되기도 하므로 청탁이 행해지는 것이다. 이것이 이른바 아녀자의 인仁이다. 살을 찌르는 듯 통절한 참소로 어떤 아전을 제거하라 하기도 하고, 혹은 쓸모없는 어떤 사람을 재목이라고 천거하기도 하고, 혹은 '갑'에 대한 판결은 여론이 원통하다 하고, 혹은 '을'의 옥사는 원님의 판결이 잘못되었다고도 하는 등 아래 있는 간사한 무리들이 온갖 계교로 이간질을 한다. 그러면 어진 아내 순진한 아이들이 그네들의 술수에 빠져서, 스스로는 공정하게 아뢰는 것이라 생각하지만 자기도 모르게 고자질이 되는 것이다. 나는 이런 경우를 허다히 보았다. 남의 말을 들을 때 얼른 믿지 말고 오직 천천히 사리를 따져 만약 그의 말이 과연 충직함에서 나온 것이라면 겉으로 드러내지 말고 잠자코 그 일을 선처해야 한다. 만약 그의 말이 간사한 자들의 꾀에서 나온 것이라면 경위를 캐고 내막을 들추어, 본 사건 외에 청탁한 죄까지 더해서 반드시 법에 비춰 분명하게 징계해야 한다. 아내와 자식은 나를 사랑하는 사람이니 이들의 말은 무조건 옳다고 생각하면 큰 실수가 있을 것이다. 아내와 자식도 그런데 하물며 그 나머지야 말할 것이 있겠는가?

양계종이 가흥군嘉興郡을 다스릴 때에 한 마부가 돼지머리를 선사하매 부인이 그것을 받았다. 양계종이 돌아와서 그것을 먹은 다음 어디서 온 것인가를 물었다. 부인이 사실대로 말하자 그는 크게 후회하고 북을 두들겨 소속 아전들을 불러 고했다. "나 양계종이 집을 잘 다스리지 못해서 처가 뇌물을 받아들여서 내 몸이 불의에 빠지게 되었다" 하고, 이내 조협환皁莢丸[33]을 먹어서 음식을 토해내고 그날로 처자를 돌려보냈다. 案 이 일은 그렇게까지 할 것은 없다. 후히 돼지값을 치러주고 집안사람들을 조용히 경계해서 다시는 뇌물을 받아들이지 말도록 할 것이며, 만약 그래도 개전하지 못하면 남모르게 돌려보내는 것이 옳다. 겸손은 지극한 덕이지만 겸손을 밖으로 노출하면 덕을 잃게 되며, 청렴은 높은 행실이

---

33 조협환皁莢丸: 쥐엄나무에서 뽑아 만든 알약으로 토하게 하는 약.

지만 청렴을 밖으로 떠벌리면 거짓된 행실이 되고 만다. 매양 청렴한 선비들의 행적을 보건대 인정에 가깝지 않은 행동은 도리어 이름을 좋아하는 것 같으니 군자가 본받을 바가 아니다.

고려 유응규庾應圭[34]는 품행이 곧고 단단했다. 일찍이 남경南京[지금의 양주]의 쉬倅로 있을 때 정사에 청렴 개결함을 숭상했다. 그의 처가 해산을 하고 유종이 심해서 나물국만 먹는 형편이었다. 한 아전이 남몰래 꿩 한 마리를 가져왔다. 그의 처는 "주인이 평소에 남의 선물을 받지 않았는데, 어찌 나의 구복口腹을 위해서 주인의 맑은 덕에 누를 끼칠쏘냐"라고 말하자, 그 아전이 부끄러워서 물러갔다[쉬倅는 판관을 가리킨다].

청음淸陰 김상헌金尙憲[35]은 벼슬을 청렴하게 하였다. 한 관인이 자기 부인이 뇌물을 받아 비방을 듣는 것을 걱정하자, 청음은 "부인의 소청을 하나도 들어주지 않으면 비방이 그칠 것이다"라고 일러주었다. 그 관인이 크게 깨닫고 그대로 하였다. 그의 부인이 항상 청음을 욕하여 "저 늙은이가 저만 청백리가 되었으면 그만이지 왜 남까지 본받게 해서 나를 이렇게 고생시킨단 말인가"라고 하였다[정재륜의 『인계록因繼錄』].

동악 이안눌이 충청도 관찰사로 있을 때였다. 선산先山이 면천沔川에 있었는데 공의 아들 유梄가 면천에서 죽었다. 그의 어머니가 장차 분곡奔哭[36]한다는 것을 듣고 공이 사람을 중로中路에 보내서 돌아가도록 하고

---

34 유응규庾應圭, 1131~1175 : 자는 빈옥賓玉이다. 문하시랑평장사門下侍郞平章事를 지낸 유필庾弼의 아들이다. 음보蔭補로 진출하여 치적이 있었다.

35 김상헌金尙憲, 1570~1652 : 자는 숙도叔度, 본관은 안동, 청음淸陰은 그의 호이다. 명관名官으로 청요淸要의 직을 역임하였으며, 청나라에 대해 척화를 주장하였다. 그 때문에 심양瀋陽에 붙잡혀 있다가 돌아왔다.

36 분곡奔哭 : 부모가 돌아가셨다는 소식을 듣고 달려가는 것을 이르는 말.

"내가 지금 한 도를 맡아 다스리고 있으니 나의 부녀자들이 이 도의 경계 안으로 들어와서는 안 된다"라고 하였다. 준엄하여 사정을 두지 않음이 이와 같았다.

물건을 살 때에 값을 따지지 말고 사람을 부릴 적에 위압으로 하지 않으면 규문이 존경을 받게 될 것이다.

『상산록』에서 이렇게 말했다. "매양 보면 법도가 없는 가정은 수리나 주리廚吏【관청색官廳色】, 수노나 공노工奴[37]【공고직工庫直이다】들이 항상 염석 문 밖에 서서 무명, 삼베, 명주, 생모시 등속의 보따리나 큰 짐을 연달아 내아로 들여보내 고르도록 한다. 그러면 사나운 노비들이 서로 분부를 전갈하되 거칠다느니 성글다느니, 값이 싸다느니 비싸다느니 하며, 가장 좋은 물건을 골라서 헐값을 강요하게 된다【싼값으로 좋은 물건을 사려는 것이다】. 시끄러운 소리가 바람결에 흘러나가고 얕은 속셈이 여러 사람의 눈에 들여다보인다. 그래서 장수가 베를 안고 나가서 악담을 사방으로 퍼뜨리게 되니 이것은 천하에 큰 수치이다. 마땅히 약속을 정하여 포백을 사들이는 권한은 수노에게 맡긴다【수리 또한 큰 아전이기 때문에 이런 하찮은 일을 맡게 하는 것은 불가하다】. 수노는 자신이 묵인墨印을 찍어서 책방에 바치고, 책방은 펴보지 말고 내아로 들여보낸다. 내아에서는 아무리 승수升數[38]가 반으로 줄고 값이 곱절이라도 되돌리지 않고 이러쿵저러쿵 하는

---

37 공노工奴: 공방工房 소속의 관노.
38 승수升數: '승'은 우리말로 '새'인데, 피륙의 날을 세는 단위. '승'의 등급으로 피륙의 좋고 나쁨이 결정된다.

말도 일체 없이 받아들이면 가정의 법도가 어긋남이 없을 것이며, 나쁜 소리가 밖으로 퍼지지 않게 될 것이다."

『상산록』에서 또 이렇게 말했다. "식견 없는 부녀자들이 관비 부리기를 자기 집의 종 부리듯이 해서 매를 때리기도 하고 위세로 억누르기도 한다. 기한을 촉박하게 주고 매질을 혹독하게 해서 원한이 수령 일신에 돌아오고 비방이 사방에 퍼지게 되니 어찌 이래서야 될 것인가. 일언반구도 말이 안에서 밖으로 나가게 해서는 안 된다." ○ 안팎의 의복은 관비나 관기를 시켜서 바느질해서는 안 된다. 만약 부득이 남의 손을 빌어야 할 경우는 마땅히 침비【이른바 침장針匠이라 한다】를 불러서 바느질집[針家]【읍마다 잘하는 바느질집이 있다】으로 보내어 삯전을 주고 짓는 것이 좋다. ○ 매양 보면 아녀자들이 온필의 가는 누비감【속칭으로는 필누비疋縷飛】을 억지로 침기針妓에게 맡기면 침기는 자기의 비녀나 팔찌, 솥단지 등속을 팔아서 바느질집의 삯전을 갚는다. 원성이 하늘로 치솟을 뿐 아니라, 비녀, 팔찌, 솥단지 등속은 몸을 팔아 얻은 것들이다. 이런 따위로 옷을 지어 조복朝服과 제복祭服을 만들고, 부모가 낳아준 몸을 가리다니 임금을 공경한다고 할 수 있으며, 선조를 공경한다고 할 수 있으며, 부모가 낳아준 몸을 잘 지킨다고 할 수 있겠는가. 말하기조차 더러운 짓이다.

다만 부중府中의 가난한 손님에게 주는 옷은 바느질이 거칠더라도 굳이 남의 손을 빌릴 것이 없고 침기에게 시킬 것이다.

집안에 애첩을 두게 되면 부인이 질투하기 마련이고
행동이 한번 잘못되면 소문이 사방으로 나간다.

일찍이 사욕을 끊어 후회함이 없도록 할 것이다.

질투심이 없는 부인은 극히 드물다. 수령이 조심하지 않고 기생을 좋아하다가는 하동河東에서 사자후獅子吼가 일어나고[39], 강좌江左에서 주미塵尾를 들고 급히 달리는가[40] 하면, 창갱鶴羹으로도 치료되지 않으며[41], 눈썹이 먼저 깎여질 것이다.[42] 작게는 집안이 시끄러워지고 크게는 관부의 바깥까지 떠들썩해져서, 불행히도 감사에게 소문이 들리면 고적考績에 "뜻은 선정을 원했으나 사실인즉 해괴한 소문이 들린다"라고 오를 것이다. 천하에 수치가 이보다 더 큰 것이 있겠는가. 수령은 마땅히 이 점을 생각해서 스스로 더럽힘이 없도록 해야 할 것이다. 국법으로 금하는 일이라 비단 가정의 재난으로만 두려워할 일이 아니다.

진晉나라 사막謝邈[43]이 오흥태수吳興太守로 있을 때 일이다. 그의 처 극郗씨의 성질이 질투가 심하여 그가 첩을 얻자 원망한 나머지 절연하는

---

39 중국 송나라 진조陳慥의 고사이다. 그의 처 유씨는 투기가 심하였는데 진조가 손님을 청하여 잔치하는 자리에 기생이 옆에 있었다. 유씨가 막대로 벽을 치고 소리를 쳐서 손님들이 모두 가버렸다. 소식蘇軾이 이 일을 기롱해서 "문득 하동의 사자후 들리니 지팡이가 손에서 떨어지자 마음이 아득하여라(忽聞河東獅子吼, 拄杖落手心茫然.)"라고 시를 지었다. 하동은 그 부인의 성이 유柳임을 빗댄 것이고 '사자후'는 진조가 부처에 대하여 말하기를 좋아하였기 때문에 불가의 문자를 쓴 것이다.

40 주미는 원래 먼지떨이인데 옛날 중국 사람들이 이것을 애완용으로 사용하여 말을 할 때는 물론 항상 손에 들고 있었다. 육조 때 왕도王導가 자기 집에서 처첩 간의 싸움이 일어나자 수레를 타고 주미를 흔들며 급히 집으로 달려갔다 한다. 강좌는 지금의 강소성 지역으로 육조시대의 중심지였다.

41 중국 양나라 무제가 시녀를 사랑하는 것을 보고 부인 극씨가 질투하여 병이 났다. 어떤 신하가 창경(鶴鶊, 꾀꼬리) 고기를 먹으면 그 병이 나을 수 있다고 하여 먹였더니 극씨의 투기하는 병이 반쯤 나았다 한다.

42 중국 당나라 방유복房孺復의 부인 최씨가 질투가 심하여 여종이 화장하는 것을 못마땅하게 여겨 그 여종의 눈썹을 깎아버리고 푸른색을 칠해주었다 한다.

글을 보내왔다. 사막은 문하생 구현달仇玄達이 자기 처를 위해서 그 글을 지어준 것으로 의심하고 구현달을 배척하였다. 구현달은 손은孫恩[44]에게 달아나서 마침내 사막을 해쳤다.

모친이 가르침이 있고 처자들이 규범을 지키면 이런 집을 법가法家라 이를 것이니, 백성들이 본받을 것이다.

조찬曹璨[45]은 빈彬의 아들이다. 절도사로 있을 때 하루는 그의 모친이 집의 창고에 돈 수천 꿰미가 쌓여 있는 것을 보았다. 조찬을 불러 그것을 가리키며 "너의 선친은 중앙과 지방으로 벼슬을 역임했으나 이렇듯 재물이 쌓인 것을 못 보았다. 네가 너의 아버지보다 훨씬 못한 줄을 알겠다"라고 하였다.

양동산楊東山[46]이 오의 태수로 있을 적에 그의 모친 나대羅大 부인은 일찍이 밭에 모시를 심고 몸소 길쌈을 해서 옷을 해 입었다. 양동산이 봉급을 떼어서 모친을 봉양하였는데 모친이 갑자기 병이 났다. 병이 나은 다음 모아둔 봉급을 내놓으면서 "내가 이것을 쌓아두고부터 마음이 즐겁지

---

43 사막謝邈, 368~399 : 중국 동진東晉 때 사람. 자는 무도茂度이다. 성질이 강경하고 자못 견식이 있었다. 오흥태수로 있다가 반군 손은孫恩에게 붙잡혀 살해당했다.

44 손은孫恩, ?~402 : 중국 동진 때 사람. 오두미도五斗米道를 신봉하여 반란을 일으켜 자호를 정동장군征東將軍이라 했다. 뒤에 패하여 죽었다.

45 조찬曹璨, 950~1019 : 중국 송나라 사람. 자는 도광韜光이다. 활을 잘 쏘고『육도삼략六韜三略』에 익숙했으며『좌씨춘추左氏春秋』를 좋아했다. 거란과의 싸움에서 전공이 있었다.

46 양동산楊東山, 1157~1236 : 중국 송나라 사람인 양장유楊長孺. 자는 백자伯子, 동산東山은 그의 호이다. 시인으로 유명한 양만리楊萬里의 아들이다. 음직으로 호주湖州의 태수를 지냈는데 호주는 역대로 오나라 땅이었다.

않아서 병이 났다. 이제 이 돈을 모두 의원에게 사례로 보내면 나는 무병하게 될 것이다"라고 말하였다. 아들 넷과 딸 셋을 낳아 모두 자기 젖으로 키웠는데, "남의 자식을 굶겨가며 내 자식을 먹이는 것은 참으로 무슨 마음인가"라고 하였다.

정선과鄭善果[47]가 경주景州를 다스릴 때였다. 모친 최씨가 정사에 밝았는데, 매양 정선과가 나가서 송사를 듣고 판결을 할 때면 장막 뒤에 의자를 놓고 앉아서 엿보았다. 그의 판결이 이치에 합당하면 앞에 앉히고 담소를 나누었으며, 처결한 일이 옳지 못하거나 부당하게 꾸짖고 성을 내면 방으로 들어가서 소매로 얼굴을 가리고 눈물을 흘리며 종일토록 음식도 들지 않았다. 이 때문에 아들 정선과는 이르는 곳마다 청백리로 이름을 얻었다 한다【다른 책에는 당나라 정선과가 기주沂州를 다스릴 때 일이라고 하였다】. 案 이것은 참으로 훌륭한 일이다. 그러나 바깥일에 관여하지 않는 것이 부인의 도리이다. 만약 아전이나 관노들이 죄가 있어 장차 중장重杖을 받게 될 경우 혹 대부인이 쪽지를 보내서 너그러이 봐주도록 하고, 수령이 이에 따라 감동을 해서 형을 가볍게 해주면 정사에 방해가 되지 않고 은혜가 모친에게 돌아갈 것이니 좋은 일이다. 처 이하의 가족이 쪽지를 보내는 일은 불가하다. ○ 선배 윤팔송尹八松[48] 같은 분은 매양 양로연養老宴을 배설할 적에 70세 이상의 부인에 대해서는 자기 어머니로 하여금 연회를 주관하도록 하였는데 예법에 어긋나지 않을 것도 같다.

---

47 정선과鄭善果, 569~629 : 중국 당나라 사람. 청백리로 이름이 있었으며, 형부상서刑部尙書를 지냈다.

48 윤팔송尹八松, 1571~1639 : 이름은 황煌, 자는 덕요德耀, 팔송八松은 그의 호이다. 영광군수, 승지, 이조참의 등을 역임했다.

윤석보尹碩輔가 풍기군수로 있을 때 처자는 풍덕豊德[49] 시골집에 남아 있었는데 굶주림과 추위로 생계가 어려웠다. 처 박씨가 집에 전하던 비단옷을 팔아서 밭 1묘畝를 샀다. 그가 듣고 급히 편지를 보내 그 밭을 곧 돌려주라고 하면서, "고인은 한 자 한 치의 땅도 넓히지 않고 오직 임금에게 충성을 다하였다오. 이제 내가 대부의 말석에 있으면서 나라의 녹을 받아먹는데 전택田宅을 사들이는 것이 옳겠소. 백성과 매매를 해서 나의 죄를 무겁게 하지 마오"라고 하였다. 이에 박씨는 부득이 그 밭을 돌려주었다고 한다.

유공작柳公綽[50]이 절도사로 있을 때 그의 아들이 더러 경내에 들어와 있어도 군읍에서 알지 못했다. 관부에 당도하여 출입할 때면 언제나 극문戟門 밖에서 말을 내렸다. 案 극문이란 지금의 외삼문外三門[51]을 말한다. 몇 걸음도 안 되는 거리여서 수고로움이 대단치는 않지만 족히 가정의 법도를 볼 수 있는 것이다. 어찌 본받지 않으랴! ○ 자제들이 내려오면 으레 정문을 여는데 그것은 예가 아니다. 마땅히 동협문東夾門으로 출입해야 할 것이다. 『예기』에 "자식 된 자는 문 가운데 서지 않고 길 가운데로 걷지 않는다"라고 하였다.

---

49 풍덕豊德 : 지금의 황해북도 개성 근방에 있는 지명.
50 유공작柳公綽, 763~832 : 중국 당나라 화원華原 사람으로 자는 관寬, 시호는 원元이다. 하동절도사河東節度使, 병부상서에 이르렀다.
51 외삼문外三門 : 출입구를 중앙과 좌우 셋으로 한 큰 문. 관청의 정문.

屏客

관아에 책객을 두어서는 안 된다. 오직 서기 한 사람을 두어 내아의 일까지 살피도록 할 것이다.

요즈음 책객이 회계를 맡아서 날마다 쓰는 쌀과 소금 등의 장부를 살펴보는데, 이는 잘못된 것이다. 관아의 회계에는 공적으로 사용한 것과 사적으로 사용한 것이 모두 기입되고, 많은 아전과 하인이 관계되어 있는데, 지위도 명분도 없는 사람에게 이 일을 총괄해서 보게 하여 날마다 재정을 맡은 아전 및 관노들과 '많다' '적다' '거짓이다' '사실이다' 하고 있다. 이 어찌 사리에 맞는 일이겠는가?

책객이 아전과 관노들이 속이고 숨기는 짓을 잘 적발하면 그 원망은 내게 돌아올 것이고, 더럽고 잘못된 짓을 잘 덮어주면 그 폐해가 내게 돌아올 것이니 무슨 도움이 되겠는가. 하기下記의 세세한 지출은 지나치게 살필 것이 못 된다. 진실로 수령이 밝으면 아전들은 저절로 속이지 못하게 된다. 비록 좀도둑질이 있다 하더라도, 1년 손실이 만전萬錢[1][100량兩이다]을 넘지 못할 것인데, 회계를 맡아보는 책객을 1년간 먹이는 비용은

---

1 만전萬錢: 당시 통행한 돈은 동전으로, 동전 1개가 1푼이며, 동전 100개가 1량이었다.

적어도 3~4만 전에서 내려가지 않을 것이니, 얻는 것이 잃는 것을 보충하지 못하고 한갓 내게 누만 더할 따름이다. 책객은 마땅히 제거해야 할 혹인 것이다. 매양 보매 인색한 사람은 책객에게 거듭 타일러서 하기를 세밀하게 하도록 하는데, 책객은 아전과 약속하여 "원님의 성품이 깎기를 좋아하니 나 역시 괴롭다. 무릇 소요되는 비용을 너는 마땅히 실제보다 많이 기록하라. 나는 그것을 깎겠다. 기름 5홉을 쓴다면 너는 불려서 7홉으로 기록하라. 나는 깎아서 5홉으로 하겠다. 너에게 손해가 없고 원님에게도 잃는 것이 없으며, 나는 그 사이에서 허물과 책망을 면할 수 있으니 서로 좋지 않으냐"라고 한다. 아전들은 기꺼워하여 결국 책객과 한통속이 되어 몰래 책객에게 토산물을 뇌물로 바치면 책객은 아전이 함부로 쓰는 것을 덮어주고 그 이익을 나누어먹는다. 수령이 그만두고 돌아간 뒤에는 뭇 아전들이 모여 이런 일들을 이야기하면서 손뼉을 치며 비웃을 것이다. 결국 수령은 어리석은 자가 되고 책객은 간사한 자가 되어, 두 사람 모두 추악한 이름을 남긴다. 이것을 모르면 안 된다. ○ 무릇 관에서 쓰는 여러 가지 물건에는 마땅히 월례月例가 있다[뒤의 '씀씀이를 절약함'(제2부 제5조)에 상세하다]. 이미 월례가 있는데 하기는 무엇 때문에 살필 것인가.

오직 서기 한 사람은 있어야 한다. 무릇 수령의 집안일은 사람 하나를 두어 아래와 위를 이어주고 안팎을 통하게 해야 할 것이다. 무릇 세세한 일들을 수령이 직접 관장하면 체모가 손상되는 일이 있고, 자제들이 관장하면 비루해지기 때문에 없앨 수 없다. 제사에 쓰이는 물건과 선물을 싸서 봉하고 표시하는 일은 응당 이 사람에게 맡기고, 내아에서 쓰는 각종 물건을 출납하고 조절하는 일도 응당 이 사람에게 맡기되, 다만 이 사람이 한마디의 명령이나 한마디의 말도 직접 하게 해서는 안 되며, 다만 틈을 타서 동헌東軒[2]에 아뢰어 명령을 받도록 한다. 또 무릇 편지를 주고받는 일은 만일 나의 자제 중에서 이런 수고를 대신할 사람이 없다면 응당 이 사람에게 맡길 것이다. 그래서 기실記室이라고 부른다. ○ 수령이 편지에서 더러 자신을 '모 쉬某倅'라 칭하는데 이는 잘못이다. 군쉬郡倅를 반자半刺[3]라고 부르니 '쉬'는 부副요, 버금을 뜻하는 것이다. 감영의 판관이 자칭 '쉬'라고 하면 옳으나(공주나 전주 등) 군수와 현령은 '쉬'가 아니다. 또 그 음은 '채'인데 요즈음 이를 '수晬'와 비슷하게 발음하는 것도 역시 잘못이다.

월례 외에 따로 지출된 것들은 마땅히 이 사람에게 사적으로 장부를 작성하도록 하고, 월말의 회계가 끝나거든 회계문서를 모아 이 사람에게 주어 월례의 소용과 따로 지출된 소용을 조사시켜 만일 착오가 보이면 마땅히 적발하여 동헌에 보고하도록 한다. 동헌은 수리를 불러 이를 바로잡도록 할 뿐이요, 어디까지나 이 사람으로 하여금 아전이나 노복들을 불러 같이 앉아 타산하면서 붉은 점을 치거나 먹으로 지우거나 하게 해서는 안 된다.

무릇 수령은 자기 고을 사람 및 이웃 고을 사람들을 관아에 불러들여 만나서는 안 된다. 관부 안은 마땅히 엄숙하고 투명해야 할 것이다.

---

2 동헌東軒: 수령이 집무하는 처소를 가리키는 말이지만, 여기서는 수령을 가리킴.
3 반자半刺: 원래 군현의 보좌관을 지칭하는 것인데 장사長史·별가別駕·통판通判 등을 일컫는다.

요즘 존문存問이라고 하여 수령이 그 지방에 거주하는 인사를 찾아가 인사하는 습속이 있다. 토호와 간사한 백성이 조정의 고관들과 결탁하고 있어, 수령이 부임 인사를 드리는 날에, 조정의 고관들이 그들을 찾아가 인사하라 하고 일마다 비호해주도록 부탁한다. 전에 참판 유의가 홍주목사로 있을 때, 이러한 청탁을 하나도 시행하지 않았다. 내가 그분에게 너무 융통성이 없다고 말하자, 유공은 "주상께서 홍주 백성을 나 같은 신하에게 맡겨서 그들을 구휼하고 보살피도록 하셨으니, 조정에 있는 고관의 부탁이 중하기는 하지만 어찌 이보다 중할 수가 있겠소. 만일 내가 특별히 한 사람에게만 인사하고 비호한다면, 이는 임금의 명을 어기고 한 사람의 사적인 명을 받드는 셈이지요. 내 어찌 감히 그런 짓을 하겠소?"라고 대답했다. 나는 그의 말에 깊이 감복하여 다시는 더 거론하지 않았다. 모름지기 존문하는 일은 경솔히 해서는 안 되는 것이다. ○ 만일 부득이 해야 할 경우에는 부임 후 3개월 정도의 기간을 두고 찬찬히 그 사람의 행동을 살펴보아, 힘으로 백성을 억누르거나 간사한 행적이 없는 사람이라면 찾아가 존문을 할 수 있을 것이다. 하지만 예물 목록의 말미에 '결코 답례하지 말 것'을 명기해야 한다. ○ 문리門吏[4][예방禮房의 승발承發 등]들을 엄중히 일러 단속하되, "무릇 읍내 유생 중에 향교의 현 재임齋任이나 새로 존문을 받은 자라 하더라도 통자通刺[5]하게 해서는 안 된다. 만약 위반

---

4 문리門吏: 관문의 관리를 담당한 아전. 원주의 승발이란 지방관아에서 잡무를 맡아보는 사람을 지칭한다.
5 통자通刺: 명함을 보내어 윗사람에게 인사를 청하는 일. 여기서는 수령에게 교제를 요청하는 일.

하면 네게 죄를 줄 것이다"라고 하라. ○ 조정에서 벼슬하다가 물러난 사람은 아무리 하찮은 음관이나 무변이라도 반드시 먼저 찾아가 인사해야 할 것이니, 이는 존귀한 자를 존귀하게 대하는 뜻이다. 그들 중에 혹 찾아오는 자가 있으면 거절할 수는 없다. 그래서 만나게 되는 때에 "뜻이 두텁지 않은바 아니나, 예에는 한계가 있어야겠습니다. 내가 그대와 약속하고자 합니다. 의논할 일이 있으면 내가 찾아가서 만나고, 모일 일이 있으면 내가 초청해서 만나는 것이 예입니다. 담대멸명澹臺滅明이 일찍이 언偃의 처소를 방문하지 않았고[6], 방덕공龐德公[7]이 한 번도 관부官府에 들어오지 않은 것은 그래서였습니다. 다소 섭섭하더라도 좋은 관계를 길이 유지하려는 것이니 이해해주십시오"라고 약속을 할 것이다. 그러고는 아전들에게 이 약속을 확실히 알려주어야 한다. ○ 고을 안에는 필시 문사文士로 일컫는 이들이 있어서 과시科詩와 과부科賦[8]를 잘하는 것으로 수령과 교분을 맺고, 그것을 인연 삼아 농간을 부리는 경우가 있으니, 이들을 끌어들여 만나서는 안 된다. 또 풍수, 사주쟁이, 관상, 점치기, 파자破字[9] 등등 온갖 요사스럽고 허황한 술수를 가진 자가 수령과 인연을 맺으면 작게는 정사를 문란케 하고 크게는 화를 부르게 될 것이니, 마땅히 천 리 밖으로

---

6 담대멸명澹臺滅明·언偃: 담대멸명은 중국 춘추시대 노나라 사람. 언은 공자의 제자인 자유子游이다. 언이 무성재武城宰로 있을 때 공자가 그곳에서 사람을 얻었느냐고 문자 담대멸명이란 사람이 수하에 관리로 있는데 길을 갈 때에 지름길로 가지 않고, 공사가 아니면 제집에 들르지 않는다고 대답했다(『논어·옹야雍也』).
7 방덕공龐德公: 중국 후한 때 인물로 인품이 고결한 것으로 유명했다. 형주衡州의 유표劉表가 누차 불렀으나 가지 않았으며, 제갈량諸葛亮이 매양 그를 찾아가 인사를 드렸다.
8 과시科詩·과부科賦: 과거시험에 과목으로 들어 있는 시와 부. 과시와 과부는 따로 독특한 형식이 있었다.
9 파자破字: 점을 치는 방법의 하나로 점을 치는 사람이 임의로 글자를 짚도록 하여 자획을 풀이하거나 그 글자가 들어 있는 시구를 연계해서 앞날의 길흉을 가리는 것.

물리치고 그림자도 가까이해서는 안 된다. ○ 오직 의원은 물리치기가 어렵다. 내가 의술을 모르고 그 사람이 정통하다면 필요할 때 부르지 않을 수 없다. 그러나 마땅히 십분 조심하고 삼갈 것이요, 보수는 후하게 주되 그 사람이 입을 열어 청탁하게 해서는 안 된다.

윤옹귀尹翁歸[10]가 동양태수東陽太守로 있을 때의 일이다. 우정국于定國[11]이 고을 유생 두 사람을 부탁하려고 그들을 딴 방에서 기다리고 있게 했다. 우정국이 윤옹귀와 종일토록 이야기를 나누었음에도 두 유생을 끝내 불러내 보이지 않았다. 우정국이 나와 두 유생에게 "이 어진 태수에게 사사로이 부탁할 수 없었다"라고 말했다.

『남사南史』에 "사람謝覽[12]이 오흥태수가 되었는데, 중서사인中書舍人 황목지黃睦之의 집이 오정烏程[13]에 있어 자제들이 횡포를 부리고 있었다. 사람이 아직 태수로 부임하기도 전에 황목지의 아우가 마중을 나와서 알현하려 하였으나 사람은 그를 만나지 않고 쫓았다"라고 하였다.

설문청의 『독서록讀書錄』에 "선비들은 본래 예로써 대해야 하지만 혹 글이나 글씨를 빙자하여 그것을 매개로 수령에게 접근하니, 한번 친절하고 흡족하게 대해주면 그들의 농간에 빠지기 쉽다. 이런 부류들을 잘 살펴서 멀리 끊어버리면, 또한 내 마음을 맑게 하고 일을 줄이는 데 도움이 될 것이다"라고 하였다.

---

10 윤옹귀尹翁歸, ?~B.C. 62: 중국 한나라 사람. 자는 자황子況이다. 선제宣帝 때 동해태수東海太守가 되었다.

11 우정국于定國, ?~B.C. 41: 중국 한나라 사람. 자는 만천曼倩이다. 사법관司法官이 되어 공평하다는 이름을 얻었다.

12 사람謝覽, 472~509: 중국 남북조시대 사람. 자는 경척景滌이다. 제나라 전당공주錢唐公主의 부마駙馬가 되었고, 이부상서, 오흥태수 등을 역임했다.

13 오정烏程: 중국의 절강성에 있는 고을로, 오흥에 속해 있다.

정한봉은 말하였다. "벼슬살이할 때에는 이색적인 사람과는 접촉하지 않는 것이 제일 좋다. 무당이나 여승 같은 부류들뿐만이 아니라 공예工藝를 다루는 사람도 필요할 때만 쓰고, 오래 머물도록 해서는 안 된다. 그들과 너무 친해지면 사실을 왜곡시키거나 시비를 혼란하게 만들기도 한다. 방관房琯[14]이 재상으로 있을 때 일개 금공琴工 황정란黃庭蘭이 그 문하를 출입하면서 등을 대고 잘못을 저질렀기 때문에 재상의 업적에 흠이 되었으니, 이와 같은 일들을 깊이 살피지 않을 수 있겠는가."

친척이나 친구가 관내에 많이 살면 거듭 단단히 단속하여,
사람들이 의심하고 비방하는 일이 없게 함으로써
서로 좋은 정을 보존하도록 해야 할 것이다.

친척이나 친구가 본 고을이나 이웃 고을에 살면 한 번은 초청하여 보고 한 번은 가서 보며, 때때로 선물을 보내되, "비록 날마다 보고 싶지만 예에는 한계가 있으니, 초청하기 전에는 절대로 오지 말기 바란다. 편지 왕래도 역시 의심과 비방을 살 터이니, 만일 질병이나 우환이 있어서 서로 알려야 할 경우에만 몇 자의 편지를 보내되 풀로 봉하지 말고 직접 예방아전에게 공개리에 보내도록 하라"라고 약속할 것이다. ○ 늘 보면 친척들이 때를 틈타 청탁을 하여 인심을 잃는 일이 거듭 쌓이면, 그가 떠난 후에는 강물은 흐르되 돌은 그대로 남는 것처럼 뭇 사람들의 분노가 여기저기서 일어나 이름을 보존하지 못하는 자가 허다하니, 어찌 두려워하

14 방관房琯, 697~763 : 중국 당나라 사람. 자는 차률次律이다. 벼슬은 현종玄宗 때 이부상서와 형부상서 등을 역임했다.

지 않을 것인가?

당나라의 장진주張鎭周[15]가 서주도독舒州都督이 되었는데 서주는 본래 그의 고향이었다. 서주에 도착하여 자기 옛집에 가서 많은 술과 안주를 마련해놓고 친척들을 초대하여 10일 동안 이들과 더불어 즐겼다. 그가 머리를 흩뜨리고 두 다리를 쭉 뻗고 앉은 자세가 벼슬하기 이전 같았다. 이윽고 돈과 비단을 나누어주고 눈물을 지으며 작별하는데, "오늘의 장진주는 여러 친척들과 기꺼이 마실 수 있었지만, 내일부터는 서주도독으로 백성을 다스릴 따름이오. 관민은 예가 서로 달라서 교유할 수 없다오"라고 말했다. 그로부터 친척이나 친구라도 법을 어기면 일체 용서하지 않으니, 경내가 숙연하였다. ○ 이는 소유문蘇孺文[16]의 법을 써서 친구를 대접한 것이다.

포증은 합비合肥 사람이었다. 고향 지역을 맡아 다스릴 때 법을 굽혀서 고향 사람들에게 영합하지 않았다. 고향 사람들이 그 때문에 "곧은 잣나무는 동량이 되고 강한 저울대는 갈고리가 될 수 없다"라고 말했다【포증이 여주廬州[17]의 관장이 되었는데 그곳은 바로 고향 고을이었다. 친척들 중 많은 이가 그의 권세를 등에 업고 관부를 시끄럽게 하였다. 일가 아저씨 중에 법을 범한 이가 있어 포증이 매를 때려 처벌했다. 이에 친척과 친구들이 숨을 죽였다】.

---

15 장진주張鎭周: 중국 당나라 사람. 처음에 수주도독壽州都督이 되었다가 서주舒州로 옮겼다.
16 소유문蘇孺文: 중국 후한시대의 인물인 소장蘇章. 유문孺文은 그의 자이다. 순제順帝 때 기주자사로 있으면서 관하의 청하태수로 있는 친구를 불러 술을 대접하고 우정을 나누자 그 친구는 기뻐하면서 "다른 사람은 다 하늘이 하나지만 나는 하늘이 둘이다"라고 하였다. 소유문은 "오늘 저녁 소유문이 친구와 술 마시는 것은 사적이요, 내일 기주자사가 일을 처리하는 것은 공법公法이다"라고 하였다. 그리고 그 친구의 죄를 바로잡아 다스렸다.
17 여주廬州: 중국 안휘성의 성도가 합비合肥인데, 옛날 그 지역에 여주가 있었다.

농암籠巖 이현보李賢輔[18]가 안동부사安東府使가 되었는데 안동 온 경내에 온통 친척과 세교世交가 있는 집안들이었다. 모두 예로써 대하니 정사에 많이 방해가 되기는 하였으나 공은 이를 무난히 처리하고 한 오라기의 치우친 사정私情도 용납하지 않았다. 사람들 역시 감히 원망하지 못하였다.

호태초는 말했다. "손님과 친구들이 같이 놀기도 하고 와서 만나기도 하면 고을 사람들이 생각하기를 '아무개는 왕래가 아주 빈번하고, 아무개는 정다운 이야기를 오래 나누는 것을 보면 틀림없이 정분이 두터운가 보다' 하여, 그 사람의 문전으로 사람들이 몰리고 청탁의 길이 열린다. 심한 자는 이미 갑의 돈을 받고 또 을의 돈도 받기로 약속한 후 관아로 가서 한참을 이야기하다가 급히 물러나와 갑과 을에게 각각 '이미 샅샅이 다 이야기했다'라고 한다. 실상인즉 아직 입도 열지 않았지만, 뒷날에 수령이 그 건을 판결할 때 한편은 반드시 이기게 되어 있다. 약속대로 돈을 받고는 '이 돈은 금당琴堂[19]에 바친 것이라'라고 한다. 수령은 무슨 허물이 있어 이런 누명을 쓰는가." ○ 호태초는 또 말했다. "배알을 받을 때에는 마땅히 공청에서만 서로 볼 것이다. 아전과 백성이 함께 지켜보니 저절로 의심을 받지 않게 될 것이다. 다만 예모를 더 갖추면 그는 나를 거만하다고 생각하지 않을 것이다." ○ 인정과 세태가 옛날과 지금이 다르지 않고 동쪽과 서쪽이 다르지 않음이 이와 같다.

---

18 이현보李賢輔, 1467~1555: 자는 비중棐仲, 호는 농암籠巖, 본관은 영천永川이다. 밀양, 안동 등의 수령으로서 선정을 베풀었고 지중추부사知中樞府事에 이르렀다. 「어부가漁夫歌」의 작자이며, 저서로 『농암문집籠巖文集』이 있다.

19 금당琴堂: 동헌을 가리킴. 공자의 제자 복자천宓子賤이 선보單父의 수령으로 있으면서 늘 정당에서 거문고를 탔는데 고을이 잘 다스려졌다는 고사에서 유래했다.

무릇 조정의 고관이 사신私信으로 긴밀히 청탁하는
것을 들어주어서는 안 된다.

질도邪都[20]가 제남태수濟南太守로 있을 때였다. 그는 사람됨이 공평하고
청렴하여 사신을 띄우지 않고 인사 선물도 받지 않았으며 청탁도 들어
주지 않았다. 항상 "이미 부모를 등지고 벼슬길에 나섰으니, 실로 마땅히
직분을 다하고 죽음으로써 절개를 지켜야 한다"하고, 끝내 처자식을 돌
보지 않았다.

위나라 사마지司馬芝[21]가 하남윤河南尹으로 있을 때, 강한 자를 누르고
약한 자를 북돋아서 사사로운 정이 감히 행해지지 못했다. 어떤 내관이
사마지에게 일을 청탁하고 싶었으나 감히 말하지 못하고 사마지의 처백
부 동소董昭[22]를 통해 뜻을 전하려고 하였지만 동소 역시 사마지를 두려
위하여 전하지 못했다.

진태陳泰[23]가 병주태수幷州太守로 있을 때, 중앙의 귀인들이 편지를 많
이 보내왔으나, 진태는 그 편지들을 모두 벽에 달아놓고 뜯어보지 않았
다. 임금의 부름을 받아 상서가 되자 이에 그 편지들을 모두 돌려보냈다.

조엄趙琰[24]이 청주자사靑州刺史로 있을 때 높은 지위와 요직에 있는 사

20 질도邪都: 중국 한나라 때 인물. 성품이 강직하여 직간直諫을 하였으며, 법을 시행함에
   있어서 귀척貴戚을 피하지 않았다. 후에 태후에게 미움을 사서 안문태수雁門太守로 나갔
   는데 흉노의 거리낌을 받아 죽임을 당하였다.
21 사마지司馬芝: 중국 위나라 사람. 자는 자화子華이다. 관내후關內侯에 봉해졌으며, 대사
   농大司農에 이르렀다.
22 동소董昭, 156~236: 중국 위나라 때 인물. 자는 공인公仁이다. 명제明帝 때 사도司徒를 지
   냈고 낙평후樂平侯에 봉해졌다.
23 진태陳泰, ?~260: 중국 위나라 사람. 자는 현백玄伯이다. 벼슬은 상서우복야尙書右僕射에
   이르렀다.

람의 서신 청탁이 있었는데, 이를 모두 물속에 던져버리고 이름도 알아보지 알았다. ○ 공익孔翊[25]이 낙양령洛陽令으로 있을 때 청탁서를 받으면 전부 물속에 던져버렸다.

포증이 개봉부를 맡았을 때 사람됨이 굳세고 엄하여 사사로이 청탁을 할 수가 없었다. 도성의 사람들이 "사적인 청탁이 통하지 않는 사람으로는 염라대왕과 포대감이 있다"라고 말하였다. ○ 왕한王閑[26]이 기주冀州를 다스릴 때, 사사로운 편지를 띄우지도 않고 호족을 용납하지 않아 '왕독좌王獨坐'라는 별호를 얻었다.

마준馬遵[27]이 개봉을 맡았을 때 항상 권세가와 호족들의 청탁 때문에 다스릴 수가 없었다. 그는 손님이 와서 청탁을 하면 잘 대우하고 거절하는 말이 없다가 손님이 물러간 후 그 일을 처리할 때에는 한결같이 법대로 결단하였다. 오래 지나자 사람들이 그에게는 사적인 청탁을 할 수 없는 줄 알게 되고 현에는 드디어 아무 일도 없게 되었다. ○ 질도나 진태에게는 원망이 있을 것 같으니, 마땅히 마준을 본보기로 삼아야 할 것이다.

진양陳襄[28]이 포성현蒲城縣 주부主簿로 있을 때, 그곳에는 세족들이 많

---

24 조염趙琰 : 중국 남북조시대 후위 사람이며, 자는 숙기叔起이다. 회남왕장사淮南王長史를 지냈다.

25 공익孔翊 : 중국 진晉나라 때 사람. 자는 원성元性이다. 본문에 나온 사적에서 '공익절서孔翊絶書'라는 말이 유래하였다.

26 왕한王閑 : 미상.

27 마준馬遵, 1011~1057 : 중국 송나라 사람이며, 자는 중도仲塗이다. 벼슬은 인종 때 이부원외랑吏部員外郎을 지냈다. 성격이 쾌활하며 너그럽고 논의를 잘하여 범충엄 등에게 칭찬을 받았다.

28 진양陳襄, 1017~1080 : 중국 송나라 사람으로 자는 술고述古, 호는 고령선생古靈先生이다. 학자이자 관인으로 이름이 있었는데 왕안석과는 반대되는 입장이었다. 저서로 『역의易義』『중용의中庸義』『고령집古靈集』 등이 있다.

아 전후의 수령들이 제어할 수 있는 이가 드물었다. 사실을 은폐하고 청탁하는 것이 관습이 되어 예사로 알았다. 그는 밤에 늦게 자고 아침에 일찍 일어나 힘써 그 폐단을 궁구하였다. 청탁하는 자가 있으면 그들이 사류士類임을 고려하여 곧장 법으로 재단하려 하지 않고 매양 송사를 들을 때 필히 자기 앞에 몇 사람을 둘러앉게 하였더니 사심을 품고 만나려는 사람들이 말을 꺼내지 못했다. 이로 인해서 그곳 사람들이 청탁할 수 없음을 알았으며, 노회한 자와 부정을 일삼는 관리들이 손을 움츠리고 기운을 잃었다.

유의가 홍주목사로 있을 때, 나는 금정역金井驛[29] 찰방察訪으로 있었다. 내가 편지를 띄워 공적인 일을 의논하고자 하였으나 답신이 오지 않았다. 나중에 내가 홍주로 가서 만난 자리에서 "왜 답장을 주지 않았소"라고 물으니, 그는 "나는 수령으로 있을 때에는 본래 편지를 뜯어보지 않소"라고 대답하였다. 그러고는 시중을 드는 아이에게 편지함을 쏟으라고 명하였는데, 조정의 귀인들이 보낸 편지들이 다 뜯기지 않은 상태였다. 내가 "이런 것은 참으로 그럴 만하다지만, 내 편지는 공무였는데 어찌 뜯어보지 않았소?"라고 물었다. 그는 "만일 공무였다면 왜 공문으로 보내지 않았소?"라고 대답하는 것이었다. 내가 "마침 그것이 비밀에 속한 일이었소"라고 하자, 그는 "그렇다면 왜 비밀히 공문으로 보내지 않았소"라고 하였다. 나는 거기에 대답할 말이 없었다. 그가 사사로운 청탁을 끊어버리는 것이 이와 같았다.

---

29 금정역金井驛: 충청남도 홍성군에 있었던 역 이름. 다산은 정조 19년(1775)에 서교西敎 사건에 연루되어 금정찰방으로 좌천된 일이 있었다. 찰방은 역을 맡은 종6품직.

가난한 친구와 궁한 친척이 먼 데서 찾아오면 즉시 영접하여 후하게 대접해 보내는 게 마땅하다.

나의 선인先人께서 일찍이 말씀하셨다. "가난한 친구와 궁한 친척은 잘 대접하기가 가장 어렵다. 진실로 청렴한 선비와 고상한 벗은 비록 지극히 가난하고 궁할지라도 친구나 친척을 찾아 관부에 오려고 하지 않는다. 나를 찾아오는 사람은 대개 조심성도 없고 어리석거나 구차하고 비루한 이들이니, 혹은 그 얼굴이 밉살스럽고 이야기조차 흥미가 없으며, 혹은 무리한 일을 청탁하여 요구가 끝이 없고, 혹은 닳아빠진 신발을 신고 남루한 옷차림에 이가 득실거린다. 전에 내가 일찍이 액운을 만나 곤궁했을 때에는 전혀 나를 돌보거나 안타깝게 생각지 않던 자들이다. 형세가 좋아지니 아첨하여 접근하는 그 정상이 밉살스러워서 내가 온화하고 흔연히 대하기가 극히 어렵다."

대개 사람을 접대하는 것은 글을 짓는 것과 같다. 좋은 제목을 가지고 잘 짓는 것은 칭찬할 것이 없으며, 필히 어려운 제목으로 묵묵히 생각하여 남달리 문장에 변화를 일으켜서 번쩍 빛이 나고 쨍그랑 소리가 나게 해야만 비로소 고수라 할 수 있다. 이런 부류를 만나면 응당 측은히 여겨 사랑해주며, 반가이 영접하여 얼굴빛을 부드럽게 가지며, 웃음과 말씨를 화평하고 즐겁게 하며, 따뜻한 방에 재우고 음식을 풍성하게 먹이고 새 옷을 제공할 뿐 아니라, 돌아갈 때에는 그의 돈주머니를 넉넉히 채워주어 낭패보지 않도록 하는 것이 좋다. 옛날에 참판 이기양李基讓[30]이 의주

---

30 이기양李基讓, 1744~1802 : 자는 사흥士興, 호는 복암茯菴, 본관은 광주이다. 벼슬은 참판參判에 이르렀다. 다산의 선배로서 가까이 지냈고, 신유사옥에 연루되어 단천으로 유배

부윤으로 있으면서 이런 사람들을 잘 대우하여 달포도 못 되어 벌써 칭찬하는 소리가 온 세상에 가득했다. 그가 화를 당할 때 눈물짓는 이들이 유독 많았으니 이런 일도 소홀히 할 수가 없다.[31] ○ 다만 영접하는 날 참알이 아직 끝나지 않았거나, 아전과 백성이 아직 관정에 있을 때에는 곧장 책방으로 가게 하고 관정에 사람이 없어지기를 기다려서, 그가 존장尊長일 경우에는 몸소 가서 뵙고, 평교平交 이하의 사람은 동헌에서 접견하되 약속하기를 "오늘부터 떠나는 날까지 깊이 책방에서 머물러 있고, 정당에는 나오지 말라"라고 당부할 것이다. 혹 밤이 깊어 관아가 다 파했을 때에는 정당으로 나오게 하여 술을 데우고 고기를 구워 같이 즐겨도 좋을 것이다. ○ 만일 청렴한 선비와 고상한 벗이 우연히 관부를 찾아올 경우에는 대개의 수령들이 잘 대접하게 되어 있으니 여기서 특별히 강조할 것이 없다.

범문정공이 일찍이 그의 자제들에게 "우리 오중吳中[32]에 종족宗族들이 아주 많은데, 우리 조상의 입장에서 보면 다 같은 자손이다. 만약 혼자 부귀를 누리면서 종족들을 돌보지 않는다면 다른 날 지하에서 어떻게 조상을 대할 수 있을 것이며, 지금도 무슨 낯으로 가묘家廟에 들어갈 수 있을 것인가"라고 하였다.

정선은 "부귀한 가문에도 가난한 친척이 있게 마련이니 서로 왕래하여 두터운 정을 보일 것이다"라고 말하였다.

되었다가 거기서 죽었다.
31 이 단락이 앞 단락에 연결되어 있는데 내용으로 미루어 단락을 구분지었다.
32 오중吳中: 지금의 중국 강소성 오현吳縣 지역. 범중엄이 바로 오현 출신이다.

혼금閽禁[33]은 엄하게 하지 않으면 안 된다.

요즘 사람들은 흔히 중문重門[34]을 활짝 열어놓는 것을 덕으로 여기는데 이는 덕스럽기는 하지만 정사를 모르는 처사이다. 내 직책은 목민이지 손님 접대가 아닌데, 생전에 한 번도 보지 못한 사람들을 어찌 다 만나볼 수 있겠는가? 문지기에게 "무릇 손님이 문 밖에 이르면 우선 따뜻한 말로 기다리게 하고 나서 가만히 보고하여 처분을 듣도록 하라"라고 다짐해두면 실수가 없을 것이다.

『경국대전』에 "사사로이 관부에 출입하는 자는 곤장 100대를 친다. 오직 아버지, 아들, 사위, 형, 아우만은 예외로 한다"라고 규정하였다〔「금제禁除」〕. [案] 국가의 금령이 이와 같으니 무릇 몸을 닦고 행실을 돈독히 하는 선비라면 이 법을 어겨서는 안 된다.

---

33 혼금閽禁: 관청에서 사람의 출입을 통제하는 것.
34 중문重門: 대문 안에 다시 세운 문.

節用

수령 노릇을 잘하려는 자는 반드시 자애로워야 하고,
자애로워지려는 자는 반드시 청렴해야 하고,
청렴하려는 자는 반드시 검약해야 한다.
씀씀이를 절약하는 것은 수령의 제일 중요한 임무이다.

배우지 못하고 무식한 자는 겨우 한 고을을 얻으면 교만방자해지고 사치하여 절제할 줄 모르고 손닿는 대로 함부로 써버려서 부채가 많아진다. 부채가 많아지면 그 형세상 반드시 탐욕을 부리게 되며, 탐욕을 부리자면 아전과 더불어 일을 꾸미게 되고, 아전과 더불어 일을 꾸미면 그 이득을 나누어야 하며, 그 이득을 나누고자 하면 백성의 기름과 피를 짜내야 한다. 그러므로 씀씀이를 절약하는 것은 백성을 사랑하는 데 있어서 가장 먼저 힘써야 할 일이다.

순암 안정복은 이렇게 말하였다. "재물을 낭비하는 근본은 처첩을 데리고 부임하고 자제들이 왕래하거나, 권세가 있는 집안의 사람들과 결탁을 한다든가, 기구를 제작하고 진귀하고 기이한 물건들을 모은다든가 하는 일들 때문에 생기는 것이다."【『임관정요』에 실려 있다】 ○ 수령이 처첩을 동반하지 않고, 자제를 임지에 왕래하지 못하게 하며, 권문귀척權門貴戚을 섬기지 않고, 금공金工과 목공木工을 불러들이지 않으며, 금이나 진주, 보석 따위를 취하지 않을 수 있으면 비록 연기燕岐나 진잠鎭岑 [1] 같은 고을이라도 재정의 부족을 걱정하지 않아도 될 것이다.

절약은 규정을 두어 절제하는 것이다. 절제함에 있어서는 반드시 법식이 있어야 한다. 법식은 절용節用의 근본이다.

『주례·천관총재天官冢宰 [2]』에서는 아홉 가지 법식法式으로 재용財用을 절제하였다【제사나 빈객의 접대 등】. 저 천자의 부를 가지고서도 반드시 먼저 법식을 정함으로써 씀씀이를 절약했던 것이다. 하물며 작은 고을의 수령에게 있어서랴! 법식은 정하지 않으면 안 된다. 고을의 크고 작고, 녹봉의 많고 적음을 헤아려서 항상적인 법식을 정해야 할 것이다.

유원성劉元城 [3] 은 마영경馬永卿 [4] 에게 "자네는 녹봉이 박하니 마땅히 수입을 헤아려서 지출하도록 하라"라고 말하였다.

의복과 음식은 검소한 것을 법도로 삼아야 한다.

---

1 연기燕岐·진잠鎭岑: 연기는 지금의 세종특별자치시, 진잠은 대전광역시에 속한 고을. 이 두 고을은 재정 사정이 열악한 대표적인 소읍이었다.
2 천관총재天官冢宰:『주례』의 한 편으로, 총리대신부總理大臣府에 해당하는 관직을 설명한 것이다.
3 유원성劉元城, 1048~1125 : 중국 송나라 사람인 유안세劉安世. 자는 기지器之, 원성元城은 호이다. 사마광司馬光의 문인이며, 직언을 하다가 여러 차례 변방으로 유배를 가기도 했다.
4 마영경馬永卿, ?~1136 : 중국 송나라 사람. 자는 대년大年이다. 유안세의 문인.

조금만 법도를 넘어도 그 씀씀이에 절도가 없어질
것이다.

의복은 성글고 검소한 것을 입도록 힘써야 한다. ○ 아침저녁의 식사는
밥 한 그릇, 국 한 그릇, 김치 한 접시, 장 한 종지 외에 네 접시를 넘지 않
도록 해야 한다. 네 접시란 2두 2변, 즉 구운 고기 한 접시, 마른 고기 한
접시, 절인 나물 한 접시, 젓갈 한 접시이니 이보다 더해서는 안 된다. ○
요즈음 수령들은 온갖 일에 다 체모를 잃으면서도 유독 음식만은 망령되
이 스스로를 존대尊大하여 옛 법을 따른다고 한다. 크고 작은 두 상에 홍
백紅白의 밥을 함께 차려놓고【팥을 섞으면 홍반紅飯이 된다】안채와 바깥사랑
의 두 군데 반찬에는 수륙水陸의 진미를 갖추어놓고서 수령의 체모란 본
래 마땅히 이래야 하는 것이라고 스스로 생각한다. 먹고 남는 음식은 모
두 종과 기녀의 차지가 된다. 나의 직분을 다하지 못하면 비록 별 것 아
닌 음식이라도 오히려 벼슬자리만 차지하고 녹만 축내는 것임을 알지 못
하고, 업무에는 힘쓰지 않고 음식만 탐을 내니 이 어찌 가소롭지 않은가?
함부로 낭비하면 재정이 딸리게 되고, 재정이 딸리면 백성을 착취하게
된다. 눈에 보이는 종과 기생만 챙기니, 그야말로 소만 보고 눈에 안 보
이는 양은 잊은 꼴이다.[5] 백성을 착취해 기생을 살찌우다니 무슨 보탬이
되겠는가? 또한 처음 부임해서는 검소하게 하다가 몇 달 못 가서 음식의
가짓수를 늘리는 자가 많다. 그러면 아전과 백성들이 이 사실을 서로 전

---

5 소만 보고 눈에 안 보이는 양은 잊은 꼴: 『맹자·양혜왕 상梁惠王上』에 나오는 말. 원문은
"견우이미견양見牛而未見羊"이다. 바로 눈앞에 보이는 것은 불쌍하게 여기고 보이지 않는
것에는 생각이 미치지 못한다는 의미.

하면서 수령의 한결같지 않음을 비웃는다. 수령인들 창피하지 않겠는가?

진서산은 나물[菜]을 논하여 "백성에게는 하루라도 굶주린 기색[菜色]이 있어서는 안 되고 사대부는 하루라도 나물 맛[菜味]을 몰라서는 안 된다"[6]라고 하였다. ○ 정선은 "백성의 얼굴이 '채색'을 띠게 되는 것은 바로 사대부가 '채미'를 모르기 때문이다. 만일 말단직에서 공경대신에 이르기까지 모든 벼슬아치들이 나물을 먹을 줄 알면, 자기가 해야 할 직분이 무엇인가를 틀림없이 알 것이다. 그러면 어찌 백성들이 굶주릴 것을 근심하겠는가"라고 하였다.

후한의 유우劉虞[7]는 유주자사幽州刺史로 있을 때 떨어진 옷에 짚신을 신었고 밥상에는 두 가지 고기가 오르는 일이 없었다.

후한의 범단范丹[8]은 자가 사운史雲이다. 그가 내무萊蕪의 관장이 되었다. 사람들이 노래를 지어 부르기를 "시루 속에 먼지가 이니 범사운范史雲이요, 가마 속에서 물고기가 사는 범내무范萊蕪로다"라고 하였다.

송나라의 하수何須[9]는 안한령安漢令으로 있었다. 고을살이를 그만두고 떠날 때에 파巴[10] 지방에 기근이 들자 하수는 아전을 보내 백성들의 토란을 캐어 먹고 그 자리에다 실로 돈을 매달아 값을 치러주었다.

---

6 나물을 가리키는 채菜라는 글자가 채색菜色이라고 하면 '굶주린 기색'을 뜻한다. 그래서 백성은 채색을 띠어서는 안 된다고 한 것이며, 사대부는 백성들이 늘 나물을 먹는다는 것을 하루라도 잊어서는 안 된다고 한 것이다.

7 유우劉虞, ?~193 : 중국 후한 말기의 관인. 자는 백안伯安이다. 벼슬은 대사마大司馬에 이르렀다.

8 범단范丹, 112~185 : 중국 후한 말기의 인물. 일명 염冉. 자는 사운史雲. 시호는 정절선생貞節先生이다. 인품이 결벽하여 관에서 여러 차례 불렀으나 벼슬에 나아가지 않고 궁핍한 삶을 살았다.

9 하수何須 : 미상.

10 파巴 : 지금의 중국 사천성 지역. 하수가 있었던 안한이 그 지역에 있다.

제나라의 유회위劉懷慰[11]가 제군齊郡[12]의 태수를 맡았는데 어떤 사람이 그에게 햅쌀 10말을 보내었다. 그는 보낸 자에게 보리밥을 꺼내보이며 "먹고도 남음이 있어서 다행히 폐를 끼치지 않아도 좋을 형편이다"라고 말하였다.

후주後周[13]의 배협裴俠이 하북河北[14]군수로 있으면서 몸소 검소하게 지내어 먹는 것이라고는 오직 콩, 보리, 소금, 나물뿐이었다. 배협이 일찍이 여러 수령들과 함께 문제文帝를 알현하였는데, 문제가 배협에게 따로 서도록 명하고는 여러 수령들에게 "배협은 청렴하고 곧기가 천하에서 제일이다. 여러 사람 중에 배협과 같은 자가 있다면 그와 더불어 같이 서도록 하라"라고 말하였던바 여러 사람은 모두 아무 말도 못 하였다. 배협을 가리켜 '독립 사또'라고 일컬었다.

당나라의 풍원숙馮元淑[15]은 시평현령始平縣令을 역임했는데 타는 말에게 꼴과 콩을 주지 않고 재계하는 말[16]처럼 하도록 하였다.

동사의는 촉주태수蜀州太守가 된 지 십수 년에 겨우 베로 만든 도포 한 벌과 가죽신 한 켤레로 지냈다.

서창령瑞昌令 유공인劉公仁[17]은 고안령高安令 엄嚴 모와 함께 대궐에 들

---

11 유회위劉懷慰, 447~491 : 중국 남제 사람. 본명은 문위聞慰, 자는 언태彦泰이다.
12 제군齊郡 : 중국 산동성山東省의 동북부 지방에 있던 군의 이름. 군의 치소治所가 임치臨淄에 있었기 때문에 제군이라 했다.
13 후주後周 : 중국 당나라가 망한 후, 오대의 끝 왕조로 951년에서 959년까지 존속함.
14 하북河北 : 중국 산서성山西省에 있었던 군의 이름이다.
15 풍원숙馮元淑 : 중국 당나라 사람. 여러 고을의 수령을 역임했는데 청백리로 이름을 얻었다.
16 재계하는 말[齋馬] : 조용하게 서 있는 말.
17 유공인劉公仁 : 중국 명나라 때 인물.

어가 황제를 알현하였다. 당시에 양부楊溥[18]가 국정을 담당하고 있었는데 사람 하나를 보내어 두 사람의 행적을 엿보게 하였던바 돌아와서 "엄 모는 부귀가 본래 자기 벼슬에 맞는 것 같았으며, 유공인은 짚자리, 무명 이불, 옹기그릇, 그을린 솥 등속이 그대로 가난뱅이였습니다"라고 보고했다. 양부는 마음속에 유공인을 새겨두었다. 엄 모가 양부에게 먼저 찾아와서 금과 비단을 바쳤는데 양부는 받지 않고 거절했다. 유공인이 뒤이어 양부를 찾아왔는데 선물이 차 한 봉과 꿀 한 단지뿐이었다. 양부는 그것을 기꺼이 받고 얼마 뒤에 유공인을 발탁하여 어사대부로 삼았다.

헌예軒輗[19]가 절강안찰사浙江按察使로 있으면서 봉급 이외에는 털끝만큼도 취하지 않았다. 네 계절을 청포 도포 한 벌로 지내면서 찢어지면 기워 입었고 나물밥도 싫어하지 않았다. 동료와 약속하여 사흘마다 쌀로 고기 한 근을 바꿔 먹었는데 고기 한 근이 많아 다 먹지 못하였다. 갑자기 친상親喪을 당하여 그 이튿날 바로 떠났는데 부하의 관료들도 미처 알지 못하였다. 헌예가 처음에 어염운사魚鹽運使로 있었는데 청렴하다는 명성이 자자하였다. 그가 일찍이 물가에 앉아 있었더니 한 아이가 "물의 맑음도 사또의 맑음에 미치지는 못합니다"라고 말했다 한다.

첨사僉事[20] 왕기王奇[21]는 벼슬을 하면서도 청백하여 옷이 해어지면 종이로 틈을 기워 입었다.

---

18 양부楊溥, 1372~1446: 중국 명나라 사람. 자는 홍제弘濟이다. 영종 때에 내각에 들어가 기무機務를 장악하여 양사기楊士奇·양영楊榮과 더불어 삼양三楊으로 일컬어졌다.
19 헌예軒輗, ?~1464?: 중국 명나라 사람. 자는 유행惟行이다.
20 첨사僉事: 중국 명대에 도지휘사사都指揮使司, 제형안찰사提刑按察使 등의 지방 행정관에 속해 있던 관직명. 검찰 사무를 맡았다.
21 왕기王奇, 1434~1520: 중국 명나라 사람. 자는 세영世英이다.

왕서가 운남 지방을 안무按撫할 때 시중드는 동복을 데려가지 않았으며, 오직 취사도구 하나, 대나무 도시락 하나, 매일 유두乳豆【유두는 두부이다】 한 모에 채소 단, 장과 초만 가지고 갔고, 물은 머무는 집에서 얻어 썼다.

방극근方克勤[22]은 순리循吏였다. 자신의 생활을 간소히 하여 도포 한 벌을 10년 동안이나 바꾸지 않았고 하루에 고기를 두 번 먹지 않았다. ○ 요희득姚希得[23]이 정강靜江을 맡아 다스렸다. 관사에 비단으로 장막을 만들어 친 것이 있었는데 그것을 보고 요희득은 "나는 서생書生 집에서 자랐거늘 어떻게 이런 비단을 쓰겠는가" 하고 비단을 무명으로 바꾸도록 명하였으며, 일상으로 오직 나물만 먹었다.

고려의 기건奇虔[24]이 제주 안무사按撫使[25]가 되었는데 성격이 확고하고 청렴하며 신중하였다. 제주에는 전복이 생산되는데, 백성들이 전복 채취를 심히 괴로워했다. 기건은 "백성이 이처럼 괴로움을 당하는데 내가 차마 먹으리오" 하고 전복을 먹지 않았다. 사람들이 그의 청렴함에 감복하였다.

정충정공丁忠靖公[26]이 7도道의 감사를 역임하고서 다시 평안감사가 되

---

22 방극근方克勤, 1326~1376: 중국 명나라 사람. 자는 거긍去矜이다. 제령지부濟寧知府를 지냈으며, 저서에 『한만집汗漫集』이 있다.
23 요희득姚希得, 1198~1269: 중국 송나라 사람. 자는 봉원逢源이다. 충직하고 청렴 검소하기로 유명하였다.
24 기건奇虔, ?~1460: 조선 전기의 문신. 호는 청파靑坡이다. 벼슬은 대사헌에 이르렀다. 본문에서 고려라고 한 것은 착오로 보인다.
25 안무사按撫使: 지방에 변란이나 재난이 있을 때 임금의 명을 받아 내려가는 임시 관직. 주로 백성의 사정을 살피고 민심을 수습하는 일을 맡았다.
26 정충정공丁忠靖公, 1508~1572: 조선 중기의 문신인 정응두丁應斗. 자는 추경樞卿, 본관은 나주羅州, 충정忠靖은 그의 시호이다. 벼슬이 좌찬성左贊成, 판중추부사判中樞府事에 이르

었는데 관내를 순행할 적에 일찍이 화문석에 앉은 일이 없었으니 그가 복을 아끼고 검소를 좋아함이 이와 같았다.

감사 정옥鄭玉[27]은 약포藥圃의 손자이다. 황해도 관찰사가 되었는데 몸가짐이 맑았다. 관내의 여러 고을을 순행함에 반찬은 두 접시로 제한하여, 이를 어기는 자는 벌을 주었다. ○ 내가 곡산부사로 있을 때에 보니 한 고을의 수령이 아침저녁으로 반드시 내외內外[28] 두 상을 차리게 하더니 그가 떠남에 미쳐서는 초과 지출한 돈이 4000냥이나 되어 수리가 파산하였다.

유정원柳正源[29]은 여러 고을의 수령을 역임하였는데, 그만두고 고향에 돌아갈 때는 언제나 채찍 하나만 가지고 길을 나섰고 의복이나 기물이 조금도 불어나지 않았다. 자인慈仁[30]에서 교체되어 집에 돌아와 있는데 관아에 남아 있던 그의 아들이 헌 농짝을 집으로 보내면서 속이 비면 쉽게 파손될까 걱정하여 빈 농짝 속에 짚을 채워넣었다. 고을살이를 그만두고 왔기 때문에 마을 여인들이 몰려와 다투어 농짝 속을 들여다보았는데, 온통 지푸라기인 것을 보고 모두 한바탕 웃고 헤어졌다【『대산집大山集』[31]에 보인다】.

렀다.

27 정옥鄭玉, 1694~1760 : 자는 자성子成, 호는 우천牛川, 본관은 청주淸州이다. 약포藥圃 정탁鄭琢의 5대손. 정탁은 선조 때 좌의정에 이른 인물이다.

28 내외內外 : 여기서는 내사(內舍, 안채)와 외아(外衙, 관아)의 주방.

29 유정원柳正源, 1703~1761 : 자는 순백淳伯, 호는 삼산三山, 본관은 전주이다. 벼슬은 대사간에 이르렀다.

30 자인慈仁 : 지금의 경상북도 경산시에 속한 고을.

31 『대산집大山集』: 경상북도 안동 출신 학자인 이상정(李象靖, 1710~1781)의 문집.

제사와 손님 접대는 비록 사적인 일에 속하지만,
마땅히 일정한 법도가 있어야 한다. 쇠잔한 작은
고을의 경우 법식보다 줄여야 할 것이다.

공적인 제사에는 공식적인 법이 있다【『국조오례의國朝五禮儀』에 실려 있다】.
○ 집의 제사는 마땅히 고례古禮에 준해야 한다. 대부 이상은 마땅히 소
뢰少牢의 음식을 써야 하고【통정대부通政大夫 이상】 당하관은 마땅히 특생特
牲의 음식을 써야 한다【통훈대부通訓大夫 [32] 이하】. 두豆를 더하고 변籩을 더
하는 것은 형편에 따르는 것이 좋다. ○ 소뢰라는 것은 그 작(爵, 술잔)은
세 번 바치고 그 식食은 4궤簋【밥 하나, 국수 하나, 떡 둘】, 3형鉶·5조俎·6두
豆·6변籩이다【저菹·해醢 등 물기 있는 것은 두豆로 하고, 포脯·속粟 등 마른 것은 변
籩으로 한다】. 거기에 두를 더하더라도 두 가지를 초과하지 못하니 이어醓
魚【속명으로 어전魚煎이라 한다】와 삼육糝肉【속명으로 간남肝南 [33] 이라 한다】이 그것
이다. 변을 더하더라도 두 가지를 초과하지 못하니 연이蓮飴【속명으로 정과
正果라 한다】, 율고栗餻【속명으로 다식이라 한다】 등이 그것이다. 군현에서는 수
령의 봉록이 경관보다 많으므로 두를 더하고 변을 더할 수 있을 것이다.
○ 앞에서 논한 것들은 시제時祭나 기제忌祭 때의 법식이다. 춘분과 추분
에는 시제를 행하고 동지와 하지에는 천신薦新 [34] 의 예를 행한다. 통정대
부는 특돈特豚 3정鼎이고【1헌·2궤·1형·3조·2두·2변】, 당하관은 특돈 1정이다

---

32 통훈대부通訓大夫: 문신 정3품에는 통정대부通政大夫와 통훈대부의 두 단계가 있었다.
통정대부 이상은 당상관이고 통훈대부 이하는 당하관이다.
33 간남肝南: 제사에 쓰는 소의 간이나 처녑. 남南은 납納이라고도 한다.
34 천신薦新: 새로 나온 물건을 먼저 조상의 신위神位에 올리는 일.

【1헌·1조·2두·2변】. 이를 초과해서는 안 된다. ○ 초하루 제사에 있어서는 대부는 특돈 1정이고 당하관은 포脯와 해醢뿐이다【1헌·1두·1변】. ○ 청명淸明[35]과 한로寒露[36]에는 묘제墓祭가 있는데 대부大夫와 사士[37]는 모두 특돈 3정이다. 【案】 이상과 같은 제례祭禮의 법식은 내가 한번 만들어본 것이다. 집집마다 각각 예식이 있으며, 국가에서 정한 제도가 있는 것은 아니다. 따라서 각기 가문의 법식을 따라야 할 것이다.

공적인 손님에 대해서는 공적인 법식이 있다【『국조오례의』에 실려 있다】.

○ 사적인 손님에게 드리는 음식은 모름지기 두 등급으로 나누어야 한다. 나이가 많은 웃어른에게는 네 접시, 나이가 어린 아랫사람에게는 두 접시이다. 그 음식의 후하고 박하고는 각기 고을의 형편에 따라서 할 일이다.

관주官廚에서 대접하는 음식의 경우 한 차례 대접한 것을 가지고 법식을 정하되 그때 쓰인 여러 물종【쌀·고기·소금·장 등속】을 조목조목 기록하여 이를 원식原式으로 정하고【각 고을 마다 법식이 있다】 각 물종의 본값을 알아서 값이 얼마라고 정한다. 이에 주리廚吏는 하기下記에 "어느 날 손님께 드린 것이 네 상, 어느 날 손님께 드린 것이 다섯 상"이라 기록하고, 회계하는 날에 이르러서는 모두 몇 상인가를 헤아려 돈으로 회계한다. 쌀·고기·젓·장 등의 물명은 애초에 조목조목 나열하지 않도록 하면 장부 기록이 간결하고 깨끗하여 착오가 저절로 없어진다. 옛날에는 돈을 사용하지 않았기 때문에【숙종 때부터 돈을 사용하기 시작했다】 하기가 번잡하고 자질구레하였으나 지금은 마땅히 간결하게 해야 한다.

---

35 청명淸明: 24절기의 하나로 춘분과 곡우 사이에 있으며 양력으로 4월 5~6일쯤이다.
36 한로寒露: 24절기의 17번째로 추분 뒤에 있으며 양력으로 10월 8일쯤이다.
37 대부大夫·사士: 대부는 4품 이상을, 사는 5품 이하를 가리킨다.

○ 만약 돈으로 회계하는 것이 예모禮貌에 흠이 된다고 한다면 한 상 차리는 데 드는 물건들은 응당 항식대로 하고 회계하는 날에 그동안 들어간 여러 물건의 총수를 조사하여 정한다. 무릇 한 상을 차리는 데에 있어서, 궤饋의 법식에서 쌀이 한 되라면 10궤의 회계는 쌀이 한 말이다. 1궤의 항식에서 고기가 2냥쭝[38]이면 8궤의 합은 고기가 한 근이다【고기는 항시 있을 수 있는 것은 아니다. 없으면 고깃값 2문文으로 생선을 대신 사서 올리고 회계에서는 고기 2냥쭝으로 계산한다】. 향유(香油, 참기름)가 1작勺이면 10궤면 1홉合이 되고 석어(石魚, 조기)가 1마리면 10궤면 1속束이 된다. 비록 하기에 낱낱이 나열하지 않더라도 회계할 때에는 실제 수치를 얻을 수 있는데 무엇 때문에 조목조목 나열할 필요가 있겠는가? 비록 돈으로 치지는 않는다 하더라도 조목조목 나열하는 방법은 결단코 폐지해야 할 것이다【이미 항식을 정해놓았으면 아랫사람들이 변통해서 찐 것으로 구운 것을 대신하거나 새우로 조개를 대신하더라도 금하지 말고 모두 원래의 법식으로 회계할 것이다】.

사마온공은 이렇게 말하였다. "선친께서 여러 고을의 판관을 역임하였는데 손님이 오면 언제고 술을 대접했다. 세 순배 혹은 다섯 순배를 하되 일곱 순배를 넘는 일은 없었다. 술은 저자에서 사왔고, 과일은 배·밤·대추·감, 안주는 건포·젓·나물국 등속뿐이었으며, 그릇은 자기와 칠기를 사용했다. 당시 사대부는 다들 그렇게 했기 때문에 사람들이 그르다고 여기지 않았다. 모임은 잦았으되 예는 은근하였고, 물건은 간소했으나 정은 두터웠다."

---

38 냥쭝: 무게의 단위. 16냥이 1근이고 100냥이 1관이다. 따라서 6.25근이 1관이 된다.

무릇 내아에서 사용하는 물건 또한 모두 법식을
정하되 한 달 동안 사용할 것을 모두 초하루에
들여놓을 것이다.

안식구들이 도착하면 관주에서 소용되는 물건을 매일 제공하되 열흘
이 지난 후에는 그동안 들어간 것들을 합산한다. 그 총수를 가지고 3으
로 곱하여【한 달이 30일이기 때문에 3을 곱하는 것이다】 그 3으로 곱한 수량을 초
하루에 모두 들이게 한다. ○ 예컨대 10일 동안에 들어간 것이 쌀 10말,
찹쌀 3되, 팥 4되, 밀가루 2되, 녹두가루 1되, 참깨 1되, 민어 2마리, 추어
鰌魚[39] 2두름, 알젓 1되, 새우젓 3되, 달걀 40개, 꿀 1되, 참기름 1되, 간장
5되, 초 6홉, 대추 1되, 생강 1냥쭝, 해대海帶[40] 2묶음, 해의海衣[41] 5묶음,
다시마 1묶음, 소금 5되, 누룩 2장〔圓〕이라고 하면 이 총수를 가지고 3으
로 곱하여 초하루에 바치는 항식으로 정하는 것이다.

관부의 정령政令은 아무쪼록 간결해야 좋다. 쌀이니 소금이니 하는 소
소한 것들을 하루에도 열 번이나 찾아, 내아의 노비가 시노侍奴를 부르
고, 시노가 문졸을 부르고, 문졸이 주노를 부르고, 주노가 주리에게 고하
게 된다. 그리하여 '늦다' '안 가져온다' '있다' '없다' '많다' '적다' 하며
야단스럽게 떠들어서 온 성안이 요란할 지경이다. 이튿날 아침에는 장부
【곧 하기下記】를 조사함에 책객이 자리를 벌이고 앉아 관노를 부르고 아전
을 대질시켜 허위가 없는가, 진실인가를 조사한다거나, 빠진 것은 채워

---

39 추어鰌魚: 원주에 "곧 석어石魚이다"라고 나와 있는데 조기를 가리킴.
40 해대海帶: 원주에 "속칭 감곽甘藿이다"라고 나와 있는데 미역을 가리킴.
41 해의海衣: 원주에 "곧 자채紫菜이다"라고 나와 있는데 김을 가리킴.

넣고 남용한 것은 깎아내거나 한다. 한 홉밖에 안 되는 미세한 것을 먹으로 그어 원한을 사는가 하면 반 눈금도 못 되는 경미한 것을 주먹으로 긋느라고 정력을 소비한다. 회계하는 날【다음 달 초하루에 한다】 또 거듭거듭 셈하느라고 한 사람은 부르고 다른 한 사람은 응대하여 그 소리가 떠들썩하지만 의심과 비방은 무더기로 일어난다. 생각이 다들 투명하지 못해 혹은 책객이 아전과 짜고 착복하지 않았나 의심하고, 혹은 주리와 책객이 어울려 속여먹지 않았나 의심한 나머지 마구 성내고 꾸짖고 하여 조소와 비난이 물 끓듯 일어나니 천하에 이보다 더 어리석은 짓은 일찍이 없었다. 아내가 집에 있었을 때는 항아리가 텅 비고 상자와 농짝도 휑하여 비녀를 팔고 옷가지를 전당 잡혀서 구루溝樓에서 마른 고기〔羹〕[42]를 사다 먹으면서도 즐겁게 살았다. 이제 크고 넓은 저택에 있으면서 매달 초하루에 포인庖人[43]과 늠인廩人[44]이 일용의 온갖 물건을 굽신거리며 갖다 바치니 하루아침에 얻은 부귀에 무슨 불만이 있다고 시시각각 명령을 내려 주노를 불러 요구를 할 것인가? 이런 소행은 고치지 않으면 안 된다. ○ 오직 포인이 바치는 고기는 초하루에 모두 들일 수는 없다. 마땅히 먼저 하루의 공급량을 정해두고, 소를 잡는 날 날짜를 헤아려서 들이도록 한다. 가령 하루에 고기 2근을 정량으로 삼으면 소 잡는 날에 20근을 들이고 다시 열흘 뒤에 잡는 소의 고기를 20근 들이는 식이다. ○ 생선은 꼭 초하루에 맞춰 들일 수 없다. 매번 장날이 되면【각 고을의 장날은 다 한 달에 여

---

42 구루溝樓에서 마른 고기〔羹〕: 원주에 "서울에서는 아파牙婆가 더러운 저자에 앉아 있는 데 이를 구루라 한다", 또 "고羹는 마른 고기다"라고 나와 있다.
43 포인庖人: 고기를 관에 바치는 일을 맡은 사람.
44 늠인廩人: 쌀과 채소를 관에 바치는 일을 맡은 사람.

섯 번 선다】 생선 몇 근을 들이는 것으로 항식을 삼는다. ○ 무릇 초하루에 들이는 항식 이외에 별도로 들여온 것은 매일 쓰는 장부에 적어둔다. 기록을 간결하게 하면 속임수가 용납되지 않는다. ○ 몇 개월 동안을 이렇게 시행해보면 더러 남는 것도 있을 것이다. 그것들은 초하루에 들일 때 제외시킨다【당초에 들이지 말도록 한다】. 매번 부족할 염려가 있는 것들은 항식의 양을 늘려 잡되 형편에 맞도록 해야 한다. ○ 이렇게 하면 하기는 살펴볼 필요도 없고 회계는 따져볼 필요도 없이, 정사는 맑아지고 사무는 간소해져 상하 모두 편리하게 될 것이다. 이는 결코 바꿀 수 없는 좋은 방법이다. ○ 현사縣司에 납부할 땔감이나 짐승 먹이는 꼴, 볏짚 등도 이상에 비추어 관례를 정하며, 빈객을 접대하는 데 소용되는 물자들은 마땅히 항식에 비추어 따로 하나의 장부를 만들 것이다.

다산茶山 목대흠睦大欽[45]은 총명하고 기억력이 뛰어난 사람이었다. 그가 연안부사延安府使로 있을 때 일용으로 쓰는 제반 물종을 장부에 기록하지 않고도 하나도 잊어버리지 않아서 아전들이 감히 속이지 못했다. 한번은 게 수백 마리를 큰 단지 속에다 젓으로 담가놓고서 조석으로 올리게 하였다. 어느 날 주리가 게가 떨어졌다고 아뢰자, 그는 "아직 두 마리가 남아 있을 것이다"라고 말했다. 주리가 황공하여 물러나 단지 속을 뒤져보니 과연 게 두 마리가 젓국 속에 들어 있었다. 이후로 공사 간의 장부에 털끝만큼도 속이지 못했다.

이 모가 강진을 맡아 다스리다가 무슨 일로 인해 붙잡혀서 서울로 압

---

45 목대흠睦大欽, 1575~1638: 자는 탕경湯卿, 호는 다산茶山, 본관은 사천泗川이다. 벼슬은 예조참의에 이르렀고 시문을 잘했다.

송되었다가 보방保放[46]이 되었다. 출옥 후 9일 동안 식사 후에 꼭 복숭아를 먹었는데 아전이 1푼으로 복숭아 두 개를 사다가 바쳤다. 한 개는 크고 한 개는 작았다. 그는 큰 것은 먹고 작은 것을 남겨 놓아서 통인通引이 먹었다. 고을로 돌아와서 아전이 장부에다 9푼을 기재하자 수령은 "어찌 된 것이냐? 나는 반만 먹었고 나머지는 내 알 바 아니다. 깎아서 5전으로 올리라"라고 말하였다. 아전이 통인에게 "네가 나머지를 먹었으니 나머지 4푼은 네가 책임져라"라고 일렀다. 통인은 "제길 이럴 줄 알았으면 누가 그걸 먹었겠나"라고 불평했다. 아전이 "원망하지 말아라. 법은 마땅히 고르게 시행해야 하거늘 사또가 5전을 내서 네가 내야 할 반 푼을 봐주었으니 네게 이익이다"라고 말했다. 통인은 "억울하오. 나는 작은 것만 먹었으니 그 차액이 어찌 반 푼만 되겠소?" 하며, 주머니에서 4푼을 꺼내 침을 뱉으며 땅바닥에 던졌다. [案] 이 같은 절용은 낭비보다도 못한 것이다.

공무로 오는 빈객에 대한 대접 또한 먼저 법식을
정해두고 기일에 앞서 물건을 준비하여 예리禮吏에게
주되 비록 나머지가 생기더라도 회수하지 말 것이다.

빈객을 접대하는 품급品級은 「예전禮典」에 있다['손님 접대'(제7부 제2조)].
관찰사를 대접하는 음식은 의당 고례를 따를 것이다. 혹시 불편하다면 읍례를 따를 것이로되 모름지기 최근 10년 동안의 예例【예는 등록을 말한다】를 기준으로 하여 지나친 것이나 부족한 것은 버리고 그 중간【사치하지

도 검소하지도 않은 것]을 취하여 항식으로 정해둘 것이다. 주리에게 각종 물품을 마련토록 하여 해당 아전에게 주되 남거나 부족하더라도 굳이 묻지 말고 기일에 앞서 장부를 살피고 회계를 기다릴 것이다. 설사 먹다 남은 술과 고기가 있더라도 이는 수고한 자의 몫이니 넘보아서는 안 된다. ○ 이렇게 하면 아전은 받은 물건들을 마치 자기 것처럼 여겨 절약하고 잘 관리하여 함부로 쓰지 않을 것이다. 빈객을 보낸 뒤에는 다시 장부를 살피지 말고 전대 속의 남은 물건은 모두 아전의 집으로 돌아가게 하면 관에는 낭비가 없고 아전에게는 혜택이 된다. 이야말로 좋은 법이다. ○ 혹시 항식 이외에 빈객이 따로 요구하여 아전이 응한 경우에는 별도로 작은 장부를 만들도록 하고 빈객이 떠난 뒤에 이 장부를 정리할 것이다. ○ 평안도와 황해도의 연행사신燕行使臣, 팔도의 어사御史, 경시관京試官[47]과 반사관頒赦官[48] 등 일체의 공적인 빈객은 모두 이에 준하여 관례를 삼을 것이다.

무릇 아전과 관노가 바치는 물건으로 회계를 하지 않는 것은 마땅히 더욱 절약해야 한다.

관청에서 쓰는 모든 물건은 전부 백성의 힘에서 나오는 것이니 회계하지 않는 것은[속칭 무하기無下記라고 한다] 잘못하면 백성을 해침이 대단히 크다. 하늘에서 비 오듯이 내리거나 땅에서 샘솟듯이 솟아나는 것이 아니니 씀씀이를 절약하고 폐해를 살펴서 백성의 힘이 조금이나마 피어나

---

47 경시관京試官: 3년마다 각 도에서 과거를 치를 때에 서울에서 파견되는 시관.
48 반사관頒赦官: 죄를 용서해주기 위하여 서울에서 파견되는 반포관頒布官.

게 하는 것이 또한 좋지 않겠는가.

채소·오이·박 등속은 원노園奴【속칭 원두한園頭漢이다】가 바친다. 이 대가로 으레 창노倉奴【창고지기(倉庫直)】가 곡식을 함부로 거두어서 원님에게 바치는 것을 벌충하니【이 명목을 색락미라 한다】 그들이 함부로 거두는 것을 금하지 않으면 백성이 피해를 입는다. 그러나 갑자기 금하면 창노가 파산하게 될 것이다. 먼저 그 원천을 맑게 함으로써 말단의 폐단을 막는 것이 바람직하다. ○ 무릇 채소류는 엄격히 법식을 정하여 매일 몇 근씩 바치고 초과하지 못하도록 한다. 한 줌 두 줌 하는 식이나 한 단 두 단 하는 식은 본래 우리나라의 부정확한 셈법이다. 주먹은 대소가 있고 단은 경중이 있어서 균일할 수 없다. 응당 저울을 사용하되 매일 무슨 채소 1근, 무슨 채소 1근 하는 식으로 항식을 정한다. 항식 외에 더 쓰는 경우에는 모두 본값을 주는데 '무슨 채소 1근 본전 1푼' '무슨 채소 1근 본전 2푼'으로 역시 각각 법식이 있어야 좋다. ○ 매양 보면 집안 법도가 엄하지 못한 수령의 경우, 원노가 채소를 중문간에 들여놓으면 내아의 노비들이 쓰다느니 나쁘다느니 하며 소리치고, 박하다느니 적다느니 하며 성을 내어 광주리를 뒤엎고 둥구미를 던지며 으르렁거리는데 그럼에도 수령 된 자는 못 들은 척하니 얼마나 부끄러운 일인가. 심하면 내아의 종놈이 채소를 마구 많이 받아들여서 남아도는 것들을 관비官婢에게 슬쩍 넘겨주고 사통을 한다. 잘 살피지 않으면 안 된다【어석법椹石法을 엄하게 하면 이런 폐단은 저절로 없어진다. 앞의 조항에 있다】.

양나라 채준蔡撙[49]이 오흥태수로 있을 때 오직 관아 우물의 물만 마시

---

[49] 채준蔡撙, 467~523: 중국 남북조시대 양나라 사람. 자는 경절景節이다. 벼슬은 중서령에 이르렀다.

고 거처하는 곳 앞에 비름, 가지 등속을 몸소 심어서 일상의 음식으로 하였다. 황제가 조칙을 내려 그의 청렴을 표창하였다.

최윤덕崔潤德[50]이 안주목사安州牧使로 있을 때 공무의 여가에 관아 뒤의 공터에 오이를 심고 손수 가꾸었다. 송사를 하러 온 어떤 사람이 목사인 줄 모르고 "사또는 지금 어디에 계시오" 하고 물었다. 그는 말을 꾸며서 "아무 곳에 있다오" 하고 들어가 옷을 갈아입고 판결에 임했다.

이득준李得駿[51]이 강진현감으로 있을 때 내아의 앞뒤로 채소밭을 가꾸어 집의 노비들을 시켜 거름 주고 김매게 하였다. 그 밭이 기름지고 심은 것들이 잘 자라 사시장철 채소가 끊이지 않아, 원노가 바쳐야 할 것을 모두 감해주었다. 그러고도 먹고 남아 가까운 사람들에게 나눠주었다. 지금까지 그의 은혜를 칭송하는 것이 전해져 미담이 되었다.

매일 왕과王瓜[52] 10개, 참외 2개, 수박 1개를 수령에게 지급하는 항식으로 삼을 것이다. 이를 초과하면 다 본값을 내는 것이 또한 마땅하다. 아들 손자를 많이 거느린 수령의 경우 철없는 아이들이 무한정 달라고 하면 원노의 원망이 언제 끝날 것인가! 하나라도 허용해서는 안 된다.

박이나 호박도 매일 바치는 정량을 정해두고 초과분에 대해서는 본값을 줘야 할 것이다. ○ 무릇 외과의 물종을 구하는 데는 나름으로 법이 있으니 의당 늦게 찾고【잘 익은 다음을 기다림】 얼른 그만두는【덩굴을 걷어내기 전】

---

50 최윤덕崔潤德, 1376~1445 : 자는 백수伯脩·여화汝和, 호는 임곡霖谷, 본관은 통천通川, 시호는 정렬貞烈이다. 야인野人과 대마도對馬島를 정벌하였으며 벼슬은 좌의정에 이르렀다.
51 이득준李得駿 : 조선 정조 때의 무관으로 절도사에 이르렀다.
52 왕과王瓜 : 왕과란 두 가지 다른 종류를 지칭하는데 하나는 우리말로 쥐참외를 가리키며, 다른 하나는 황과黃瓜의 별칭이다. 황과는 오이에 해당하는 것이다. 쥐참외는 맛으로 먹는 것이 아니어서 여기서는 오이로 여겨진다.

것이 은혜로운 정사의 하나이다. 매양 보면 수령의 자제가 외과 등속을 너무 일찍 찾아서 원노가 그것을 구하느라 사방으로 분주한데 늦어지기라도 하면 "이 고장 인심이 고약하군" 하고 비난한다. 이는 모두 부끄러운 짓이다.

방촉肪燭[53]은 포노庖奴[54]가 바치는데 으레 회계를 않기 때문에 계속 대기 어렵다. 오직 정당에만 매일 2자루를 바치도록[밤이 길면 3자루] 하며, 내아와 책방에는 응당 향유香油 등잔을 켜도록 한다. ○ 매양 보면 불초한 자제들이 방촉을 많이 요구하여 남는 것을 챙겨두며, 정당에서 쓰고 남은 토막까지 가져다가 내아에 모아두고 돌아갈 날을 기다린다. 다른 사람조차 민망스럽게 만드는 짓이다.

후한의 파지巴祗[55]는 양주자사로 있을 때 처자를 데려오지 않았으며, 밤에 손님과 함께 있을 적에 어두워도 관용의 초는 쓰지 않았다[다른 본에는 "손님과 술내기를 하면서 관가의 초는 사용하지 않았다"라고 나와 있다].

임효택林孝澤[56]은 지방관으로 이르는 곳마다 청렴하고 공평한 것으로 칭송을 받았다. 청장清漳[57]에 부임했을 때 어느 날 밤 집무를 마치고 나서 촛불을 들고 내아로 들어온 자가 있었다. 그는 "이는 관용官用의 초인데 어찌 사실私室에서 쓸 것인가" 하고 얼른 가지고 나가도록 했다.

정선은 "옛날에 어떤 현령이 있었는데 매우 청렴하고 강직하였다. 서

---

53 방촉肪燭: 원주에 "속명은 육촉肉燭이다"라고 나와 있다. 곧 동물의 기름으로 만든 초를 가리킨다.
54 포노庖奴: 원주에 "육직肉直이다"라고 나와 있다. 관아에 어육魚肉을 바치는 자를 가리킨다.
55 파지巴祗: 중국 후한 때의 관인. 자는 경조敬祖이다. 청렴하기로 유명했다.
56 임효택林孝澤, 1089~1171: 중국 송나라 때 사람. 임효연林孝淵의 동생.
57 청장清漳: 중국 산서성에 있는 강 이름으로 평정현平定縣 지역에 해당한다.

울에서 공적인 일로 편지가 와서 관용의 촛불을 켜고 봉한 편지를 뜯어

보다가 그 속에 집안의 편지가 들어 있자, 즉시 그 촛불을 끄게 하고 사

용私用의 초를 꺼내 켜고 읽었다. 읽기를 마친 후에 다시 관용의 촛불을

켰다"라고 하였다. 비록 잘못을 고치는 것이 지나치긴 하지만 본받아 풍

속을 바로잡을 만하다. ○ 무릇 남은 초의 도막을 거두어서 돌아갈 날을

기다리는 자도 이를 보면 부끄러워할 줄 알 것이다.

장종련張宗璉[58]은 명나라 때 순리循吏로 고을에 부임할 때 처자를 대동

하지 않았다. 자신의 병이 위중하여 의원을 불렀는데 방에 등잔불이나

촛불이 없었다. 동자가 바깥에서 기름 한 사발을 구해서 들어오자 그는

즉시 물리쳤다. 그의 청렴하고 준엄함이 이와 같았다. [案] 이는 너무 각박

한 처사이니 꼭 이렇게 할 일은 아니다.

읍례에 따라서는 쇠고기를 전혀 회계하지 않는 곳이 있다. 이런 고을

에 부임한 수령은 아주 기뻐서 반가워하며 아름다운 관행처럼 생각한다.

그런 물건들은 다 나오는 곳이 있는 것이지 하늘에서 비 오듯 떨어지고

땅에서 샘솟듯 생겨날 이치가 없다는 점을 깨닫지 못하는 까닭이다. 회계

가 없는 것은 말할 것도 없이 민폐에 속하는 것이다. 혹은 방리坊里를 쪼

개어 계방[사사로이 부역을 취하는 것을 이름]을 삼거나 혹은 창곡倉穀을 이용

해서 농간을 부려서 남는 이익이 배나 되면, 이에 수령과 이익을 나누어

먹는다. 이 때문에 회계가 없는 것이다. 혹은 그 이익이 전에 두터웠다가

지금 아주 줄어든 경우 1년 동안 바치는 쇠고기로 인해서 창곡의 포흠逋

欠[59]이 산더미같이 쌓이기 마련이다. 그래서 포노가 도망을 가버리고 나면 그의 친척과 이웃 백성들에게 징수하니 그 해독이 번져서 미치지 않은 곳이 없게 된다. 도적질을 한 자는 포노이고 장물을 먹은 자는 수령이다. 장물은 내가 먹고 포노에게 도적의 죄를 덮어씌우니 어찌 이치에 타당한 일인가. 내가 이 장물을 가지고 부모를 봉양하고 조상에게 제사 지내면 효도는 어디에 있을 것이며, 복은 어디서 내려오겠는가. 무릇 이런 고을에 부임한 수령은 마땅히 빨리 이 법을 뜯어고치고 본값을 정해 회계를 분명히 해야 한다. 그리고 계방을 혁파하여 백성의 부담을 고르게 하며, 창고의 자물쇠를 엄중히 하여 백성의 고통을 제거해야 한다. 이런 개혁은 그만둘 수 없는 일이다.

명행자溟涬子[60]는 정사를 맡아봄에 있어서 일찍이 백성으로부터 비단 한 자도 받은 일이 없었고 백성의 닭 한 마리도 먹은 일이 없었다. 돈을 주고 죽순을 구입하는데 죽순 10근의 값이 100문이었다. 문지기가 11근을 취하였던바, 명행자는 죽순 판 사람을 불러 1근은 돌려주고 문지기에게 곤장을 쳤다.

개인적인 씀씀이를 절약하는 것은 사람들이 능히
할 수 있지만, 공적인 물건과 돈을 절약하는 사람은
드물다. 공적인 물건을 자기 물건처럼 아껴야만

---

59 포흠逋欠 : 관의 물건을 횡령하여 생긴 결손을 가리키는 말.
60 명행자溟涬子, 1229~1280 : 중국 송나라 사람 요응회廖應淮. 자는 학해學海, 명행자는 그의 호이다. 무신으로 천문학에 밝았다. 저서에 『역수曆髓』『성야지남星野指南』『상자설회보象滋說會補』『화전묘지畵前妙旨』 등이 있다.

현명한 수령이다.

고을마다 반드시 공용의 재정을 위해 여러 고庫가 설치되어 있다. 처음에는 공용이었으나 설치된 지 오래되면서 점차 사용으로 지출되어 그릇된 관례가 겹겹이 생기고 절제 없이 낭비하게 되었다. 본래 공용이었기 때문에 수령은 끝내 살피지 못하고 고를 감독하는 아전과 고로(雇奴, 머슴)가 갖가지로 속여 오로지 몰래 훔쳐먹으려고만 든다. 고가 비게 되면 또 거듭 거둬들인다. 이것은 여러 도의 공통된 폐단이다. 여러 고의 명목을 들어보면 보민고補民庫, 보역고補役庫, 보향고補餉庫, 보폐고補弊庫, 해현고解懸庫, 식견고息肩庫, 고마고雇馬庫, 수성고修城庫, 양사고養士庫, 장빙고藏氷庫, 군기고軍器庫, 군수고軍需庫, 진휼고賑恤庫, 전관고傳關庫[61] 등등 각가지다. 지출에 있어서도 법식이 없으니 이를 바로잡지 않으면 안 될 것이다.

수령은 한 고을을 주재하는 자이다. 한 고을의 일 가운데 관장하지 않는 것이 없으며, 책임도 가장 높은 사람에게 있으니 어찌 평계가 있을 수 있겠는가? 날마다 지출하는 내용의 기록은 마땅히 조목조목 살펴야 하며, 아무리 작은 것이라도 방심하여 지나쳐서는 안 된다. 관아 주방의 지출기와 관속들의 일용잡비 지출기는 세밀하게 살피면 욕을 먹고 여러 고의 지출기와 향교의 지출기는 세밀히 살펴야 위엄이 서게 되는바, 이는

---

61 여기 보민고 이하 전관고까지는 각 군현에 모두 설치된 것은 아니며, 그중 한둘 혹은 몇 개씩 설치되어 있었다. 이들은 모두 민고에 속한다. 보민·보역고는 요역의 재원으로, 보향고는 군역에 대비하여, 보폐·해현·식견고는 급한 잡역雜役에 대비하여, 수성고는 읍성邑城·산성山城의 수리를 위해, 양사고는 군대 양성에, 장빙고는 얼음의 저장을 위해, 군기·군수고는 군물軍物의 마련을 위해, 진휼고는 흉년의 구휼을 위해, 전관고는 상급 기관과의 연락을 위한 재원으로 설치된 민고이다. 이 모두 백성의 전곡을 거두어 운영하였다.

그 공公과 사私의 차이 때문이다. 제정한 법도가 본래 치밀하지 못하면 조목을 고치거나 그릇된 관례를 폐지하거나 허점을 보완하여 영구히 폐단이 없게 해야 한다. 모두 '법도를 지킴'(제3부 제2조), '교육을 진흥함'(제7부 제4조), '부역 공평 상'(제6부 제5조)【민고절목民庫節目】, '병기 수선'(제8부 제3조)에 있으므로 여기서는 생략한다.

정만화鄭萬和[62]는 여러 차례 감사를 역임했는데 가는 곳마다 비축備蓄이 가득 차서 넘칠 지경이 되었다. 처음에는 약간 남았으나 나중에는 헤아릴 수 없을 만큼 남게 됨에 탄식하여 "내가 빼앗고 속이는 것을 틀어막은 지 한 해 남짓에 이와 같이 되었으니 절약이야말로 어찌 백성을 사랑하는 근본이 아니겠는가"라고 말했다.

교체되어 돌아가는 날에는 반드시 기부記付가 있어야 한다. 기부의 액수는 마땅히 미리 준비해야 할 것이다.

관부에 전해 내려오는 돈과 곡식 등 여러 재물은 통틀어 장부에 기록되는데 이를 중기重記라고 한다. 돌아갈 때에는 쓰고 남은 것을 대략 중기에 기재하는데 이를 기부라고 한다. 평상시에 유의하지 않으면 급할 때 다다라 갑자기 어떻게 마련할 수 있겠는가? 초하루와 보름으로 회계할 적마다 관부에서 쓰는 여러 물품을 약간 남겨서 갑작스러운 교체에 대비하는 것이 좋다.

『치현결』에서 말했다. "관아 주방에서 쓰이는 것은 미리 월별로 나누어

---

62 정만화鄭萬和, 1614~1669: 자는 일운一運, 호는 익암益菴, 본관은 동래이다. 황해도·경상도·전라도·평안도의 관찰사를 역임하였으며, 대사간에 이르렀다. 정태화鄭太和의 동생.

배정해놓았으니 당겨쓰지만 않으면 걱정할 것이 없다. 나머지 돈과 곡식
은 항상 뒷날을 염려하여 낭비하지 않아야 끝에 가서 걱정이 없게 된다."

『치현결』에서 또 말했다. "작은 수첩 하나를 만들어 매 장의 가운데에
가로선을 그어, 위에는 전임 수령의 기부에 적힌 여러 물종 수량을 나열
하고 아래에는 회계한 후 현재 남아 있는 각종 물종의 수량을 적는다. 현
재 남아 있는 수량은 다달이 달라서 고정시킬 수 없으니 모름지기 종이
쪽지를 낱낱이 붙여서 항상 살펴볼 수 있게 한다. 만일 현재 남아 있는
수량이 전임 수령의 기부 수량보다 많이 초과한 상태면 마음 놓고 쓰고,
전임 수령의 기부에 미치지 못하면 보충하고 채워야 급함에 이르러서도
걱정이 없게 될 것이다."

> 천지가 만물을 낳은 뜻은 사람이 누려 쓰도록 한
> 것이다. 능히 하나라도 버리는 것이 없어야만 재물을
> 옳게 쓴다고 말할 수 있다.

도간이 형주의 관장으로 있을 적에 선관船官에게 지시하여 톱밥은 모
두 장부에 기록해두었다가 눈이 녹은 진창에 뿌리도록 하였고 대나무의
밑동은 산처럼 쌓아두었다가 뒷날 환공桓公[63]이 촉蜀을 정벌할 때 배를
수리하는 데 못으로 쓰도록 하였다.

패항貝恒[64]은 동아령東阿令으로 있을 때에 조그만 물건일지라도 반드시

---

63 환공桓公, 312~373: 중국 동진東晉 때 사람인 환온桓溫. 자는 원자元子이다. 목제穆帝 때
   형주자사로 촉蜀을 정벌했다.
64 패항貝恒: 중국 명나라 사람. 자는 병이秉彝이다. 명나라는 수도를 당초 남경에 정했다

생각이 백성에게 미쳤다. 건축하고 수리한 끝에 남은 쇠붙이나 못 쓰는 가죽, 새끼, 종이 등속을 모두 챙겨두도록 했다. 장인이 한가한 시간에 가죽은 고아서 아교풀을 만들게 하고, 쇠는 녹여서 공이를 만들게 하고, 종이와 새끼는 찌어서 고초의藁草衣[65]를 만들어 창고에 저장해두었다. 마침 황제가 북경北京으로 순행할 때를 당하여 칙사가 황제가 거처할 건물을 세우라고 독촉함에 저장해두었던 것들을 꺼내 급한 용도에 썼다. 그래서 민력이 크게 들어가지 않았다.

윤현尹鉉[66]이 호조판서로 있을 때 무릇 못 쓰게 된 자리, 돗자리, 청연포靑緣布[67] 등속을 다 창고에 저장해두니 사람들이 모두 비웃었다. 그 후 못 쓰게 된 자리는 조지서造紙署[68]에 보내어 맷돌로 갈아서 종이를 만들었는데 품질이 좋았고, 청연포는 예조에 보내 야인野人[69]의 옷 띠를 만들었다.

고을 백성이 나무로 송덕비를 만들어 세우거든 응당 즉시 뽑아서 공고工庫에 보관해놓았다가 큰 것은 상을 당해서 관을 구하지 못한 백성에게 나누어주고 작은 것은 초통이나 먹이통 등 소소한 기구들을 만들게 할 것이다. 그러면 백성이 산속에서 재목을 베어 오지 않을 수 있다.

가 영락제가 북경으로 옮겼다. 패항은 영락제 때 등용되어 활동한 인물이다.

65 고초의藁草衣: 원문은 "양襀"이다.『공자가어孔子家語』에 "의양이제지衣襀而提贊"라는 문구가 있는데 여기서 '양'은 고초의를 가리키는 것이라고 풀이되어 있다.

66 윤현尹鉉, 1514~1578: 자는 자용子用, 호는 국간菊磵, 본관은 파평이다. 벼슬은 지돈녕부사知敦寧府事에 이르렀고 명종 때에 청백리로 뽑혔다.

67 청연포靑緣布: 푸른 선을 두른 포布.

68 조지서造紙署: 종이 만드는 일을 맡은 관아. 지금의 서울 세검정 쪽에 있었다.

69 야인野人: 여진족을 당시 야인이라고 불렀다.

樂施

제 6 조 베풀기를 좋아함

절약만 하고 쓰지 않으면 친척이 멀어진다. 기꺼이
베푸는 것은 덕을 심는 근본이다.

연못에 물이 고여 있는 것은 장차 흘러내려서 만물을 적셔주기 위함이
다. 그러므로 절약하는 사람은 능히 베풀 수 있고, 절약하지 못하는 사람
은 베풀지 못하게 마련이다. 기생을 불러 가야금을 타고 피리 불게 하며,
비단옷을 입고 높은 말에 좋은 안장을 쓰며, 상관에게 아첨하고 권세 있는
자들에게 뇌물로 바치는 돈이 하루에도 수만 전을 넘고 1년에 소비하는
돈이 억만 전이 된다. 이러고서 어떻게 친척들에게 베풀 수 있겠는가? 아
껴 쓰는 것은 베푸는 근본이다. 내가 귀양살이하면서 수령들을 보면, 나를
동정하고 도움을 주는 자는 옷차림이 으레 검소했고, 나를 돌아보지 않는
자는 화려한 옷을 입고 얼굴에 기름기가 돌며 음탕한 짓을 즐겨했다.

가난한 친구와 곤궁한 친척은 힘닿는 대로 도와줘야
한다.

형제, 숙질 등 한집안 사람들은 비록 임지에 데리고오지 못하더라도

가난하여 끼니를 이을 수 없는 사람이 있으면 그 식구의 수를 헤아려 달마다 생활비를 보내줘야 한다. 소공친小功親[1]으로 가난하여 끼니를 잇지 못하는 사람이 있으면 마땅히 달마다 생활비의 절반 정도를 보내줄 것이며, 그 밖의 사람들은 급한 때만 도와주면 될 것이다. ○ 가난이 아주 심하지 않은 사람은 간혹 물건을 보내준다. ○ 가난한 친구가 와서 도움을 청하면 후하게 대접하고 도와주되, 돌아가는 노자도 헤아려 집에 당도해서 어느 정도 남을 만큼 주는 것이 좋다.

육조시대 송나라의 강병지江秉之[2]가 신안태수新安太守로 있을 때, 받은 녹봉을 친척과 친구들에게 전부 나누어주었다. 재임 중에 책을 한 권 지었는데 그것도 관고官庫에 넣어 남겨두었다.

방언겸房彦謙[3]이 경양령涇陽令으로 있을 때 집에 본래 재산이 있었으므로 받는 봉급은 모두 친척이나 친구들을 도와주었다. 그러다가 양식이 떨어져도 화평한 마음으로 지냈다. 일찍이 그의 아들 현령玄齡에게 "사람들이 대개 녹봉을 받아 부자가 되는데 나는 벼슬살이를 하다가 가난하게 되었다. 자손에게 남겨줄 것은 오직 청백淸白이다"라고 일렀다.

나유덕羅惟德[4]이 영국寧國 땅을 맡아 다스릴 때, 하루는 유인劉寅[5]을 만

---

1 소공친小功親: 상복을 5개월 동안 입는 관계의 친척. 종조부모從祖父母, 재종형제再從兄弟, 종질從姪, 종손從孫 등이 이에 해당한다.
2 강병지江秉之, 381~440: 중국 남북조시대 남조의 송나라 사람. 자는 현숙玄叔이다. 신안新安과 임해臨海의 태수를 역임했는데 치적이 높았다.
3 방언겸房彦謙, 547~615: 중국 수나라 때 사람. 자는 효충孝沖이다. 당나라 초기에 명재상으로 손꼽히는 방현령房玄齡의 아버지다.
4 나유덕羅惟德, 1515~1588: 중국 명나라 사람인 나여방羅汝芳. 호는 근계近溪, 유덕惟德은 그의 자이다. 포정사참정布政使參政을 지냈으며, 저서에는 『효경종지孝經宗旨』 『명통보의明通寶義』 등이 있다.
5 유인劉寅: 중국 명나라 사람. 자는 경보敬甫이다. 산동도어사山東道御史를 지냈다.

나 얼굴에 기쁜 빛을 띠며 "오늘 대단히 유쾌한 일이 있었소"라고 말했다. 유인이 무슨 일인가 묻자 "요사이 가난한 일가 10여 명이 굶주리다가 멀리 찾아와서 도움을 청하기에 그동안 모아두었던 녹봉을 모두 내다가 나누어주었는데 부친을 비롯해서 가족들 누구도 내가 한 일을 막지 않았다네. 그 때문에 기뻐한다오"라고 하였다.

팔송八松 윤황尹煌은 부임한 고을에서 일가 사람을 만나면 반드시 정성을 다해 간곡히 대접하였다. 자신의 의복과 음식을 줄여서라도 구원을 받기 위해 찾아오는 사람을 후하게 대하면서 "우리 일가가 쇠퇴하여 녹을 받는 이는 나뿐인데 내가 이네들을 돕지 않는다면 아무리 청렴하고 검소하다는 이름을 얻을지라도 조상의 마음을 체득했다고 할 수 없을 것이다. 또한 벼슬하는 도리가 진실로 자기 한 몸을 살지게 하지 않는다면 부끄러움이 없을 것이다"라고 말하였다. ○ 창고에 남은 재물이 있어서 그것을 다른 사람들에게 베풀어주면 지극한 덕이 되기는 하겠지만 재물을 남용하여 관에 결손을 내게 하는 것은 도리가 아니다. 근래 이복암李茯菴[6]은 의주부윤으로 있을 때 지나치게 베풀다가 공채公債를 8000냥이나 지게 되었다. 비록 그 과오를 보고 어진 마음을 알 수 있기는 하지만 벼슬자리에 있는 사람으로서 본받을 일은 아니다.

감사 한지는 임지에 있을 때 매양 시제時祭 때를 당하면 여러 비장裨將[7]을 시켜 제단祭單을 쓰도록 하였는데 종일이 걸려서야 끝낼 수 있었다.

---

6 이복암李茯菴: 이기양李基讓. 복암茯菴은 그의 호이다. 251면 주 30 참조.
7 비장裨將: 각 도의 관찰사와 병수사兵水使 및 제주목사 등에 속해 있던 막료. 품관이 아니며 관찰사나 병수사가 자의로 뽑아서 데리고 가는 인원인데, 육방을 이루어 행정실무 및 참모 역할을 하였다.

누군가 "제사 드리는 곳이 너무 많지 않소" 하고 물으니, "이 모두가 우리 선영先塋 안에 있는 일가들의 산소라오. 우리 조상의 입장에서 보면 모두 가까운 친척으로 함께 같은 산에 묻혀 있지 않소. 한쪽 후손은 부귀와 영화를 누려 관에서 제공하는 성대한 제물을 받거늘 다른 한쪽은 후손이 적막하여 보리밥조차 차릴 수 없다면 신도神道가 어찌 편안하겠으며, 동족의 영달에 힘을 입는다고 할 수 있겠는가"라고 대답했다. 일찍이 그가 전의全義의 수령이 되었는데 고을의 재력이 빈약하였으나 여러 곳의 제단을 한결같이 하였다【제단은 제수祭需의 물목을 말한다】.

감사 이창정李昌庭[8]이 순천부사順天府使로 있을 때 그와 이름도 같고 관품官品도 같은 사람이 있었다. 어떤 가난한 선비가 딸의 혼수婚需에 도움 받으러 왔다가 사또를 만나보니 전혀 다른 사람이었다. 그가 크게 실망하여 머뭇거리고 있는데, 이창정은 자리를 권하고 천천히 까닭을 물었다. 그가 사실대로 고하자, 이창정은 웃으면서 "그럴 수도 있는 일이다" 하고 더욱 후하게 대접하며, 혼수를 준비해주되 한 가지도 빠지지 않게 하였다. 그는 "비록 내 친구가 마련해준다 하더라도 이와 같이 하지는 못할 것이요"라며 감사해 마지않았다.

나의 녹봉에 여유가 있어야 바야흐로 남에게 베풀 수 있다. 관가의 재물을 빼내어 사적으로 누구를 도와주는 것은 도리가 아니다.

---

8 이창정李昌庭, 1573~1625: 자는 중번仲蕃, 호는 화음華陰·무구옹無求翁, 본관은 연안延安이다. 함경감사를 지냈다.

만약 공채公債가 많으면 마땅히 그 실정을 친척과 친구들에게 두루 알려서, 여력이 생길 때까지 기다렸다가 와서 요구하도록 해야 한다. 객기를 마구 부려서 관고官庫를 탕진하게 만들면 아전들은 목을 매고 관노가 도망치는 등 그 해독이 고을 전체에 미치게 되니 베푸는 것으로 덕을 삼으려고만 해서는 안 될 것이다.

나의 친구 윤외심尹畏心[9]은 그 아우가 해남현감으로 있을 때 공채가 아직 많은데도 제수를 보내왔기에 돌려보내면서 "아래로 백성들의 재물을 빼앗아 조상의 제사를 받드는 것은 차마 할 수 없는 일이다"라고 하였다. 이는 참으로 격언이다. 제사도 이렇거늘 하물며 다른 일이야 말할 것이 있겠는가.

유구劉球[10]는 형을 극진히 공경하며 함께 숙식하며 지냈다. 그의 종제인 유비劉玭가 보전령甫田令으로 있으면서 여름철 옷감 한 필을 보내왔는데, 그날로 돌려보냈다. 그리고 편지로 경계하기를 "마땅히 맑고 깨끗함을 지켜 조상들을 빛나게 하라. 이것은 어진 아우에게 바라는 바가 아니다"라고 하였다.

광야鄺埜[11]는 성품이 극히 효성스러웠는데 섬서얼사부사陝西臬司副使[12]로 있을 때 명성이 있었다. 그 부친의 가르침이 엄하였는데 일찍이 녹봉

---

9 윤외심尹畏心, 1761~?: 조선 후기 문신인 윤영희尹永僖, 외심畏心은 그의 자이다. 정조 때 문과에 급제했고, 경학經學에 조예가 깊었다.

10 유구劉球, 1392~1443: 중국 명나라 때 사람. 자는 구락求樂이다. 한림시강翰林侍講을 지냈으며 저서로는 『양계문집兩溪文集』이 있다.

11 광야鄺埜, 1385~1449: 중국 명나라 때 사람. 자는 맹질孟質이다. 병부우시랑兵部右侍郎을 지냈고 야선也先이 쳐들어왔을 때 출정하여 전사했다.

12 섬서얼사부사陝西臬司副使: 중국 명나라 때 관제. 얼사는 안찰사와 같은 것이다. 섬서 지방의 안찰부사를 가리킨다.

으로 붉은 모포 한 장을 구해 보냈다. 부친은 크게 노하여 "네가 한 지방의 형정刑政을 관장하면서 원통한 일을 해결해주고 남에게 혜택이 미치게 하지 못하면서 이처럼 의롭지 못한 물건으로 나를 더럽히느냐" 하고 즉시 돌려보내며 편지로 책망하였다.

정선은 말하였다. "여유가 생기기를 기다린 후에 남을 구제하려 하면 필시 남을 구제할 날이 없을 것이요, 여가가 있을 때를 기다려 글을 읽으려 하면 필시 글을 읽을 때가 없을 것이다." ○ 절용하는 것이 본래 원칙이지만 눈앞에 슬픈 일이 닥쳐 급히 구원해주어야 할 사람이 있으면 여유가 있고 없음을 헤아릴 수 없는 일이다.

근래 일종의 폐단이 당쟁하는 습속에서 나왔다. 당파를 같이 하는 사람이면 지면知面이 있고 없고, 구하고 구하지 않음을 불문하고 다 같이 모든 호구를 계산하여 물건을 보내고 있다. 옛날에는 못 듣던 바요, 오직 남촌南村[13]에만 있었는데 지금 와서는 일반적인 습속을 이루었다. 마땅히 나의 녹봉에 여유가 있는지 헤아려서 힘에 맞도록 해야 할 일이다.

자기의 녹봉을 절약하여 그 지방 백성들에게
돌아가게 하고, 자기의 농토에서 거둔 곡물을 풀어
친척들을 도와준다면 원망이 없을 것이다.

사람들이 늘 하는 말이 "벼슬살이의 즐거움이 무엇인가? 남는 것은 내 몫이다"라고 하는데, 이는 벼슬 사는 동안 자기 농토의 수확을 집에 가져

---

13 남촌南村 : 서울의 남부방南部坊을 가리키는데, 이 지역에 소론이 많이 거주했다.

다 쓰지 않고 저축하거나 팔아서 그것으로 농토를 더욱 넓히는 것을 뜻한다. 병법兵法에 "군량은 적에게서 취하고 아군의 식량을 소비하지 않는다"라고 하였는데 관리들이 백성을 적으로 삼기 때문에 이런 계획을 마음먹는 것이다. 자기의 농토에서 나온 수확을 일가친척들에게 골고루 나누어주고, 관가의 재물을 낭비하지 않는 것이 더욱 이치에 맞는 일이 아니겠는가?

이집李稇[14]이 여러 번 군현을 맡았는데, 벼슬에 있을 때 서제庶弟인 이구李稱에게 집안일을 맡아보도록 했다. 흉년이 든 해에는 이집이 동생에게 편지를 보내 "집안에 저축이 있는 것을 먼저 여러 친족에게 나누어주며, 그러고 남는 것을 하인들과 이웃에 나누어주라"라고 하였다. 흉년 든 틈을 타 논밭을 더 늘리라고 권하는 사람이 있으면, 그는 "제 몸을 도모하기 위하여 차마 저들을 굶주리게 할 수는 없다"라고 하였다. 경상도의 하양河陽[15] 고을에서 돌아와서 그동안 하인이 장리長利 놓은 문서를 불살라버리고 그 하인에게 곤장을 때렸다.

이관李慣[16]이 군읍을 맡을 때마다 "전 가족이 녹봉을 먹고 사는 것만으로도 충분하다" 하고 녹봉으로 조석의 식사를, 그 밖에 의복 등은 모두 자기 집에서 마련하도록 하였다. 친척과 친구가 가난하여 도움을 청하면 "밥을 관가에서 먹어 집에 곡식이 남았으니, 이것 역시 벼슬살이로 인해서 얻은 것이다" 하고 필요한 만큼 가져가게 하였다.

---

14 이집李稇: 본관은 덕수이다. 평창군수平昌郡守 등을 역임했다. 원주에 "율곡栗谷의 종손 從孫이다"라고 나와 있다.
15 하양河陽: 경상북도 경산시에 속한 고을.
16 이관李慣, 1624~1692: 자는 중습仲習, 본관은 연안이다. 연평부원군延平府院君 이귀李貴의 자손으로 상주목사·경주부윤 및 한성우윤을 역임했다.

고려 이무방李茂芳[17]은 공민왕조의 초기에 순창군을 맡아 다스렸는데 그 지방의 토산물을 구하는 사람이 있으면 그는 차고 있던 붓집이나 띠를 아전에게 주면서 "친구가 사사로이 청하는데 공물을 줄 수 없으니 이 것으로 그가 구하는 물건과 바꾸어주라"라고 하였다. 이에 청한 사람이 부끄러워 떠났다.

유관현이 경성판관鏡城判官으로 있을 때 일이다. 을해년(1755)에 큰 기근이 들자 지성으로 백성을 구호하여 온 고을이 이에 힘입어서 살아나게 되었다. 하루는 진휼을 감독하는 사람이 그에게 "남쪽 지방도 기근이 여기 함경도와 다를 바 없답니다. 성주城主는 녹봉으로 이곳 백성들의 목숨을 살렸으니 또한 마땅히 친족들에게도 구휼의 손이 미쳐야 할 것이요. 진휼청賑恤廳에 따로 모아둔 곡식이 약간 남아 있으니 청컨대 급히 보내도록 하시오"라고 말하였다. 그는 "녹봉 역시 모두 백성에게서 나온 것인데 어찌 사사로운 재물처럼 여겨 나의 친족을 구할 수 있겠소" 하고 끝내 허용하지 않았다.

귀양살이하는 사람이 객지생활로 곤란하면 동정하고 도와주는 것도 어진 사람으로서 힘쓸 일이다.

방극근이 제령부濟寧府를 맡아 다스릴 때 명나라 태조가 법을 엄하게 적용하여 사대부들이 많이 귀양을 갔다. 귀양 가는 사람이 제령 땅을 지나가면 방극근은 번번이 그들을 도와주었다. 이를 위험하게 여기는 사람

---

17 이무방李茂芳, 1319~1398 : 자는 석지釋之, 본관은 광양光陽이다. 고려 말부터 관직에 올라 조선 초에 검교문하시중檢校門下侍中을 지냈다.

도 있었으나 도와주기를 그치지 않았다.

김영구金永耉[18]가 전주판관全州判官으로 있을 때 부처付處[19] 이하의 형을 받은 모든 죄수에게 돈으로 속죄할 수 있게 하는 명령이 내렸다. 판중추부사判中樞府事[20]를 지낸 김수金睟[21]가 만경萬頃에서 귀양살이하고 있었는데 가난하여 속전贖錢을 마련할 수 없었다. 김영구는 김수의 집안과 본래 좋게 지내던 사이였으므로 노비 7명과 한강변에 있는 석 섬지기 논으로 속전을 물어주고 고을 사람들에게는 누를 끼치지 않았다.

박대하朴大夏[22]가 나주목사羅州牧使로 있을 때 동계桐溪 정온鄭蘊[23]이 바른말을 하다가 제주도로 귀양 가게 되어 나주 경내를 지나갔다. 박대하는 정온과 하루의 사귐도 없었지만 손을 잡고 눈물을 흘리며 노자를 후하게 주었다. 정온은 감탄하며 떠났다.

전란을 당하여 몹시 어지러울 때 떠도는 사람들을
보살펴 구원하는 일은 의로운 사람의 처사이다.

---

18 김영구金永耉 : 광해군 시기에 활동한 인물.
19 부처付處 : 중도부처中途付處. 형벌의 하나로 일정 장소로 거주를 제한하는 것.
20 판중추부사判中樞府事 : 조선시대 중추부中樞府의 벼슬. 일정한 소임은 없고 문무의 당상관을 대우하기 위한 자리이다. 종1품.
21 김수金睟, 1547~1615 : 자는 자앙子昂, 호는 몽촌夢村, 본관은 안동이다. 호조판서戶曹判書와 영중추부사領中樞府事를 지냈다.
22 박대하朴大夏, 1577~1623 : 자는 무업茂業, 호는 송곡松谷, 본관은 반남이다. 사복시첨정, 선천부사, 나주목사를 역임하였다. 선천부사로 나가 수리사업과 군비 강화에 힘썼다. 광해군 때 폐모론廢母論이 일어나자 사직하였다.
23 정온鄭蘊, 1569~1641 : 자는 휘원輝遠, 호는 동계桐溪, 본관은 초계草溪이다. 이조참판吏曹參判을 지냈다. 병자호란 때 척화를 주장하다가 제주도로 유배되었다. 저서로는 『동계집桐溪集』이 있다.

강수곤姜秀昆[24]이 고창현감高敞縣監으로 있을 때 마침 전란 중인 데다가 큰 흉년이 들어서 사람들이 서로 잡아먹을 지경이었다. 그는 계획을 잘 세우고 준비를 철저히 하여 굶주린 사람들을 구제하였다. 충청도와 전라도 지방의 유랑민이 1000여 명이었고, 북방에서 온 친척과 친구로서 굶주려 식객 노릇 하는 사람이 하루에도 1000명에 이르렀다. 그가 몸소 생활을 간소하게 하면서 그들에게 도움을 주어 살려낸 사람이 1000여 명에 이르렀다.

홍이일洪履一[25]이 대구판관大丘判官일 때 마침 병자호란을 당하였는데, 대령大嶺 이남은 전란이 미치지 않아서[26] 피난 온 사대부들이 많았다. 그는 이들을 구제하는 데 최선을 다하였고 모두 과분한 대우에 기뻐하였다. 그는 "이런 때를 당하여 한 고을의 풍요를 독차지하여 어찌 저 혼자만 넉넉하게 살면서 다른 이들의 춥고 배고픔을 그냥 볼 수 있겠는가? 하물며 사대부들이 살 곳을 잃고 유랑하는데 더 말할 것이 있겠는가?"라고 하였다. 어느 날 관찰사가 "벼슬자리에 있으면서 정사를 맑게 하는 것도 좋지만 자손들은 어찌할 것인가?"라고 농담을 하자, 그는 웃으면서 "처신함에 있어서 이 마음을 저버리지 않는다면 그것으로 족합니다. 이 마음을 자손들에게 남겨준다면 넉넉하지 않겠습니까"라고 대답하였다.

---

24 강수곤姜秀昆, 1545~1610: 선조와 광해군 때 사람. 자는 여진汝鎭, 본관은 진주晋州이다. 공조좌랑工曹佐郞과 고창현감, 돈녕도정敦寧都正을 지냈다.

25 홍이일洪履一, 1583~1666: 자는 형오亨五, 본관은 남양南陽이다. 호조정랑戶曹正郞을 거쳐 여러 고을의 수령을 지냈다.

26 여기서 대령은 조령鳥嶺을 가리킨다. 대령 이남은 영남 북부의 안동을 중심으로 한 지역인데 임진왜란 때 일본군이 이 지역에는 침입하지 않아 피해가 없었다.

권문세가權門勢家를 후하게 받들어서는 안 된다.

권문세가에 선물 보내기를 후하게 해서는 안 된다. 은혜를 받았거나 혹은 의뢰하여 서로 잘 지내는 사람에게는 때때로 선물을 보내되 먹을 것 몇 가지에 그칠 것이며, 그 밖에 모피·인삼·비단 같은 고가의 물건은 결코 바쳐서는 안 된다. 왜냐하면 재상으로서 청렴하고 분명하여 식견 있는 사람은 받지 않을 뿐만 아니라, 보낸 이를 비루하고 간사하다고 여길 것이요, 혹 임금 앞에 가서 그 사실을 아뢰어 벌주기를 청할 수 있다. 이러다가는 재물을 잃고 망신 당하기 쉬우니 오히려 두려운 일이다. 만약에 재상이 뇌물을 즐겨 받고 그로 인해서 벼슬자리를 끌어올려주는 사람이라면, 그는 오래지 않아 패할 것이요, 나는 그의 사인私人으로 지목을 받아 크게는 연루자가 될 것이고, 작게는 앞길이 막히게 될 것이다. 이는 필연의 이치다. 이렇든 저렇든 해만 있고 이익은 없을 터이니 어찌 구태여 이런 짓을 할 것인가.

선조 임진년(1592)에 이직언李直彦[27]이 헌납獻納[28]으로서 왕의 피난길을 모시고 가서 의주에 있었는데 호남 지방의 한 수령이 부채를 보내왔다. 그는 이 사실을 들어 탄핵하기를 "지금이 어느 때인데 물건을 보내 문안하는가"라고 하니 동료들이 그를 두려워하였다.

인조 때 북쪽 변방 고을의 한 무관 출신 수령이 재상 최명길崔鳴吉[29]에

---

27 이직언李直彦, 1545~1628: 일명 시언時彦. 자는 군미君美, 호는 추천秋泉, 본관은 전주이다. 벼슬이 찬성贊成에 이르렀고 청백리에 녹선錄選되었다.
28 헌납獻納: 사간원의 정5품 벼슬.
29 최명길崔鳴吉, 1586~1647: 자는 자겸子謙, 호는 지천遲川, 본관은 전주이다. 벼슬이 영의정에 이르렀다.

게 초피를 바쳤다. 최명길이 가져온 사람을 불러 돌려주면서 꾸짖기를 "돌아가서 너의 수령에게 말하라. 이와 같은 일은 혼조昏朝[30]의 남은 풍습 이라 내가 임금께 아뢰어 벌주기를 청하고 싶지만 이번만은 너그러이 용 서하니 다음에는 이런 일이 없도록 하라"라고 하였다.

현종 갑인년(1674)에 우의정 김수항金壽恒[31]이 왕께 아뢰었다. "사대부 의 대소상기大小喪紀에 친척이나 친구가 부의하는 규정이 있지만 10세 이 전 아이의 죽음에 어찌 부의하는 일이 있겠습니까? 신이 지난겨울에 어 린 아들의 죽음을 당하였는데 이때 충청병사 박진한朴振翰이 무명 1동(同, 50필)을 부조했습니다. 신이 대신의 자리를 더럽히고 있으므로 아첨하는 것이 아니면 필시 시험하려 하는 것입니다. 비록 물건을 즉시 되돌려보 내기는 했지만 결코 그냥 둘 수 없는 일입니다. 해당 관청에서 법에 따라 벌주게 하는 것이 어떻겠습니까?" 임금은 "그대로 실시하라"라고 하였다.

○ 이 같은 일이 어찌 두렵지 않으랴! 하지 않음만 같지 못하다.

숙종 병자년(1696) 겨울에 한 늙은 아전이 대궐에서 돌아와서 그의 처 자를 보고 "요즈음 이름 높은 벼슬아치들이 모여서 하루 종일 이야기를 해도 국사의 계책이나 백성을 위한 걱정은 전혀 없고 각 고을에서 올라 오는 뇌물이 많다느니 적다느니, 좋다느니 나쁘다느니, 어느 고을 수령 이 보낸 물건은 극히 정묘하고 어느 수령이 보낸 물건은 아주 풍족하다 고 한다오. 이름 높은 벼슬아치들의 논평이 이러하면 지방에서 거두어들

---

30 혼조昏朝: 여기서는 광해군 때를 지칭함. 당시 정치가 혼미했다 하여 붙여진 말이다.
31 김수항金壽恒, 1629~1689: 자는 구지久之, 호는 문곡文谷, 본관은 안동이다. 벼슬은 영의 정에 이르렀다. 서인-노론 당파로 당쟁의 중심에 서서 기사환국己巳換局 때 남인 측에 죽 임을 당했다. 저서로 『문곡집文谷集』이 있다.

이는 것은 필시 늘어날 것이라. 나라가 어찌 망하지 않으리오" 하며 눈물을 흘려 마지않았다【정재륜의 『한거만록閑居漫錄』】.

정선이 말했다. "의롭지 못한 재물을 취하여 처자들이 낭비하는 데 제공하거나 권귀權貴에게 바치는 뇌물에 충당하거나 재齋를 올려서 복을 비는 등은 모두 마음을 잘못 쓰는 사람들이다."

이경문李敬文[32]이 고양내사高陽內史[33]가 되었는데 하간河間의 수령 최심崔諶이 그 아우 최섬崔暹[34]의 권세를 믿고 이경문에게 사슴뿔과 영우翎羽[35]를 요구하였다. 이경문이 이에 대답하여 "영翎은 여섯 개 깃촉이 있어 날면 하늘 높이 오르고 사슴은 발이 넷이라 달리면 곧 바닷속으로 들어간다. 소관은 몸이 게으르고 손발이 둔해서 나는 놈을 쫓을 수도 없고 달리는 놈을 따를 수도 없다"라고 했다. 이처럼 소인을 멀리한 것이다.

신당新堂 정붕鄭鵬[36]이 청송부사靑松府使로 있을 때, 재상 성희안成希顔[37]이 잣과 벌꿀을 요구하자, "잣나무는 높은 산꼭대기에 있고 꿀은 민가의 벌통 속에 있거늘 수령 된 자가 어떻게 그런 것을 얻을 수 있겠습니까"라고 대답하였다. 성희안은 부끄러이 여기고 사과하였다.

---

32 이경문李敬文: 원주에 "곧 이회李繪인데 북제시대 인물"이라고 나와 있다. 이름이 이회이고 경문敬文은 그의 자이다. 고결한 인물로 평가받았다. 활동 시기는 후위에서 북제에 걸쳐 있다.

33 고양내사高陽內史: 고양은 중국 산동성에 있는 지명이며, 내사는 군수와 같은 지방관이다.

34 최섬崔暹, ?~528: 중국 남북조시대 북위의 인물. 자는 원흠元欽이다. 사람이 간활하고 잔혹하여 백성들이 나아자사顐兒刺史라고 불렀다.

35 영우翎羽: 깃털. 원주에 "어떤 본에는 '翎'이 모두 '鴒'으로 되어 있다"라고 나와 있다.

36 정붕鄭鵬, 1467~1512: 자는 운정雲程, 호는 신당新堂, 본관은 해주海州이다. 김굉필金宏弼의 문인. 교리를 거쳐 청송부사를 지냈다.

37 성희안成希顔, 1461~1513: 자는 우옹愚翁, 호는 인재仁齋, 본관은 창녕昌寧이다. 중종반정의 주역으로 정국공신이 되었고 영의정을 지냈다.

고려 유석庾碩[38]이 동북면병마사東北面兵馬使[39]가 되었는데, 앞서 어떤 병마사가 처음 강요주江瑤柱[40]를 최이崔怡[41]에게 바쳐서 이것이 관례가 되었다. 강요주는 해산물로 용진현龍津縣에서 생산되는데 잡기 대단히 어려운 것이었다. 고을의 50여 호 민가가 이 때문에 다른 일을 못하게 되자 거의 다 도망쳐버렸다. 유석이 강요주 바치는 것을 일체 금지시켰더니 달아났던 백성들이 모두 돌아왔다. 당시 수령들이 다투어 백성들을 착취하여 권귀에게 아첨하기를 일삼았다. 유석은 관하의 수령들에게 공문을 보내 그런 일을 금지시켰다. 유석을 꺼리는 사람이 그 공문을 최이에게 보여주었다. 최이는 "유석이 나에게 바치지 않으면 그만이지 왜 구태여 도내 수령에게까지 금하는가"라고 말했다. 동북면 백성들이 유석의 맑은 덕에 감복하여 어버이라 불렀고 임기가 차서 돌아가자 3년 더 머물기를 청하였으나 중앙으로 불리어 예빈경禮賓卿[42]이 되었다.

창강滄江 조속趙涑[43]이 임피臨陂[44]현령縣令으로 있을 때 일이다. 대죽순 껍질로 방석을 만들어 탁단籜團이라 이름을 붙이고 호주湖洲 채유후蔡裕

---

38 유석庾碩, ?~1250 : 고려 고종 때 인물. 본관은 무송茂松이다. 평장사平章事 유필庾弼의 증손. 강직하고 청백하였으며 백성을 사랑하는 것으로 명망이 높아 고려의 유명한 양리良吏로 꼽힌다. 동북면병마사와 지형부사知刑部事 등을 지냈다.

39 동북면병마사東北面兵馬使 : 고려시대 함경도 지방의 민정과 군정을 아울러 다스린 지방관. 남부 5도의 장관은 안찰사였고, 동북면과 서북면에는 병마사를 두었다.

40 강요주江瑤柱 : 강요주江瑤珠가 원래 표기이며 살조개이다.

41 최이崔怡, ?~1249 : 이름은 최우崔瑀, 후에 최이로 개명했다. 본관은 우봉牛峰이다. 고려 최씨 무인정권의 제2대 집권자.

42 예빈경禮賓卿 : 고려시대 빈객賓客·연향宴享을 맡아보던 예빈시禮賓寺의 종3품직.

43 조속趙涑, 1595~1668 : 자는 희온希溫, 창강滄江은 그의 호, 본관은 풍양이다. 장령掌令과 진선進善을 지냈다. 그림을 잘 그렸는데 특히 서화로 유명했다.

44 임피臨陂 : 지금의 전라북도 군산시에 속한 지명.

^{後 45}에게 보내 그의 초당^{草堂}에서 쓰도록 하려 하였다. 그런데 마침 채유후의 집이 초당에서 기와지붕으로 바뀌었다는 말을 듣고 탄식하며 "기와집에는 이 방석이 맞지 않다" 하고 끝내 보내지 않았다. 채유후가 이 말을 듣고 부끄럽게 여기고 탄식하였다.

---

45 채유후^{蔡裕後}, 1599~1660 : 자는 백창^{伯昌}, 호는 호주^{湖洲}, 본관은 평강이다. 예조참의와 대제학을 지냈다. 시인으로 유명하며 저서에 『호주집^{湖洲集}』이 있다.

제3부 봉공 6조

奉公六條

宣化

군수나 현령은 본래 '승류丞流·선화宣化'[1]가
그 직분인데, 오늘날에는 오직 감사에게만 이 책임이
있다고 하니 잘못된 것이다.

동중서董仲舒[2]는 「현량대책賢良對策」[3]에서 말했다. "오늘날 군수와 현령
은 백성의 스승이요 통솔자여서 승류·선화하는 일을 맡긴 것이다. 그런
까닭에 수령이 어질지 못하면, 임금의 덕이 선양되지 못하고 그 은택이
흐르지 못한다. 지금의 수령은 아랫사람을 가르치는 도리를 망각하여,
그중에는 임금의 법을 받들지 않고 백성에게 포학하며, 간사한 자들과
더불어 거래를 일삼는다. 그리하여 가난하고 외로운 백성들이 억울하고
고통스럽게 생업마저 잃고 있으니 폐하의 뜻에 심히 맞지 않는다. 이 때
문에 음양이 뒤엉키고 나쁜 기운이 꽉 차서 적체되어, 모든 생물이 제대

1 승류承流·선화宣化: '승류'는 위로 임금의 은덕을 받들어 흐르게 한다는 뜻이며, '선화'
 는 아래로 그 은덕을 널리 펼친다는 뜻이다.
2 동중서董仲舒, B.C. 179 ~B.C. 104: 중국 한나라 학자. 일찍이『공양춘추公羊春秋』를 읽어 경
 제 때 박사가 되었다. 무제 때 현량賢良으로서 「천인삼책天人三策」을 바쳤으며, 무제가
 유학을 국교로 정하는 데 그의 힘이 컸다. 저서로『춘추번로春秋繁露』『동자문집董子文集』
 이 있다.
3 「현량대책賢良對策」: 동중서가 무제의 물음에 답하는 형식으로 지은 글.

로 성장하지 못하고 뭇 백성이 번성하지 못하니, 이는 오로지 수령이 밝지 못하여 이 지경에 이르게 된 것이다." 案 선화와 승류는 수령의 책임이거늘 오늘날은 오직 감사의 청사에만 '선화당宣化堂'이라는 현판을 붙여놓으니, 수령들은 늘 이 현판을 보면서도 속으로 선화 승류는 우리의 책임이 아니며, 우리는 무엇보다도 부세를 독촉하여 상급 관청의 꾸지람을 면하면 그만이라고 생각한다. 어찌 슬프고 답답하지 않은가?

『서경書經』에 "신하는 임금의 팔과 다리와 귀와 눈이 된다"라고 하였다. 이는 임금이 힘을 사방으로 펴려고 하니, 군수와 현령 된 자들이 따라서 사방에 힘을 펴야 한다는 뜻이다. 조정의 은덕을 펴서 백성들로 하여금 임금을 사모하고 받들게 하는 것을 가리켜 민목民牧이라 하는데, 오늘날 수령 된 자는 학정을 하니 원망이 조정으로 돌아오게 한다. 부세의 징수를 연기하라〔대동미의 정퇴停退를 가리킴〕[4]는 조서詔書를 내렸으나 감추어 반포하지 않고 오직 백성들에게 긁어내어 자신의 부를 축적하기 위한 거래를 자행하며, 부채를 탕감하라〔환자還上를 탕감해주는 경우〕는 조서가 내려와도 감추어 반포하지 않고 아전들과 어울려 농간해서 그 처리에 이바지하며, 병자를 구호하고 시체를 묻어주라〔건륭 말년에 서쪽에서 들어온 역질의 경우〕는 명령도, 결혼 못한 자의 혼인을 권하고 부모 없는 어린아이를 거두어주라는 명령도〔정조 때에 누차 이 명령이 있었음〕 감추어 반포하지 않는다. 수해를 입었을 때나 가뭄이 들었을 때 조정에서는 세금을 탕감해주었으나 수령은 여전히 거둬 가로채 먹고는 "조정에서 수해(혹은 가뭄)를 인정

---

4 원주에 나온 정퇴停退란 납부 기한을 연기해주는 것을 뜻한다. 즉 흉년에는 대동미나 환곡의 상납을 다음 해로 연기해주는데 혹 나라의 경사가 있으면 탕감해주기도 했다. 향리들이 이를 기화奇貨로 중간에 착복하는 일이 예사로 있었기 때문에 이를 지적한 것이다.

하지 않는다"라고 하며, 굶주린 수많은 백성들을 구호대상에서 제외하고
는 "조정에서 구하기가 어렵다 한다"라고 하며, 곱사등이는 원래 강제노
역이 면제되어 있음에도 이를 면제해달라고 호소하면 "조정의 명령이 지
엄하니 난들 어찌하겠는가"라고 하며, 무고한 백성을 가두고 죄를 면해
줄 테니 돈을 바치라 하면서 "조정의 금령이 본래 엄한데 네가 어찌 죄를
범하였는가"라고 하여, 백성들로 하여금 조정을 원망하고 아우성치도록
만든다. 아, 이래서야 되겠는가? 수령은 마땅히 백성을 대할 때마다 오직
조정의 은덕을 펴는 일로써 제일의 직분으로 삼아야 한다.

한문공韓文公[5]이 조주潮州[6] 자사로 부임하면서 관리와 백성들을 만나 갖
추어 말했다. "조정이 훌륭한 정치를 펴는 것은 천자가 신성神聖·위무威
武·자인慈仁하여 억조億兆의 인민들을 자식처럼 길러서이니, 인간관계나
지역의 거리를 가리지 않고 비록 만 리 밖 영해嶺海[7]의 변방이라도 기전
畿甸[8]의 연곡輦轂[9]에 있는 사람들과 한가지로 대우한다. 선한 일이 있으
면 반드시 듣게 되고 악한 일이 있으면 반드시 알게 되며, 일찍 조회하고
늦게 파하여 항상 조심하고 삼가야 한다. 오직 사해四海 안과 천지 사이
에 하나라도 제자리를 얻지 못할까 두려워하여 자사를 보내 백성의 고통
을 직접 묻게 하고, 만약 불편한 일이 있으면 위로 아뢰게 한 것이다. 국

---

5 한문공韓文公, 768~824: 당송팔대가로 유명한 한유韓愈. 문공文公은 그의 시호이다. 그가
「불골표佛骨表」를 올린 것으로 황제의 노여움을 사서 좌천을 당해, 지금의 광동성에 있는
바닷가인 조주자사로 가게 되었다.
6 조주潮州: 중국 수나라 이래의 주명州名인데 지금의 광동성 조안현潮安縣이다.
7 영해嶺海: 중국의 광동·광서 지역을 가리킴. 오령五嶺의 남쪽에 있어 바다에 가까운 땅이
라는 뜻에서 붙여진 말.
8 기전畿甸: 왕성王城을 중심으로 사방 500리 이내의 지역을 가리킴. 기내畿內라고도 한다.
9 연곡輦轂: 원래 천자의 수레를 가리키는 말인데, 곧 천자가 있는 수도를 뜻한다.

가의 헌장憲章이 완벽하게 갖추어지고 다스린 지 이미 오래되어 수령은 조서의 조목을 받들어 지켜 어기고 범하는 자가 드무니 비록 먼 남쪽 바닷가에 있더라도 태평스럽지 않음이 없다." 이에 아전과 백성들이 황제의 덕화를 칭송하는 말을 듣고 북치고 춤추며 환호하여, 정사에 특별히 마음을 쓰지 않고도 모든 일이 순조롭게 되었다.

윤음綸音[10]이 고을에 내려오면 마땅히 백성들을
불러모아, 직접 읽고 설명하여 임금의 은덕을 알려야
할 것이다.

『후한서·순리전循吏傳』의 서문에 "광무제光武帝는 민간에서 자라 자못 백성의 실정을 알았다. 손수 쓴 글을 지방관에 내린 것이 모두 한 면에 10줄씩 잘게 써서 작성된 문서였다. 이로부터 부지런하고 검약한 기풍이 상하에 행해졌다"라고 나와 있다.

황패가 영천태수潁川太守로 있을 때 있을 때, 유능한 관리를 뽑아서 지역을 분담시켜 황제의 조령詔令을 선포하고 백성들로 하여금 모두 황제의 뜻을 이해할 수 있도록 하였다.

윤음이란 임금이 백성들에게 마치 자녀에게 하듯이 타이르는 글이다. 어리석은 백성은 문자를 해득하지 못하니 귀에 대고 말하고 대면해서 가르치지 않으면 타이르지 않는 것과 마찬가지이다. 윤음이 내려올 적마다 수령은 마땅히 패전牌殿[11] 문밖에서 몸소 읽고 설명하여 조정의 은덕을

---

10 윤음綸音: 임금이 백성들에게 고하는 말씀.『예기·치의緇衣』에 "임금의 말은 실과 같은데 그것이 나오면 밧줄과 같다〔王言如絲, 其出如綸〕"에서 나온 말이다.

널리 알려서 백성들로 하여금 은혜를 마음에 느끼게 해야 한다. 매양 보매 윤음이 내려오면 대강대강 옮겨 써서 풍헌과 약정에게 주고 만다. 만약 그중에서 조서를 어기고라도 행하고 싶지 않은 내용이 있으면 아전과 풍헌·약정들이 숨기고 반포하지 않는다. 세곡稅穀 징수의 기한을 늦추어 주는 것이나 환곡을 탕감하는 등과 같은 윤음은 열 번 내리면 감추는 것이 여덟아홉 번이 된다. 수령의 여러 죄 중에서 이 죄가 제일 커서 죽음을 당해도 변명할 말이 없으니, 어찌 범해서야 되겠는가.

내가 영남 지방으로 귀양 가 있을 적에 가난하고 조그마한 마을에도 윤음각綸音閣이 있는 것을 보았다. 한 칸의 집에 북쪽 벽에다 긴 판자를 가로로 설치해놓고 매번 윤음이 내려오면 그 판자에 붙이고 부로들이 그 앞에 늘어서서 절을 드린다. 나라에 경사가 있으면 늘어서서 절하고, 나라에 상고喪故가 있으면 늘어서서 절하고, 그 앞에서 망곡례望哭禮[12]를 행하기도 하며, 중대하게 의논할 일이 있으면 반드시 그 앞에 모인다. 이는 천하의 아름다운 풍속이다. 마땅히 이 풍속을 여러 도道에 다 통용하도록 할 것이다.

교문敎文[13]이나 사문赦文[14]이 고을에 도착하면 사실을 요약하여 백성들에게 읽어주고 설명하여 모두 소상히

---

11 패전牌殿: 왕을 상징하는 것을 전패殿牌라고 하는데, 지방에 전패를 모셔 놓은 전각을 패전이라 한다.

12 망곡례望哭禮: 멀리 떨어진 곳에서 임금이나 부모의 상사를 당할 경우나 혹 곡할 자리에 몸소 나가지 못할 경우에 그쪽을 향하여 곡하는 의식.

13 교문敎文: 나라에 큰일이 있을 때 내리는 임금의 유시문諭示文.

14 사문赦文: 나라의 경사로 죄인을 방면할 적에 임금이 내리는 글.

알도록 할 것이다.

나라에 큰 경사가 있으면 교문을 반포한다. 임금의 건강이 회복되었다
든지, 세자가 태어났다든지, 임금이 특별히 장수한다든지, 혹은 가례嘉禮
가 거행된다든지 하면【관례와 혼례가 다 가례이다】이에 교문을 반포하고 그
로 인하여 사면을 선포한다. 그런데 변려체駢儷體[15]로 꾸밈을 일삼는 글은
어리석은 백성들이 이해하지 못하므로 수령은 마땅히 본래 뜻을 알기 쉽
게 서술하여 따로 유시하는 글을 작성해서 백성들에게 반포하여 모두 같
이 경하하도록 해야 한다. 혹시 도적을 평정하고 반역자를 처단한 일로
경하할 경우 역시 마땅히 이와 같이 해야 한다.

중국에서 사면을 반포하는 조서는 은전恩典을 내리는 예규가 상세하고
치밀해서 사면의 범위와 은택의 미치는 바가 명백하여 알기 쉽다. 우리
나라의 사면을 반포하는 글은 본래 명백하지 못하여 백성이 알아보기 어
렵다. 수령은 마땅히 그 뜻을 잘 풀이하고 토서土書[16]【우리말로 언문諺文이라
한다】로 번역하여 백성들로 하여금 환히 알게 하여야 한다.

무릇 망하례望賀禮[17]는 마땅히 엄숙하고 공경하게
행하여 백성들로 하여금 조정의 존엄함을 알 수
있도록 해야 할 것이다.

---

15 변려체駢儷體: 한문 문체의 일종. 대구對句를 맞추는 것이 특징이다.
16 토서土書: 방언과 같은 말로, 한자를 보편적인 문자라고 전제한 위에서 이곳의 글자라는
   의미이다.
17 망하례望賀禮: 국경절에 지방관이 전패 앞에서 절하던 예식이다.

『예기』에 "조회는 물건을 분별할 때 한다"라고 하였으니 물건을 분별할 때란 매상昧爽【먼동이 틀 무렵】이다. 동틀 무렵 예식을 행하려면 필히 닭이 울 때 일어나서 세수하고 빗질하고 옷을 입어야만 시각에 맞출 수 있다. ○ 패전을 모신 뜰에서 예식을 드릴 때 반드시 얼마 동안 엎드려서 지난 보름 동안에 한 일들이 우리 임금에게 부끄러운 점이 없었는가를 묵묵히 생각하되 임금이 친히 임하여 위에 계시는 것같이 한다. 만약 스스로 마음에 부끄러운 점이 있으면 마땅히 빨리 고쳐서 나의 타고난 본마음을 기르도록 할 것이다. ○ 오늘날 습속은 초하루와 보름에만 망하례를 행한다. 그러나 임금의 탄신이나 나라에서 하례를 거행하는 정해진 날에도 모두 마땅히 망하례를 행해야 한다. 비록 다른 수령과 어긋남이 있더라도 행하지 않으면 안 된다.

망위례 望慰禮[18]는 한결같이 의주儀注[19]에 따라야 하는 것이니 고례 古禮를 강구하지 않을 수 없다.

망위례는 마땅히 더욱 정성스럽게 거행해야 한다. 만약 고례로 논한다면 국상國喪 소식을 처음 들었을 때, 마땅히 오사모烏紗帽[20]와 천담복淺淡服[21],

---

18 망위례望慰禮: 지방의 관원이 멀리서 국상을 조위弔慰하는 예.
19 의주儀注: 국가의 전례 절차를 주해한 것.『경국대전·예전·의주儀註』에서 모든 의주에는 오례의五禮儀를 쓴다 하였으니, 즉『국조오례의』가 기준이 되었다.
20 오사모烏紗帽: 관복을 입을 때 쓰는 것으로 사紗로 만든 벼슬아치의 모자이다. 지금의 전통 혼례에서 신랑이 쓰는 모자가 그것이다.
21 천담복淺淡服: 엷은 옥색의 제복祭服.

흑각대黑角帶[22]를 갖추고 패전을 모신 뜰로 들어가 곡하고, 바깥 뜰로 물러 나와서 옷을 갈아입고 다시 들어가 우곡又哭을 행해야 한다. ○ 우곡이란 분상례奔喪禮[23]에서 이른바 오곡五哭의 제2곡이다. 『예기』에서 "우곡에서는 괄발括髮[24]하고 단袒[25]하고 용踊[26]한다"【『예기·분상奔喪』의 원문】라고 하였으니, 다시 뜰에 들어가려고 할 때 오사모와 망건을 벗고 상투를 풀어 괄髺을 만들되【머리털을 모아 쥐고 두세 번 마는 것】삼끈으로 묶는 방식이니 이를 괄발이라 한다. ○ 임금의 상을 당하여 괄발하는 것은 고례에 지극히 엄하게 규정되어 있으므로 「빙례聘禮」[27]에 "복명復命하고 나와 단하며 괄발하고 자리에 나아가 용한다"라고 하였다. 『춘추좌전春秋左傳』에 "공손귀보公孫歸父[28]가 진晉나라에 빙문聘問을 갔다가 돌아오는 길에 생笙[29]이란 곳에 이르러 단壇을 모으고 휘장을 두르고 복명한 다음 단하고 괄발하고 자리에 나아가 곡하고 세 번 용하고 나왔다"【선공宣公 18년에 보인다】하니 이 예는 폐지할 수 없는 것이다. 고례에는 괄발을 소렴小斂 후에 한다고 하였으나 상喪을 듣고 달려가지 못하는 자는 우곡할 때 이미 괄발했으니 삼곡三哭【삼곡은 소렴小斂의 곡을 의미한다】을 기다릴 필요가 없다. 오늘날의 의주儀注에는 괄발의 설이 없으므로 수령이 마음대로 행할 수 없지만 고례를 알지 않으면 안 될 것이다. ○ 이에 좌단左袒하고 들어가 곡을

---

22 흑각대黑角帶: 서대犀帶이다.
23 분상례奔喪禮: 분상奔喪의 예인데 분상은 『예기』의 편명이다.
24 괄발括髮: 상의喪儀 때 머리털을 모아 쥐고 두세 번 꾸부려 삼으로 묶는 것.
25 단袒: 왼쪽 팔과 어깨가 나오도록 저고리를 반쯤 벗는 것.
26 용踊: 상의 때 애통哀痛의 정을 표시하기 위하여 제자리에서 뛰는 것.
27 「빙례聘禮」: 『의례』의 편명.
28 공손귀보公孫歸父: 중국 춘추시대 노나라의 공족公族. 자는 자가子家, 귀보歸父가 그의 이름이다. 장공莊公의 손자.
29 생笙: 중국 춘추시대 노나라 국경에 있던 땅 이름.

하되 슬픔을 다하고 나온다【비록 괄발하지만 천담복과 흑각대를 그대로 착용한다】.

○ 이에 패전을 모신 뜰에다 집에 기대어 초막草幕【속명은 여막廬幕이라 한다】
을 짓고 거처하면서 죽을 먹는다【임금의 상을 당하였을 때 여막에 거처하는 것은
『예기·잡기雜記』에 보이고 죽을 먹는 것은 『예기·단궁檀弓』에 보인다】. ○ 이날 수질首
經30·요질腰経31·교대絞帶32를 만들어 석곡夕哭 때 사용한다【해가 질 즈음에
석곡을 행한다】. 상을 늦게 들은 자는 삼곡에 질대絰帶를 사용해도 좋다. ○
그 이튿날 새벽에 삼곡을 행하는데 일찍 일어나 천담복에 사모각대紗帽角
帶는 벗고, 포건布巾과 질대를 갖추고 들어가 자리에 나아가 곡한다【괄발
은 그대로 하고 고치지 않는다】. 한낮에 한 번 곡하고【무시無時로 곡하는 것을 의미
한다】 해질 때 한 번 곡한다. ○ 그 이튿날 새벽에 사곡四哭을 행하는데 앞
의 예와 같이 하며 한낮과 해 질 때에 곡하는 것 역시 마찬가지이다. ○
그 이튿날 새벽에 오곡五哭을 행하는데 일찍 일어나 참최상斬衰裳33과 중
의中衣34를 입고 대지팡이를 짚고, 이에 괄발을 고쳐 상투를 틀고 상관喪
冠을 쓰며 질대와 관구菅屨35를 갖추고【마땅히 포망건布網巾이 있어야 한다】 들
어가서 자리에 나아가 곡하고 나서 성복成服36한다. ○ 오늘날의 의주儀注
에는 국상의 소식을 들은 지 엿새가 되어야 성복한다고 하나, 고례에는
천자와 제후의 상에는 먼저 성복하고 후에 대렴大斂한다고 했다【내가 지은
『상례사전喪禮四箋』에 상세히 나와 있다】. 반드시 엿새가 되어야 성복한다는 것

---

30 수질首絰: 상복을 입을 때 머리에 두르는 짚과 삼으로 만든 띠.
31 요질腰絰: 상복을 입을 때 허리에 두르는 짚과 삼으로 만든 띠.
32 교대絞帶: 상주가 입는 중단中單 위에 두르는 띠.
33 참최상斬衰裳: 부친상에 입는 상복의 하의.
34 중의中衣: 중단, 중단의. 상주가 입는 삼베로 만든 두루마기.
35 관구菅屨: 엄짚신, 즉 왕골로 삼은 신이다.
36 성복成服: 초상이 났을 때 상복을 처음 입는 일.

은 후세의 잘못된 예이다. 그러나 의주에 이미 이렇게 되어 있으니 그대로 따르지 않을 수 없는 것이다. ○ 오늘날 풍속에 소렴의 질経은 별도로 단고單股[37][단고는 조객弔客의 질대]를 쓰는데 예가 아니다. 마땅히 쌍규雙糾[38]의 질을 써야 한다. ○ 오늘날 풍속에 교대는 세 겹으로 꼬고 네 가닥으로 만드는데 예가 아니다[세 겹에 네 가닥은 갈대葛帶의 제도이다]. 마땅히 쌍규를 써야 한다. ○ 성복을 마친 다음 이에 정당으로 돌아와서 임시로 포사모布紗帽를 쓰고 백포의白布衣를 입고 교대를 착용하고 정사를 본다. ○ 매양 초하루와 보름에는 참최상과 질대를 갖추고 망곡하기를 예법대로 행한다. ○ 현궁玄宮[39]에 하관할 때와 우제虞祭[40]·부제祔祭[41]·연제練祭[42]·대소상大小喪 때에 모두 망곡하기를 예법대로 행한다.

왕비의 상에는 괄발하지 않고 포건[포건은 옛날의 문統이다]으로 대신한다. 오곡은 모두 앞의 예법대로 하되 여막에 거처하지 않고 죽을 먹지 않는다.

나라의 기일忌日에는 공무를 보지 않으며, 형벌을 쓰지 않을 것과 풍악을 쓰지 않을 것을 모두 법례대로 해야 한다.

---

37 단고單股: 외가닥의 삼끈.
38 쌍규雙糾: 두 가닥으로 마주 꼰 것.
39 현궁玄宮: 광중壙中을 의미함. 무덤 속.
40 우제虞祭: 초우初虞·재우再虞·삼우三虞의 총칭인데 반혼返魂 후에 행하는 제사이다.
41 부제祔祭: 아버지의 신주를 할아버지의 신주 옆에 모실 때 지내는 제사. 졸곡卒哭 후에 혹은 삼년상 후에 행함.
42 연제練祭: 사후 13개월에 지내는 제사, 즉 일주기 제사에 해당한다.

나라의 기일 하루 전에 몸을 깨끗이 재계齋戒할 것이며 태형笞刑은 쓰되 장형杖刑은 쓰지 않는다【오늘날 풍속에 곤장을 쓰는 것을 가리켜 용형用刑이라고 한다】. 관아의 대문을 열고 닫을 때 군악을 쓰지 않는다. ○ 그 이튿날 재계를 파하면 태형과 장형을 쓸 수 있다. ○ 요즈음 수령들은 나라의 기일에 혹 연회를 베풀고 풍악을 울려서 아전과 백성들이 예가 아님을 비난하여 온 고을이 떠들썩한데도 수령은 듣지 못하고 있다. 이를 조심하지 않을 수 없다. ○ 예묘禰廟[43] 및 조왕祖王은 내가 섬겨온 바이니 그 기일에 마땅히 엄숙히 재계하고 추모를 다하여 술과 육미를 끊는 것을 부모의 제사처럼 해야 예법에 맞는 일이다.

정만화가 감사로 있을 때, 반드시 조복朝服을 입고 이속과 백성들을 대면했는데, "임금의 명을 받아 지방을 다스리며 교서敎書를 받드는 몸으로 자신의 편안을 위해 평복을 입는 것은 임금을 공경하는 도리가 아니다"라고 말하였다. 초하루와 보름에 패전을 모신 뜰에 나아가 임금이 계신 곳을 향해 절을 할 때에도 반드시 목욕재계하고 공경을 다함이 곧 임금의 안전에 있는 것같이 하였다. 데리고 있는 막료들은 모두 사대부의 자손들을 쓰면서 "시정배는 이익을 중하게 여기니, 가까이해서는 안 된다"라고 말하였다.

조극선이 온양군수溫陽郡守로 있을 때의 일이다. 인조대왕의 상을 당하자, 그는 죽을 마시고 거적자리에 자면서 아침저녁으로 곡하였다. 내외의 주방에는 술과 육미를 치우도록 하여 부녀와 어린이들 역시 감히 육미를 먹지 못했다. 또 그 고을 안에 통첩을 보내 "예에 이른바 방상方喪[44]

---

43 예묘禰廟 : 임금의 부친의 사당.
44 방상方喪 : 신하가 임금의 상을 당했을 때, 부모의 상과 같이 행하는 것.

이라고 하는 것은 나라의 상사喪事가 부모의 상사와 비등하다는 의미이다. 이제 민간에서는 잔치를 벌이거나, 시집가고 장가가며, 노래하고 춤추고 고기 잡고 사냥하는 등의 일을 하지 말아야 한다. 혹시라도 예율禮律을 범하는 일이 없도록 하라"라고 하니, 모든 사람들이 조심하고 두려워하여, 저자에서는 술을 팔지 않고 들에서는 농부들의 노랫소리가 들리지 않았다.

조정에서 내려온 명령을 백성들이 즐거워하지 않아 받들어 시행할 수 없으면, 마땅히 병을 핑계하고 그 자리를 떠나야 할 것이다.

강잠姜潛[45]이 진류현陳留縣을 맡아서 부임한 지 수개월 만에 청묘령青苗令[46]이 내려왔다. 강잠이 그것을 현문縣門에 내걸고, 또 각 마을에 붙이게 한 지 3일이 지나도 찾아오는 사람이 한 명도 없었다. 그는 드디어 그 방을 떼어 아전에게 주면서 "백성이 원하지 않는다" 하고 곧 병을 핑계하고 떠났다. ○ 당시 산음지현山陰知縣 진순유陳舜兪[47]는 글을 올려 신법新法[48]을

---

45 강잠姜潛: 중국 송나라 사람. 자는 지지至之이다.『춘추』에 조예가 깊었다.
46 청묘령青苗令: 중국 송나라 신종神宗 때 왕안석이 제출한 법이다. 상평창常平倉 및 광혜창廣惠倉의 전곡을 백성들에게 빌려주고 추수 후에 반납하게 하는 것을 원칙으로 하였으며, 만약 그해에 재해가 들면 기간을 연장하고 풍년을 기다려 반납하는 것을 허락하였다.
47 진순유陳舜兪. 1026~1076: 중국 송나라 사람. 자는 영거令擧, 호는 백우거사白牛居士이다. 둔전원외랑屯田員外郎과 산음지현山陰知縣을 지냈다. 저서에『여산기략廬山紀略』『도관집都官集』등이 있다.
48 신법新法: 중국 송나라 신종 때 왕안석이 당시의 폐단을 고치기 위하여 정치·재정·사회·병제 등 각 방면에 걸쳐 단행한 일대 개혁안이다. 즉 균수법均輸法·청묘법青苗法·보갑법保甲法·모역신공거법募役新貢擧法·태학생삼사법太學生三舍法·시장법市場法·보마법保

반대하다가 좌천되어 남강군南康軍의 염세鹽稅와 주세酒稅의 감관監官이 되었는데, 이에 이르러 다시 글을 올려 "청묘법은 아주 편리한 것인데 처음에는 미혹하여 알지 못했다"라고 하니 식자들이 비웃었다.

옥새玉璽가 찍힌 칭찬하는 문서가 내려오면 이는
수령의 영광이요, 책망하는 유시諭示가 혹시 내려오면
이는 수령의 두려워할 바이다.

조정이 조서를 내려 칭찬하는 것은 나를 기리기 위함이 아니요, 조정이 유시를 내려 절실하게 책망하는 것은 나를 미워함이 아니라, 모두 백성을 위한 것이다. 무릇 칭찬을 받든지 책망을 받든지 마땅히 모두 조정이 베푸는 뜻을 널리 알릴 것이요, 숨겨서는 안 된다.

송나라 태종이 각 지방에 계비戒碑【구양수의 『집고록集古錄』[49]을 보면 계비는 당나라의 명황明皇 때부터 시작되었다】를 세웠는데 "너의 봉록은 백성의 기름이다. 아래로 백성을 학대하기는 쉬워도 위로 하늘을 속이기는 어렵다"라고 하였다.

馬法·방전균세법方田均稅法·면행법免行法·수실법手實法 등을 제정, 실시하였다.
49 『집고록集古錄』: 구양수의 저술. 금석문金石文의 탁본搨本을 수집, 정리하고 해설을 붙인 책이다.

守法

법은 임금의 명령이다. 법을 지키지 않는 것은 곧
임금의 명령을 따르지 않는 것이니, 신하 된 자로서
어찌 감히 그렇게 할 수 있겠는가?

案 책상 위에 『대명률』과 『대전통편』을 놓아두고 항상 펼쳐보아 그 조
문과 사례를 두루 알고 있어야 한다. 그래야 법을 지키고 명령을 시행하
고 소송을 판결하며 사건을 처리할 수 있다. 무릇 법의 조항에 금지된 것
은 조금이라도 어겨서는 안 되니, 비록 오래전부터 전해내려오는 고을의
관례라 할지라도 국법에 현저히 위반되고 벗어난 일이면 어겨서는 안 된
다. ○『대전大典』의 원편과 속편 및 통편[1]으로 여러 차례 증보를 거쳤으
나 여전히 빠지고 소략한 것이 많다. 사건을 당하여 상고해보면 의거하
기 어려운 점이 많다. 분류 항목이 너무 간략한데 원래 상세하게 나누어
져 있지 않은 것이어서 조목을 따라 내용을 찾아보아도 잘 드러나지 않
는다. 또한 마땅히 호전戶典에 들어야 할 것이 병전兵典에 들어 있기도 하
며, 예전禮典에 들어 있어야 할 것이 형전刑典에 들어 있어서[2] 찾아보는

---

1 여기서 '대전'은 『경국대전』을 가리키며, '속편'은 『속대전』을, '통편'은 『대전통편』을 지
칭한다.

자가 곤란을 느끼기도 한다. 목민에 뜻을 둔 자는 마땅히 이 법전들을 취하여 요긴한 것을 뽑아 별도로 분류해놓고, 또한 『만기요람萬機要覽』[3] 『비국등록備局謄錄』[4] 『고사신서攷事新書』[5] 등의 책에서도 요긴한 것을 뽑아 모아서 한 편의 책으로 만들어두고, 업무에 임해서 상고해봄이 좋을 것이다.

확고히 지킬 것을 지켜 흔들리지도 말고 빼앗기지도 아니하면, 곧 인욕이 물러나고 천리가 흘러 행할 것이다.

상국相國 허조許稠[6]가 전주판관으로 있으면서 맑은 절개를 지키며 굳세고 밝게 일을 처리하였는데, '비법단사 황천강벌(非法斷事 皇天降罰, 법 아닌 것으로 일을 처리하면 하늘이 벌을 내린다)' 여덟 글자를 현판에 써서 동헌에 걸어놓았다.

---

2 이 법전들은 모두 이吏·호戶·예禮·병兵·형刑·공전工典의 육전으로 분류되어 있는데, 호전은 호구와 재정, 병전은 군사, 예전은 외교와 문화와 교육, 형전은 형벌과 노비 등에 관한 규정을 실었다.

3 『만기요람萬機要覽』: 조선 후기의 재용財用과 군정을 서술한 책. 순조 8년(1808) 심상규沈象奎 등이 편찬했다. 재용편은 전세田稅·세법稅法·조운漕運·무역·창고에 관한 사실을, 군정편은 오위五衛·위병衛兵·위법衛法·조련操鍊·봉수烽燧·역체驛遞·순라巡邏 및 병조兵曹·비변사備邊司의 직제職制에 관한 사실을 실었다.

4 『비국등록備局謄錄』: 조선시대 비변사에서 논의한 중요 사항을 날마다 기록한 책. 『비변사등록備邊司謄錄』이라고도 하는데, 조선 후기의 군사와 재정에 관한 중요 자료이다.

5 『고사신서攷事新書』: 『고사촬요攷事撮要』를 개정 증보한 것으로 천도天道·지리·기년紀年·전장典章·의례儀禮·행인行人·문예文藝·무비武備·농포農圃·일월日月·의약醫藥 등의 부문으로 되어 있는데, 서명응徐命膺 등이 맡아 영조 47년(1771)에 출판하였다.

6 허조許稠, 1369~1439: 고려에서 조선에 걸치는 인물. 자는 중통仲通, 호는 경암敬菴이다. 성리학적 의례儀禮의 보급에 진력하였고 세종조 때 대신으로서 치적이 있었다. 상국相國은 정승을 의미함.

고려의 금의琴儀[7]는 모습이 시원스럽고 도량이 매우 컸다. 청도군淸道郡을 다스릴 때에 정사가 굳세고 바르며 법을 지킴에 굽히지 않았다. 그래서 온 고을 사람들이 그를 '청도철태수淸道鐵太守'라고 일컬었다. ○ 판서 권극지權克智[8]는 관직에 있을 때에 매사를 법대로 처리하여 사람들이 감히 사사로운 요구를 하지 못했다. 그래서 그를 일컬어 '쇠부처'라 하였다.

무릇 국법이 금하는 것과 형률刑律에 실려 있는 것은 극히 조심조심 두려워하여, 감히 함부로 범하는 일이 없어야 한다.

언제고 무슨 일이 있을 적마다 나라의 법전을 찾아봐서 만일 법률을 어기는 일이라면 결코 시행해서는 안 된다. 만약 전임자가 법을 어긴 일이 전해내려와 나에게 뒤집어씌워진 것이 있다면, 응당 글을 주고받아 바로잡을 길을 강구하되, 저쪽이 움직이지 않거든 마땅히 감영에 보고할 것이요, 그냥 넘어가서는 안 된다. ○ 언제나 일을 만나면 반드시 마음속으로 '감사가 이 일을 들으면 나를 폄하하지 않을까, 어사御史가 이를 들으면 나를 탄핵하지나 않을까' 생각해보고, 그러한 근심이 없으면 행하는 것이 좋다. ○ 한결같이 곧게 법만 지키다보면 때로는 일 처리에 너무 구애받을 수도 있다. 다소 넘나듦이 있더라도 백성을 이롭게 하는 일이라면 옛사람도 변통하는 수가 있었다. 요컨대 자기의 마음이 천리의 공

---

7 금의琴儀, 1153~1230 : 자는 절지節之이다. 최씨 무인정권 시대에 문신으로 기용되어 활약하였다. 「한림별곡翰林別曲」에서 '금학사琴學士'로 칭송을 받은 인물이다.
8 권극지權克智, 1538~1592 : 자는 택중擇仲이다. 예조판서를 지냈다. 이정구李廷龜의 장인.

평함에서 나왔다면 반드시 법에 얽매일 필요는 없으나, 자기의 마음이 혹시라도 사사로운 욕심에서 나왔다면 조금이라도 법을 어겨서는 안 된다. 법을 어겨 죄를 받는 날에 하늘을 우러러 부끄러움이 없고 땅을 굽어 봐도 부끄러움이 없다면, 그 법을 어긴 것이 반드시 백성을 이롭고 편하게 한 일이니, 이 같은 경우는 다소 넘나듦이 있을 수 있다.

마영경이 입신立身하여 벼슬살이하는 도리를 유원성에게 물은즉, 유원성이 말하였다. "『한서漢書』에 '관리는 법령을 스승 삼아 틈이 날 적마다 법 조항을 살펴보는 것이 좋다'[「설선전薛宣傳」에 나와 있다]라고 하였는데, 이는 사람을 다스리는 데뿐만 아니라 자신을 보호하는 데도 좋을 말이다." 유원성은 마영경이 과거에 합격하고 벼슬길에 처음 나왔기에 처신함에 있어서 혹시 법을 범하고 아전들에게 속임을 당할까 염려되어 이런 말을 한 것이다.

이익에 유혹되어서도 안 되고, 위세에 굴복해서도
안 되는 것이 수령의 도리이다. 비록 윗사람이
독촉하더라도 받아들이지 못하는 일이 있을 수 있다.

이명준李命俊[9]이 고산高山[10]찰방으로 있을 때의 일이다. 그 역이 함경도의 요지에 있어 역마驛馬를 타는 이들이 법의 한도를 넘어서 지나치게 요구하는 일이 허다해서 역졸들이 견디기 어려웠다. 그는 법대로 집행하여

---

9 이명준李命俊, 1572~1630 : 자는 창기昌期, 호는 잠와潛窩이다. 대사간과 병조참판을 지냈는데, 성품이 강직하였다.
10 고산高山 : 함경남도 안변에 있던 역 이름.

굽히지 않았다. 감사가 와도 반드시 마패馬牌대로만 역마를 지급하자, 감사는 노하여 들으려고 하지 않았다. 그는 다투던 끝에 조정에 명령을 요청하기에 이르렀다. 조정에서는 찰방이 옳고 감사가 그르다고 하였다. 오래된 폐단은 곧 고쳐졌으나 그는 마침내 버슬을 버리고 돌아갔다.

송방조宋邦祖[11]가 금교金郊[12]찰방으로 있을 때의 일이다. 그는 왕명을 띠고 지나가는 관원들에게도 법에 따라 역마를 지급하였으며, 아무리 지위가 높고 명망이 혁혁한 자에게도 결코 규정을 어기지 않았다. 금교의 역은 이후 얼마 지나지 않아 쇠잔한 상태를 벗어나 회복이 되고 폐단이 시정되어 효과가 있었다. 마침 한 어사가 권세를 믿고 규정을 어긴 일이 있었는데, 송방조가 장계狀啓를 올려 탄핵하니 듣는 이들이 그를 장하다고 평했다.

송이창宋爾昌[13]이 연원連原[14]찰방으로 있을 때의 일이다. 앞서 각 도에서 진상을 하는데 사적으로 바치는 물건들까지 더하여 함께 실어 보냈다. 역마를 바꿀 때에는 사적인 물건들도 진상품의 초과분으로 꾸며서 그것이 이미 잘못된 관례가 되었다. 그가 부임하자 낱낱이 조사해 체부體府[15]로 공문을 보내어 처벌하도록 하매, 이로부터 각 도에서 그를 몹시

---

11 송방조宋邦祖: 조祖는 조祚의 오기인 듯하다. 송방조(宋邦祚, 1567~1618)의 자는 영숙永叔, 호는 습정習靜, 본관은 은진이다. 금교도역승金郊道驛丞과 병조좌랑, 고산도마승高山道馬丞 등을 지냈다. 저서로는 『습정집習靜集』이 있다.
12 금교金郊: 황해도 금천에 있던 역 이름.
13 송이창宋爾昌, 1561~1627: 자는 복여福汝, 호는 정좌와靜坐窩이다. 송준길宋浚吉의 아버지. 감찰과 현감을 지냈다.
14 연원連原: 충청북도 충주에 있던 역 이름.
15 체부體府: 체찰부體察府의 준말. 국가에 전란이 일어났을 때 임금을 대신하여 어떤 지역의 군무軍務를 총괄하던 관부. 보통 정승이 체찰사體察使가 된다. 여기에 송이창이 연원 찰방이 된 것은 선조 33년(1600)인 정유재란이 일어난 직후인데, 역도驛道의 관리는 군정

꺼려하여 감히 함부로 하지 못했다.

법으로 해가 없는 것은 지켜서 변경하지 말고, 관례로 사리에 맞는 것은 그대로 따르고 버리지 말 것이다.

정자程子는 말하였다. "지금 시대에 살면서 지금의 법령을 못마땅하게 여긴다면 옳은 일이 아니다. 정사를 논할 경우에, 모름지기 오늘날의 법도 안에서 처리하여 그 합당한 것을 얻도록 해야 옳은 일이다. 만약 반드시 고치고 난 후에야 정사를 할 수 있다면 의義가 어디에 있겠는가."【『근사록近思錄』】

주자는 이렇게 말하였다. "정사를 하되 큰 이해관계가 없으면 반드시 뜯어고치기를 의논할 것은 없다. 뜯어고치기를 의논하면, 고치는 일이 이루어지기도 전에 으레 시끄럽게 소요가 일어나 끝내 그치지 않을 것이다."

조극선이 지방의 수령으로 있을 때에 반드시 새벽에 일어나 관복을 입고 정사를 보았는데, 요란스럽게 변경하고 고치는 것을 좋아하지 않았다. 그는 "무릇 어떤 일을 할 적에는 반드시 점차로 해야 한다. 부임하자마자 곧 일체의 폐단을 제거해놓고 그 뒤를 잘 이어가지 못하면, 반드시 시작은 있으되 마무리가 없게 될 우려가 있다. 마땅히 먼저 지나친 것부터 제거하여 점차 모든 폐단이 다 없어지도록 하는 것이 좋다"라고 하였다. 案 옛사람들이 요란스럽게 변경하는 일을 경계한 것은 지킬 만한 법

軍政에 속하므로 체찰부에 보고한 것이다.

이 있었기 때문이다. 그러나 오늘날 우리나라의 군현에서 쓰고 있는 것은 국법이 아니며, 대체로 부역이나 징수는 아전들이 자의적으로 정한 데서 나온 것이다. 마땅히 급히 개혁할 일이요, 그대로 두어서는 안 된다.

읍례란 한 고을의 법이니, 그중 사리에 맞지 않는 것은 수정하여 지키면 된다.

각 고을의 여러 창고에는 모두 예로부터 내려오는 관례가 있으니, 이름하여 절목節目이라 한다. 처음 절목을 정할 때에도 잘되지 못한 점이 많았는데, 뒤에 온 수령들이 마음대로 더하고 빼고 고치면서 온통 사사로운 생각으로 자기에게만 이롭고 백성들을 착취하게 만들었으니, 거칠고 잡되고 구차하고 고루하여 그대로 시행할 수가 없다. 이를 핑계로 절목을 폐지하고 임의로 새로운 영令을 시행하는데, 무릇 백성을 착취하는 조목은 해마다 불어나고 달마다 늘어나기 마련이다. 백성들이 편히 살 수 없는 것은 주로 이 때문이다. 취임한 지 몇 달이 지났거든 여러 창고의 절목들을 가져다놓고 조목조목 조사하고 물어서 그 이롭고 해로움을 알아내어, 그중에서 사리에 맞는 것은 표시하여 드러내고, 사리에 어긋나는 것은 고쳐야 한다. 물건값이 예전에는 쌌으나 이제 와서 오른 것은 의논하여 값을 올려주고, 예전에는 비쌌으나 이제 와서 내린 것은 그대로 후하게 해주며, 민호民戶가 예전에는 번성했으나 이제 와서 쇠잔해진 경우에는 의논하여 그 부담을 덜어주며, 예전에는 적었으나 이제는 많아진 경우에는 옮겨서 고르게 해야 한다[그 부세의 부담을 옮겨준다는 뜻이다]. 사리에 맞지 않으면서 수령만 이롭게 하는 것은 고쳐 없애고, 법에 없는

데도 여러 가지로 거두는 것은 한도를 정해야 한다. 정밀히 생각하고 살피며 널리 물어서 용단을 내리되, 뒷날의 폐단을 고려해서 막아버리고, 뭇사람의 뜻을 좇아 법을 확고하게 세우고 공평하게 지키면, 명령을 내리고 시행할 때 자신의 마음에 전혀 부끄러움이 없을 것이다. 내가 떠나간 후에 뒷사람이 지키는지 여부는 비록 알 수 없으나, 내가 재임하는 동안에는 살펴서 행하는 것이 또한 옳지 않겠는가?

옛 절목과 옛 식례式例【이름하여 등록謄錄이라 한다】는 마땅히 낱낱이 거두어다가 불사르고 없애서 영구히 그 근본을 끊어버려야 할 것이다. 만일 한 장이라도 남아 있게 되면, 뒤에 오는 자들이 예로부터 내려오는 전례라고 빙자하여 폐단이 다시 살아날 것이다.

무릇 일용의 물건에는 마땅히 식式은 있으되 기記[16]는 없어야 할 것이다【하기下記가 없다는 말이다】. 시험 삼아 포진鋪陳【왕골자리 등속을 포진이라 한다】한 가지를 들어보자.

3전[17] 백석白席 1장 값
1전 용수초龍鬚草 염색[18] 값
1전 기화起花[19]의 공임
2전은 겹과裌裹 초석草席[20] 값

---

16 식式·기記: 금전 지출에 있어서의 요목要目을 적은 것이 식이요, 그 세목細目을 일일이 적은 것을 하기라 한다.
17 원주에 "엽전 30잎이 3전홀이다"라고 밝혀져 있다. 즉 화폐 단위로서 1전은 엽전 10개이다.
18 용수초龍鬚草는 골풀이라는 식물로 자리를 만드는 재료이다. 염색에 대해 원주에서 "청·적·황·흑으로 물들임"이라고 나와 있다.
19 기화起化: 수를 놓는 것. 원주에 "색초로 수놓는 것을 기화라 한다"라고 나와 있다.

3전 장식용 명주 석 자 값

2전 장식용 베 석 자 값

1전 장식용 명주에 붉은색으로 물들이는[21] 값

1전 장식용 베에 푸른색으로 물들이는 값

5푼 장식 테두리 바느질삯

5푼 겹석袷席을 꿰매는 노끈 값

2전 공인工人 양식 값

1전 기화 때의 등유燈油 값

이처럼 자질구레하게 늘어놓으면 12줄이나 되는데, 이것이 겹석의 하기이다. 면석面席【자리 두 개를 서로 이어 붙인 것을 면석이라 한다】의 하기는 8~9줄이 될 것이요, 단석單席【이어 붙이지 않은 것을 단석이라 한다】의 하기도 8~9줄이며, 방석方席【작은 자리로 네모반듯한 것을 방석이라 한다】의 하기는 12줄이나 될 것이다. 지의地衣[22]의 하기는 6~7줄, 은낭隱囊【속명은 안석按席이다】의 하기는 8~9줄이 될 것이다. 포진 1부만 하더라도 그 하기가 50~60줄이 된다. 물가는 때에 따라 오르고 내리며 물건은 갑자기 많았다 적었다 하니, 수령이 이를 어찌 다 살필 수 있으며 백성들이 어떻게 다 알 수 있을 것인가. 이제 마땅히 정밀하게 물어보고 세세히 살펴서 그 법식을 정하되 "겹석 1장은 본전이 1냥 6전【앞에 열기한 것은 1냥 8전이다】, 면

---

20 원주에 "수석繡席과 초석草席을 합쳐서 겹석을 만드는 데 이를 등매登每라고 한다"라고 나와 있다.

21 원주에 "이름하여 목홍木紅이라 한다"라고 나와 있다.

22 지의地衣: 가장자리를 헝겊으로 꾸미고 폭을 이어서 바닥에 까는 돗자리.

석 1장은 본전이 1냥, 단석 1장은 본전이 6전, 방석 1장은 본전이 8전, 지의 4간間은 본전이 4냥, 은낭 1개는 본전이 1냥이니, 합계하면 포진 1부는 전 9냥"이라고 기록할 것이다. 이에 절목에 올리기를, "돈 9냥은 감사의 봄 순행 때의 포진 1부 값이요, 돈 9냥은 동지사冬至使[23] 행차 때의 포진 1부 값"이라고 한다. 자질구레하게 조목조목 나열하는 것을 없애버리면 수령은 살피기 쉽고 아전은 농간할 여지가 없으니, 또한 좋지 않은가. 응당 모든 물건에 다 이와 같이 하면 좋을 것이다〔모두 먼저 식례를 고안하여 총수를 기록한다는 뜻이다〕.

여러 창고의 물자를 쓰는 데에는 두 가지 명목이 있는데, 첫째는 응하應下이고 둘째는 별하別下이다. 응하라는 것은 해마다 반드시 써야 되는 것이니, 더할 것도 감할 것도 없어서 항전恒典으로 삼을 수 있는 것이다. 별하라는 것은 해마다 같지 아니하여 때로는 있다가 때로는 없으니 항전으로 삼을 수가 없는 것이다. 가령 동지사의 구청求請, 동지사 접대, 정조正朝[24]의 진상進上과 임금 생신 때의 진상 및 경사(京司, 서울에 있는 관청)에 보내는 연례 납부, 영문營門[25]으로부터 연례 징수, 수령의 연례의 소용 등은 모두 응하의 물자들이다. 별사別使[26]의 구청과 별사 접대, 진하陳賀[27] 때의 진상, 경례慶禮 때의 진상 및 경사로부터의 별도의 구청, 영문에

---

23 동지사冬至使: 동지를 전후하여 중국에 보내던 정기 사신.
24 정조正朝: 음력 정월 초하루를 기해 임금이 문무백관과 함께 거행하는 조회의식朝會儀式으로 각 고을에서 으뜸가는 향리가 상경하여 참석하였다.
25 영문營門: 감사의 감영, 병사의 병영, 수사의 수영을 통칭하는 말.
26 별사別使: 중국에 매년 정례에 따라 보내는 사신 이외에 별도로 파견하는 사신을 일컫는 말. 원주에 "하정사賀正使가 아니면 모두 별사라고 일컫는다"라고 나와 있다. 하정사는 신년을 축하하기 위해 중국에 보내던 사신인데 동지사와 하정사는 임무를 겸해서 수행했다.
27 진하陳賀: 왕실에 경사가 있을 때에 각 고을에서 사람을 보내어 축하드리는 일.

서의 별도의 복정卜定【나누어 징수하는 것[分徵]을 이름하여 복정이라 한다】, 수령이 교체될 때의 소용 같은 것은 모두가 별하의 물자들이다. 응하의 물자들은 그 식례를 명백히 하여 절목에 올리고 그 끝에 쓰기를 "이상 1년 응하의 도합이 2345냥 6전 7푼"【예로 든 수치】이라 하여, 절목에 따라 차하上下[28]【출급出給과 같은 말】하되 하기도 없고 회계도 없다【해마다 같기 때문이다】. 별하의 물자는 그 식례에 따라 절목에 올리고【응하하는 것과 마찬가지】 쓰임을 따라 기록하되【하기가 있어야 함】 그 총수를 기록하여【가령 포진 1부를 별사 행차 시에 나누어주는 경우와 같다】 연말에 가서 회계하면 그 실제 숫자를 알 수 있을 것이다.

전에 내가 곡산부에 있을 때에 민고民庫의 절목을 이와 같이 만들었더니, 아전과 백성이 다 좋아했다. 그래서 이 법례를 전국에 통용시키고자 하였다. 뒤에 병조兵曹의 일군색一軍色[29]·이군색二軍色[30]의 절목을 상고해 보니, 영성군靈城君 박문수朴文秀[31]가 만들어 정한 것도 이와 같았다. 이 법이 크고 작은 일에 통용될 수 있을 것임을 확신하게 되었다. 하기를 조목조목 늘어놓는다는 것은 여러 간계가 일어날 수 있는 구멍이며 온갖 농간질이 모여들 수 있는 소굴이다. 반드시 고칠 일이요, 그대로 따라서는 안 된다.

---

28 차하上下 : 지급한다는 뜻의 이두어. '上下'라고 쓰고 '차하'라고 발음한다.
29 일군색一軍色 : 병조 소속으로, 금군보禁軍保·호련대보扈輦隊保·내취보內吹保 등으로부터 군포를 거두어 장교·군병·원역員役의 삭료(朔料, 한 달분의 급료)를 지급하는 일을 맡았다.
30 이군색二軍色 : 병조 소속으로, 기병과 보병 중 당번병이 아닌 자들로부터 군포를 거두어 각 사의 원역에게 삭포(朔布, 급료로 주는 베)를 지급하는 일을 맡았다. 무릇 각 사의 원역은 삭료는 호조로부터, 삭포는 병조로부터 받았으니, 이를 호료병포戶料兵布라고 하였다.
31 박문수朴文秀, 1691~1756 : 자는 성보成甫, 호는 기은耆隱이다. 이인좌의 난을 평정하는 데 공을 세워 영성군靈城君에 봉해졌으며, 암행어사로서 활약이 많았다.

여러 창고에는 반드시 감監이 있고 서胥가 있다【곧 이른바 감색監色[32] 이다】. 매달 급료로 주는 돈이 곧 응하인데, 만약 윤달을 만나면 이는 별하가 된다. 창고에 들어오는 것이 일정하여 남는 것이 전혀 없으니, 윤달이 있는 해에는 12절기【입추, 경칩 등】로 나누어 지급하면 무방할 것이다.

무릇 절목을 만들 때에는 마땅히 튼튼하고 두터운 백추지白硾紙[33]를 쓰고 검은 실로 꿰매며, 해자楷字로 또박또박 써서 엄정하게 만들 것이요, 모든 창고의 절목을 합쳐서 한 책을 만들고 가지런히 재단하여 책상 위에 비치해놓고 지키기를 국전과 같이 할 것이다.

또한 부본副本을 만들어 각 방坊【우리말로 면面이라 한다】에 나누어주어 각기 엄히 지키도록 할 것이다. 이와 같이 백성들에게 이로운 것은 뒷사람이 비록 고치고자 할지라도 백성들이 반드시 다투어서 쉽게 폐기되지 않을 것이다.

---

32 감색監色: 모든 창고의 관리인. 감監은 향청의 임원이 맡고, 색色은 이서吏胥, 곧 아전이 맡았다.
33 백추지白硾紙: 희고 두꺼운 한지의 일종.

禮際

예의 있는 교제는 군자가 신중히 여기는 바이니, 공손한 태도가 예의에 맞아야 치욕을 멀리하게 될 것이다.

존비尊卑의 등급이 있고 상하의 표식이 있는 것이 옛날의 원칙이다. 수레와 복장이 서로 다르고 깃발의 장식에 채색을 다르게 함은 각기 분수를 나타내는 것이다. 하위직은 마땅히 본분을 지켜 상위직을 섬겨야 한다. 나는 문관이고 상대가 무관이라 하여 괄시해서는 안 되고, 내가 세력이 있고 상대가 세력이 약하다 하여 교만하게 대해서는 안 되며, 내가 잘났고 그가 어리석다 하여 그를 우둔하다고 여겨서는 안 되며, 나는 나이가 많고 그는 어리다 하여 그를 가볍게 대해서는 안 된다. 엄숙하고 공손하고 겸손하고 온순하여 감히 예를 잃지 않으며, 화평하고 통달하여 서로 막히고 답답한 일이 없게 하면, 정의가 서로 부합하게 될 것이다. 백성을 위해 일을 할 때 상대가 자애롭지 않으면 그 사람의 뜻을 따르느라 백성에게 해를 끼쳐서는 안 된다.

황직경黃直卿[1]이 "요자회廖子晦[2]가 수령이 되어 정참庭參[3]을 하지 않아

당시 상관의 비위를 거슬렀는데 이 일은 매우 잘한 것입니다"라고 했다. 그러자 주자는 "정참은 본래 옳지 않으나, 상관을 대함에 있어 끝까지 다 투는 모양은 옳지 못하다"라고 말하였다[『주자어류朱子語類』[4]].

학봉鶴峰 김성일金誠一[5]은 본래 굳세고 바르다는 평이 나 있었지만, 수 령으로 나가서는 상관이 경내에 이르렀다고 들으면 반드시 관대를 착용 하고 공문公門에서 기다렸다고 한다.

지방관이 왕명을 받고 온 관인과 서로 대할 때에는 예의를 갖추어야 하는데, 그 격식은 국전에 나와 있다.

『경국대전』에 다음과 같이 규정하였다.

"외관外官[6] 당상관은 당상관 사신使臣[7]에 대해서는 서쪽 문으로 들어

---

1 황직경黃直卿, 1152~1221 : 중국 송나라 사람인 황간黃幹. 직경直卿은 그의 자이다.

2 요자회廖子晦: 중국 송나라 사람인 요덕명廖德明. 자회子晦는 그의 자이다. 주자의 제자로, 벼슬은 이부좌선낭관吏部左選郎官에 이르렀다. 저서로 『춘추회요春秋會要』『사계집槎溪集』이 있다.

3 정참庭參: 정전참알庭前參謁의 준말. 신임 관리가 상관의 관정에 나아가 배알하는 것.

4 『주자어류朱子語類』: 중국 송나라 함순咸淳 6년(1270)에 여정덕黎靖德이 편찬한 책. 주자의 문인들이 주자와 문답한 말을 수합, 정리했다. 모두 35문목門目에 140권으로 출간되었다.

5 김성일金誠一, 1538~1593 : 자는 사순士純, 학봉鶴峰은 그의 호, 본관은 의성義城이다. 선조 24년(1591)에 통신부사通信副使가 되어 일본에 다녀왔다. 경상도 우병사로 부임 도중 임진왜란이 일어나서 초유사招諭使로 종군하여 서부 경남 일대에서 의병을 일으켰으며 진주에서 순직하였다. 저서로 『학봉집鶴峰集』이 있다.

6 외관外官: 지방행정을 담당하는 관원을 일컫는 말. 외관에서 목사牧使와 대도호부사大都護府使는 정3품으로 당상관과 당하관이 있으며, 도호부사都護府使는 종3품, 군수는 종4품, 현령은 종5품, 현감은 종6품이었다.

7 당상관 사신: 원주에 "감사·병사·수사·동지사 등"이라고 나와 있다. 감사는 관찰사로 문관직 종2품, 병사는 병마절도사兵馬節度使로 무관직 종2품, 수사는 수군절도사水軍節度使

와 앞에 나아가 재배하면 사신이 답배答拜하며, 당하관 사신[8]에 대해서는 객은 동쪽에 주인은 서쪽에 서서 마주 재배한다. ○ 당하관은 당상관 사신에 대해 현신現身하여 뵙기를 청하고【섬돌 위로 나아가 알현을 한다】, 당하관 사신에 대해서는 은신隱身하여 뵙는데[9], 두 경우 모두 서쪽 문으로 들어와 앞에 나아가 재배한다. 사신이 수령에 대해 차등差等[10]이면 답배를 하고【가선대부嘉善大夫와 통정대부通政大夫는 차등이고 통정대부와 통훈대부通訓大夫도 차등이다】, 격등隔等이면 답배를 하지 않는다【2품과 4품이 격등이고 3품과 5품이 격등이다】. ○ 참하관參下官[11]【7품 이하를 말함】은 참상관參上官 사신에 대해서는 현신하여 뵙기를 청하고, 참하관 사신에 대해서는 은신하여 뵙기를 청하되, 두 경우 모두 앞으로 나아가 재배한다." 案『속대전』과 『대전통편』에서도 이 조문은 개정된 바 없다. 그럼에도 지금의 감사는 목사, 수령에 대하여 동등同等이나 차등을 막론하고 앉아서 읍揖으로 답하고, 오

로 무관직 정3품이다. 동지사는 중국에 보내는 사신으로, 동지사의 정사正使를 정승이나 판서가 담당하므로 정2품 이상이다.

8 당하관 사신: 원주에 "어사御史·경시관京試官·서장관書狀官 등"이라고 나와 있다. 당하관으로 어사의 자격이 집의執義일 경우는 종3품, 장령掌令일 경우는 정4품, 지평持平일 경우는 정5품, 감찰監察일 경우는 정6품이다. 경시관은 대과大科와 소과小科의 초시初試에서 향시鄕試는 모두 각 도의 도사都事가 주관하지만 충청좌도忠淸左道·전라좌도全羅左道·경상좌도慶尙左道·평안남도에서는 경시관이 주재한다. 서장관은 중국에 보내는 사행에서 정사, 부사와 함께 삼사로 일컫지만 당하관에서 임명되었다. 일본에 보내는 통신사에도 서장관이 있었는데 보통 4~6품에서 임명되고 한 품品 위로 차함借銜되었다. 서장관은 사행使行에서 기록의 임무를 맡아, 매일의 일을 기록하고 귀환한 뒤에 국왕에게 보고 들은 일들을 보고할 의무를 진다.

9 현신現身·은신隱身: 여기서 현신은 직접 나아가 뵙는 것을, 은신은 다른 사람을 시켜 뵙는 것을 가리킨다.

10 차등差等: 원주에 나온 가선대부는 종2품, 통정대부는 정3품 당상관, 통훈대부는 정3품 당하관이다.

11 참하관參下官: 당시 관제에서 정3품 당하관에서 6품까지를 참상관, 7품 이하를 참하관이라고 불렀다.

직 통정대부 품계의 감사만이 가선대부 품계의 수령에게 일어나서 답배하면서 격등이기 때문에 답배한다고 잘못 말한다. 이것은 무엇이 격등인지 알지 못하고, 차등을 격등으로 잘못 여기고 답배를 부답배不答拜와 혼동한 것이다. 이 잘못된 법이 퍼져서 병마절도사나 수군절도사까지도 모방을 하고, 당하관 사신인 어사나 서장관도 당상관 수령에게 역시 앉아서 읍을 한다. 나라에 예법의 문란함이 이보다 심한 일이 없다. 듣건대, 영조英祖[12] 초년에 거만하고 자존심이 강한 어떤 사람이 감사가 되어 비로소 차등과 동등의 수령에게 모두 앉아서 읍으로 받는 관례를 만들었는데, 하관이 된 자들이 그 관직을 잃을까 두려워서 고개를 숙여 이를 달게 받아들였다고 한다. 이런 풍조가 전해지고 퍼져서 여기에 이르렀다. 이 관례가 행해진 지 근 100년이 되어 마침내 하나의 움직일 수 없는 법처럼 된 것이다. 대신이 건의하고 조정의 영令으로 엄하게 신칙하는 것이 없더라도 아래 있는 사람으로서 응당 마지못해 시속의 관례를 따를 뿐이다. 잘못이 윗사람에게 있는데 내가 어떻게 바꾸겠는가.

고례에 서북쪽을 높게 여기고 동남쪽을 낮게 여긴다. 손님은 서북쪽에 앉히고 주인은 동남쪽에 앉는다. 그러므로 『역례易例』[13]에 "건乾은 객이 되고 손巽[14]은 주인이 된다"라고 하였으니, 이는 손님을 존대하고 자기를 낮추는 태도이다. 객이 동쪽이고 주인이 서쪽인 것은 옛 뜻에 어긋나는 것이니, 당시에 예법을 제정하던 신하들이 깊이 상고하지 못한 까닭이

---

12 영조英祖: 조선조 21대 왕. 재위 1724~1776. 원문은 "영종英宗"이다. 당초에 묘호廟號
  가 영종이었는데 1890년에 영조로 추존되었다.
13 『역례易例』: 중국 청나라의 학자 혜동惠棟이 편찬한 『주역』 연구서. 총 2권이다. 한대漢
  代 학자들의 역전易傳을 연구하여 『주역』의 본례本例를 밝혔다.
14 건乾·손巽: 괘卦 이름인데 건은 서북쪽이며 손은 동남쪽이다.

다. 옛날 두 번 절하는 것이 오늘날 한 번 절하는 것이 되고 옛날 현신하던 것이 오늘날에는 은신이 되었으니, 이는 옛날에 공손히 하던 것이 지금 거만하게 된 셈이다.

『경국대전』에 다음과 같이 규정되어 있다. "우후虞侯[15]가 여러 고을을 순행할 때에 우후는 동쪽에 앉고 당상관 수령은 서쪽에 앉고【모두 의자에 앉는다】, 당하관 수령은 남쪽에 앉는다. ○ 당상관 수령이 없으면, 우후가 북쪽에 앉고 당하관 수령은 서쪽에 앉는다. ○ 도사都事와 평사評事도 마찬가지이다." 案 요즘 풍속에 우후에 대해서는 같은 등급처럼 대하고 도사와 평사에 대해서는 사신처럼 대하는데【도사와 평사는 감사를 보좌하는 관직이므로 봉명사신奉命使臣이 아니다】, 우후는 무인인 까닭에 대우가 원래의 규정에 미치지 못하고, 도사와 평사는 문신인 까닭에 대우가 원래 규정보다 더하고 있다. 모두 잘못된 습속이다.

연명延命[16]의 예를 감영監營에 나아가서 행하는 것은 예전부터 해오던 일이 아니다.

연명이란 지방을 맡은 신하가 자기의 임지에 있을 때 선화宣化하는 신하[17]가 순행하여 자기 고을에 당도하면 패전을 모신 뜰에서 교서를 공손

---

15 우후虞侯: 각 도에 배치된 병마절도사와 수군절도사의 다음가는 무관직. 병마우후兵馬虞侯는 종3품, 수군우사水軍虞侯는 정4품이다.
16 연명延命: 원래 감사나 수령이 부임할 때 전패殿牌 앞에서 왕명을 받드는 의식인데, 새로 부임한 감사에게 관하의 수령들이 처음 가서 뵙는 것을 뜻하기도 했다. 여기서는 후자를 가리키는바 그것은 고례가 아니라고 보았다.
17 선화宣化하는 신하: '선화'는 임금의 명을 받든다는 의미로 선화하는 신하는 곧 감사를 가리킨다.

히 받들고 우러러 축하하는〔瞻賀〕의 예를 행하는 것이다. 대개 조정의 조유(詔諭, 임금이 내리는 글)는 수령이 공손히 받들어야 한다. 그러므로 감사가 순행하여 본 고을에 당도하지 않으면 수령이 연명하지 않는 것이 옛날의 도리였다. 영조 초년까지도 아직 옛 법이 통용되었는데 세상 물정이 점점 속되어가고 사대부의 기풍과 절개도 점차 쇠퇴해져서, 상관을 아첨으로 섬기어 오직 미움이나 사지 않을까 걱정하여, 감사가 도임하면 열흘이 못되어 수령들이 급히 감영으로 달려가서 연명의 예를 행한다. 이는 연명이 아니라 참알이며, 조정을 존중하는 것이 아니라 상관에게 아첨하는 것이니, 모두 속된 폐단이다. 예법을 모르는 감사는 수령이 즉시 연명하지 않으면 그 허물을 문책하려 하니, 이 역시 잘못이다. ○ 오늘날 연명은 이미 습속이 되었기 때문에 옛 제도에 얽매일 수 없게 되었다. 그러나 서둘러 감영으로 달려가서 식자의 웃음거리를 살 것까지는 없고, 20~30일 기다렸다가 마지못해 가서 연명하는 것이 무방할 것이다.

또한 대체로 연명의 예는 마땅히 감사가 직접 조유를 펴야 할 것이니, 이는 수령을 존경하는 것이 아니고 임금의 명령을 존경하는 뜻이다. 오늘날 감사들은 망령되이 스스로 존대해져 으레 비장裨將을 시켜 대신 펴게 한다. 대신 펴게 하는 것을 이름하여 대수代受라 하는데 예가 아니다. 무릇 감사가 임금의 명령을 펴는 까닭에 수령이 연명을 하는 것이다. 본래 뜻이 이와 같은데도 오늘날 연명을 참알로 알고 있기 때문에 이름하여 대수라고 하니, 곧 받는다는 '수受' 한 글자가 본래의 뜻과 어긋난 것임을 알 수 있다. 심지어 병마사와 수군사는 감사와 같은 사신임에도, 역시 비장을 시켜 대수케 하니 이는 크게 예법에 어긋나는 것이다. 옛날에 당나라 이소李愬[18]가 회서淮西[19] 지방에 출정했는데 상신相臣 배도裴度[20]가

가서 민심을 어루만지게 되었다. 이때 이소는 무장으로 정장을 갖추어 길 왼편에서 배도를 영접하여 채蔡 땅 사람들로 하여금 조정의 존엄함을 알도록 하였다. 이것은 장수 된 신하가 연명을 행한 옛날 사례이다. 오늘날 절도사는 옛날의 이소이며, 오늘날 순찰사는 곧 옛날의 배도이니, 만약 배도가 비장을 시켜 대수케 하였더라면 이소가 무장으로 정장하여 연명하려고 했겠는가? 전에 내가 곡산부사로 있을 때, 순찰사와 병마사가 연명 문제로 다툰 일이 있었다. 내가 배도와 이소의 옛일로 비유하여 깨우쳐주었다. 그래서 친히 연명의 예를 행하게 되었다. ○ 오늘날 대수가 이미 습속이 되었으니 수령 또한 이 습속을 따르지 않을 수 없다. 잘못이 윗사람에게 있으니 내가 어떻게 관여하겠는가. 그러나 병마사나 수군사 같은 수신帥臣에게는 비록 파출당하는 일이 있더라도 굴종해서는 안 될 것이다.

감사는 법을 집행하는 벼슬이다. 수령이 비록 감사와 오랜 정분이 있다 하더라도 조심하지 않으면 안 된다.

내가 실제로 죄를 범했으면 그가 의리로 처단을 하더라도 실로 원한을 가질 일이 없다. 요즘 감사 중에는 혹 친한 수령에게 유별나게 사단을 찾

---

18 이소李愬, 773~821 : 중국 당나라 사람. 자는 원직元直이다. 반란을 일으킨 오원제吳元濟를 토벌하여 회서를 평정하였다.

19 회서淮西 : 중국 회수淮水의 서쪽 지역으로, 안휘성 여봉廬鳳 일대. 채蔡는 회서에 있는 지명이다.

20 배도裴度, 765~839 : 중국 당나라 때 인물. 회서의 세력을 평정한 공으로 진국공晉國公에 봉해졌다(141면 주56 참조).

아내어 자기가 공정하다는 명성을 낚으려는 자도 있는데, 이러한 기미는 잘 살피지 않으면 안 된다.

후한의 소장蘇章[21]이 기주자사로 있을 때 그의 친구가 청하태수清河太守로 있었다. 소장은 관할 지역을 순행하면서 그 친구의 부정을 다루게 되었다. 소장이 먼저 주연을 베풀어 태수를 지극히 환대하니 태수가 기뻐하며, "남들은 모두 한 하늘만 이고 있는데 나는 홀로 두 하늘을 이고 있다"라고 하였다. 소장은 "오늘 저녁에 내가 옛 친구와 함께 술을 마시는 것은 사사로운 정이요, 내일 기주자사로서 일을 처리하는 것은 공법公法이다"라고 말하고, 마침내 그의 죄를 물어 바르게 처리하니 고을 경내가 숙연해졌다.

만사晚沙 심지원沈之源[22]이 홍주목사로 있을 때 판서 임담林墰[23]이 충청감사가 되어 순행차 홍주에 왔다. 심지원은 친구 사이였던 임담에게 접대하기를 자못 간소하게 하였더니, 임 감사가 홍주 아전을 매질하면서 "너희 원님이 비록 나와 교분이 가까우나 상관과 하관 사이의 체모는 응당 엄해야 할 것이다. 너희 원님이 실수를 하였으니 네가 대신 매를 맞아라"라고 했다. 심지원은 늘 자제들에게 "내가 먼저 체모를 잃고도 아전을 매질한 것에 내가 노여워한다면 법을 무시하는 것이므로 끝내 개의치 않았다. 임 판서가 나를 깨우치도록 한 점이 실로 많다"라고 하였다.

---

21 소장蘇章: 중국 후한 때 인물. 자는 유문孺文이며, 어릴 때부터 박학하고 글을 잘하기로 이름이 있었다.

22 심지원沈之源, 1593~1662: 자는 원지源之, 만사晚沙는 그의 호이다. 효종 때 벼슬이 영의정에 이르렀다.

23 임담林墰, 1596~1652: 자는 재숙載叔, 호는 청구清癯, 본관은 나주이다. 병자호란 후에 호남 지방의 민란을 평정한 공이 있었고, 평안감사를 거쳐 이조판서에 이르렀다.

영하판관鬱下判官은 상영上鬱[24]에 대해 정성과 공경을 극진히 하여 소홀함이 없도록 할 것이다.

정백자가 진령판관鎭寧判官으로 있을 때에 태수가 엄하고 각박한 데다가 시기심이 많아 통판通判[25] 이하는 감히 태수와 더불어 일을 논변할 수 없었다. 처음에 태수가 생각하기를 정 선생은 대헌臺憲[26]을 지냈으니 반드시 직무에 진력하지 않고 자기를 업신여길 것이라고 생각했다. 그런데 지내보니 정 선생이 자기를 공손히 대하며, 비록 여러 창고를 관리하는 하찮은 일이라도 마음을 다하지 않는 것이 없었다. 그리고 일이 추호라도 타당하지 않으면 반드시 변론하여, 마침내 태수가 따르지 않는 일이 없게 되었다. 두 사람 사이가 아주 좋아져서 여러 차례 중대한 옥사를 바르게 심사하여 죽지 않고 살아나게 된 사람이 전후해서 십수 명이 되었다.

진정부眞定府의 관장 왕사종王嗣宗[27]이 세력을 믿고 부하들을 함부로 다루고 불법을 자행했다. 그래서 아무도 이곳의 통판이 되려고 하지 않았다. 왕 모가【이름은 알 수 없음】 통판이 되자, 왕사종이 차츰 그를 기세로 누

---

24 영하판관鬱下判官·상영上鬱: 감사나 병사는 감영이나 병영 소재지 고을의 수령을 겸하는 것이 관례였다. 이런 감사나 병사를 상영上鬱이라고 불렀다. 그리고 상영이 고을 수령을 겸할 경우 그 고을의 행정관으로 판관(종5품)이 임명되었다. 이를 영하판관鬱下判官이라 한다.
25 통판通判: 중국 송나라 때의 관직 이름으로, 주부州府의 부관.
26 대헌臺憲: 어사대御史臺의 관직. 정호程顥는 감찰어사監察御史를 지낸 적이 있는데 곧 대헌이다.
27 왕사종王嗣宗, 944~1021: 중국 송나라 사람. 자는 희완希阮이다. 벼슬은 어사중승에 이르렀고, 저서로는 『중릉자中陵子』 30권이 있다.

르려 하였으나 그는 맞서려 하지 않고 담담하게 예절을 지키니 왕사종이 마침내 머리를 숙이고 무릇 옥사를 처리하고 일을 결정하는 데 일일이 그의 말을 들었다. 왕 모가 옳고 그르고를 모두 분별하면서도 모든 정사를 왕사종에게서 나온 것으로 하니 비록 부중의 사람들도 그가 돕는 줄을 몰랐다. 그리하여 그 고을이 잘 다스려지니, 선비들이 왕 모를 훌륭한 사람이라고 일컬었다【왕형공집王荊公集』[28]】.

왕질王質[29]이 소주통판蘇州通判으로 있을 때 지주 황종단黃宗旦[30]과 매양 일을 다투니 황종단이 좋아하지 않았다. 왕질은 "제가 명을 받들어 지주의 일을 돕고 있사오니 다투는 것이 저의 직분입니다"라고 하였다.

상국 오윤겸吳允謙[31]이 옥당玉堂에 있다가 나가서 경성판관이 되었다. 그때 계림군雞林君 이수일李守一[32]이 병사로 있었는데, 전임 판관이 문사文士라 하여 잘난 체하며 병사를 얕잡아보아서 이 병사가 매우 불쾌히 여겼다. 오윤겸이 부임하자, 몸을 굽혀 병사를 섬기기를 공손히 하니 이 병사가 크게 탄복하며 존경하는 마음을 가졌다. 휘하의 막료들을 단속하여 막료들도 감히 이 고을에 폐를 끼치지 못하였다. 온 경내가 화평하게 다

---

28 『왕형공집王荊公集』: 왕안석의 문집. 그가 형국공荊國公으로 봉해졌기 때문에 붙여진 서명이다.

29 왕질王質, 1135~1189: 중국 송나라 사람. 자는 경문景文이다. 학식이 해박하고 시문에 뛰어났다. 저서로는 『시총문詩總聞』『설산집雪山集』이 있다.

30 황종단黃宗旦, 973~1030: 중국 송나라 사람. 자는 숙재叔才이다. 소주蘇州를 다스렸고, 만년에 사관史館에 나아갔다.

31 오윤겸吳允謙, 1559~1636: 자는 여익汝益, 호는 추탄楸灘, 본관은 해주이다. 평강현감平康縣監, 경성판관鏡城判官 등을 거쳐 영의정에 이르렀다. 광해군 9년에 일본에 사신으로 다녀온 일이 있다.

32 이수일李守一, 1554~1632: 자는 계순季純, 호는 은암隱庵, 본관은 경주이다. 임진왜란 때 경상좌병사慶尙左兵使가 되었고, 후에 선무공신宣武功臣의 칭호를 받았다. 이괄의 난 때 공을 세워 계림군鷄林君에 봉해졌다.

스러졌다.

조석윤趙錫胤[33]이 진주목사로 있을 때, 매일 새벽에 병사에게 문안을 드렸다. "내가 이렇게 하는 것은 임금의 명령을 공경하는 까닭입니다" 하고 끝내 그만두지 않았다. 민유중閔維重[34]이 경성판관으로 있을 때 병사에게 문안드리기를 한결같이 조석윤이 하듯 하였다〔동평위東平尉의『공사견문록』〕.

○ 요즈음 사람들은 망령되이 스스로 교만하여 몸을 굽혀 윗사람 섬기기를 달갑게 여기지 않아 상영과 다투어 사단을 일으키는데, 이는 이치에 순응하는 바가 아니다. 그러나 혹 이치에 맞지 않는 일은 다투어도 좋다.

판서 권대재權大載[35]는 몸가짐이 검소하고 벼슬살이를 청렴하고 간소하게 하였다. 일찍이 공주판관公州判官으로 있을 때, 감사가 쓰는 물품까지 모두 절약하여 남용하지 않도록 하였다. 감영에서 일하는 무리들이 사단을 일으키고자 모의하여 배당해준 땔감을 빼돌리고 감사의 방을 항상 차갑게 하였다. 감사가 그 이유를 물음에 그 무리들이 "배정받는 땔감이 원래 적습니다"라고 아뢰었다. 감사가 판관을 꾸짖자 권 판관은 "감히 감독하지 않을 수 있겠습니까?"라고 대답하고, 그날 몸소 군불 넣기를 감독하여 정해진 분량의 땔감을 모두 때니 방이 화로같이 뜨거웠다. 감사가 견디지 못하고, 급히 사람을 보내어 "내 잘못이요, 내 잘못이요" 하며 사과하자, 그제야 물러나왔다.

---

33 조석윤趙錫胤, 1605~1655: 자는 윤지胤之, 호는 낙정재樂靜齋, 본관은 배천白川이다. 수찬修撰과 전랑銓郎을 거처 대사헌과 대제학을 지냈다.
34 민유중閔維重, 1630~1687: 자는 지숙持叔, 호는 둔촌屯村, 본관은 여흥驪興이다. 벼슬은 영돈녕부사에 이르렀다. 숙종의 장인(인현왕후의 아버지)이다.
35 권대재權大載, 1620~1689: 자는 중거仲車, 호는 소천蘇川, 본관은 안동이다. 벼슬은 호조판서를 지냈다.

상급 관청이 아전과 군교를 조사하면, 비록 그 일이
사리에 어긋나더라도 수령은 순종하고 어기지 않는
것이 좋다.

자신이 다스리는 고을에 잘못이 있어서 상급 관청이 조사하고 처벌하
려는 것은 본래 논할 것도 없다. 그러나 혹시 상급 관청이 까닭 없이 사
단을 일으켜서 함부로 이치에 맞지 않는 것을 덮어씌우더라도, 나의 지
위가 낮으니 역시 순종할 따름이다. 만약 상급 관청의 뜻이 과오에서 나
왔지만 악의가 아닌 경우라면 죄인을 호송하는 문서에 그 사정을 자세하
고 간곡하게 해명하고 관대한 용서를 빌어서, 나의 아전과 군교가 억울
한 형벌을 받지 않도록 하는 것이 충직하고 겸손한 도리이다. 그런데 감
사의 본뜻에 악의가 있어서 말로 다툴 수 없는 경우에는 공형公兄[36]의 문
서로 죄수를 호송하고 동시에 사직서를 써서 같이 제출한다[사직서에는
"저의 신병이 갑자기 중하여 직무를 살필 수 없습니다"라고 쓴다]. 감사가 굽혀서 사
과하면 달갑지 않아도 그대로 정사를 볼 것이나, 만약 계속 무례하게 나
오면 사직서를 세 번 제출하여 거취를 결정한다.

감사가 만일 겉으로 용서하는 체하고 속으로는 오히려 노여움을 품고
있다가 장차 고과할 때에 가장 낮은 평점을 주려고 하는 경우에는 인부
印符를 끌러서 예향禮鄕[37]과 예리禮吏를 시켜 감영에 가서 바치도록 하고,
즉시 관직을 버리고 집으로 돌아가야 할 것이다. 구차스럽게 쭈그리고

36 공형公兄: 형방의 수석 아전을 가리킴.
37 예향禮鄕: 향임 중에서 예를 담당한 자로 좌별감이 맡았다.

앉아서 스스로 욕됨을 취해서는 안 된다.

병사와 수사와 토포사討捕使[38]는 명예와 지위가 감사보다는 다소 가벼우나 수령인 내가 섬기는 데 있어서는 마땅히 더욱 성심으로 공경하고 예를 다해서 감사와의 차별이 없게 해야 한다. 만일 내가 은대(銀臺, 승정원)·옥당의 출신이요, 혹은 본래 명문세족이면 오히려 성심으로 공경하기를 의당 곱절은 더해야 할 것이다. 가문을 내세우고 권세를 믿어 상관에게 거만해서는 안 된다. 만약 내가 쇠잔한 무관이나 한미한 음관 출신으로 스스로 생각하기에도 외롭고 약한 처지인데, 상관이 나를 능멸하고 함부로 예에 어긋난 짓을 해온다면 마땅히 큰 용기를 내어 벼슬자리를 헌신짝 벗어던지듯 해야 할 것이다. 저 명문세족과는 처신이 같지 않아야 할 것이니, 이것이 치욕을 멀리하는 방도이다.

수령에게도 잘못이 있는데 상사가 그 수령으로 하여금 아전이나 군교를 치죄하도록 하는 경우에는 마땅히 그 죄수들을 다른 곳으로 이관하도록 청해야 한다.

무릇 관하의 아전들이 죄를 지으면 수령에게는 이를 살피지 못하고 단속하지 못한 잘못이 있다. 상사가 그것을 추문하여 치죄하려 할 경우 혹 이웃 고을에 죄수를 이관하여 거기서 처벌토록 하되, 그 사건을 따져보아 실수에서 나온 것이라면 수령끼리 서로 조심하기로 하고 깊이 죄목에 끌어넣을 필요는 없다. 그러나 상사가 나로 하여금 직접 치죄하라고 하

---

38 토포사討捕使 : 조선 후기에 각 도의 요지에 신설했으며 각 진영장鎭營將이 겸직한 관직인데, 도적의 추포追捕를 관장하였다. 정3품.

면 동헌에 나아가 곤장을 치게 되니 면목이 서지 않는다. 사건이 작은 것일지라도 마땅히 이웃 고을로 이관해줄 것을 상신해야 한다.

상신하는 서식은 다음과 같이 작성한다. "본 현의 아전 이 아무개가 보첩報牒을 지체한 죄가 있어서【사건에 따라 말을 만듦】관문關文[39]의 내용에 따라 형을 행함이 마땅하나 사건이 발각되던 날에 현감이 먼저 징계하여 다스렸으며, 본 사건의 원인을 따진다면 미리 단속하지 못한 잘못이 본 현감에게 있습니다. 지금 만약 관문 내용에 따라 형을 행한다면, 이는 내 대신 받는 벌을 내가 스스로 집행하는 격이니, 자신이 보기에 무안해서 거행할 수 없습니다. 이웃 고을로 죄수를 이관하여 거기서 다스리는 것이 사리에 합당하리라 생각합니다."

상사의 명령이 공법公法에 어긋나고 민생에 해를 끼치는 것이면 굽히지 말고 꿋꿋이 자신을 지키는 것이 마땅하다.

오불吳芾[40]이 자제들을 가르치기를, "너희들이 벼슬살이를 하게 되거든 관물을 마땅히 자기 물건처럼 아껴야 할 것이며 공사公事도 마땅히 나의 일처럼 보아야 한다. 부득이한 경우에라도 백성에게 죄를 얻기보다는 차라리 상관에게 죄를 얻는 편이 낫다"라고 하였다【자하산인紫霞山人[41]은 "백성

---

39 관문關文 : 상관이 하관에게 발송하는 공문.
40 오불吳芾, 1104~1183 : 중국 송나라 사람. 자는 명가明可, 호는 호산거사湖山居士이다. 벼슬은 감찰어사監察御史에 이르렀다.
41 자하산인紫霞山人 : 다산의 별호로 추정됨.

에게 죄를 짓는 것은 바로 하늘에 죄를 짓는 것이니 감히 그럴 수 없다"라고 하였다】.

한나라 임연任延[42]이 무위태수武威太守로 나갈 때 광무제가 친히 불러보고 경계하기를 "상관을 잘 섬기고 명예를 잃지 않도록 하라"라고 했다. 이에 임연이 아뢰었다. "신이 듣자옵건대 충성하는 신하는 사정私情에 매이지 않고, 사정에 매이는 신하는 불충하다 합니다. 바르게 행하고 공公을 받드는 것이 신하의 도리요, 상하가 뇌동하는 것은 폐하에게 복이 되지 못합니다. 상관을 잘 섬기라고 하신 말씀을 신은 감히 받들지 못하겠사옵니다." 광무제가 탄식하며 "경의 말이 옳다"라고 하였다.

장종련이 좌천되어 상주常州를 맡았을 때의 일이다. 어사 이립李立[43]이 강남江南의 군사장부를 정리하면서 장종련에게 통첩을 보내 자기를 수행하도록 하였다. 이립이 군사를 점고하는 문서를 받아들고 평민들을 많이 잡아다가 군대의 대오를 채우므로 장종련이 이를 반대하여 여러 번 다투었다. 이립이 화를 내자 장종련은 곧 땅에 드러누워 곤장을 맡겠다면서, "청컨대 백성을 대신해 죽으렵니다"라고 했다. 이로 인해서 부당하게 징발되지 않고 면제된 사람이 아주 많았다.

조예趙豫[44]가 송강부松江府를 맡고 있는데, 청군어사淸軍御史 이립이 와서 군대의 숫자를 늘리는 데 몰두하여 인척이나 동족同族들을 마구 끌어넣었다. 이에 조금이라도 항의하면 독하게 곤장을 치니, 인심이 크게 소란해지고 억울함을 호소하는 사람이 1000여 명이나 되었다. 또한 염사

---

42 임연任延, ?~68 : 중국 후한 때 사람. 자는 장손長孫, 어릴 때 임성동任聖童이라 칭했다. 무위武威와 영천潁川의 태수를 지냈다.

43 이립李立 : 중국 명나라 사람. 벼슬은 안찰사부사按察司副使에 이르렀다. 엄정하고 강인하다는 평을 들었다.

44 조예趙豫 : 중국 명나라 사람. 자는 정소定素이다. 선종宣宗 때 송강지부松江知府를 지냈다.

鹽司[45]가 소금 굽는 인부들도 긁어모아 역시 다른 민호에까지 미쳐서 백성들이 크게 해를 입게 되었다. 조예가 나라에 글을 올려 이 모든 일들에 관해 적극적으로 논하여, 모든 사람이 살아날 수 있었다. 案 어사나 상관의 나쁜 처사에 대해 수령이 상부에 보고하여 적극적으로 논할 수 있었다. 명나라의 이 법은 매우 좋은 것이다. 우리나라는 체통만을 따져, 상관이 함부로 불법을 저질러도 수령은 감히 한마디도 말하지 못하여 민생의 초췌함이 날로 더해가고 있다.

고려의 정운경鄭云敬[46]이 밀양군을 맡아 다스렸다. 충혜왕 때에 어느 밀양 사람이 재상 조영휘趙永暉로부터 베〔布〕를 빌려온 일이 있었는데 조영휘가 어향사御香使[47] 안우安祐[48]에게 부탁하여 통첩을 보내 그것을 징수하려 하였다. 정운경이 안우에게 "밀양 사람이 베를 빌린 것은 조영휘 자신이 받아갈 일이니 공이 관여할 일은 아니다"라고 하였다. 안우가 노하여 좌우에 명해 정운경을 욕보이려 하였다. 정운경이 정색을 하고 "지금 내가 천자의 명을 교외에 나아가 받들었거늘[49] 장차 어떻게 나를 죄줄 수 있겠는가? 공은 임금의 덕을 펴서 멀리 있는 백성에게 혜택을 주지 않고 감히 이럴 수 있는가"라고 말했다. 안우는 승복하여 그 일을 그만두었다.

박환朴煥[50]이 금구金溝[51]현령으로 있을 때 청나라에서 우리나라에 있는

---

45 염사鹽司: 소금의 생산과 수급을 맡은 관직.
46 정운경鄭云敬, 1305~1366: 고려 말엽의 인물. 본관은 봉화奉化이다. 정도전鄭道傳의 아버지. 문과에 급제하여 복주판관福州判官과 전주목사全州牧使를 거쳐 형부상서와 검교밀직제학檢校密直提學에 이르렀다.
47 어향사御香使: 고려 후기에 원나라에서 고려의 명승대찰에 사신을 보내 축원을 하였는데, 어향사는 그 사신을 말한다. 어향사는 원에서 직접 파견하기도 하지만 고려인이 맡기도 하였다.
48 안우安祐, ?~1362: 고려 말엽의 장군. 홍건적의 침입을 격퇴하는 공을 세웠다.
49 정운경이 어향사를 영접하였으므로 천자의 명을 받들었다고 말한 것이다.

중국 사람을 찾아 보내도록 요구하였다. 조정에서 감히 거절하지 못하고 각 군읍에 지령을 내렸다. 모든 군읍에서는 중국 사람을 샅샅이 찾아내지 못하면 중한 견책을 받을까 두려워 수색하느라고 어수선하였다. 박환은 탄식하면서 "나는 허리에 찬 관인官印의 끈은 풀 수 있으나 이것만은 할 수 없다"라고 하고, 마침내 우리 고을에는 찾아낼 중국 사람이 없다고 보고하였다. 이로 말미암아 그 고을에 사는 중국 사람들이 무사할 수 있었다. 이 일을 보고 들은 모든 사람들이 그의 의리에 탄복하였다.

이영휘李永輝[52]가 안협安峽[53] 현감으로 있을 때, 당시 감사가 관내에서 자기의 부인을 장사 지내면서, 장사에 쓰이는 다량의 물품들을 각 군읍에 요구하였다. 각 고을이 남에 뒤질세라 시킨 대로 따랐으나 그는 "상관으로서 하관에게 사사로이 토색하는 것은 옳지 않은 처사요, 하관으로서 상관의 비위를 맞추어 섬기는 것은 아첨이 된다. 그러나 저쪽에서 상례喪禮로 요구하니 이에 거절할 수는 없다" 하고, 물품을 간략히 보냈다. 감사는 노하여 짐짓 행전도사行田都事[54]의 손을 빌려 그를 법으로 얽어 넣었다.

---

50 박환朴煥, 1584~1671 : 자는 여술汝述, 호는 수우守愚, 본관은 반남이다. 1623년 인조반정에 참여하였고 벼슬은 동지중추부사에 이르렀다.
51 금구金溝 : 지금의 전라북도 김제시에 속한 고을 이름.
52 이영휘李永輝, 1624~1688 : 자는 회중晦仲, 호는 임천林川이다. 안협현감安峽縣監, 임천군수林川郡守를 역임하였다.
53 안협安峽 : 지금의 강원도 이천군에 속한 고을 이름. 북한 지역이다.
54 행전도사行田都事 : 조선 후기 각 군현의 농지를 종합적으로 점검하는 것을 행전도회行田都會 혹은 검전도회檢田都會라 하는데, 여기서는 감사를 대리하여 입회하는 도사를 말한다.

예는 공손하지 않으면 안 되고 의는 결백하지 않으면 안 되니, 예와 의가 아울러 온전하고 온화한 태도로 도리에 맞아야 군자라 할 것이다.

사대부의 벼슬살이하는 법은 의당 '버릴 기棄' 한 자를 벽에 써 붙이고 아침저녁으로 눈여겨보면서, 행동에 장애가 있거나, 마음에 거슬리는 일이 있거나, 상관이 무례하거나, 내 뜻이 행해지지 않으면 벼슬을 버리는 것이다. 감사가 이 사람은 언제든지 벼슬을 가벼이 버릴 수 있으며 항상 쉽게 건드릴 수 있는 사람이 아니라는 것을 알고 난 뒤라야 비로소 수령 노릇을 할 수 있다. 그렇지 않고 부들부들 떨면서 자리를 잃을까 저어하여 황송하고 두려워하는 말씨와 표정이 드러나면, 상관이 나를 업신여겨 계속 독촉만 하게 될 것이니 오히려 그 자리에 오래 있을 수 없게 된다. 이것은 필연의 이치이다. 그러나 상관과 하관의 서열이 본래 엄한 것이니, 비록 사의辭意를 표명하여 관인을 던지고 결연히 돌아가는 지경에 이르더라도 말씨와 태도는 마땅히 온순하고 겸손하여 털끝만큼이라도 울분을 터뜨리지 말아야 비로소 예에 맞다고 할 수 있다.

변연지卞延之[55]가 상우上虞의 수령으로 있을 때의 일이다. 회계태수會稽太守 맹기孟顗[56]가 상관으로서 그를 제재하여 오래도록 용납되지 못했다. 이에 감투를 벗어 던지고, "내가 당신에게 굽히는 것은 이 감투 때문이요. 당신은 대대로 이어온 공신 집안이라고 하여 천하의 국사國士에게 오

---

55 변연지卞延之: 중국 남송 때 사람. 성격이 강하고 기개가 있는 인물로 유명했다.
56 맹기孟顗: 중국 남송 때 사람. 자는 언중彦重이다. 시중복야侍中僕射와 태자첨사太子詹事를 지내고 회계태수에 이르렀다.

만하게 구는가" 하고 옷깃을 떨치고 떠나버렸다.

유벽柳璧[57]이 계관桂管의 판관으로 있을 때 그 지역의 군정이 제대로 되지 않고 있기에 시정하도록 극진히 말하였으나 받아들여지지 않았다. 그는 옷깃을 떨치고 떠났다. 과연 얼마 후에 계부桂府[58]에 변란이 있었다.

장구성이 진동군鎭東軍의 첨판僉判[59]으로 있을 때, 군민軍民들이 소금의 금령禁令을 위반한 사건으로 이웃 고을에 연계가 되었다. 그가 "당연히 처벌을 받을 사람은 몇 뿐이며, 나머지는 모두 양민입니다"라고 말했더니 감사가 노기를 띠고 그에게 질책을 했다. 그는 "일을 뜻대로 실행할 수 없으니 어찌 구차하게 따르리요" 하고 즉시 사표를 던지고 돌아갔다.

장구성이 무주婺州의 통판으로 있을 때 절동제형浙東提刑[60]인 장종신張宗臣이 무주의 평민 수십 명을 체포해놓고서 "이 일은 좌상이 일부러 사람을 보내어 잡아 올리라고 하였으니 그대는 아는가"라고 말함에, 장구성이 대답하기를 "단지 황제의 명령을 받들 뿐이요, 재상이 있는 줄은 모르노라" 하고, 사령장을 던지고 떠나갔다.

서구사가 구용현을 맡아 다스릴 때, 당시 공부상서 조문화趙文華[61]가 동

---

57 유벽柳璧 : 중국 당나라 사람. 자는 빈옥賓玉이다. 우간의대부右諫議大夫를 지냈다. 유중영柳仲郢의 아들.

58 계부桂府 : 계주부의 준말. 지금의 중국 광서성의 계림桂林 지역. 계관은 곧 계주이다.

59 첨판僉判 : 첨판簽判과 같은 말. 중국 송대에 각 주에 첨판을 두었는데, 그 지역의 정사를 보좌하고 제반 공문서를 처리하되 가부可否를 참작하여 상관에게 보고하는 등의 일을 맡은 관직이다.

60 절동제형浙東提刑 : 지금의 중국 절강성 전당강錢塘江 동쪽 지역의 제형. 제형은 관직의 이름. 송대에 제점형옥提點刑獄의 관직을 두어 소관의 옥송을 살피고 판결하는 일을 보게 하였다. 명·청대에는 제형안찰사提刑按察使라 하였다.

61 조문화趙文華, 1503~1557 : 중국 명나라 사람. 자는 원질元質, 호는 매촌梅村이다. 벼슬은 공부상서에 이르렀다.

남도東南道 하상河上에서 군대를 사열하였다. 서구사가 직접 나가서 영접하지 않고 관리 하나를 보내 통첩을 받들고 알현하게 하였더니 조문화가 오만하게 꾸짖고 떠났다. 조문화는 서울로 돌아가서 이부상서 오붕吳鵬[62]과 모의하여 그를 죄에 얽어맸다. 이에 서구사는 죄를 입어 파직되었다.

[案] 외관으로서 왕명을 받든 중앙의 관인이 경내에 이르면 마땅히 성심으로 공경하여 마중을 나가야 하는 것이다. 서구사의 일은 옳지 못한 점이 있다.

이웃 고을과는 서로 화목하고 예의 있게 대하면
후회가 적을 것이다. 이웃 고을 수령과는 서로 형제의
우의가 있으니, 저쪽에서 실수가 있더라도 서로
틀어짐이 없도록 해야 한다.

이웃 수령과 불목하게 되는 것은, 예컨대 송사에 관계된 백성을 찾아 잡으려는데 이쪽에서 그 사람을 비호하여 보내주지 않는다든지, 차역差役[63]으로 마땅히 가야 할 경우에 회피하고 서로 미루면 화목을 잃게 된다. 객기를 부려 서로 지기 싫어하고 이기기를 좋아하여 이 지경에 이르는 것이다. 만일 저쪽에서 이치에 맞지 않게 사사로운 정까지 끼어 나의 백성을 침범하면 나 역시 목민관으로서 직책상 당연히 비호해야 한다. 그러나 만일 저쪽에서 주장하는 일이 원래 공정한 데서 나오고 나의 백

---

62 오붕吳鵬: 중국 명나라 사람. 자는 만리萬里, 호는 호은옹壺隱翁이다. 벼슬은 이부상서에 이르렀다. 저서로 『비홍정집飛鴻亭集』이 있다.
63 차역差役: 지방관이 출장을 가서 일을 보는 것을 가리키는 말.

성이 거칠고 간교해서 나를 기대어 숨는 소굴로 삼은 경우에는 내가 당연히 저쪽과 함께 분노하여 문죄를 해야 할 것이다. 도리어 사사로움을 품어서 간악한 짓을 비호해서야 되겠는가. ○ 또한 저쪽에서 핑계를 대어 차역을 회피하는 것이 교만한 심사에서 나온 것으로 나로 하여금 대신하게 하는 짓 역시 참으로 밉살스러운 일이다. 그러나 그의 부모가 편찮다든지 자기 몸이 아픈 것이 사실이라면 내가 기꺼이 대신 가야 마땅하다. 어찌 이 때문에 화목을 잃을 수 있겠는가.

양나라 대부 송취宋就[64]가 초나라와 경계가 맞닿아 있는 곳의 현령으로 있을 때의 일이다. 양쪽 모두 오이를 심었는데 양나라 사람은 힘써 자주 물을 주어 오이가 잘되었고, 초나라 사람은 게을러서 물을 자주 주지 않아 오이가 잘 자라지 않았다. 그런데 초나라 수령이 양나라의 오이가 잘된 것이 싫어 밤중에 몰래 해코지를 하여 양나라 오이 중에 말라버린 것이 생겼다. 양나라 정장亭長이 보복으로 초나라 오이를 해코지하려 하자, 송취는 "이는 화를 같이 당하는 것"이라며 말리고는, 사람을 시켜 밤중에 몰래 초나라 오이밭에 물을 주도록 하였다. 초나라 정장이 매일 아침 밭에 나가보면 오이밭에 물이 이미 충분하고 오이가 날로 좋아졌다. 알아보니 양나라 정장이 그렇게 한 일이었다. 초나라 수령은 대단히 기뻐하여 이 일을 초나라 왕에게 보고하였다. 초나라 왕은 양나라 사람의 남모르게 행한 일을 기뻐하여 크게 사례하고 양나라 왕과 우호관계를 맺었다.

우왕禹王[65]은 바다를 물이 빠지는 곳으로 삼았고 백규白圭[66]는 이웃 나

---

64 송취宋就: 중국 전국시대 양나라의 대부. 여기서 초나라 역시 전국시대이다.
65 우왕禹王: 중국 고대 하나라를 개국한 임금. 그래서 하우로 일컬어진다. 순舜의 선禪을 받아 임금이 되었으며, 치수의 공적이 있었다.

라를 물이 빠지는 곳으로 삼았다. 도랑을 내서 물을 빼려면 마땅히 물길을 따라야 할 것이다. 종리鍾離는 초나라의 변경 고을이고 비량卑梁은 오나라의 변경 고을이었는데, 뽕나무 때문에 다투어 마침내 분쟁을 불러일으켰다.[67] 그러므로 군자는 이웃과 좋게 사귀는 일에 힘썼다. 우리 고을 백성도 사람이며 이웃 고을 백성도 사람이니 마음으로 참되게 백성을 사랑한다면 어찌 백성의 일 때문에 이웃 고을과 다툴 것인가.

진식陳寔[68]이 대구大丘의 관장이 되어 덕을 닦고 청정淸淨하여 백성이 안정되었다. 이웃 고을 사람들이 그에게 와서 의탁하려 하면 진식은 곧 본고장으로 돌려보냈다.

당나라의 설대정薛大鼎·정덕본鄭德本·가돈이賈敦頤 세 사람 모두 하북河北 지역을 맡아 다스렸는데, 정사를 잘한다는 소문이 나서 당각자사鐺脚刺史[69]라는 일컬음을 받았다.

'전임자와 후임자의 교대〔交承〕'에는 동료로서의 우의가 있어야 한다. 내가 후임자에게 당하기 싫은 일이라면 나도 전임자에게 하지 않아야 원망이 적을 것이다.

---

66 백규白圭: 중국 전국시대 사람인 백단白丹. 규圭는 그의 자이다. 맹자와 더불어 세법 및 치수에 관해 토론한 바 있다.

67 종리鍾離·비량卑梁: 종리는 지금의 중국 안휘성 봉양현鳳陽縣의 동쪽. 비량은 오吳의 변경이라 했으므로 대개 지금의 강소성 지역이다. 양쪽이 뽕나무 때문에 분쟁이 일어나 초와 오가 다퉜는데 이를 '비량지흔卑梁之釁'이라 한다.

68 진식陳寔, 104~187: 중국 후한 때 인물. 자는 중궁仲弓이다.

69 당각자사鐺脚刺史: 당鐺은 다리가 셋인 솥을 가리킨다. 설대정·정덕본·가돈이 이 3명이 비슷한 시기에 하북 지방의 자사로서 선정을 하여 '당각자사'라는 칭호가 붙여졌다.

여씨의 『동몽훈』에 "동료 간의 우의와 교승交承의 정분에는 형제의 의리가 있으니 그 자손에 이르기까지 역시 대대로 일러주어라. 옛사람들은 오로지 이것을 힘썼는데 오늘날 사람들은 이것을 아는 자가 극히 드물다"라고 하였다【『소학小學』[70]에 보인다】. ○ 전임자와는 동료로서의 우의가 있기 때문에 교대할 때에 옛사람들은 후덕함을 좇아, 전임자가 비록 탐욕스럽고 불법을 저질러서 그 해독이 가시지 않았다 하더라도, 그것을 화평하고 조용히 고쳐서 전임자의 행적이 폭로되지 않게 하는 데 힘썼다. 만일 급박하고 시끄럽게 일일이 지난 정사를 뒤집고 큰 추위 뒤에 따뜻한 봄이 온 것처럼 자처하여 혁혁한 명예를 얻으려고 한다면, 이는 그 덕이 경박할 뿐 아니라 뒤처리를 잘하는 것이 아니다. ○ 전임자의 가족이 아직 떠나지 못하여 읍내에 남아 있으면, 떠날 채비의 여러 일을 마치 자기 일처럼 마음을 다해 보살펴야 한다. 혹시 경박한 아전들이 전임자를 배반하여 가증스런 태도를 보이면 그러지 말도록 깨우쳐주고, 그래도 너무 심하게 구는 자가 있으면 엄하게 그 죄를 다스려야 한다. ○ 만일 전임자가 이곳에서 상사喪事를 당하여 아직 발인하지 못하고 있으면 갑자기 당한 일을 돕고 그 어려움을 구해주기를 마치 친척 일처럼 보살펴주어, 조금이라도 방심하지 말고 십분 진력해야 할 것이다.

전임자가 흠이 있으면 덮어주어 노출되지 않도록
하고, 또 죄가 있으면 도와주어 죄가 되지 않도록 해야

---

70 『소학小學』: 중국 송대에 주희가 편찬한 책. 주로 아름다운 행실과 훌륭한 말들을 수합, 정리했다. 필수 기본 교재로 널리 읽혔다.

할 것이다.

만일 전임자가 공금을 손댔거나, 창고에 쌓아둔 곡식을 축내었거나, 혹 문서를 허위로 작성하여 부정한 행위를 했다면, 들추어내지 말고 일정한 기간을 정하여 배상하도록 하고, 기한이 지나도 보상하지 않으면 상사와 의논한다. ○ 혹 전임자가 세력 있는 집안이나 호족 출신이어서 자신의 강함을 믿고 약한 자를 능멸하여 일 처리가 사리에 어긋나고 뒷일을 생각하지 않았다면, 반드시 강경하고 엄하게 대응하여 조금이라도 굽혀서는 안 된다. 비록 이 때문에 죄를 얻어 평생을 불우하게 지내더라도 머뭇거려서는 안 된다.

왕증王曾[71]이 진요자陳堯咨[72]와 교대하여 대명부大名府를 다스렸다. 그는 집무하는 데 있어서 전임자의 것을 별로 고치지 않고 정사에 불편한 점이 있으면 자세하게 그때그때 대처하고 진요자의 잘못을 모두 덮어주었다. 왕증이 전근을 가게 되어 다시 진요자가 후임으로 왔다. 진요자는 "왕공은 참으로 재상이 될 만하구나. 내 국량은 도저히 미치지 못하도다" 하고 탄식하였다. 대개 진요자는 옛날의 혐의로 인하여 왕증이 반드시 자기 잘못을 들추어낼 것이라고 생각했기 때문이다.

부요유傅堯兪[73]가 서주徐州를 맡아 다스리게 되었는데, 전임자가 군량

---

71 왕증王曾, 978~1038: 중국 송나라 사람. 자는 효선孝先이다. 중서시랑中書侍郎과 동중서문하평장사를 지냈고 기국공沂國公에 봉해졌다.
72 진요자陳堯咨, 970~1034: 중국 송나라 사람. 자는 가모嘉謨이다. 무신군절도사武信軍節度使와 지천웅군知天雄軍을 지냈으며 예서隸書에 뛰어났다.
73 부요유傅堯兪, 1024~1091: 중국 송나라 사람. 자는 흠지欽之이다. 벼슬은 중서시랑에 이르렀다.

미를 축낸 것이 있었다. 부요유가 대신 보상을 하던 중 채 끝내기 전에 파직되었다. 그런데도 부요유는 끝내 변명하지 않았다. ○ 소강절邵康節[74]은 그를 두고, "흠지(欽之, 부요유의 자)여! 맑으면서도 빛을 발하지 않고, 곧으면서도 과격하지 않으며, 용감하면서 능히 온공하구나. 이점이 무엇보다도 어려운 일이다"라고 칭찬하였다.

육방陸垹[75]이 악주岳州를 맡아 다스릴 때의 일이다. 전에 큰 목재가 강물에 흘러 그 고을 경내로 들어왔다. 전임자가 황실의 목재인 줄을 모르고 기방起坊[76]으로 보내버렸다. 독목사자督木使者가 내려와서 잘 모르고 육방을 논죄하였는데 육방은 변명하지 않았다. 어떤 사람이 그에게 변명하라고 종용하였으나, 육방은 "내가 위에 보고하면 전임자가 죄를 받을 것이다. 내가 대신 죄를 받고 돌아가면 그만이지"라고 말하였다. 시일이 지나 그 사실이 밝혀졌다.

호문공胡文恭[77]이 호주湖州를 맡아 다스릴 때의 일이다. 전임자인 등공滕公이 크게 학교를 세워 수천만금의 돈을 쓰고도 일을 마치지 못하고 파직되어 떠났다. 여러 소인배들이 등공이 돈을 지출한 것이 명백치 못하다고 비방하면서 통판 이하가 인계 장부에 서명하기를 거부하였다. 그래서 호문공이 "그대들이 등공을 보좌한 지 오래되지 않았는가? 그에게 잘못된 점이 있었다면 왜 일찍 충고하지 않고 가만히 팔짱만 끼고 있다

---

74 소강절邵康節, 1011~1077 : 중국 송나라 학자인 소옹邵雍. 강절康節은 그의 시호, 자는 요부堯夫이다. 상수학象數學에 특히 깊었다.

75 육방陸垹 : 중국 명나라 가선嘉善 사람. 자는 수경秀卿이다. 우첨도어사右僉都御史를 지냈다. 저서에 『육궤재집陸匱齋集』 『궤재잡저匱齋雜著』가 있다.

76 기방起坊 : 건축의 일을 맡은 곳.

77 호문공胡文恭, 91~172 : 중국 후한 때 사람인 호광胡廣. 자는 백시伯始, 문공文恭은 그의 시호이다.

가 그가 떠날 때를 기다려 이제야 나쁘다고 말하는가? 이것이 어찌 옛사람들의 책임을 나누어지는 뜻이겠는가?"라고 말하니 모두들 부끄러워하였다.

임일악林一鶚[78]이 진강부鎭江府를 맡아서 다스릴 때 치우친 일을 바로잡고 폐단을 개혁하였다. 그리고 대개 전임자의 정사 중에서 중단이 되었거나 해이해진 일을 차례로 시행하면서 전임자의 잘못을 한마디도 들추어낸 적이 없었으며, 오직 "반드시 이렇게 하는 것이 좋다"라고만 말할 뿐이었다. ○ 대체로 신관과 구관의 관계는 구관을 곤경에 몰아넣고 그 지위를 뺏는 것이 아니다. 그러나 전처가 후처를 미워하고 구장舊將이 신장新將을 미워하는 것은 인지상정이다. 평소의 친구끼리 한번 자리를 교대하다가 원수가 되는 사례가 허다하다. 신임자의 명예가 갑자기 빛나면 그것을 싫어하고 전임자의 허물이 갑자기 드러나면 또한 싫어하니 이것은 모두 화를 자초하는 길이다.

정승 정지화鄭知和[79]가 광주부윤廣州府尹을 맡았을 때의 전임 부윤이 뇌물을 받아먹다가 옥에 갇혀 조사를 받게 되었다. 정지화가 이 사실을 밝히는 일을 맡아서 몸소 어지러운 장부를 열람하다가 한 가지 일이라도 전임자를 편들어 말할 만한 것을 발견하면 좋아서 "교승의 의리는 형제와 같은 것이니, 행여 이것으로 그의 명을 구할 수 있겠다" 하고, 드디어 감사에게 극력 변명하여 그를 사형에서 감일등하게 되었다.

---

78 임일악林一鶚, 1423~1476 : 중국 명나라 사람인 임악林鶚. 일악一鶚은 그의 자이다. 벼슬은 강서안찰사江西按察使와 형부우시랑刑部右侍郎을 지냈다.

79 정지화鄭知和, 1613~1688 : 자는 예경禮卿, 호는 남곡南谷, 본관은 동래이다. 전라도·함경도·평안도의 관찰사를 거쳐 좌의정과 우의정을 지냈다.

이태연李泰淵[80]이 평안도 관찰사로 있을 때 일이다. 전임자가 모리배에게 속아서 군향곡軍餉穀[81]을 포탈한 것이 수만 곡이었다. 사헌부에서 말이 있었는데 그가 방편을 강구하여 보충해놓았다. 그러고도 이 사실을 다른 사람에게 말하지 않았으므로 아무도 알지 못하였다.

대체로 정사의 관대한 것과 가혹한 것, 명령과 법령의 잘잘못을 이어받고 변통하기도 하여 잘못된 점을 해결해나가야 한다.

한연수가 영천태수로 있을 때의 일이다. 앞서 조광한趙廣漢[82]이 그곳 태수로 있을 때 편을 가르는 풍속이 너무 심한 것을 우려하여, 아전과 백성들을 얽어서 모든 것을 서로 고발하도록 하고, 이로써 민정에 밝음을 자부하였다. 이 때문에 백성들이 서로 원수가 된 사람이 많았다. 한연수는 예의와 겸양으로 가르치되 백성들이 따르지 않을까 염려하여, 군내의 장로長老로서 향리鄕里의 신망이 두터운 사람 수십 명을 차례차례 불러서 술과 음식을 베풀고 친히 상대하여 예의를 갖춰 접대하였다. 그러면서 사람들에게 일일이 풍속과 백성들의 괴로움을 묻고, 화목하고 친애하며 원망과 허물을 씻어내는 도리를 이야기해주었더니 장로들이 모두 당장 시행하자고 하였다.

---

80 이태연李泰淵, 1615~1669 : 자는 정숙靜叔, 호는 눌재訥齋, 본관은 한산이다. 경주부윤慶州府尹과 전라도 관찰사를 거쳐 평안도 관찰사로 임지에서 죽었다.
81 군향곡軍餉穀 : 유사시에 군량으로 사용하기 위해 비축해둔 양곡을 가리키는 말.
82 조광한趙廣漢, ?~ B.C. 65 : 중국 한나라 여오蠡吾 사람. 자는 자도子都이다. 벼슬은 경조윤을 지냈다.

후한 때 부하傅嘏[83]가 하남윤河南尹이 되었는데, 전임 하남윤 사마지司馬芝가 정사에 있어서 대강만을 내세워 지나치게 간략하였고, 다음 하남윤으로 온 유정劉靜[84]은 세목을 망라하여 너무 치밀하였다. 그다음 하남윤인 이승李勝[85]은 정상적인 법규를 훼손하면서 일시의 명성을 얻었다. 이에 부하는 사마씨의 대강을 세우고 유씨의 세목을 조정하여 경위經緯로 삼고, 이씨의 훼손했던 바를 점차 보완하여, 관속들이 분담한 직무를 차례로 고찰하여 파악하였다. 그 다스림은 도덕과 교화를 근본으로 삼았으나, 법을 지키는 데도 항구성恒久性이 있게 하여 가히 범할 수 없었다.

구양수가 개봉부를 맡았는데, 그는 전임자인 포증의 위엄 있는 정사대신에 간단하고 편하게 하여 순리를 따를 뿐 혁혁한 명성을 구하지 않았다. 어떤 사람이 그에게 포증의 정치를 권하자, 그는 "대개 사람의 재능과 성품은 서로 달라 자기의 단점을 굳이 행하게 되면 일의 성과가 나타나지 않을 것이니 나는 내가 능한 대로 할 뿐이오"라고 말하였다. 그는 여러 지방관을 거치면서 치적을 구하지 않고 관대하고 간략하며 시끄럽지 않은 것에 뜻을 두었다. 따라서 그가 벼슬살이한 곳이 큰 지역이었지만 부임한 지 보름이 지나면 벌써 일이 열 가지 중에서 대여섯 가지가 줄어들고, 한두 달 후가 되면 관청이 마치 절간처럼 조용해졌다. 어떤 사람이 "정사는 관대하고 간략하게 하는데 일이 해이해지거나 중단되지 않은 것은 무엇 때문인가?"라고 묻자, 구양수는 "방종한 것을 관대한 것으로

---

83 부하傅嘏: 중국 삼국시대 위나라 이양泥陽 사람. 자는 난석蘭石이다. 수상서복야守尙書僕射를 지냈으며 양향후陽鄕侯에 봉해졌다.
84 유정劉靜: 중국 삼국시대 위나라 사람.
85 이승李勝, ?~249: 중국 삼국시대 위나라 남양南陽 사람. 자는 공소公昭이다. 여러 차례 수령을 지냈으며 모두 잘 다스렸다.

알고, 생략하는 것을 간단하고 편한 것으로 알고 있으면, 해이하고 중단되어 백성이 폐해를 입게 되는 것이다. 내가 말하는 관대는 가혹하게 급히 서둘지 않는다는 뜻이며, 간단하고 편하다는 것은 번잡스럽지 않다는 뜻이다"라고 대답하였다. 그는 일찍이 "백성을 다스리는 것은 병을 치료하는 것과 같다. 백성을 다스리는 데는 관리의 재능 여부와 시책이 어떠한가를 물어야 한다. 백성이 편안하다고 하면 곧 그가 훌륭한 수령이다"라고 말하였다.

사방명謝方明[86]이 전임자에 이어 정사를 바꾸지 아니하고, 반드시 바꾸어야 할 경우에는 차차 변경시켜 그 흔적을 찾아볼 수 없게 하였다. 전임자의 과실을 드러내지 않으려고 한 것이 이와 같았다.

---

86 사방명謝方明, 380~426 : 중국 남조 송나라 양하陽夏 사람. 회계태수를 지냈다.

文報 | 제4조 보고서

공적으로 보내는 문서는 아전들에게 맡기지 말고 꼼꼼히 생각해서 자신이 직접 써야 한다. 이속의 손에 맡겨두는 것은 불가하다.

호태초는 "사람을 상대하는 것이 날로 번거롭고 심신이 날로 피곤해서 바야흐로 쉴 틈이 없는데, 다행히 공문의 형식〔吏牘〕들이 갖추어 있다고 생각하고 아전으로 하여금 머리를 숙이고 붓 가는 대로 따라 쓰게 한다면 마침내 구차한 길로 돌아가고 말 것이다"라고 하였다.

관례에 따르는 형식적인 문첩文牒의 경우는 이속을 시켜도 무방하다. 그러나 백성을 위해서 폐단을 설명하고 시정할 것을 요구하는 경우라든지, 또는 위의 명령을 거스르면서 받들어 행하지 않기로 작정한 경우에는 만약 이속의 손에 맡기면 반드시 사심을 끼고 간계를 품어 요긴한 말을 빼버리고 지엽적인 말만 늘어놓아서 그 일이 잘못되도록 만들 것이니 그래서 되겠는가. 만약 무인이나 물정 모르는 선비라서 이문吏文 [1]에 익숙지 못하면 마땅히 기실記室 한 명을 데리고 가서 더불어 상의해야 할 것

---

1 이문吏文: 일반 공문서에 쓰이는 문체. 이두吏讀를 섞어 썼다.

이다.

『다산필담』에서 말했다. "지금 사람들은 주자의 저술에서 오직 서간書簡만을 취하여 성리설性理說만 보고 한 구절을 따다가 글에 써먹으려 하며, 주자 학문의 현실적인 면은 주자가 관에 있으면서 쓴 공문들을 모은 「공이제편公移諸篇」[2]에 있는 것을 알지 못한다. 수령된 자는 마땅히 주자의 「공이제편」을 책상에 놓아두고 때때로 읽고 외우며 본떠서 속된 벼슬아치가 되는 것을 피해야 한다."

한위공은 행정실무에 근면하여 장부나 문서를 살피고 따지는 일을 모두 직접 하였다. 측근의 누군가가 "공은 지위가 높고 나이도 많으실 뿐 아니라 공명 또한 높아 조정에서 한 고을을 맡아 쉬도록 한 것입니다. 조그만 일까지 직접 하지 마십시오"라고 말하자, 그가 "내가 수고로움을 싫어하면 아전과 백성들이 폐를 입을 것이다. 또 녹봉이 하루 만 전인데 일을 보지 않으면 내 어찌 마음이 편안할 것이냐?"라고 답하였다. ○ 명성과 지위가 자못 높은 사람이 고을을 맡으면, 대강만 파악하고 조그만 일들은 직접 하지 않고 오직 풍류로 즐기려고만 하니 이것이 옳겠는가?

한지는 군수나 감사로 나갔을 때 늘 "천하의 일은 한 사람이 해낼 수 없다" 하고, 매양 문서를 만들 때 초고가 이루어지면 반드시 막료들이나 향승鄕丞[3], 군관에 이르기까지 두루 보여서 모두들 좋다고 한 연후에 그것을 사용하였다.

---

2 「공이제편公移諸篇」: 주자의 저술 가운데 주자 자신이 관에 있으면서 쓴 공문들.『주자대전朱子大全』의 권99, 100이 「공이公移」로 되어 있다.
3 향승鄕丞: 좌수, 별감 등을 지칭하는 말.

공문의 격식과 문구가 경사經史와는 다르기 때문에
서생書生이 처음 부임하면 당황하는 사례가 많다.

대개 상사에 대한 보첩은 관례상 서목書目이 있다. 서목은 원장(原狀, 처음에 낸 소장訴狀)의 대개다. 감사의 결재는 서목에 있고 원장은 증거로 남겨둔다【현감·현령이 직위가 높은 부윤·부사에 대해서는 또한 서목을 갖추어야 한다】. 원장의 끝에 화서花署【속칭 서명署名이라 한다】[4]와 화압花押【우리말로 수례手例라한다】을 함께 하며, 서목에는 화서만 하고 화압은 하지 않는다. 처음 벼슬하는 사람은 마땅히 알아두어야 할 일이다.

한위공이 위부魏府에 있을 때 밑에 관리로 있던 노증路拯이란 사람이 책상 앞으로 나와서 소관사에 대한 문서를 바쳤는데 문서의 말미에 이름 쓰는 것을 잊었다. 공이 즉시 소매로 문서를 가리고 머리를 들고 더불어 이야기하면서 가만히 그것을 말아두고서 이야기가 끝나자 노증에게 조용히 돌려주었다. 노증이 물러가 그것을 확인하고 일편 부끄럽게 생각하고 일편 탄식하기를 "참으로 천하의 성덕盛德이다"라고 하였다. ○ 중국에서는 문서의 격식을 어기면 반드시 큰 죄책을 당한다. 그래서 한공의 일을 성덕이라고 하였던 것이다.

이두吏讀는 신라의 설총薛聰[5]이 만든 것이라고 한다【예컨대 是白遣〔이삽고〕爲乎於〔하오며〕같은 것】. 그중에는 더러 난해한 것도 있다【예컨대 新反〔새로이〕[6]

---

4 화서花署 : 문서의 끝에 이름을 쓰는 것.
5 설총薛聰, 655~? : 신라 신문왕神文王 때의 인물. 원효元曉의 아들로 유교 경전을 우리말로 풀이하였다 하며, 이두를 만들었다고 전한다.
6 '새로이'라고 읽으며, 의미는 '무엇보다 이것이'이다.

更良〔갱세아〕[7] 같은 것]. 수령은 경관으로 있을 때 아는 사람에게 배워서 스스로 이해할 수 있게 해야 한다. 또한 내용을 모두 서술한 것을 '등보謄報'라 하고, 요점만 기록한 것을 '절해節該'라고 한다. 모름지기 평소에 상세히 익혀두어서 서툴다는 말을 듣지 않도록 해야 한다.

『상산록』에서 말하였다. "평안도와 황해도로 부임하는 경우는 마땅히 중국의 공문 서식을 보고 그 문구들을 알아두어야 한다. 건륭乾隆 말년에 요동의 봉황성鳳凰城[8] 장군이 의주부윤에게 공문을 보내서 칙사勅使가 늦어진 까닭을 알려왔다. 그 문서가 황주黃州에 도착하도록 관찰사 이하 모두가 그것을 이해하지 못해 즉시 중앙에 보고하지 않은 까닭에 거의 사고가 날 뻔하였다. 만약 평소에 사역원司譯院[9]의 문자를 섭렵하고 예부자문禮部咨文[10]을 익혀서 그 문구들을 이해할 수 있었다면 어찌 당황할 까닭이 있었겠는가. 그 문서는 관화官話[11]의 어구【속칭 어록체語錄體】를 쓰고 장경필첩章京筆帖[12]에 만주어를 섞은 데 불과할 따름이다. 우리나라 사대부들이 실용 문자를 익히지 않아서 생긴 폐단이 이와 같았다."

---

7 '갱세아'라고 읽으며, 의미는 '다시 거듭'이다.
8 봉황성鳳凰城: 중국 요동에 있는 지명. 의주義州에서 북경北京으로 가는 길목에 있다.
9 사역원司譯院: 조선시대 외교관계의 필요에서 한어漢語·일어日語·여진어女眞語 등의 학습을 위해 설치한 기관. 한어가 중심이었으며, '사역원의 문자'라 함은 중국과의 외교문서에 쓰이는 특수한 이문吏文을 가리킨다.
10 예부자문禮部咨文: '자문'이란 동일 계통의 동급 기관 사이에 주고받는 공문. 여기서는 청나라의 예부禮部에서 보낸 자문이란 뜻이다.
11 관화官話: 중국 공용 언어. 북경 지방의 구어가 관화로 쓰였다. 원주에 나온 어록체란 백화白話에 해당하는 뜻이다.
12 장경필첩章京筆帖: '장경'은 중국 청나라 때의 관명으로 대개 대병관帶兵官을 일컬으며, '필첩'은 필첩식筆帖式이라 하여, 만주어로 사자인寫字人을 뜻하는데 청나라 때 각 부완部阮과 위문衛門에 모두 필첩식을 두어 만주족으로 충임하고 번역의 직을 맡게 하였다.

상납上納의 보장報狀과 기송起送의 보장과
지회知會의 보장과 도부到付의 보장 등은 이속들이
스스로 전례를 따라서 할 것이니, 그들에게 맡겨두는
것이 좋을 것이다.

공물貢物[13]·세포稅布[14]·군전軍錢·군포軍布[15] 등을 기한에 맞추어 올리는
것을 '상납'이라 하며, 장인匠人·번군番軍[16]·수도囚徒·원역員役[17] 등을 명
령을 받들어 보내는 것을 '기송'이라 한다. 그리고 조정의 조서와 유서諭
書를 즉시 반포하는 것을 '지회'라 하며, 상관의 비격飛檄[18]【우리나라에서는
관자關子라 한다】을 아무 날에 수령하였다고 하는 것을 '도부'라 한다. 대개
이와 같은 문서들은 모두 이속의 손에 맡겨두어도 무방한 것이다. ○ 다
만 상납에 있어 상사가 점퇴點退[19]할 우려가 있는 경우에는 본 문서의 끝
에다가 농간하는 폐단을 적어서 살펴주도록 바라는 것이 좋다. 내가 곡
산에 있을 때 매양 꿀을 진상하면서 다음과 같이 썼다. "백밀白蜜과 황밀
黃蜜은 품질이 다르다고 하여 언제나 담당자들이 마음대로 점퇴를 하고

---

13 공물貢物: 대동법 실시 이후 일반 공물은 없어졌는데, 여기서는 그 후에도 남아 있던 특
    수 공물과 진상품을 가리킨다.
14 세포稅布: 전세田稅·대동세大同稅 등으로 바치는 포布.
15 군포軍布: 조선시대 양인 16~60세의 남정男丁이 군역 대신 납부하던 포布. 그래서 이를
    양역良役이라고 하였으며, 이를 납부하는 남정은 군안軍案, 또는 군적軍籍에 올려 인상
    을 기록했는데 이것을 파기疤記라 하였다. 숙종 때에 군안에 오른 남정 1명이 1년에 군포
    2필을 납부하였고 영조 때에는 균역법이 실시되어 1필로 감해졌다.
16 번군番軍: 군역자로서 번상番上, 즉 차례에 따라 현역 복무하러 가는 자.
17 원역員役: 아전을 일컫는 말.
18 비격飛檄: 급히 격문을 돌림. 원주에 나온 관자는 관문關文이다.
19 점퇴點退: 공물 따위의 상납물上納物이 품질과 규격에 맞지 않는다고 퇴짜 놓는 것.

백밀을 황밀로 바꾸라 합니다. 백성들이 그 폐해를 입기 때문에 이제 진상을 하면서 제가 모두 직접 검사를 하고 지시한 대로 지켰으니 담당자에게 주의를 주시어 되돌리는 일이 없도록 하여주시기 바랍니다." 감사가 이 글을 보고 칭찬한 뒤에 순순히 받아들이라고 단속하였다.

폐단을 보고하는 보장과 어떤 것을 청구하는 보장과 상사의 지시를 거부하는 보장과 송사를 판결하는 보장은 반드시 문장이 조리가 있어야 하고 성의를 간절하게 보여야만 사람의 마음을 움직일 수 있다.

고을에 병폐가 있어서 고쳐야 할 경우에 반드시 그 정경을 그려내되 눈에 보는 듯해야 납득시킬 수 있을 것이다. 또 혹 식량을 이송해줄 것을 청한다든지 혹 재정의 원조를 청한다든지 혹 부세의 삭감이나 연기 내지 면제를 청한다든지 하는 경우에는 모름지기 조목조목 밝혀서 사리가 분명하게 드러나야만 납득될 수 있을 것이다. ○ 상사의 지시를 내가 거부하는 경우에는 반드시 언사를 공손히 해야만 노여움 사는 것을 면할 수 있고, 상사가 문책하매 내가 그것을 변명하는 경우 반드시 그 문장을 간절하게 써야만 의혹을 풀 수 있을 것이다.

자하산인은 말했다. "무릇 백성을 위해서 혜택을 구하고, 백성을 위해서 병폐를 없애줄 것을 요망하는 경우 모름지기 지성이 언사에 나타나야 사람을 감동시킬 수 있다." ○ "천하에 가장 천해서 의지할 데 없는 것도 백성이요, 천하에 가장 높아서 산과 같은 것도 백성이다. 요순시대 이래로 성현들이 서로 경계한 바가 백성을 보호하려는 것이라, 이 내용이 모든 책에 실려 있고 사람들이 익히 알고 있다. 그러므로 상사가 아무리 높아도 수령이 백성을 머리에 이고 싸우면 대부분 굴복할 것이다. 정택경鄭 宅慶은 바닷가 출신의 무인이지만 언양彥陽[20] 현감이 되어 백성을 머리에 이고 싸우자 감사가 굴복하였고【재결災結[21]에 대한 문제였는데 '세법 상'(제6부 제2조)에 나온다】, 의주의 민간 출신인 안명학安鳴鶴[22]은 강진현감이 되어 백성을 머리에 이고 싸워서 감사를 굴복시키고 그 때문에 명성이 퍼져 벼슬길이 열렸다. 본래 백성의 이익을 위한 것이지만 수령에게도 이로운 것이다. 옛날 한 승지가 서도西道의 수령으로 나갔는데 파직을 당할까 겁을 내 마땅히 싸워야 할 경우에도 싸우지 않았다. 감사가 그를 비루하게 보고 폄하해서 쫓아버렸다. 이와 같은 일을 나는 많이 보았다. 백성을 위해서 건의할 경우에는 마땅히 이롭고 해로운 점을 상세히 진술하되, 위에 있는 사람의 느낌에 부합하도록 지성을 다해야 한다. 두 번 세 번 해도 성사되지 않으면 결연히 거취를 정해야 한다. 비록 이 일로 파면을 당해도 앞길이 다시 열릴 것이다. 앉아서 백성의 곤경을 보고만 있다가 마침내 죄책에 빠지는 경우와는 크게 다를 것이다.'

사람의 목숨에 관한 보장은 지우고 고치는 것을 조심해야 하고, 도적의 옥사에 관한 보장은 봉함封緘을 엄중히 해야 한다.

---

20 언양彥陽 : 지금의 울산광역시에 속한 고을.
21 재결災結 : 재해를 입은 논밭.
22 안명학安鳴鶴 : 영조 때의 인물로 맹산현감孟山縣監을 지냈다.

살인 옥사에 대한 회제回題 [23]는 서목에 쓰는데 아전들이 만약 뇌물을 받아먹고 요긴한 자구를 지우고 고쳐서 바꿔놓으면 수령이 그것을 알 도리가 없다. 문서를 발송하는 날 형리刑吏를 불러서 이르되, "후일 내가 감영에 가면 필히 원장原狀을 찾아 상세히 살펴보아서 만약 일언반구라도 달라진 곳이나 빠진 글자가 있으면 네가 죄를 받을 줄 알아라"라고 할 것이다. ○ 내가 장기長鬐 [24]로 귀양 가 있을 때 본 것이다. 한 아전이 살인을 했는데, 여러 아전들이 짜고 간계를 부려 검시장을 온통 고쳐버렸다. 감영으로부터 판결문이 오자 현감은 깜짝 놀라고 의심했지만, 끝내 간계를 밝히지 못하고 살인범을 석방하고 말았다. 현감이 본 것은 서목이다. 감영의 판결문이 내가 보고한 것과 다를 경우에는 급히 감영으로 가서 원장을 찾아 읽어봐야지 의심만 품고 앉아서 그칠 일이 아니다. ○ 큰 도적은 그 일당이 널리 퍼져 있으며 군교나 형리들이 그들의 눈과 귀가 되어 있을 지도 모른다. 탐문과 수색에 관한 문서는 응당 비밀로 하고 거듭 봉해서 밖으로 새나가지 않도록 조심해야 한다.

농형農形에 대한 보장과 우택雨澤에 대한 보장은 급한 경우와 급하지 않은 경우가 있는데, 요는 모두 기한에 맞춰야만 일이 없을 것이다.

크게 가물던 끝에 비가 내렸으면 그 보고는 반드시 시각을 다툴 일이다. 5일이나 10일마다 관례적으로 농형을 보고하는 것 같은 경우는 형식

---

23 회제回題: 지방 수령이 감사에게 보낸 문서에 대해 감사가 판결을 써서 되돌려보낸 것.
24 장기長鬐: 지금의 경상북도 포항시에 속한 고을.

적인 보고가 되기 쉬우니, 변방 고을이라서 감영으로부터 먼 곳은 이웃 고을 편에 부쳐도 무방하다. 감영으로부터 거리가 수백 리가 되면 여비도 적지 않게 드니, 인편에 부쳐서 비용을 절약하려는 것도 상식에 속하는 일로 꼭 금할 것은 없겠다. 이와 같은 경우는 하루 전에 문서를 작성해야만 기한에 맞출 수 있을 것이다.

우리나라의 이문에 대두(大豆, 콩)를 태太라 하고, 촉서(蜀黍, 수수)를 당唐[25]이라 하며, 교맥(蕎麥, 모밀)을 목맥木麥[26]이라 하고, 연맥(燕麥, 귀리)을 이모耳牟[27]라 하며, 호마(胡麻, 참깨)를 진임眞荏[28]이라 하고, 청소(靑蘇, 들깨)를 수임水荏[29]이라 하며, 도(稻, 벼)를 조租라 하고, 패(稗, 피)를 직稷이라 하는 등등 이런 따위가 많다. 수령이 보장을 쓸 때마다 바로 잡으면 속된[俚俗] 것을 버리고 바른[雅正] 것을 취하는 데 하나의 도움이 될 것이다.

마감磨勘의 보장은 잘못된 관례를 바로잡아야 하고
연분年分의 보장은 간계의 구멍을 살펴야 할 것이다.

환곡 마감의 보장은 지출하고 남은 숫자, 전년도 잔고와 신년도 모곡耗穀[30]의 숫자를 나열해서 회계한 것이니, 복잡해서 선명하지 못하면 마땅히 그 서식을 바로잡아 보는 이로 하여금 의혹을 품지 않도록 해야 할 것

---

25 당唐: 원주에 "그 속살을 당미唐米라 한다"라고 나와 있다. 수수를 가리킨다.
26 목맥木麥: 원주에 "백화곡白花穀"이라고 나와 있다.
27 이모耳牟: 원주에 "영당맥鈴鐺麥"이라고 나와 있다.
28 진임眞荏: 원주에 "즉 거승苣蕂"이라고 나와 있다.
29 수임水荏: 원주에 "또는 야임野荏이라고도 한다"라고 나와 있다.
30 모곡耗穀: 관에서 환곡을 징수할 때 소모되는 분량을 감안해 1할을 더 받아들이는 것을 말하는데 곧 이식(利息, 이자)이다.

이다【상세한 것은 '환곡 장부 상'(제6부 제3조)에 나온다】.

연분의 대개장大槩狀은 요긴한 것이 불과 모두 8~9행뿐이다. 전답의 등급을 조사하고 미두米豆의 세를 따져서 한데 묶어 계산하되 평균해서 매 1결에 미米 몇 두를 받게 되는 것이다. 수령이 눈을 밝혀서 보아야 할 바가 오로지 여기에 있으니 조금도 흐릿함이 없어야 할 것이다【'세법'(제6부 제2조)에 자세히 나온다】.

수목數目이 많은 것은 성책成冊[31]에 나열을 하고
조목이 적은 것은 후록後錄[32]에 정리한다.

성책이나 후록 등은 아전들이 관례를 따라서 하는 것이니, 개의할 것이 없다. 오직 일의 가닥과 수목이 엇갈려 복잡한 경우는 모름지기 경위표經緯表[33]를 작성해야 선명할 것이다. 만약 환곡 장부가 어지러우면 감영으로부터 문책을 당할 수 있으니 마땅히 경위표를 작성해서 밝혀야 한다.

월말月末의 보장은 생략해도 좋은 것은 상사와
의논해서 없애도록 할 것이다.

월말의 보장【이른바 삭말장朔末狀】은 모두 형식적인 것이다. 그러나 그중에 명목만이라도 유지해둘 만한 것은 남기는 것이 좋다. 가령 황진기黃震

---

31 성책成冊: 마감한 장부.
32 후록後錄: 첨부 문서.
33 경위표經緯表: 상하 좌우로 정리해서 일목요연하게 작성한 도표.

起[34] 체포령 같은 것은 무슨 실질에 힘쓰는 의미가 있겠는가. 선전관宣傳官 황진기가 영조 무신년戊申年[35]에 망명한 이후로 이제 90년이 흘렀다. 뼛골이 서리가 된 지 옛날인데 아직도 체포하란 말인가. 이와 같은 일이 많으니 상사와 의논해서 모두 없애버리는 것이 옳다.

교생校生[36]의 강講은 애당초 거행하지도 않고 매월 말에 거짓으로 꾸며서 이름자를 쓰고 '통通'이니 '조粗'니 하여[37] 상사에게 보고하니 도무지 성실치 못한 일이다. 의당 농한기에 어느 하루를 택하여 12개월 동안의 강을 한꺼번에 고시考試해서 미리 문서를 작성해놓고 매월 나누어 보고하면 그래도 실상에 가까울 것이다.

제영諸營으로 보내는 보장이나 아영亞營으로 보내는 보장이나 경사京司로 보내는 보장이나 사관史館으로 보내는 보장은 모두 관례를 따라 하는 일이니 특별히 유의할 것은 없다.

제영이란 병마영兵馬營·수군영水軍營[38]·토포영討捕營[39]【곧 진영鎭營을 가리

---

34 황진기黃震起: 영조 4년 무신란戊申亂 때 망명도주해서 종적이 알 수 없이 된 인물로『조선왕조실록』에는 이름자가 '진기鎭紀'로 되어 있다.
35 무신년戊申年: 영조 4년(1728). 이해에 충청도에서 이인좌李麟佐, 경상도에서 정희량鄭希亮이 난을 일으켰으나 실패하였다.
36 교생校生: 지방 향교의 학생. 조선 후기에는 실제로 공부하는 학생이 아니고 사역使役을 하는 인원이었다. 공생貢生이라고도 한다.
37 시험을 보는 제도의 하나로 경서를 외우게 하는 경우 그 등급을 넷으로 구분하였다. 첫째는 '통通', 그다음 보통은 '약略', 그다음 열등을 '조粗', 최하등의 낙제는 '불不'이라고 일컬었다.
38 병마영兵馬營·수군영水軍營: 지방의 지상 방비를 담당한 주진主鎭을 병마영 또는 병영

킴】 등이고, 아영이란 도사都事의 관아이며, 경사京司란 상납을 받는 아문衙門이고, 사관史館이란 도내의 수령으로서 춘추관春秋館의 기주관記注官[40]을 겸한 자가 있을 경우 매양 날씨의 맑고 흐림을 적은 일기를 그 수령에게 보고하는 것이다. 이들은 모두 형식적인 일이니 길게 논할 것이 없다.

이웃 고을에 보내는 문서는 문장을 잘 만들어서 오해를 사지 말도록 해야 한다.

이웃과 사이좋게 지내라는 것은 옛사람의 훈계이다. 문벌이나 덕망이 비슷하여 서로 양보하기를 싫어하는 경우에 문제가 생기면 서로 지지 않으려고 하다가 반목하게 되고 모두에게 알려져 웃음을 사게 되니, 예가 아니다. 공경하면서 예의가 있으면 자연히 공감하게 될 것이다. 또한 역참驛站의 책임자, 목장牧場의 감독관, 변방의 무장들은 비록 문벌은 낮지만 모두 관장을 맡고 있으므로 마땅히 서로 존경하고 언사에 조심해 한결같이 공손하면 좋지 않겠는가.

문첩文牒이 지체되면 반드시 상사의 책망을 받게 되니 봉공奉公하는 도리가 아니다.

문첩을 담당한 아전이 먼저 여비로 책정한 쌀을 먹어버리고 여름 가

이라 하고, 지방의 해상 방비를 담당한 군영을 수군영 또는 수영이라 한다.

39 토포영討捕營 : 토포사가 있는 진영鎭營. 영장營將이 토포사를 겸하였다.

40 기주관記注官 : 춘추관은 역사 기록을 맡은 관청이다. 기주관은 정5품, 종5품 벼슬.

을 이래로 비용이 다 떨어지면 으레 문첩을 모아서 한꺼번에 발송한다거나, 혹은 이웃 고을에 부탁해서 딸려 부치려고 한다. 이것이 지체되어 기한에 맞추지 못하는 이유이다. 사고가 생긴 연후에 간교한 말로 거짓말을 꾸며서 혹은 지자持者【문서 전령을 지자라 한다】가 병에 걸렸다느니, 혹은 저리가 잊었다느니 하는데 모두 믿을 수 없는 말이다. ○ 문제가 된 것이 중요한 일이 아니면 아전이 하는 대로 들어주어 덕을 보게 하되, 보고가 시급한 경우는 발송하는 날 마땅히 수리에게 주의를 주어 사고가 생기는 날에는 수리도 함께 책임을 지운다고 하면 대개 지체되는 일이 없을 것이다. ○ 매양 보면 상사가 고과하는 항목에, 혹은 "보장의 내용이 착오가 있었다" 혹은 "보장이 어찌 지연되었는가" 하고 하下로 매기거나 중中으로 매기는 경우가 많았다. 조심하지 않을 수 있겠는가.

이영휘가 안협현감으로 있을 때였다. 현과 감영 사이의 거리가 400~500리여서 공문을 왕래하는 데 수고와 비용이 적지 않았다. 그런 탓에 백성이 포布를 내는 것이 1년에 호당 수십 필에서 내려가지 않아 생업이 날로 위축되었다. 그는 백성들로 하여금 각각 봄가을로 포 몇 필을 내게 해서 보관해놓고 수입과 지출을 장부에 기재하여, 무릇 진상할 물건을 모두 미리 구입하니, 그 물건의 값이 올라도 염려할 것이 없었다. 그리고 문서가 시급한 것이 아니면 자주 이웃 고을 편에 부쳐서 보냈다. 1년 동안 이와 같이 시행하니 포가 남아서 백성의 부담이 열의 아홉은 감해질 수 있었다.

무릇 위로 올리고 아래로 내려보내는 문서들을 기록해 책자를 만들어 뒷날 참고하도록 하며, 기한이 정해진 것은 별도로 작은 책자를 만들어둔다.

상사에게 보고한 것들은 책자를 만들고, 백성들에게 전한 명령도 책자를 만들되 글자를 바르게 써서 항상 책상 위에 비치해둔다. ○ 일상적이거나 긴요하지 않은 문서들은 반드시 수록할 필요는 없다. ○ 상사가 공문을 발송하여 본 읍에서 거행하도록 한 것은 각각 기한이 정해져 있다. 아전들이 태만하기 쉬우니 따로 책자 하나를 만들어놓고, 기한을 지키는지 일일이 살펴보고 또 근무 상태를 점검해서 만약 어김이 있을 때에는 용서하지 말고 죄를 주어야 한다. 그렇지 않으면 이속들이 눈치를 보고 원님이 잊고 넘어가는 것을 요행으로 여겨 모든 일이 해이하게 되고 감영으로부터 필시 문책을 당하게 될 것이다.

만약 변방 관문關門[41]을 맡아서 직접 장계狀啓를 올리게 되면 더욱 격식을 익혀서 정신 차려 신중을 기해야 할 것이다.

장계의 서두에 들어가는 체면화두體面話頭【가령 "재주가 졸렬한 신이 부임한 이래 주야로 삼가 두려워하오매"와 같이 상소문의 투식처럼 하는 것】를 쓰지 말고 바로 본 건으로 들어가서 곡진하게 사리를 논해야 할 것이다. 대체로 장계의 문체는 항상 육선공陸宣公[42]의 주의奏議[43]를 읽어서 표현의 명백함과 간

---

41 관문關門: 국경에서 외국과의 출입을 통제하는 곳. 동래·의주 등이 중요한 관문이다.
42 육선공陸宣公, 754~805: 중국 당나라의 명신인 육지陸贄, 선宣은 그의 시호이다. 글솜씨가 좋아 특히 그의 주의奏議가 유명하여 후세에 하나의 전범典範이 되었다. 우리나라에

절함을 본받고, 아울러 왕양명王陽明[44]의 소의疏議[45]를 취하여 문장의 정연하고 유창한 것을 본뜨되【두 분의 문체는 모두 대對를 맞추어서 변려문과 같다】, 절실하고 충실한 마음에 근본을 두어야만 감동을 시킬 수 있을 것이다.

서도 『육주략선陸奏略選』이라는 책이 간행되어 많이 읽혔다.

43 주의奏議: 한문 문체의 하나로 신하가 임금에게 올리는 글.

44 왕양명王陽明, 1472~1528: 중국 명나라 때 대학자 왕수인王守仁. 양명陽明은 그의 호이다. 양명학陽明學이라는 새로운 학풍을 개척하였다.

45 소의疏議: 한문 문체의 하나로 사자구四字句와 육자구六字句에 대구를 써서 지은 화려한 문장.

제 5 조 공물 바치기

貢納

재물은 백성으로부터 나오는 것이며, 이것을 받아서 나라에 바치는 자가 수령이다. 아전의 부정을 잘 살피기만 하면 비록 수령이 너그럽게 하더라도 폐해가 없지만, 아전의 부정을 잘 살피지 못하면 수령이 아무리 엄하게 하더라도 보탬이 안 된다.

이것이 옛날의 이른바 최과催科[1]라는 것이다. 양성陽城[2]은 최과의 행정이 각박하지 않았던바 이는 백성을 다스리는 수령으로서 마땅히 본받을 일이다. 백성들은 조·쌀·실·삼 등을 내어서 위를 섬기는 것을 본분으로 여기기 때문에 까닭 없이 납부를 거부할 이유가 없다. 늘 보면 어리석고 우둔한 수령들 중 백성을 어루만지고 돌본다고 하는 자들은 으레 위로 바치는 기한을 어기고, 나라에 이바지한다고 하는 자들은 으레 뼈에 사무치도록 백성들에게서 마구잡이로 빼앗는다. 진실로 현명한 수령은 너그러이 하되 기한을 어기지 않아 상하 모두에 원망이 없으니, 그 이치는

---

1 최과催科: 백성의 부세를 독촉하여 징수하는 일.
2 양성陽城: 중국 당나라 때 사람. 자는 항종亢宗이다. 도주자사道州刺史로 있을 때 백성 다스리기를 집안 다스리듯이 하여 부세가 잘 걷히지 않았다고 한다.

쉽게 이해할 수 있을 것이다.

「정잠政箴」[3]에서 이렇게 말하였다. "세금 징수는 흔들리지 말아야 하니 이는 세금을 징수하면서도 어루만지고 돌보는 것이다. 형벌은 착오가 없어야 하니 이는 형벌을 쓰면서도 교화하는 것이다. 봄에 구휼하기를 마치 자식처럼 하고, 가을에 거두어들이기는 마치 원수처럼 해야 한다. 하나의 이익을 일으키는 것은 하나의 폐해를 제거하는 것만 같지 못하고, 하나의 일을 만드는 것은 하나의 일을 제거하는 것만 같지 못하다. 위엄은 청렴함에서 생기고 정사는 부지런함에서 이루어진다. 정명도程明道[4]는 자리 옆에 '시민여상(視民如傷, 백성 대하기를 다친 사람 돌보듯 하라)'을 써놓았고, 이문정李文靖[5]은 '절용애민(節用愛民, 씀씀이를 절약하여 백성을 사랑하라)'이라는 말을 평생토록 외웠다."

양성이 도주자사道州刺史로 있을 때의 일이다. 부세를 때에 맞추지 못하여 감사로부터 자주 독촉을 받았다. 양성은 고공考功[6] 등급의 제출에 미쳐서 스스로 쓰기를 "어루만지고 돌보느라 마음은 피로하나 최과의 행정은 부진하다" 하고 하지하下之下로 평가하였다. 관찰사가 판관을 보내어 부세를 독촉하였다. 판관이 도주에 이르렀는데 양성이 마중을 나오지 않아 이를 괴이하게 여겨 아전에게 물었다. 아전은 "자사는 죄를 지어 스스로 옥에 갇히었다"라고 대답했다. 판관이 놀라서 달려가 보고 "사또에게

---

3 「정잠政箴」: 정치를 함에 있어서 경계할 바를 기술한 글.
4 정명도程明道: 정호程顥, 정백자程伯子. 129면 주 20 참조.
5 이문정李文靖, 1093~1163: 중국 송나라 사람인 이통李侗. 자는 원중愿中, 문정文靖은 그의 시호이다. 주희가 일찍이 그에게 제자의 예를 취하였다. 세상에서는 연평선생延平先生으로 일컬었다.
6 고공考功: 관리의 행정 집무 성적을 조사하는 일.

무슨 죄가 있소?" 하고 물었다. 양성은 이미 문을 닫고 관사 밖에서 자며
명을 기다리는 중이었다. 판관은 곧바로 떠났다.

벼와 무명베로 바치는 전세는 국가재정에 반드시
필요한 것이다. 요호饒戶로부터 먼저 징수하여 아전이
횡령하는 것이 없게 해야만 기한을 맞출 수 있다.

　오늘날 국가재정은 날로 줄어들어 백관의 봉록과, 공인貢人[7]에게 지불
해야 할 대가가 항상 신구년도新舊年度가 이어지지 못하는 어려움이 있다.
그런데도 요호의 기름진 토지는 모두 아전의 주머니에 들어가고, 조운선
에 세곡을 실어 보내는 것은 해마다 기한을 어겨, 체포되어 문초를 당하
고 파면되어 갈리는 수령이 줄줄이 뒤를 잇고 있다. 그럼에도 깨닫지 못
하고 있으니 애석한 일이다.
　호태초는 말하였다. "평소에 부유하고 힘센 자들과 밀착되어 있는 고
을의 아전들은 해마다 이들에게는 전세를 내지 않게 하고 착하고 어진
가난한 백성들에게만 기한에 앞서 재촉하고 핍박하여 그들로 하여금 부
세를 내도록 한다." ○ 중국 역시 그러하니 이는 천하의 공통된 폐단이다.
　『한암쇄화』의 세미稅米에 관한 조항에서 이렇게 기록하였다. "마땅히
호조에 납부해야 할 것이 4000석이라면 자기 고을에서 백성으로부터 징
수한 것은 1만 석도 훨씬 넘는다【백성이 내는 것이 4라면 나라에 바치는 것은 1이
다】. 아침에 명령을 내려 저녁이면 거둬들일 수 있는, 요호의 기름진 토지

7　공인貢人 : 대동법 실시 이후 대동미를 받아 중앙 관아에서 필요한 물품을 조달하던 상인.

에서 내는 윤기 있는 쌀은 아전이 모두 횡령한다. 토지대장에 등록되지 않은 은결隱結[8]로 돌려 거두고, 혹은 궁결宮結이라 하여 수세장부에서 빼버리고, 혹은 저가邸價[9]로 거두고, 혹은 거짓 재결로 수세장부에서 빼버리고, 혹은 돈으로 받고, 혹은 쌀로 받는다. 이미 초가을부터 구름이 몰려가듯이 냇물이 흘러가듯이 끝내버려서 속여 훔쳐먹은 액수는 모두 아전의 주머니 속으로 들어가고 만다. 이러고 나서 나머지 토지에서 세미를 모아 나라에 내는 4000석을 채우는 것이다. 무릇 나라에 내는 전세를 온 집안이 몰사한 집, 유리걸식을 떠나 없어진 집, 홀아비와 과부, 부모 없는 어린아이와 자식 없는 늙은이, 노인, 병자와 환자, 황폐하여 경작을 쉬는 논밭과 못 쓰게 된 논, 쑥대가 우거지고 자갈이 뒹구는 땅 등에서 충당하고자 하니 살을 벗기고 뼈를 긁어내도 어쩔 도리가 없는 무리들일 뿐이다. 아전은 횡령한 쌀을 큰 돛배에 싣고 남으로는 제주로 가서 장사하고 북으로는 함흥에 가서 거래를 한다. 아전은 북을 둥둥거리며 저 구름과 물이 맞닿는 바다 위에 떠 있는데, 수령은 바야흐로 홀아비, 과부, 병든 자들이나 잡아다가 족쳐서 뜰에 매질이 계속되고 옥에 칼을 씌운 자가 넘쳐난다. 사람을 뽑아 검독檢督[10]이라 칭하고서 사방으로 풀어 보내면, 그들은 친척이나 이웃 사람들에게 징수하여 엉뚱한 해를 입힌다. 송아지와 돼지를 빼앗고, 솥과 가마솥을 떼어가니 울부짖는 백성이 길에

---

8 은결隱結 : 토지대장인 양안量案에 등록되지 않은 경지. 수령이나 아전 등이 그 조세를 착복하기 위하여 고의적으로 은결로 하는 경우가 많았다.

9 저가邸價 : 고을에서 경저리나 영저리 등에게 역의 대가로 주는 보수.

10 검독檢督 : 각 면에 나가서 상납전곡上納錢穀의 독촉·검수를 맡은 자.『목민대방牧民大方』에 의하면 "검독은 중서장교中庶將校 중에 부지런하고 성실한 자를 뽑아 보낸다"라고 하였다.

넘어지고 쓰러져 곡성이 하늘에 사무친다. 갈백이 탕왕이 보내준 것을 먹고나서 제사를 지내지 않는 꼴[11]인데 그제야 임금이 납부 기한을 연기한다는 조칙이 내려온다. 지난 기사년(1809)과 갑술년(1814)에 남쪽 지방으로 큰 흉년이 들었는데, 나는 바닷가의 마을에 있어서 이런 일들을 직접 내 눈으로 보았다. 그 당시 나는 백성을 다스리는 수령에게 가장 귀중한 것은 '밝을 명明' 한 자뿐임을 알았다. 모든 고을이 그러하였는데 오직 해남현감 이복수李馥秀는 추수철에 먼저 요호에서 징수하여 나라에 내는 부세의 액수를 충당한 다음, 영을 내려 '내가 집행한 것에는 아전이 방결防結【백성의 부세를 사사로이 집행하는 것】할 수 없고, 백성도 방납防納【사사로이 부세를 납부하는 것】할 수 없다'라고 하였다. 다음 해 봄에 창고를 열고 부세를 거두니 한 달도 못 되어 북을 울리며 세곡 실은 배를 띄워 보냈다. 이에 아전들이 앙심을 품고 함께 모의하여 원님을 중상하니, 마침내 그는 어사에 의해 파직을 당했다.[12] 오호라, 애석한 일이로다."

예관兒寬[13]이 좌내사左內史[14]가 되어 조세를 납부할 때 융통성을 두어서 형편껏 하도록 한 탓에 조세 미납이 많았다. 그로 말미암아 고과가 '전殿'이 되어 파면을 당하게 되었다. 그러자 백성들이 이 원님을 잃을까 두려워 대가大家는 우마차로 소가小家는 등짐으로 조세 나르기가 연이어 끊이지 않았다. 이에 고과가 '최最'[15]로 바뀌었다. ○ 수령이 참으로 백성을 사

---

11 『맹자·등문공 하』에 나오는 말. 44면 주 38 참조. 여기서는 바른 도리를 거스르고 물욕을 부린다는 의미.

12 순조 16년(1816)에 전라도 암행어사 조만영趙萬永에 의하여 고을을 잘 다스리지 못했다는 이유로 파직당하였다.

13 예관兒寬, ?~B.C. 103 : 중국 한나라 사람으로 어사대부御史大夫를 지냈다.

14 좌내사左內史 : 중국 한나라 무제武帝 때 설치되어 수나라 때 폐지된 직제로 관중關中을 다스리는 관장.

랑하면 재촉하지 않아도 부세가 저절로 완납되는 것이 이와 같다.

당나라 때 하역우何易于[16]는 부역을 독촉함에 차마 가난한 백성들을 핍박할 수 없어서 자기의 봉록으로 백성의 부담을 대신 내주었다. ○ 고승간高承簡[17]이 형주자사邢州刺史로 옮겨졌을 때에 관찰사의 부세 독촉이 매우 급박하였다. 이에 고승간은 수백이나 되는 가난한 백성들의 조세를 대신 바쳤다.

당나라의 노탄盧坦[18]이 수안령壽安令으로 있을 때 하내河內[19]의 부세 기한이 다 되었는데 고을 백성들이 "베틀에 있는 베도 아직 다 짜지 못했다"라고 호소했다. 노탄은 하내부河內府에 가서 기한을 열흘 연기해줄 것을 청원하였으나 허락을 얻지 못했다. 노탄은 백성들에게 "기한은 생각하지 말고 부세를 다 내도록 하라. 처벌이 있어도 수령의 봉록에 지나지 못할 것이다"라고 일렀다.

조개趙槩[20]가 청주靑州를 맡게 되었는데 관하의 고을에 "부세를 함부로 독촉해서는 안 된다"라고 주의를 주었다. 그해 여름에 부세가 기한보다 한 달이나 먼저 걷혔다. 예관이 '최'로 고과된 것과 비슷한 일이다.

소송蘇頌[21]이 항주杭州를 맡아 다스리게 되었는데 도임하는 길에 100여

---

15 전殿·최最: 고과에 있어서 최하등의 성적이 '전'이고 최상등의 성적이 '최'이다.

16 하역우何易于: 중국 당나라 때의 인물. 익창령益昌令을 거쳐 뒤에 나강령羅江令이 되었다.

17 고승간高承簡, ?~827: 중국 당나라 때 사람. 채蔡 땅에 반란이 일어나서 이를 평정하고 은주자사濮州刺史가 되었다.

18 노탄盧坦, 748~817: 중국 당나라 낙양洛陽 사람. 자는 보형保衡이다. 벼슬은 호부시랑戶部侍郎에 이르렀다. 이길보李吉甫와 다투다가 동천절도사東川節度使로 좌천되었다.

19 하내河內: 지금의 중국 하남성 지역인데, 수안壽安은 하내에 속해 있었다.

20 조개趙槩, 996~1083: 중국 송나라 때 사람. 자는 숙평叔平이다. 벼슬은 참지정사에 이르렀다.

21 소송蘇頌, 1020~1101: 중국 송나라 사람. 자는 자용子容이다. 태자소사를 역임했고, 저서

명이 앞을 가로막고 울면서 "저희들은 시역민전市易緡錢[22]을 갚지 못해 전운사轉運使에게 문책을 당해 낮에는 관정官庭에 묶여 있고 밤에는 상원廂院[23]에 갇혀 있습니다. 비록 죽게 되더라도 돈을 갚을 도리가 없습니다"라고 호소하였다. 이에 그는 "내가 이제 너희들을 풀어주어 생업에 종사할 수 있게 할 터이니 먹고 입은 나머지로 관의 빚을 갚겠는가?"라고 물으니 모두들 "결코 저버리지 않겠습니다"라고 말하였다. 이에 그들을 모두 석방하니 전운사가 대로하여 그를 탄핵하려 했다. 이에 백성들이 모두 기일에 앞서 바쳐서 드디어 다시 말을 하지 못하였다.

조극선이 군읍을 맡아 다스릴 때에 부세를 거둠에 있어서 말질을 반드시 백성들 자신이 하도록 하니 백성들은 그의 청렴함과 공평함을 기뻐하여 형벌을 가하지 않아도 기일에 맞추어 바쳤다.

당나라 때 위오韋澳[24]가 경조윤京兆尹[25]이 되었는데 황제의 외숙인 정광鄭光[26]의 농장 주리主吏[27]가 방자하여 여러 해 동안 부세를 납부하지 않았다. 위오는 주리를 구속하고 나서 황제에게 "폐하께서 저를 발탁하여 경조윤으로 삼았거늘 어찌 법에 한계를 두어 가난하고 힘없는 백성들에게

에 『신의상법요新儀象法要』가 있다.

22 시역민전市易緡錢: 중국 송나라 왕안석이 실시한 신법 중의 하나로 시역법市易法이다. 이는 소상인의 물품을 사주기도 하고 또는 그들에게 저리의 자금을 융자해줌으로써 호상의 횡포를 막아 상품 유통을 원활하게 하려는 제도였다. 민전緡錢이란 돈을 꿰미에 꿴 것을 뜻하는데 결국 돈을 가리킨다.

23 상원廂院: 정전正殿의 양 옆으로 서로 마주보는 건물.

24 위오韋澳: 중국 당나라 사람. 자는 자비子斐이다. 한림학사와 절도사 등을 역임했다. 성격이 강직하여 권력자들이 두려워하는 존재였다.

25 경조윤京兆尹: 지금의 서울시장에 해당하는 벼슬. 당나라의 수도는 장안長安이었다.

26 정광鄭光: 중국 당나라 선종의 어머니인 효명황태후孝明皇太后의 동생. 절도사를 지내고 호鄠와 운양雲陽 두 현의 양전良田을 크게 하사받았다.

27 주리主吏: 여기서는 가신家臣으로 농장을 주관하는 자.

만 적용할 수 있겠습니까?"라고 아뢰었다. 황제는 태후太后에게 들어가 "위오는 범할 수 없는 사람입니다"라고 말씀드렸다. 태후가 대신 부세를 납부하여 주리가 풀려났다.

고려 때 왕해王諧[28]가 경상도 안무사로 나가자, 온 도가 두려워 복종하였다. 최이의 아들인 승려 만종萬宗과 만전萬全이 쌀 50여만 석을 쌓아놓고 백성들에게 이자를 취하였는데 측근의 무리들을 보내서 매우 가혹하게 징수함으로 백성들이 가진 것을 모조리 바쳐야 했다. 그래서 조세를 바치지 못하는 일이 잦았다. 이에 왕해는 "백성들이 조세도 바치기 전에 먼저 사채를 독촉하는 자는 죄를 주겠다"라고 영을 내렸던바, 이에 만종·만전의 무리들이 감히 함부로 굴지 못하여 백성들이 조세를 기일에 맞춰 납부할 수 있었다.

상국 이원익이 안주목사로 있을 때 그 고을의 부세는 변방 고을로 납입하는 것이 관례였다. 아전들이 배나 더 징수하여 나머지를 착복하는 것이 대대로 이어져서 백성들의 무거운 고통이 되고 있었다. 이공은 세액을 분명히 확정하여 나머지를 절감했으며, 몸소 부세를 거둠으로써 횡령을 방지하였다. 변경 고을로 가는 길이 험하고 멀었는데 이공이 몸소 거느리고 가자, 그 고을에서 보고 크게 놀라 다투어 술과 기생을 마련하여 대접하려 하였다. 이공은 일체 거절하고 받지 않았다.

감사 정언황丁彦璜[29]이 회양부사淮陽府使로 있을 때 그 고을은 전세를 무

---

28 왕해王諧, ?~1246 : 고려 중기의 문신. 성품이 강직하고 청렴하여 백성들에게 신망이 높았다. 경상도 안무사, 진주부사晉州副使, 동경유수東京留守를 지냈다. 『고려사·열전·양리』에 입전立傳되어 있다.
29 정언황丁彦璜, 1597~1672 : 자는 중휘仲徽, 호는 묵공옹默拱翁, 본관은 나주이다. 강원도 관찰사를 지냈다.

명베로 상납하고 있었다.[30] 그는 산골 백성들의 가난함을 우려하여 아전과 백성에게 호랑이를 잡아 그 가죽을 호조에 바치도록 하고, 그 고을의 전세 1년치 무명베를 공제받도록 하였다.

군전과 군포는 경영京營에서 항상 독촉하는 것이다.
거듭하여 징수〔疊徵〕하는가를 잘 살피고
퇴짜 놓는 것을 금하여야만 원망이 없을 것이다.

『한암쇄화』의 군포에 관한 조항에서 이렇게 말하였다. "첨정簽丁[31]의 법이 혼란스럽고 조리가 없어 군보軍保[32] 일근一根[33]에 5~6명이 붙게 된다. 이에 요호로서 재력이 있는 자는 아전이 모두 사사로이 처리하고 오직 유망流亡하고 빌어먹는 지경에 이른 자들만을 집행하여 상납해야 할 군포의 액수를 채우니 군포 상납이 기일을 어기는 것은 오로지 이 때문이다." 자세한 내용은 뒤의 '병역 의무자 선정'(제8부 제1조)에 나온다.

○ 무릇 상납물에 있어서는 돈이 가장 폐단이 없고 쌀도 역시 살피기 쉽다. 오직 무명베와 삼베는 올이 굵고 가는 등급이 많고 폭이 넓고 좁은 것이 다 값이 다르다. 그 길이는 본래 소정의 척수尺數가 있지만 경척京尺·관척官尺·이척吏尺·민척民尺 등 만 가지로 다르기 때문에 아전의 간교한 노릇이 쉽사리 저질러질 수 있으며, 백성의 고통스런 사정은 살피

---

30 내륙의 산악지대에서는 전세를 포布나 전錢으로 대납하는 곳도 있었다.
31 첨정簽丁: 병역 의무자인 군정으로 등록 규정하는 행정 처리이다.
32 군보軍保: 군정에는 직접 군역에 종사하는 상번군上番軍과 군포를 내는 군보가 있었다. 보인保人이라고도 한다.
33 일근一根: 규정된 액수내額數內의 일원一員.

기 어렵다. 예전에 곡산의 아전이 군포 거두기를 함부로 하여 포보포砲保布[34] 한 필 값으로 900전[9냥이다]이나 거두었다. 그 때문에 백성의 원성이 크게 일어나 하마터면 민란이 일어날 뻔하였다. 내가 이 고을에 도임한 뒤 "무릇 군포를 바치는 자는 관정官庭에 와서 바치도록 하라"라고 영을 내렸다. 몇 달이 지나 한 백성이 군포 베를 지고 왔는데 아전이 사용하는 자[尺]를 살펴보니 양쪽 끝에 분명히 낙인烙印이 찍혀 있었다. 내가 "이것은 어디에서 나온 것이냐?"라고 물으니 아전이 "포정사布政司[35]에서 반포한 것입니다"라고 하였다. 내가 "허허 어찌하여 이렇게 긴 것인가" 하고서 교노校奴[즉 이른바 수복守僕이다]를 재촉해 불러 『국조오례의』를 찾아오게 하였다. 『국조오례의』에 베와 비단을 재는 자의 표준도가 있어서 이에 표준자와 아전의 낙인자를 대조하니 낙인자가 2촌寸이나 더 길었다. 이에 아전을 관정에 꿇어 엎드리게 하고 "삼군문三軍門[36]의 놋쇠자는 곧 『국조오례의』의 자이다. 너희 낙인자는 어디에서 나온 것이냐?" 하고 힐책하였다. 그 아전은 머리를 조아리며 "본 읍에서 만든 것입니다"라며 자백하였다. 이에 『국조오례의』에 준하여 자를 새로 만들고 아전들에게 다음과 같이 지시하였다. "시노侍奴가 자를 잡으면 재는 것이 정밀하지 못하니 마땅히 관정에 20척이 되도록 땅에 금을 그어 양쪽 끝에 표를 해두어라. 군포 베의 가운데를 접어 양쪽 끝을 가지런히 하면 40척이 될 것이다[군문軍門에서 하는 법이 이와 같다]. 옛날 관례로 나라에 바치는 베는 37척

---

34 포보포砲保布: 포군砲軍 1명에 보保가 3명이 있었던바 그들 포보砲保가 군역에 종사하지 않는 대신 바치는 포이다.

35 포정사布政司: 관찰사가 집무하는 관청. 감영監營이라고도 한다.

36 삼군문三軍門: 훈련도감訓鍊都監·금위영禁衛營·어영청御營廳으로 한성에 있던 군영이다.

을 1필疋로 삼고 저자에서 매매하는 베는 40척으로 1필을 삼고 있다. 오늘날에 베를 40척으로 받으니 이미 남는 것이 3척이나 된다." 이에 백성으로 하여금 가져온 군포 베를 제출하게 하고 중간을 접어서 양쪽 끝을 가지런히 해보니 7척이나 남았다. 나머지를 잘라서 돌려주고 40척을 군리軍吏[37]에게 넘겨주니 군리 역시 아무 소리 없이 기일에 맞추어 상납하였다. 대저 수령은 백성에게 직접 임하는 벼슬이다. 임금은 지존至尊하여 몸소 아래 백성에게 임할 수 없기 때문에 나로 하여금 백성을 다스리게 한 것이다. 이치로 말하면 당연히 모든 일을 몸소 집행하여 백성의 고통을 살펴야 할 일이다. 그러나 오늘날의 수령은 망령되이 스스로를 대단히 여겨 대체만을 지키기에 힘쓰고 모든 상납의 일은 전적으로 아전의 손에 내맡기고 온갖 침학이 자행되어도 들은 척도 하지 않는다. 수령의 직분은 어찌 정말 그런 것일까?

완평부원군 이원익이 안주목사로 있을 때 그 고을의 방변군防邊軍 숫자에 결원이 많아 이로 인한 침탈이 그의 이웃과 친족에게 미쳤다. 이공은 관아의 곡식을 내어 곡식이 귀한 봄여름에는 싼 값으로 베를 사서 각 진鎭에 내야 할 군포로 충당하고 가을의 추수철에는 다른 정규적 부세에 이미 산 군포값에 해당하는 액수를 첨가했다. 백성에게는 무겁지 않은 부담이 되고 누적된 폐단도 없어졌다.

「군포설軍布說」[38]에서 이렇게 말했다. "간사한 민民[39]의 폐해는 간사한 아전보다 심한 바가 있다. 『시경』에서는 '남자의 탐닉은 그래도 말할 수

---

37 군리軍吏: 병방兵房의 아전을 지칭하는 말.
38 「군포설軍布說」: 정약용이 집필한 글로 추정되는데 전하지 않는다.
39 민民: 여기서는 향임층을 가리킨다.

있거니와 여자의 탐닉은 말할 수조차 없다'[40] 라고 하였는데 나는 여기에 이어 '아전의 간사함은 그래도 말할 수 있거니와 민의 간사함은 말할 수 조차 없다'라고 한다. 내가 오랫동안 민간에 있으면서 보니 풍헌·약정· 별유사別有司[41]·방주인坊主人 등은 문서를 뜯어고치고 붓을 함부로 놀려 부정이 아전보다 심하였다. 무릇 상납물이 한번 그들 손에 들어가면 태반이 녹아 없어지는데 밑돌 뽑아서 윗돌 괴고 윗돌 뽑아서 밑돌 괴기로 하여【여름에 납부해야 할 것을 춘납春納으로 바꾸기를 마치 담장을 쌓는 인부가 밑돌 뽑아서 윗돌 괴기 하듯이 한다】 필경에는 이들의 횡령으로 인한 결손이 수만 푼 【수백 냥】에 이른다. 그러면 또 다시 배정해 징수하느라 온 방坊을 뒤흔들어 놓는다. 이들은 실로 큰 좀벌레이다. 무릇 촌민으로 순박한 자는 애써 직임을 맡는 것을 회피하며 오직 부랑하고 간교한 자들이 아전·좌수·별 감 등과 결탁하여 직임을 차지하는[42] 것이다. 그러고 나서 생선을 산다, 닭을 구한다 하여 힘쓰는 아전을 아첨으로 섬긴다. 나중에 이네들의 횡령한 사실이 발각되기에 이르면, 아전이나 좌수 등 수령의 측근에 있는 자들이 온갖 방법으로 주선하되 혹은 '이 방坊은 원래 결원이 많은 것이지 이들이 속이고 훔치고 한 것이 아니라'느니, 혹은 '이들은 본래 찢어지게 가난하여 다시 받아낼 길이 없다'느니 하고 변명한다. 수령은 그 말에 넘어가 죄를 지은 자들에게는 장杖 한 대 치지 않고 무죄한 백성들이 재징수를 면하지 못한다. 참으로 안타까운 일이다. ○ 방주인이란 문졸이

---

40 『시경詩經·위풍衛風·맹氓』.
41 별유사別有司: 방坊의 호적이나 전결 등의 일을 관장하는 지방 관리의 하나이다.
42 차지하는: 원문은 "도都"이고 이에 대한 원주에 "도都는 거居이다"라고 하였다. '居'를 읽는다, 즉 '차지한다'로 풀이했다.

차지하는 자리인데 문졸들은 소민小民의 호랑이이다. 아무리 상납이 시급하더라도 마땅히 풍헌·약정을 엄하게 단속하여 그들로 하여금 기한에 대도록 할 것이요, 결코 호랑이를 민간에 풀어놓아서는 안 된다.

공물貢物과 토산물은 상급 관청에서 배정하는 것이다. 기존의 법도를 각별히 이행하고 새로이 요구하는 것을 막아야만 폐단이 없을 것이다.

정선은 말하였다. "수령이 된 자는 옳지 못한 사례를 새로 만들기를 꺼려야 한다. 옛날에도 토산물을 바침으로써 그 지방에 한없는 폐해를 끼친 경우가 있었다. 교지交趾[43]의 여지荔枝가 그런 종류이다."

양성이 도주자사로 있을 때 그 지방에서는 난쟁이가 더러 태어나 해마다 조정에 바치고 있었다. 양성은 이들이 생이별하게 되는 것을 불쌍히 여겨 황제에게 "이 고장은 사람들이 다 키가 작아 바치려고 하면 누구를 바쳐야 할지 모르겠습니다"라고 아뢰었다. 이로부터 그 일이 폐지되었다. 도주 사람들이 크게 감동하여 아들의 이름을 '양陽' 자를 넣어 지었다고 한다.

상우上虞 사람인 곽남郭南[44]이 상숙현常熟縣을 맡아 다스렸는데 우산虞山[45]에서 연속軟粟이 생산되어 백성 중에 그것을 바치는 자가 있었다. 그는 연

---

43 교지交趾: 교주交州. 중국의 남방 지역으로 지금 광동, 광서에서 베트남 북부 일대를 가리킴.

44 곽남郭南: 중국 명나라 사람. 정통正統 12년(1447)에 치사致仕하였다.

45 우산虞山: 상숙현常熟縣은 지금의 중국 강소성 지역이고 우산은 상숙현의 서북쪽에 있다.

속 종자를 없애도록 급히 명령하고 "앞으로 상숙현의 폐해가 될까 두렵다"라고 말했다. 그가 백성을 위해 멀리 생각함이 이와 같았다.

손순효가 해주海州를 맡게 되었는데 조정에서 군기軍器를 징발하였던 바, 노춘弩椿[46]·전간箭幹[47] 같은 것이었다. 해주에서는 원래 이런 것들이 생산되지 않아 백성들이 부레풀로 대신 바치기를 청했다. 그는 "노춘·전간이 해주에서 생산되지 않는다는 것을 다 알고 있는 사실이다. 만일 다른 토산물로 대체하면 해마다 부과되어 그칠 날이 없을 것 아닌가?"라고 말했다. 당시의 식자들이 지당한 말이라고 여겼다.

장구張穀[48]가 통주판관通州判官으로 있을 때의 일이다. 당시 출병하여 변경을 방비하는데 통주에서 수리나 기러기 깃이 달린 화살 10만 개를 징발하였다. 이에 그 값이 뛰어올라 구할 수 없게 되매 장구는 "화살은 날아가서 없어지는 것이니 어떤 깃털인들 안 되겠나?" 하고 말했다. 절도사가 "상서성尚書省에 보고해야 한다"라고 하자, 장구가 대답하기를 "이곳은 서울까지 거리가 2000리나 됩니다. 백성들이 지금 급박한데 어떻게 하겠소? 만일 문책을 당하면 하관下官이 그 허물을 지겠소"라고 했다. 그러자 그 값이 하루 사이에 몇 배나 떨어졌다. 상서성에서도 결국 그의 청원을 들어주었다.

진린陳麟[49]이 민현閩縣을 맡게 되었는데 중앙에서 사자使者가 내려와 취우翠羽[50]를 요구하였다. 다른 고을은 명령대로 하였으나 오직 진린은 따르

---

46 노춘弩椿: 참죽나무로 만든 활.
47 전간箭幹: 화살대. 전간은 남방에서 시누대로 만든다.
48 장구張穀: 중국 금나라 때 사람. 자는 백영伯英이다. 벼슬은 하동남로전운사河東南路轉運使에 이르렀다.
49 진린陳麟: 중국 원나라 때 사람. 자는 문소文昭이다. 순리循吏로 명망이 있었다.

지 않았다. 사자가 노하여 "너는 무엇을 믿고 감히 이러느냐?"라고 말함에 진린은 "오직 나 자신의 결백을 스스로 지킬 따름이오"라고 대답했다.

송택宋澤[51]이 액현掖縣을 맡아 다스리고 있을 때 호부에서 제거사提擧司[52]를 통해 우황牛黃을 징발, 구입하게 했다. 독촉이 성화같아서 백성들이 다투어 소를 잡아 우황을 얻었다. 송택은 홀로 제거사에 장계를 보내 "소가 돌림병에 걸리면 우황이 많이 나오는데 지금은 오랫동안 태평성세라 화기和氣가 온 고을에 충만하여 소도 모두 살이 쪄서 우황은 얻을 수가 없습니다"라고 아뢰었다. 사자는 더 이상 힐책하지 못했으며, 액현은 온 지역이 우황 징발을 면할 수 있었다.

공규孔戣[53]가 화주자사華州刺史로 있을 때 그 고을에서 매년 공물로 바치는 것 중에 해충海蟲·담채淡菜·합감蛤蚶[54] 등 먹을 수 있는 해산물이 있어 이를 바다에서 서울까지 수송하는 데 드는 인원만 해도 해마다 43만 6000명이었다. 그는 이를 밝혀서 임금에게 아뢰어 그 공물을 혁파하도록 했다.

『다산록茶山錄』[55]에서 말했다. "제주에서 나는 전복은 크기가 자라만 하다. 재 속에 넣어두었다가 꺼내어 햇볕에 말리는데 대꼬챙이로 꽂은 흔

---

50 취우翠羽: 물총새의 깃털. 장식물로 이용되었다.
51 송택宋澤, 1060~1128: 중국 송나라 사람 종택宗澤을 가리킴. 자는 여림汝霖, 시호는 충간忠簡이다. 벼슬은 부원수副元帥에 이르렀다. 동경유수東京留守로 있을 때 위망이 있어 금나라 사람들이 침범하지 못했다. 저서에『종충간공집宗忠簡公集』이 있다.
52 제거사提擧司: 중국 송대 이래 상평常平·수리水利 등 특별 관리관으로 설치한 관직인데 청대에는 특별세의 징수기관인 염과제거사鹽課提擧司만 남았다.
53 공규孔戣, 753~825: 중국 당나라 사람. 자는 군엄君嚴이다. 간의대부諫議大夫와 화주자사華州刺史 등을 거쳐 예부상서禮部尙書를 역임하였다.
54 해충海蟲·담채淡菜·합감蛤蚶: 해충은 해삼류, 담채는 해조류, 합감은 조개류를 가리킴. 화주華州는 섬서성의 내륙이어서 바다로부터 멀리 떨어진 지역이다.

적이 없기 때문에 이름하여 무혈복無穴鰒이라고 한다. 수년 이래로 감사가 이를 요구하여 점차 민폐가 되었다. 또한 강진과 해남 등지에는 이른바 생달자生達子라는 것이 있다. 이 나무는 겨울에도 푸르고 잎은 산다(山茶, 동백)와 같고 그 기름은 등창이나 종기에 효과가 있다. 수년 이래로 감사가 요구하여 점차 민폐가 되었다." 이런 일들을 지방관이 본받아서는 안 된다.

조계원趙啓遠[56]이 수원부사가 되었는데, 그 고을의 약과藥果는 나라 안에서도 유명하였다. 인조가 건강이 좋지 않았는데 먹을 만한 것이 없었다. 내시가 사람을 보내어 수원부의 약과를 요구하자, 조계원은 "고을에서 사사로이 바치는 것은 신하로서 군주를 섬기는 체모가 아니다. 조정의 명령이 없으면 바칠 수 없다"라고 말하였다. 인조가 듣고 웃으며 "비록 임금과 신하 사이라 할지라도 어찌 인척으로 얽힌 인정마저 없을 것인가?"라고 말하였다[우리 방언에 약藥을 밀蜜이라 한다. 그래서 밀반蜜飯을 '약밥'이라 하고, 밀주蜜酒를 '약주'라 하며, 밀과蜜果를 '약과'라 하는 것이다].

유정원이 자인현감으로 있을 때 관찰사가 갈려 돌아가게 되었다. 신구 관찰사의 영송迎送에 고을에서 담비 가죽 300장을 바치도록 되어 있었는데 그는 거듭 구 관찰사에게 "담비 가죽 300장이면 말 300필을 잡는 데 해당되니 조그마한 고을이 감당할 수 없습니다"라고 청원했다. 구 관찰사는 그 숫자를 감하여 40장으로 정액을 삼아주었다.

---

55 『다산록茶山錄』: 정약용이 쓴 책으로 추정되나 전하지 않는다.
56 조계원趙啓遠, 1592~1670: 자는 자장子長, 호는 약천藥泉, 본관은 양주楊州이다. 이항복李恒福의 문인. 병자호란 후 소현세자를 시종하여 심양에 가 있었다. 귀국 후 수원부사·충청도관찰사·개성유수·형조판서를 역임하였다.

주광제朱光霽[57]가 중경부重慶府[58] 통판通判으로 있을 때 청렴과 검약을 제일로 여기고 일에 당해서도 그런 태도를 견지하였다. 한번은 감사가 은을 보내며 비녀를 사들이라고 했다. 주광제는 그 은을 가지고 감사에게 가서 아뢰기를 "통판은 어려서부터 단지 독서만 알았지 비녀 만드는 일은 배우지 못했습니다"라고 하니 감사는 성이 났지만 부끄럽기도 하여 그만두었다.

잡세雜稅와 잡물雜物은 가난한 백성들이 무척
고통으로 여기는 것이다. 쉽게 마련할 수 있는 것만
나라에 납부하도록 하고 마련하기 어려운 것은
거절해야 허물이 없을 것이다.

이사중李師中[59]이 낙주洛州를 맡아 다스렸는데 다세茶稅를 바치지 못해 잡혀오는 백성들이 많았다. 이사중은 이들을 관대하게 풀어준 다음, 마을마다 궤짝 하나를 비치해놓고서 매일 각자 이름을 적고 1전씩을 납부하도록 했다. 연말에 미납액이 다 채워졌다.

조세환趙世煥[60]은 동래부사東萊府使로 있을 때 청렴한 자세로 공무를 집행하여 상업세로 받은 은을 호조에 바친 것이 아홉 달 동안에 무려 1만 4000여 냥에 이르렀다. 이는 전에 없던 일이었다. 게다가 자기 수입으로

---

57 주광제朱光霽: 미상.
58 중경부重慶府: 중국 송대에 설치한 부府이다. 지금의 사천성 파현巴縣에 있었다.
59 이사중李師中, 1013~1078: 중국 송나라 사람. 자는 성지誠之이다.
60 조세환趙世煥, 1615~1683: 자는 의망鶴望, 호는 수촌樹村, 본관은 임천林川이다. 전라도 관찰사, 승지 등을 역임하였다.

백성의 부세도 모두 감해주었다. 관찰사가 왕에게 이 사실을 보고하자 임금은 말을 하사하여 그를 칭찬하고 장려하였다.

기국공祈國公 두연이 영홍부永興府를 맡게 되었는데 그때 하夏[61] 사람들이 반란을 일으켰다. 섬서陜西 지방이 병란의 피해가 제일 컸는데 아전이 그 틈을 타서 탐학하고 부세를 심히 독촉하여 백성들이 파산하고 목을 매거나 강물에 투신하여 죽는 자까지 있었다. 이에 그는 바치는 물종의 귀천과 도로의 원근을 헤아려 징수 기일을 연기해주고 순차대로 납부하도록 했다. 이에 물건값이 뛰어오르지 않고 아전이 손을 쓸 수가 없게 되었다.

이당李簹[62]이 양구현감楊口縣監으로 있을 때의 일이다. 그 고을은 주원廚院[63]에 백토白土[64]를 납부하는 부담을 지고 있어 커다란 민폐가 되었다. 부임하는 날 수레가 도착하자마자 그는 역부役夫가 흙에 깔려 죽는 것을 목격했다. 그가 측은함을 견디다 못해 서울로 올라가서 호소하는 한편, 감영에 낱낱이 보고하여 마침내 백토의 부담을 면제받게 되었다. 후에 주원에서 왕에게 아뢰어 장차 백토의 부담을 다시 지게 될 즈음에 때마침 그가 차원差員[65]의 명을 받고 들어가 왕을 뵙게 되었다. 그는 백토의 수량을 반으로 줄이고, 수륙水陸으로 운반하는 노고도 면제해주며, 또한 경관은 보내지 말고 따로 강원도 내의 수령 한 사람으로 이 일을 관리하

---

61 하夏: 서하西夏를 지칭하는 것으로 추정됨. 서하는 지금의 중국 서북 영하회족자치구寧 夏回族自治區를 중심으로 한 지역으로 한때는 북송에 맞서는 강성한 나라였다.

62 이당李簹, 1661~1712: 자는 의숙猗叔, 본관은 덕수이다.

63 주원廚院: 사용원司饔院의 별칭. 궁중의 공물供物과 향연饗宴 등을 맡은 관아.

64 백토白土: 고령토. 도자기의 제조에 쓰이는 것으로 흰색의 고운 흙이다.

65 차원差員: 어떤 특정의 임무를 수행하기 위하여 뽑힌 관원.

도록 해주기를 청하였는데 왕이 모두 허락하였다.

상국 이경여李敬輿[66]가 광해군 때에 충원忠原[67] 현감을 맡았다. 어느 여름날 백성들에게 칡을 캐도록 하였는데 백성들은 어디에 쓰려고 그러는지 짐작조차 하지 못하였다. 다음 해 봄에 영건도감營建都監[68]에서 칡을 수천 다발 징수하였다. 그래서 칡이 삼이나 모시처럼 값이 올랐는데 이 고을 백성들만은 미리 마련해두었기 때문에 아무 걱정이 없었다. 더욱이 도감에 납부하고도 남는 것으로 다급한 이웃 고을에 대주고 값을 대략 쳐서 받아 다른 부세에 충당하였다. 또한 영건도감에서 장목長木 수만 개를 징수하였다. 일찍이 그는 고을 북쪽에 있는 산에 나무가 무성한 것을 보고서 특별히 벌목을 금지해둔바 있었다. 이에 강상江上으로 나아가 여러 상인들을 불러놓고 "너희들 가운데 저 나무들을 베어서 영건도감으로 수송하는 사람들에게는 그 반을 주겠다"라고 말했다. 상인들이 모두 기뻐 날뛰며 호응하였다. 이웃 고을 백성들은 장목을 마련하느라 고통을 겪었으나 이 고을 사람들만은 유독 야호邪許[69]의 역役을 모르고 지나갔다.

이시현李時顯[70]이 성주목사星州牧使로 있을 때의 일이다. 마침 산릉도감山陵都監[71]에서 고을에 철물을 부과하였다. 부담해야 할 양은 많고 기한은

---

66 이경여李敬輿, 1585~1657: 원주에 "호는 백강白江이다"라고 나와 있다. 자는 직부直夫, 호는 백강 또는 봉암鳳巖, 시호는 문정文貞이다. 벼슬은 영의정에 이르렀다.

67 충원忠原: 지금의 충청북도 충주 지역. 광해군 5년(1613)에 충원현忠原縣으로 강등되었다가 인조 1년(1623)에 다시 충주목忠州牧으로 환원되었다.

68 영건도감營建都監: 묘사廟社와 궁전宮殿, 기타 건물의 창건·중건·개수 등의 일을 위해 임시로 설치한 관아.

69 야호邪許: 돌이나 목재를 운반하는 공동 노동을 할 때 보조와 호흡을 맞추기 위해 내는 의성어.

70 이시현李時顯, 1622~1678: 자는 사영士榮, 본관은 월성月城이다. 개령현감과 성주목사 등 주로 지방 수령을 지내면서 진휼에 수완을 발휘하여 선정을 베풀었다. 이항복의 장손.

촉박하여 아전들이 이를 마련하지 못하면 죄를 입지 않을까 두려워하였으나 목사 홀로 태연하기가 아무 생각이 없는 사람 같았다. 기일이 바짝 다가옴에 아전들은 더욱 마음을 졸이고 있는데, 그가 사형을 당할 우려가 있는 죄수 두 사람을 관정에 끌어내어 "너희가 철물을 얼마간 마련해 오면 내 마땅히 용서하리라"라고 선언하니 죄수들이 반가이 응하여 "아주 다행입니다"라고 말했다. 이때 두 죄수의 일가친척들이 관문 밖에 몰려 있다가 너나없이 호미·가래·도끼·낫 등속을 다투어 가져다 바쳤다. 드디어 잠깐 사이에 일이 완료되었다. 案 이 일은 백성의 농기구를 걷어다가 상급 관청의 징수에 응한 것이니 좋은 방편이라고 볼 수 없겠다.

『상산록』에서 이렇게 말했다. "가경 기미년(1799) 봄에 칙사勅使 장승훈張承勛이 황주黃州에 이르러 관찰사에게 '나의 장인이 일찍이 칙사로 황주를 지나갈 때 당시 관찰사가 토산물인 주반朱槃【우리말로 함지函支라고 한다】[72] 5합盒[73]을 기증하여 장인이 돌아와서 나의 처에게 주었다. 세월이 오래 지나 낡아버렸는데 마침 내가 또 이번 행차를 하게 되자 아내가 새로 구해달라고 부탁해서 감히 괴로움을 끼치려고 한다'라고 하였다. 관찰사는 뒷날에 폐단이 될까 저어한 나머지 구실을 붙여서 거절하였다. 국왕이 이 말을 듣고 '칙사가 대단찮은 물건을 요구하는데 어떻게 거절할 수 있겠느냐?' 하고, 영을 내려 밤을 새워서라도 주반을 만들어 칙사가 돌아가는 길에 기증하라고 하교하였다. 이에 감사는 갑자기 곡산부에 영

---

71 산릉도감山陵都監: 능陵을 조성하기 위해 임시로 설치한 관아.
72 주반朱槃: 원주에 나온 함지는 함지박으로, 통나무를 파서 큰 바가지처럼 만든 그릇을 말한다. 여기서 함지는 붉은 칠을 한 것으로 재질이 특별한 것이었던 듯하다.
73 합盒: 여럿을 한데 모아서 친 수.

을 내려 주반 만들기를 성화같이 독촉하였다. 칙사가 귀로에 들를 날이 사흘 밖에 남지 않았으며, 역참驛站에서 그 나무가 나는 곳은 300여 리나 떨어져 있었다. 담당 아전이 애원하며 당장 목을 맬 것같이 하였다. 나는 몰래 서울로 사람을 보내 주반을 사오게 하여 바쳤다. 반송사伴送使[74]와 관찰사[75]는 깜짝 놀라서 귀신같다고 칭찬하였는데, 기실 서울에서 사온 줄은 몰랐다."【주반은 아주 커서 물 10여 동이가 담기는 것이었다】

상급 관청에서 이치에 어긋난 일을 강제로 고을에 배정하면 수령은 마땅히 이해를 두루 개진하여 봉행하지 않도록 할 것이다.

강제로 배정하는 명령【이문吏文으로는 복정卜定이라고 한다】은 거의 다 따르기 곤란한 일이다. 혹은 불공평한 요역徭役을 징발하고, 혹은 마련하기 어려운 물건을 요구하고, 혹은 납부물을 퇴짜 놓고는 다른 물건을 사 바치도록 하면서 싼 것을 비싸게 팔고, 혹은 백성을 징발해서 잡역을 시키는데 가까운 곳을 두고 먼 곳을 배정하는 등등 가지가지로 이치에 맞지 않아 받들어 행할 수 없는 일이라면 사리를 자세히 들어 보고하되 그래도 들어주지 않으면 이 때문에 파직을 당하는 데 이르더라도 굴복해서는 안 된다.

---

74 반송사伴送使: 중국 사신이 돌아갈 때 전송의 임무를 맡은 관원. 원주에 "반송사는 김사목金思穆이었다"라고 나와 있다. 김사목(1740~1829)은 자는 백심伯深, 호는 운소雲巢, 본관은 경주이며, 벼슬은 판서를 거쳐 영중추부사領中樞府事에 이르렀다.
75 원주에 "관찰사는 조윤대曹允大였다"라고 나와 있다. 조윤대(1748~1813)는 자는 사원士元, 본관은 창녕이다. 벼슬은 판서를 거쳐 판돈녕부사判敦寧府事에 이르렀다.

장요가 양주를 맡고 있는데 강빈江彬[76][왕의 총애를 받는 신하였다]이 위의 지시라고 하면서 양주의 대호大戶를 보고하라고 하였다. 이에 장요는 "양주의 대호는 넷밖에 없다. 첫째는 양회염운사兩淮鹽運司이고, 둘째는 양주부楊州府이고, 셋째는 양주초관楊州鈔關[77]이며, 넷째는 강도현江都縣[78]이다. 양주 백성들은 곤궁하여 대호가 따로 없다"라고 대답했다. ○ 강빈이 또 왕령이라고 하며 "조정에서 수놓는 여자를 뽑아 올리라고 한다"라고 말하자, 장요는 "양주에는 수놓는 여자가 셋밖에 없다"라고 대답했다. 강빈이 "어느 곳에 있는가?" 하고 물음에 장요는 "민간에는 하나도 없고 오직 나에게 친딸 셋이 있을 뿐이니 조정에서 꼭 뽑아 올리라고 한다면 언제든지 그에 대비하겠다"라고 말했다. 강빈은 말이 막혀서 그 일을 취소하였다.

당간이 무정주武定州를 맡아 다스리고 있을 때 마침 군적軍籍을 정리하는데, 뽑아 보내야 할 자가 1만 2000명이나 되었다. 그는 "무정주의 호구는 3만 명에 불과한데 이렇게 되면 고을의 반이 비게 된다"라고 말하고 힘써 다투어 그 일이 취소되도록 만들었다. 당시에 또 여러 환관宦官과 교노校奴들이 주현州縣에 다그치며 선언하기를 "유막帷幕[79]을 대령하지 못하는 자는 죽음을 면치 못할 것이다"라고 하였다. 당간은 빈 관棺 하나를 가져다가 옆방에 놓아두었다. 여러 환관이 공갈 협박을 하여 돈을 갈

---

76 강빈江彬, ?~1521: 중국 명나라 사람. 무종武宗 때 인물로 당시에 권세가 막강하였으나 무종이 죽자 네 아들과 함께 복주伏誅를 당하였다.
77 초관抄關: 중국 명대에 설치된 관아. 일종의 세관이었다.
78 강도현江都縣: 중국 명나라 때 양주부의 관청 소재지로, 지금의 강소성 양주시揚州市 지역이다.
79 유막帷幕: 사방을 둘러치는 휘장과 위를 가리는 막으로 접대용 기물이다.

취하므로 당간과 같이 일을 보는 이들은 모두 도망갔으나 당간은 홀로 떠나지 않았다. 형세가 다급하게 되자 당간은 환관들에게 "내가 너희와 함께 돈이 있는 곳으로 갈 테니 거기서 돈을 가져가라"라고 말했다. 그리고 환관들을 옆방으로 인도하여 관을 가리키며, "내가 이미 죽을 곳을 마련해왔다. 돈은 결코 줄 수 없다"라고 말했다. 환관들은 서로 쳐다만 볼 뿐 더 이상 야단을 치지 못했다. 먼저 도망을 한 여러 사람들은 모두 죄를 입었지만 당간은 이에 표창을 받았다. 그는 수령으로 가는 곳마다 빈손으로 돌아왔다.

여공저가 고을을 맡아 다스릴 때 전운사轉運司[80]에서 유향乳香 1만 근斤을 고을에 배정하여 팔도록 했다【백성에게 분배하여 그들로 하여금 팔아서 바치게 한 것이다】. 그는 유향을 고을 창고에 넣어두고 독촉하고 압박하는 공문에도 끝끝내 백성에게 강매하지 않았다.

『상산록』에서 이렇게 말하였다. "가경 무오년(1798) 겨울에 조세의 현물 수납을 이미 반이나 끝냈는데 상사上司[81]에서 관문關文을 보내 서숙(조) 7000석을 작전作錢[82]하라고 독촉하였다. 그것은 본래 서울 관아[83]에서 왕에게 아뢰어 허락을 얻고 관문을 띄운 것이기는 하지만 나는 그럴 수 없다고 고집하여 그대로 현물로 수납하고 창고를 봉하였다. 서울 관아에서 나에게 죄를 주어야 한다고 요청하였으나 선대왕은 감사의 장계

---

80 전운사轉運司: 지방의 부세를 수도로 수송하는 임무를 맡았던 관아.
81 상사上司: 여기서는 구체적으로 선혜청宣惠廳이다. 더 구체적으로는 선혜청당상宣惠廳堂上 정민시鄭民始를 가리킨다.
82 작전作錢: 곡물을 돈으로 바꾼다는 뜻으로, 현물부세現物賦稅를 금납화金納化하는 것이다.
83 서울 관아: 여기서도 선혜청을 가리킴.

를 보고 '잘못은 서울 관아에 있고 정약용은 죄가 없다'라고 하였다. 나는 사표를 내고 돌아가려다가 저보邸報를 받아보고 그만두었다."

내수사內需司⁸⁴와 여러 궁방宮房⁸⁵에 상납하는 것은 기일을 맞추지 못하면 또한 사단이 생기게 되니 소홀히 해서는 안 된다.

옛날에는 내수사와 여러 궁방의 장토莊土가 여러 도에 두루 펼쳐져 있어 환관이나 숙궁稤宮⁸⁶ 등이 사방에서 사납게 행패를 부려 백성들이 당하는 고통이 극도에 달했다. 영조 이래로 임금이 이를 우려하여 바로잡았던 것이다. 무토면세전無土免稅田⁸⁷의 세는 해당 고을에 납부하여 작전作錢해서 호조에 상납하도록 하고, 유토면세전有土免稅田⁸⁸은 단지 도장導掌⁸⁹만 파견하게 하고 궁노宮奴⁹⁰를 뽑아 보내지는 못하도록 해서 그 폐해가

---

84 내수사內需司: 조선왕조의 정5품아문衙門으로 궁중에서 쓰는 미곡米穀·포목布木·잡화雜貨·노비奴婢 등에 관한 사무를 맡아보던 관아. 많은 장토庄土와 노비를 소유 관리하였다.

85 궁방宮房: 조선왕조 때 후궁後宮·대군大君·왕자군王子君·공주公主·옹주翁主의 궁가宮家. 많은 장토와 노비를 소유 관리하였다.

86 숙궁稤宮: 원주에 "稤은 음이 숙肅이며 속자俗字이다"라고 나와 있다. 여기서 속자란 시속에서 쓰는 글자란 뜻이며, 우리나라에서 만들어진 한자이다. 숙궁이란 궁방에 소속된 관리인이다.

87 무토면세전無土免稅田: 토지에 대한 조세를 나라에 내지 않고 궁방에 내도록 되어 있는 민전. 토지소유권은 민전의 전주에게 있고 국가의 입장에서는 조세를 면제하기 때문에 '무토면세전'이라고 한 것이다.

88 유토면세전有土免稅田: 궁방의 직접 소유지로 나라에 조세를 내지 않았던 토지이다. '무토면세전'의 상대적인 용어.

89 도장導掌: 궁방전, 즉 사궁장토司宮莊土의 관리인으로서 도조賭租나 결미結米 등을 징수하는 일을 맡았다. 도장권導掌權 자체가 매매되기도 했다.

비로소 약간 줄어들었다.

연평부원군延平府院君 이귀李貴[91]가 안산군수安山郡守로 있을 때의 일이다. 그곳에는 내수사의 노비들이 있었는데 다들 불법으로 복호復戶[92]를 했다. 그가 원칙을 지켜 복호를 허용하지 않았더니 노비들이 내수사에 호소하여 작은 도장이 찍힌 문서를 가지고 내지內旨[93]라 일컫고 전처럼 복호를 하려고 하였다. 그는 "참으로 왕명이라면 응당 승정원에서 명령이 내렸을 것이다. 작은 도장이 찍힌 문서를 내지라고 하는데 지방관이 어찌 감히 뜯어보겠는가"라고 하고 끝내 받아들이지 않았다.

이세화李世華[94]가 경상도 관찰사로 있을 때의 일이다. 내수사에서 토지를 절수折受[95]한다고 경상도에 문서가 잇따라 내려와서 절수지가 여러 고을에 걸쳐 이어졌다. 그래서 나라의 전세가 크게 줄기에 이르렀다. 또한 내수사의 차인差人[96]들이 소란을 피우며 험하게 굴어 그들이 한번 지나가면 마치 전쟁을 치른 것 같았다. 이세화가 차인들을 붙잡아 죄를 물어 장형을 가하고 장계를 올려 심각하게 논했다. 이에 임금이 이세화를

---

90 궁노宮奴: 궁방 소속의 노비로 이 경우에는 타조打租 또는 도조의 징수를 위하여 파견되는 사람이다.

91 이귀李貴, 1557~1633: 자는 옥여玉汝, 호는 묵재默齋, 본관은 연안이다. 인조반정에 참여하여 정사공신靖社功臣 1등으로 연평부원군延平府院君에 봉해졌다. 이이李珥와 성혼成渾의 문인이자 서인의 주요 인물로 판서를 역임했고 영의정에 추증되었다.

92 복호復戶: 군인, 양반, 충신, 효자의 일부 및 궁중의 노비 등 특정한 대상자에게 조세나 부역을 면제해주던 일. 조선 후기에는 복호권이 허다히 매매되었다.

93 내지內旨: 왕의 명령

94 이세화李世華, 1630~1701: 자는 군실君實, 호는 쌍백당雙栢堂, 본관은 부평富平이다. 여러 도의 관찰사를 거쳐 육부의 판서를 역임했다. 청백리로 녹선되었다.

95 절수折受: 주로 내수사 또는 궁방에서 무토면세전에 소속시키거나 무주지無主地를 입안(立案, 소유권을 확인받음)하여 자기의 소유지로 삼는 것을 가리킨다.

96 차인差人: 일의 시키기 위해 뽑아 보내는 사람. 내수사를 비롯한 궁방의 차인을 관차官差라 한다.

엄히 꾸중하니 감히 그 사실을 아뢸 수 없었다. 조정에서는 그 때문에 떨고 있었는데 남구만南九萬[97]이 그를 구원하여 무사할 수 있었다.

상국 허적許積[98]이 전라감사로 있을 때의 일이다. 후궁後宮 조씨가趙氏家의 차노差奴[99]가 감영으로 와서 모종의 일을 부탁하였는데, 허적은 사리에 닿지 않는다며 꾸짖고 부탁을 들어주지 않았다. 차노는 "사또가 내 청을 들어주지 않다니, 그러고도 다른 자리로 영전할 줄 아느냐"라고 말했다. 허적은 도리어 나졸羅卒에게 명하여 그를 큰 장杖으로 쳐서 죽였다. 후궁이 이 일을 듣고는 집안사람들을 단속하여 "상감께서 차노가 내 권세를 믿고 설치다가 죽게 되었다는 말을 들으시면 필시 꾸중이 떨어질 것이다" 하고 끝내 발설하지 못하도록 했다【정재륜의『공사견문록』에 실려 있다】.

---

97 남구만南九萬, 1629~1711 : 자는 운로雲路, 호는 약천藥泉, 본관은 의령宜寧이다. 벼슬은 영의정에 이르렀다.
98 허적許積, 1610~1680 : 자는 여차汝車, 호는 묵재默齋·휴옹休翁, 본관은 양천이다. 판서를 거쳐서 영의정을 지냈다.
99 차노差奴 : 차인의 일종으로 노속.

往役

제 6 조 차출되는 일

상급 관청에서 차출하면 모두 받들어 행하는 것이
마땅하다. 무슨 일이나 병을 핑계대어 내 몸 편하기를
도모하는 것은 군자의 도리가 아니다.

상급 관청이 차출하여 일을 시켰을 때 내가 회피하여 면하면, 그 일을
다른 사람이 해야 되니 그 사람이 원망하지 않겠는가? 자기가 하고 싶지
않은 일을 다른 사람이 하게 해서는 안 된다. 실제로 곤난한 일이 없으면
따르는 것이 옳다. ○ 차출되면 마땅히 진심으로 책임을 다해 일을 해야
지 마지못해 해서는 안 된다.

상사의 공문서를 가지고 서울에 가는 인원으로
차출되었을 때에는 사양하면 안 된다.

포곡逋穀[1]을 거두는 일, 진전陳田을 측량하는 일과 같은 중요한 정사가
있거나 다른 요긴한 사정이 있어 잠시도 고을을 떠날 수 없으면 마땅히

---

1 포곡逋穀: 세곡이나 환자로 받아들이는 곡식이 체납, 결손된 것을 가리키는 말.

그 실제 사정을 설명하여 너그럽게 면제해줄 것을 요청할 것이다. ○ 인삼을 공납할 때나 재목을 공납할 때도 역시 사람을 차출하여 서울로 가게 한다.

궁묘宮廟[2]의 제사 때 차출되어 제관祭官이 되면 마땅히 재계齋戒하고 정성을 들여 지내야 한다.

요즈음 보면 제관들은 제단이나 사당 곁에서 기생을 끼고 즐기기도 하고 술을 싣고 다니며 행락을 하기도 하는데, 이것은 예가 아니다. 목욕재계하고 경건하고 청결하게 하는 것을 소홀히 말며, 제사 때에 오르고 내리고, 구부리고 엎드리는 일을 함부로 해서는 안 된다. 지저분하고 이지러진 제기祭器를 그대로 써서도 안 되며, 제물에 상한 고기나 시어진 술을 써서도 안 된다. 군자의 마음가짐이 어느 곳을 간들 진정을 다하지 않을 수 있겠는가.

공규가 광주자사廣州刺史가 되었는데, 전부터 남해신묘南海神廟[3]에 제사할 때에는 언제고 큰바람이 불었으므로 자사는 병을 핑계하여 참가하지 않고 부관副官에게 맡겨온 지 오래였다. 공규는 "책문冊文에 황제의 이름이 있고 제문에 사천자嗣天子 아무개는 삼가 관리 아무개를 보내어 경건하게 제사한다고 일렀다. 그 공경하고 엄숙함이 이와 같거늘 감히 받들지 않을 수 있겠는가. 내일 내가 신묘 밑에서 자고 새벽에 제사를 모시겠

---

2 궁묘宮廟: 지방 관부의 경내에 있는 각 궁宮·전전殿·문묘文廟 등을 말한다.
3 남해신묘南海神廟: 남방의 신을 모시는 사당. 남해신은 중국의 광동성 광주廣州 동남쪽에 있다. 이곳에 한유의 「남해신묘비南海神廟碑」라는 유명한 글이 있다.

다"라고 하였다. 아전이 다음 날은 비바람이 불 것이라고 말렸지만 듣지 않았다. 다음 해 제사 때도 그는 고집하여 몸소 갔다.

과장(科場, 과거시험장) 경관京官과 함께 고시관으로 차출되어 나가게 되면 마땅히 한결같은 마음으로 공정하게 하며, 만약 경관이 사심을 품고 처리하려고 하면 마땅히 불가함을 고집해야 한다.

수령으로서 시험관이 되면 으레 자기 고을 유생들과 서로 짜고서 사사로운 일을 도모하고자 하는데, 몇 사람은 특혜를 입지만 온 도의 사람들이 원한을 품을 것이니 지혜로운 자는 그런 짓을 하지 않을 것이다. 또 수령으로서 시험관이 된 사람이 팔짱을 끼고 입을 다문 채 허수아비처럼 앉아 있는 것 또한 의로운 일이 아니다. 합격자 명단을 임금에게 보고할 때는 시험관으로 참여한 나도 끝에 서명을 해야 한다. 만약 경관이 사사로운 일을 하였으면 그 죄를 함께 나누어 져야 하니, 시험관으로서 어찌 자리만 차지하고 있겠는가? 경관이 보잘것없는 글을 뽑으려 하면 다투어야 하고, 좋은 글을 버리려 해도 다투어야 하며, 또 뇌물을 받은 흔적이 있으면 다투어야 하고, 사사로운 정을 둔 흔적이 있어도 다투어야 한다. 반드시 공정하고 엄정하게 심사하여 합격자 명단이 하나라도 공정하지 않은 것이 없어야 한 도道의 사람들이 모두 그의 명성을 찬양할 것이다. 무릇 수령이 된 사람의 재능과 도량이 작으면 명예가 한 고을에 그치겠지만, 크면 명성이 한 도에 가득 차게 될 것이니, 그의 인품이 여기에서 정해지는 것이다.

사람의 목숨에 관계되는 옥사에 검시관檢屍官이
되기를 피하려 하면, 나라에는 그것을 다스리는
일정한 법률이 있으니 어겨서는 안 된다.

『무원록』의 주註에 "검시에는 정해진 기한이 있으니 조금이라도 늦추
어서는 안 된다. 혹 같은 도의 이웃 고을 수령들이 검시하기가 어렵다면
다른 고을 수령【같은 도내의 먼 고을 수령】이 경내를 지나갈 때 사고가 난 고
을의 수령이 공문을 보내어 복검覆檢⁴하기를 청한다"라고 하였다【도내의
네 이웃 고을 수령들이 유고가 있을 경우 타도의 가까운 고을 수령들도 가능하다】. 옛날
에 우리나라도 이렇게 하였지만 지금은 폐지되었다. 마땅히 이치에 합당
하다면 다시 시행할 수 있다. 案 법례法例가 비록 이러하지만 인접한 다
른 도의 수령에게 문서를 보내어 청했다는 말을 들은 바가 없고, 혹 청했
다고 해도 수령의 부신符信⁵을 차고 도의 경계를 넘는 것이 법으로 금지
되어 있으므로 올 수가 없다. ○ 수령들의 업무평가서를 살펴보면, "검시
를 피했으므로 마땅히 경고해야 한다"라고 하여 그 성적이 '중中'으로 매
겨지는 자가 수없이 많은데, 검시를 왜 어려워할 것인가?

조사관이나 검시관이 된 수령이 판단하기 어려운 옥사가 있으면 자제
나 친지들 가운데 정직하고 사리에 밝은 사람 하나를 골라 옥사가 일어
난 고을에 몰래 미리 보내 사정을 조사하게 하여, 수령이 그 고을에 가
서 밤을 타서 그 사람과 만나거나 혹 서신으로 조사한 바를 전해 받은 후
에 간악한 일이나 숨겨진 일을 적발하면 잘못 판단하는 허물이 없을 것

---

4 복검覆檢: 두 번째로 검시檢屍하는 일.
5 부신符信: 수령이 가진 병부兵符와 신인信印.

이다. 늘 보면 조사관이나 검시관이 미리 몰래 조사시키지도 않고 다만 데리고 간 아전을 시켜 은밀히 여론을 묻지만, 아전이 뇌물을 받고 청탁을 받아 중간에서 농간을 부릴 경우에 첫 번째 조사나 검시에는 잘못 판결하지 않았는데 두 번째 조사나 검시에서 이유 없이 판결이 뒤엎어지고 옥사의 진상이 의심스러워지며, 억울하게 걸린 자가 벗어날 수 없게 된다. 그리하여 옥사가 일어난 고을에 또 다른 일이 일어나거나, 이웃 고을에서 조사하러 온 수령이 과오를 범하게 되니, 참으로 한탄스러운 일이다. ○ 만약 재임한 지 오래되어 아전이나 군교 중에 유능하고 나를 속이지 않을 것이 분명한 사람을 알고 있으면 그에게 미행을 시켜도 괜찮다. 대개 나 자신이 진실로 굳세고 명석하면 비록 본래 간교한 사람이라도 능력 있는 신하가 될 수도 있으니 아전들 또한 부릴 수 있을 것이다.

추관推官이 자기 편리를 위하여 거짓으로 문서를 꾸미며 상사에게 보고하는 것은 옛날에는 없었던 일이다.

옛날에는 옥사를 판결하고 형을 집행하는 것이 감히 해를 넘기지 않았다. 그러므로 한 달에 세 번 이웃 고을의 수령과 함께 심문하여 그 실정을 속히 파악하게 하였던 것이다. 지금은 모든 일이 해이해져서 살인을 한 죄인도 죽지 않고 해를 넘기며 세월이 흘러 옥중에서 늙어버리고 이웃 고을 수령과 함께 심문하는 법도 따라서 폐지되었다. 한 번 모여서 심문한 후에는 한 달에 세 번씩 다만 문서만 꾸며서 상사에게 보고하며 상사 역시 그것을 알고도 이를 용서하고, 여러 해가 되어도 다시 거행하는 일이 없다. 이것이 어찌 법을 제정한 본뜻이겠는가. 『주역』에 "명확하고 신중히 형을 집행하여 옥 속에 오래 머물지 않게 해야 한다"라고 하였다. 죽이든 살리든 마땅히 곧바로 판결을 내려야 할 것이다. 어찌 덮어두고 연기할 수 있겠는가. 수령이 추관이 되어 한 달에 세 번씩 법대로 심문하지는 못할지라도 한 달에 한 번씩이라도 직접 나가서 그 실정을 조사함으로써 속히 판결하도록 하는 것이 옳다.

수령이 조운漕運의 출발을 감독하는 차원差員이 되어 조창漕倉에 가서 그 잡비를 제거하고 각종 침탈을 금지하면 칭송하는 소리가 길거리를 메울 것이다.

조창이 있는 곳은 영남 지방은 창원昌原에 마산창馬山倉이 있고 진주晉州에 가산창駕山倉이 있고 밀양密陽에 삼랑창三浪倉이 있으며, 호남 지방은 나주羅州에 영산창榮山倉이 있고 영광靈光에 법성창法聖倉이 있고 함열咸悅에 덕성창德城倉이 있으며, 호서 지방은 아산牙山에 공세창貢稅倉이 있다. 내륙 지방에서 세곡稅穀을 바치는 백성들이 지게로 지거나 수레에 싣고 산을 넘고 골짜기를 지나 조창에 도달하면 사나운 창노倉奴와 간활한 창리倉吏들이 뱃사공들과 짜고 말질이 이미 양에 넘치고, 저리邸吏의 침해는 더욱 악독하여 채찍을 맞고 발에 차여 울부짖는 소리가 골목을 메워도 차원으로 나온 수령은 기생을 끼고 노래를 들으면서 이 울부짖는 소리는 못 들은 척하니 그 직분을 능히 다한다고 할 수 있겠는가. 마땅히 조창에 가는 날에 먼저 지혜 있는 사람을 가만히 조창에 보내어 백성들의 말을 들으면 간악한 무리를 억제하고 지친 백성들을 구제할 수 있을 것이다. 이는 마땅히 곧 실행해야 한다.

강을 이용하는 조운에는 충주忠州에 가흥창嘉興倉이 있고 원주原州에 흥원창興元倉이 있다. 언제나 보면 조선漕船이 장차 출발할 때에는 창졸倉卒과 진장津長이 민간의 상선商船을 억지로 붙들어 조선을 호송하게 한다는 핑계로 키와 노를 빼앗아 며칠씩 머무르게 하므로 상선 한 척의 뇌물이 걸핏하면 수백 푼에 이르게 된다. 차원은 마땅히 이런 일들을 면밀히 살펴서 엄금해야 할 것이다.

조선漕船이 나의 경내에서 침몰하면 증미拯米[6]하는 일과 쇄미晒米[7]하는 일은 불속에서 구해내듯이 급히 해야 한다.

배가 침몰한 곳에서 증미와 열미劣米[8]를 나누어주는 일이 백성들에게 큰 폐단이 되고 있다. 대개 증미와 열미는[『대전大典』에 나온다[9]] 밥을 지을 수도 죽을 쑬 수도 술을 담글 수도 장을 담글 수도 없다. 천하에 억지스럽고 은혜롭지 못한 일이 이보다 심한 경우가 없다. 물에 빠졌던 쌀은 6두 7승 5홉이 불어나고[1석이 젖어서 불어나는 양] 물에 빠졌던 쌀을 쪄서 말리면 5두 8승 8홉이 준다[1석을 말렸을 때 줄어드는 양]. 말려서 줄어든 쌀로 받을 때 불어났던 양의 쌀을 갚도록 하니 섬마다 추가로 내야 하는 양이

---

6 증미拯米: 배가 침몰하여 물에 빠진 것을 건져내는 일, 혹은 그러한 쌀.
7 쇄미晒米: 물에 빠졌던 것을 건져 말리는 일, 혹은 그러한 쌀.
8 열미劣米: 질이 아주 좋지 않은 쌀. 쇄미를 가리킨다.
9 『속대전續大典·호전戶典·조전漕轉』에 의하면 "조선漕船이 침몰한 곳이 본관本官으로부터 1일정日程인 경우에는 증미와 건열미(乾劣米, 쇄미)를 본관이 전담하여 개색改色하고, 2일정日程이 넘는 경우에는 증미는 당해 지방관이 개색하며 건열미는 본관이 비납備納한다"라고 되어 있다.

더 많아져서 이것이 백성들을 한숨짓고 원망하게 하는 원인이 된다. 하물며 배가 침몰하는 곳은 항시 파도가 험한 곳이므로 파선으로 인한 피해를 받는 곳은 해마다 받아, 이곳 백성들은 영구히 그로 인해 괴로움을 당하게 된다. 이 어찌 딱하지 않은가! 수령으로 이와 같은 액을 만난 사람은 마땅히 백성들을 구휼하는 데 온통 마음을 삼아 죽을 쑬 수도 없게 된 쌀은 모두 썩은 쌀로 계산하고【『속대전·호전·조전漕轉』에 썩은 쌀을 백성들에게 나누어 주어서는 안 된다고 나와 있다】 먹을 수 있는 것만 대강 계산하여 나누어주며, 수령은 자기 봉급을 내놓아 편의를 좇아 운용해 백성의 부담을 절반이라도 보조하여 백성으로 하여금 원망이 없게 해야 할 것이다. ○ 배가 침몰한 원인을 살펴보면 고의로 침몰시킨 경우가 상당히 많다. 그러나 혐의가 확실하지 않은 것은 죄를 가볍게 다루는 것이 예로부터의 도리이다. 고의로 침몰시켰음이 십분 명백하지 않은 것은, 수령이 닦달을 하여 억지로 고의 침몰로 옥사를 만들어서는 안 된다. 만일에 원통한 경우가 있으면 하늘의 벌이 없겠는가.

박태상朴泰尚[10]이 홍주목사로 있을 때 일이다. 조운선이 침몰하였는데, 관가에서 즉시 건져내지 못해 쌀이 물속에서 여러 날 있었기 때문에 썩어 먹지 못하게 되었고, 백성들은 원통함과 괴로움을 이길 수 없게 되었다. 그가 홍주에 부임한 다음 해에 익산益山의 세곡선이 홍주 관내에서 뒤집어졌다는 보고를 받자 100여 리를 즉시 달려갔다. 그가 바닷가에 도착하였을 때에 날이 이미 저물어 달빛을 타고 배를 띄워 바다로 20여 리를 더 가서야 배가 침몰한 곳에 도착하였다. 뱃사람들을 동원하여 침몰

---

10 박태상朴泰尚, 1636~1696 : 자는 사행士行, 호는 만휴당萬休堂·존성재存城齋, 본관은 반남이다. 벼슬은 이조판서를 지냈다.

한 뱃머리를 줄로 매어 끌어냈더니 쌀이 그대로 실려 있었다. 옮겨 싣고 바닷가로 나와 말렸더니 쌀은 많이 상하지 않았다. 그해 마침 흉년이었으므로 백성들이 다투어 가져갔다. 이에 구제된 백성이 많았다.

칙사勅使를 맞이하고 보낼 때 차원으로 보호할 책임을 지게 되면 역시 각별히 공경하여 저들이 트집 잡는 일이 생기지 않도록 해야 한다.

영위사迎慰使[11]·문안사問安使[12]에 대해서는 혹 수령을 임시로 차출하게 되며, 이 밖에도 호행차사護行差使[13]·대강차사擡杠差使[14] 등 명칭이 많은데, 요컨대 이 임무는 오직 유순하게 수행하여 트집 잡히는 일이 생기지 않도록 하면 원망이 없을 것이다. 매양 보면 칙사를 맞이하는 여러 관원들이 분답한 가운데 저들이 트집 잡을 일을 스스로 만들어놓고 옥신각신하는데 진실로 민망한 일이다. 칙사가 나가는 길가의 여러 고을에서 아전과 군교들이 횃불을 들어 길을 밝히는 일을 핑계 삼아 백성들을 침학하기도 한다. 나는 비록 차원으로 잠깐 지나가는 것이지만 이런 일은 엄금하고 단단히 징계해야 할 것이다. ○ 가마를 떠메고 운반하는 데 있어서는 강을 건너는 일이 가장 염려스럽다. 비록 다리가 있어도 사람과 말

---

11 영위사迎慰使: 중국의 사신이 올 때 이를 영접하기 위하여 파견하는 관리. 중국 사신이 압록강을 넘은 후 서울에 들어올 때까지 다섯 곳에 영위사를 보내어 위문한다. 처음에는 선위사宣慰使라 하였다가 정조 때부터 영위사라 하였다.
12 문안사問安使: 중국에 문안차 보내는 사신. 청이 들어선 이후에는 여러 가지 명목의 문안사를 동지사로 통합하고 문안사는 보내지 않게 되었다.
13 호행차사護行差使: 중국 사신이 올 때 그 일행을 호송하기 위하여 차출되는 관리.
14 대강차사擡杠差使: 중국 사신을 승여乘輿로 호송하기 위하여 차출된 관리.

이 서로 붐비므로 역졸驛卒이 개울물을 건너가다가 칙사의 옷을 적시는 일이 생겨서 트집거리가 되어 견책을 당하는 사람이 많다. 이 일을 가장 엄하게 살펴야 할 것이다〔나룻배를 오르내릴 때도 역시 물에 떨어지는 경우가 있다〕.

표류선漂流船을 조사하는 일은 급하면서도 실상 어렵다. 지체하지 말고 시각을 다투어 현장으로 달려가야 한다.

표류선을 조사할 때 다섯 가지 주의해야 할 점이 있다.

1)외국인과의 예의는 마땅히 서로 공경해야 한다. 늘 보면 우리나라 사람은 저들의 깎은 머리와 좁은 옷소매를 보고서 마음속으로 그들을 업신여겨 접대할 때의 문답에 체모를 잃어 경박하다는 이름이 천하에 퍼져 있으니, 이것을 먼저 조심해야 한다. 각별히 공손하고 충실하고 신의 있게 하여 큰 손님을 대하듯 해야 한다.

2)우리나라 법에 표류선 안에 있는 문자는 인쇄본, 사본을 막론하고 모두 초록하여 보고하도록 규정하고 있다. 지난해에 표류선 한 척이 수만 권의 책을 가득 싣고 무장茂長 앞바다에 정박하였는데, 이를 조사한 관리들이 의논하기를 "장차 이를 모두 초록하여 보고하는 일은 작은 새가 흙을 물어다 바다를 메우는 격이다. 만약 그 가운데 몇 가지만 골라 초록하면 반드시 엉뚱한 화를 당하게 될 것이다" 하고, 마침내 모래밭을 파고 모든 책을 묻어버리니 표류인들도 크게 원통해했지만 어찌할 수 없었다. 나의 친구 이유수李儒修[15]가 그 뒤에 무장현감이 되어 모래밭에서

『삼례의소三禮義疏』[16]와 『십대가문초十大家文鈔』[17] 책 몇 질을 얻었는데, 아직도 물에 젖은 흔적이 있었다. 내가 강진에 도착하여 『연감유함淵鑑類函』[18] 한 질을 얻었는데 이미 심하게 썩었기에 "이 책이 무장에서 온 것이 아니냐"라고 물었더니, 그것을 가지고 있던 사람이 크게 놀랐다. 대개 세상일이란 것이 본래 힘이 미치지 못하여 이루지 못한 것은 죄가 되지 않는다. 산을 겨드랑이에 끼고 바다를 뛰어넘으라고 하였을 때 신하가 불가능하다고 대답했다고 하여 조정에서 죄를 주면, 이것이 이치에 맞는 일이겠는가? 그런즉 마땅히 모든 서적을 진열하고 다만 책 이름만을 기록하되 그 권수를 상세히 해두고 "'실으면 소가 땀을 흘리고, 집에 쌓아두면 천장에 닿을〔汗牛充棟〕' 정도로 많은 책을 갑자기 초록할 수 없어 책 이름만을 기록하였다"라고 보고하면 되지 않겠는가? 이 때문에 견책을 당하면 오직 웃음을 머금고 처벌을 받는 것이 마땅하겠거늘, 도둑질이나 한 듯 보물을 함부로 버린다면 그 외국인들이 우리를 어떻게 생각하겠는가? 어떤 일을 당하더라도 오직 이치에 따르겠다고 마음먹고, 벼슬이 떨어질까 겁을 내지 않는다면 이런 일이 없을 것이다.

3)표류선을 조사하는 일은 대체로 섬에서 일어난다. 섬사람들은 본래 호소할 길이 없는 사람들인데, 조사하는 일에 따라간 아전들이 조사관

---

15 이유수李儒修, 1758~1822: 자는 주신周臣, 호는 금리錦里, 본관은 함평咸平이다. 다산의 절친한 친구로 장령掌令, 영해부사寧海府使 등을 역임했다.

16 『삼례의소三禮義疏』: 『주례』 『의례』 『예기』의 삼례三禮를 주해注解한 책. 중국 청나라 때 편찬되었다. 총 178권.

17 『십대가문초十大家文鈔』: 중국의 10대 문장가인 한유·유종원·구양수·소순蘇洵·소식·소철蘇轍·왕안석·증공·이고李翶·손초孫樵의 글을 모은 책.

18 『연감유함淵鑑類函』: 중국 청대에 장영張英 등이 칙명勅命으로 지은 책. 백과전서로 지식을 총집했다. 총 450권.

접대를 빙자하여 마음대로 침탈해 솥과 항아리 등속까지 남기지 않는다. 표류선이 한번 지나가고 나면 몇 개의 섬이 온통 망하기 때문에, 표류선이 도착하면 섬사람들은 으레 칼을 빼어들고 활을 겨누어 저들을 죽일 기색을 보여 저들 스스로 도망가게 만든다. 또 혹시 바람이 급하게 불고 암초가 사나워 파선 직전에 있는 자들이 구원을 요청해도 섬사람들은 보기만 하고 침몰하도록 내버려둔다. 배가 침몰하여 저 사람들이 죽고 나면 은밀히 모의하여 배와 화물을 불태워 흔적을 없애버린다. 10여 년 전에 나주 관하의 여러 섬에서 이런 일이 누차 일어났는데, 태워버린 염소 가죽이 수만 벌이고 감초甘草 탄 것이 수만 곡斛이었다. 더러 불에 타다 남은 것이 있어서 내 눈으로 직접 보았다. 왜 이런 짓을 하는가? 본래 아둔한 수령들이 아전들을 단속하지 못해 나쁜 짓을 마음대로 하게 버려두니 백성들은 눈물을 흘리면서도 이런 짓을 하게 된다. 해외의 여러 나라에서 만약 이 일을 들으면 우리를 사람고기로 포脯를 떠 씹어먹는 나라로 여기지 않겠는가? 그러므로 표류선을 조사하는 관리들은 마땅히 눈을 밝게 뜨고 엄하게 살펴서 아전들이 침탈하는 것을 금지시켜야 한다. 이를테면 큰 집 한 채를 따로 빌려 가마솥을 늘어놓고 데리고 간 아전들을 한집에 거처하게 하며, 그들이 먹는 쌀이나 소금은 관에서 돈을 주고 사들여 날마다 배당해야 한다. 문정관問情官으로 나가는 때는 별도로 잘 계획하여 쌀 한 톨이나 소금 한 줌이라도 그곳 백성에게 피해가 가지 않도록 해야 할 것이다. 그래야만 출장 나온 하루의 책임을 다했다고 할 것이다【필경에는 어쩔 수 없이 육지 사람이나 섬사람에게서 그 비용을 조금씩 거두게 된다】.

　4)좋은 것을 보면 실천하는 태도는 사소한 일에도 그래야 한다. 지금

해외 여러 나라의 조선술이 많이 발전하여 운항에 편리하다. 우리나라는 삼면이 바다로 둘러싸였는데도 조선술은 소박하고 고루하다. 표류선을 만날 때마다 그 선박제도의 도설圖說을 상세히 기술하되, 재목은 무엇을 썼고 뱃전의 판자는 몇 장을 썼으며, 배의 길이와 너비, 높이는 몇 도나 되며, 배 앞머리의 구부리고 치솟은 형세는 어떠한가, 돛·돛대·상앗대·노·키·뜸[篷]·닻줄 등의 모양은 어떠하며, 배의 구멍 난 부분을 어떻게 메웠는가 등 배를 수리하는 법과, 익판翼板이 파도를 잘 헤치게 하는 기술은 어떠한가, 이런 여러 가지 신묘한 이치를 상세히 조사하고 기록하여, 그것을 모방할 것을 도모해야 한다. 그런데도 표류인이 상륙하면 그 배를 큰 도끼로 쪼개고 부수어 즉시 불태워 없애버리려 하니, 이것이 무슨 법인가? 뜻있는 선비라면 이런 일을 당했을 때 마땅히 이 점들을 명심해야 할 것이다.

5)외국인을 대할 때에는 마땅히 동정하는 빛을 보여야 하며, 음식물 등 소요되는 물건들은 신선하고 깨끗한 것을 주어야 한다. 우리의 정성과 후의厚意가 얼굴빛에 나타나면 저들도 감복하여 기뻐할 것이며 돌아가서 좋은 말을 할 것이다.

제방堤防을 수리하고 성을 쌓는 일에 차출되어 가서 감독하게 되면 백성들을 위로하여 마음을 얻도록 힘써야 일을 성공시킬 수 있다.

옛날에 하천을 준설하거나 성을 쌓는 일은 모두 군현의 백성을 부역시켰고, 우리나라에서도 호수를 파거나 성을 쌓는 일은 각 고을에서 백성들을 동원하여 이 일을 협조하게 하였다. 이때 훌륭한 수령은 백성들의 환심을 사서 그들이 칭송하는 소리가 널리 퍼지게 할 수 있다. 늙고 여윈 사람은 부역을 면제하여 돌아가게 하며, 가난한 자와 넉넉한 자를 구분하여 부담을 고르게 하며, 담배와 술을 주고 즐겁게 일을 하도록 하며, 부지런한 자를 칭찬하고 게으른 자를 경계한다면, 백성들이 분발하여 공사가 빨리 완성될 것이다.

정백자가 현령이 되어 부역을 감독할 때 심한 추위와 뜨거운 햇빛 아래서도 가죽옷을 입거나 일산을 받치는 일이 없었다. 때때로 공사장을 돌아보는데 일꾼들은 그가 오는 것을 알지도 못하였다. 제각기 힘껏 일하여 언제나 기한 전에 일을 마쳤다. 선생의 기상이 맑고도 공손하여 속세 밖에 있는 것 같아 노고를 이겨내지 못할 듯했으나, 업무를 맡으면 항상 미천한 사람들과 기거하며 함께 음식을 먹고, 웬만한 사람들은 감당하기 어려운 일에도 선생은 대처함에 여유가 있었다. 어느 때인가는 인부들 가운데 밤중에 떠드는 자들이 많아 혹 한 사람이 놀라더라도 여러 사람이 다투어 일어났다. 간악한 사람이 그 틈을 타서 도둑질하는 사건이 셀 수 없이 많았다. 선생이 군율로 다스리니 드디어 떠드는 사람들이 없어졌다. 공사가 끝나고 인부들이 해산할 즈음까지 대열이 평상시와 같이 정연하였다.

정약용丁若鏞

조선 정조 때 실학자로 호는 다산茶山이다. 1762년 경기도 광주부에서 출생하여 28세에 문과에 급제했다. 곡산부사·동부승지·형조참의 등의 벼슬을 지냈다. 경학經學과 시문학에 뛰어났으며 천문·지리·의술 등 자연과학에도 밝았는데, 수기치인修己治人의 실학은 그의 학문 자세와 방향을 상징하는 말이 됐다. 18년간의 강진 유배생활 동안 『목민심서』『경세유표』『흠흠신서』 등 방대한 분량의 초고를 저술했으며, 경학 연구서 232권을 비롯해 2500여 수의 시와 다수의 산문 등 빼어난 저술들을 남겼다. 1818년 귀양이 풀려 고향으로 돌아와 1836년 별세하기까지 방대한 저술의 완성에 힘을 쏟았다.

다산연구회

1975년 고故 벽사 이우성 선생을 필두로 실학에 관심을 가진 학자들이 함께 원전을 읽고 토론해보자는 취지로 모임이 시작되어 『목민심서』 독회와 『역주 목민심서』 출간에 이르렀다. 10년간 치밀하게 조사하고 치열하게 토론하며 역주에 힘을 쏟은 결과, 1978년 『역주 목민심서』(창작과비평사) 제1권을 간행한 이래 1985년 전6권이 완간되었다. 회원은 작고한 분으로 이우성李佑成·김경태金敬泰·김진균金晉均·박찬일朴贊一·성대경成大慶·정윤형鄭允炯·정창렬鄭昌烈, 현재 활동하는 분으로 강만길姜萬吉·김시업金時鄴·김태영金泰永·송재소宋載邵·안병직安秉直·이동환李東歡·이만열李萬烈·이지형李篪衡·임형택林熒澤 등 16인이다. 『목민심서』 200주년을 기념한 『역주 목민심서』 전면개정판 작업의 교열은 임형택이 맡았다.

역주 목민심서 1

초판 발행/1978년 4월 20일
개역판 발행/1988년 6월 15일
전면개정판 1쇄 발행/2018년 11월 7일

지은이/정약용
역주/다산연구회
교열/임형택
펴낸이/강일우
책임편집/윤동희 홍지연
펴낸곳/(주)창비
등록/1986년 8월 5일 제85호
주소/10881 경기도 파주시 회동길 184
전화/031-955-3333
팩시밀리/영업 031-955-3399 편집 031-955-3400
홈페이지/www.changbi.com
전자우편/human@changbi.com

ⓒ 다산연구회 2018
ISBN 978-89-364-6047-1 94300
     978-89-364-6985-6 (세트)